广东省哲学社会科学“十二五”规划后期资助项目成果（编号：GD11HXL01）

广东技术师范学院资助出版

陈丽君 著

WENTI FAXIAN SIWEI YANJIU

问题发现思维研究

暨南大学出版社
JINAN UNIVERSITY PRESS

中国·广州

图书在版编目（CIP）数据

问题发现思维研究/陈丽君著. —广州：暨南大学出版社，2012.7
ISBN 978－7－5668－0221－7

Ⅰ.①问… Ⅱ.①陈… Ⅲ.①问题—科学思维—研究 Ⅳ.①B804

中国版本图书馆 CIP 数据核字（2012）第 111951 号

出版发行：暨南大学出版社

地　址：中国广州暨南大学
电　话：总编室（8620）85221601
　　　　营销部（8620）85225284　85228291　85228292（邮购）
传　真：（8620）85221583（办公室）　85223774（营销部）
邮　编：510630
网　址：http：//www.jnupress.com　http：//press.jnu.edu.cn

排　版：广州市天河星辰文化发展部照排中心
印　刷：佛山市浩文彩色印刷有限公司

开　本：787mm×960mm　1/16
印　张：20.25
字　数：415 千
版　次：2012 年 7 月第 1 版
印　次：2012 年 7 月第 1 次

定　价：43.00 元

（暨大版图书如有印装质量问题，请与出版社总编室联系调换）

前 言

发现问题是解决问题的起点。问题发现能力对于人类的发展与进步具有重大意义，其重要性很早就得到了学术界的认同。早在1938年，爱因斯坦就说过："发现问题比解决问题更加重要。解决问题可能只需要一个数学或实验上的技巧。但是，为了发现新的问题、新的可能性或者从新的角度重新审视已有问题，则需要丰富的想象力，它标志着科学的真正进步。"与有着明确起点和终点的问题解决活动不同，问题发现的开放性、潜伏性、隐蔽性与反复性等特点为我们深入探索其内部活动过程、规律与机制带来了很大的障碍和挑战。与相近的领域如"创造力"、"问题解决"等相比，问题发现研究在数量与质量上均存在很大差距。

本书以思维作为切入点，在对已有问题发现研究进行全面梳理的基础上，着重考察问题发现在思维操作、思维表征、思维策略、思维过程、影响因素等方面的特征与规律以及在日常生活、科学研究、学校教育等领域，问题发现思维活动的相关应用。

全书分为四个部分，共十一章。第一部分介绍问题发现研究的概况，包含第一章"问题发现研究述评与构想"，是全书论述和研究的理论基础。第二部分介绍问题发现思维的理论研究，包含第二章到第六章，通过实验的方法，从多个思维角度对问题发现过程进行系统考察。第三部分介绍问题发现思维的应用研究，包含第七章到第十章，探讨了问题发现思维在三个典型领域的应用情况及其相关的影响因素。第四部分对问题发现研究作总结与展望，包含第十一章"总结与展望"，尝试建构问题发现思维模型，阐述了全书研究的贡献与不足，并对未来的研究方向作出展望。

本书具有以下特点。其一是系统性。全书从概念界定、理论模型、实验研究和研究方法等多个方面对问题发现领域的已有研究作出全面而系统的梳理和评述，有助于其他研究者高效地掌握该领域的研究全貌和动态，起到类似工具书的参考价值，促进问题发现领域研究的广泛和深入开展。其二是前沿性。本书提出或运用了问题发现动态过程观、多轮次信息呈现实验设计、秩次聚类分析等前沿理念和方法，并借助出声思维、眼动研究、问题行为图等技术，从而有助于突破问题发现领域的研究瓶颈，丰富问题发现研究的相关基础理论与实验范型。其三是实践性。除了理论研究，本书也从生活、科研、教育等领域对问题发现思维的实践运用进行了深入探索。应用领域的研究可以提高理论研究的外部效果，并促进问题发现思维的实践运用，有助于个体在日常生活中增强问题发现意识，更好地捕捉问题线索；对科研工作者运用科学思维开展问题发现活动提供相关的启发；并促进教育工作者了解问题发现思维的过程和规律，为提高学生的问题发现能力与创新能力提供理论依据和实践指导。

本书的写作是基于作者自1999年攻读硕士研究生以及2004年攻读博士研究生以来，在问题发现领域十余年的阅读、思考、实验和探索。目前，国内该领域的相关学术著作较少，本书的撰写是一个新的尝试。限于作者的水平，书中难免存在错误和疏漏之处，恳请专家和读者不吝批评指正，以待修改提高。

陈丽君

2012年5月1日

目录

第一章　问题发现研究述评与构想

自从人类文明开始以来，许多不可解释的现象就一直吸引着人们，驱使人们不断地思索和探究。发现问题是人类认识和探索未知世界的第一步。科学的革新、技术的进步、文学的创作、艺术的突破，无一不是从发现和提出问题开始的。学界对问题发现研究的广泛关注开始于 Getzels 和 Csikszentmihalyi[①] 在 1976 年出版的《创造视野：艺术问题发现的纵向研究》一书。之后，问题发现研究逐渐得到重视和发展。但遗憾的是，与相关领域如问题解决、创造性等相比，问题发现研究的数量与质量都滞后很多。

研究一个问题，最好从回顾历史开始。为了对问题发现思维进行深入考察，本章将全面回顾问题发现及其相关的各类理论与实证研究，就问题发现的界定、意义、理论模型、实验研究和研究方法等进行系统探讨。以期对问题发现研究的历史、现状和发展趋势等形成整体认识，并作为全书研究的基础与依据。

第一节　关于“问题”的研究

问题发现的研究引发了学者们对问题及其构成的关注。由于“问题”是问题发现的结果和产物，而“问题”概念本身很容易混淆，因此，在介绍“问题发现”概念之前，有必要先对关于“问题”的研究资料进行深入认识和分析。这将有助于我们澄清“问题”这个概念的内涵和外延，以便更好地理解“问题发现”的含义。

一、问题的意义

问题的存在对于人类究竟有什么意义呢？对此，学者们从不同的角度阐述了问题的意义和重要性。

---

① Getzels, J. W. & Csikszentmihalyi, M. *The Creative Vision: A Longitudinal Study of Problem Finding in Art*. NY: Wiley, 1976, 1－293.

有学者从科学发展的角度论述了问题的意义。希尔伯特指出，“只要一门科学分支能提出大量的问题，它就充满着生命力；而问题缺乏则预示着独立发展的衰亡或中止。”① Brown 和 Walter（1993）则宣称，“一个新的问题可能会引发一组新的属性，一组新的属性可能引发新的问题；新的问题则让我们对于某些现象产生新的洞察。”②

有学者从学习和教学的立场进行了阐述。Torrance 和 Meyer（1970）认为，学生问问题可以使他们有四个方面的收获：理解程序的许可条件；获取完成作业所需的有效信息；了解事实；认识概念和相关过程等。③ Dillon（1988）指出，学生的问题可能是他们思维与学习过程的模拟。④ 如果一个问题使学生产生了困惑，它就为学生提供了探究的动机与形式。当这种情感的、认知的与行为的倾向出现时，会促使学生不仅去寻找答案，而且主动接纳与适应它。总之，学生的问题显示了其先备知识的积累程度、思维深度以及对学习的投入和关注点。而从教师的立场来看，学生的问题则代表着教学涉入的完美开放点或干涉点。

此外，问题与个人的成长和发展也有密切联系。西方哲学史上有一个著名的故事：在剑桥大学，罗素和维特根斯坦同为大哲学家穆尔的学生。有一天，罗素问穆尔：“谁是您最好的学生？”穆尔毫不犹豫地回答：“维特根斯坦。”“为什么？”“因为在我所有的学生中，只有他一个人听课时总流露出迷茫的神色，总是有一大堆的问题。”后来，维特根斯坦的名气超过了罗素。有人问维特根斯坦：“罗素为什么落伍了？”他答道：“因为他没有问题了。”

二、问题的界定

什么是问题？学者们从不同的角度对此提出了各种看法。有学者从问题的来源对问题作出描述。Dewey（1929）认为，“问题”代表着认知上的不一致，是一种心理上的扰动感，它发生在我们感觉某事出错或者不符合我们的预期时。⑤ Januszewski 和 Pearson（1992）宣称，日常生活中碰到的难题、难以抉择的情境、作业任务，甚至是千载难逢的机会等，都可能被称为问题。⑥ Gagne

① 邓东皋，孙小礼，张祖贵．数学与文化．新竹：凡异出版社，1995. 191.

② 郭惠靖．扩散性思考、数学问题发现与学业成就的关系．台湾政治大学硕士学位论文，2001.

③ Torrance，E. P. & Meyers，R. E. *Creative Learning and Teaching*. NY：Dodd，Mead & Company，1970. 228.

④ Dillon，J. T. Questioning in education. In Mayer，M.（Ed.），*Questions and Questioning*. NY：Walter De Gruyter，1988. 105.

⑤ Dewey，J. *The Quest for Certainty*. NY：Minton，Blach，1929. 56－61.

⑥ Januszewski，A. & Pearson，R. Problem identification techniques：So what's the problem? *ERIC Document Reproduction Service* No. ED 347996，1992. 1－12.

等（1993）则认为问题来自于尚未达到的目标。① 他指出，无论任何时候当个体意识到目标的存在，却不知道用什么方法去达成目标时便会产生问题，比如想要回答某个问题、要去证实某个理论、希望被接受或者是要找到一份工作等。在上述的任何一个情境中，都有一个目标，而且至少在当时的情况下，这些目标尚未达成。

有学者从问题的存在状态对其进行描述。Piaget（1977）指出，疑问也可以称为“失衡”，是指我们所观察到的世界与自身经验不一致的情况。② Sullinvan（1991）则声称，问题是在你尝试去达到某些目标或者必须寻找达到目标的途径的情境。③ Smith（1991）认为，问题就是一个需要分析和推理才能达成目标（解答）的作业。④ 张春兴（1997）认为，问题是指个人在有目的地追求，但还没有找到适当手段时所感受到的心理困境。⑤

也有学者强调了问题存在的主观性。数学家 Polya（1945）详细阐述了这一观点：“当你有目的地向自己提出问题时，它就变作你自己的问题了。要你在一次考试中解答的问题，并不是你的问题。如果你希望有人会来告诉你答案，我怀疑你还是没有认认真真地向自己提出那个问题。但是，如果你希望用自己的方法并由自己来找出答案，那么你就使得这个问题真正变成你的问题了。”⑥ Bodner（1987）也认为，问题的存在与否要视问题与解题者之间的交互作用而定。⑦ 许育彰（1999）则更加明确地指出，“就某人而言很可能是问题，但对其他人来说则不见得是问题”。⑧ 可见，问题是相当具有个人化和主观性的，如果一个问题是由外界强加于个人的，那么，这个问题的“外观”虽然是问题，但对于解题者来说它不是一个问题。

更多的学者则从现实状态和理想状态之间差距的角度对问题作出描述。Newell 和 Simon（1972）认为，问题是指目标状态与现有状态之间存在的差异，是不能立即获得解答的状态。⑨ Hayes（1989）提出，当你所处的现有状态与想要达成的目标状态之间存在差距，而你又不知道用什么方法来跨越这个差距时，你就有

① Gagne，E. D.，Yekovich，C. W. & Yekovich，F. R. *The Cognitive Psychology of School Learning*. NY：Harper Collins College Publishers，1993. 338 – 353.

② Vanfossen，P. J. & Shiveley，J. S. Things that make you go “Hmmm . . . ” creating inquiry “problem” in the elementary Social Studies classroom. *The Social Studies*，1997，88（2）：72.

③ 林沂升．“科学问题发现”之思考模式诠释研究——以研究生与小学生的个案为例．台湾屏东师范学院硕士学位论文，2003.

④ Smith，M. U. *Toward a Unified Theory of Problem Solving*. NJ：LEA Publishers，1991. 74 – 82.

⑤ 张春兴．教育心理学——三化取向的理论与实践．杭州：浙江教育出版社，1998. 28 ~ 30.

⑥ Polya，G. *How to Solve It*. NY：Princeton University Press，1945. 113 – 118.

⑦ Bodner，G. M. The role of algorithms in teaching problem solving. *Journal of chemical Education*，1987，4（6）：513 – 514.

⑧ 许育彰．探讨高中生从力学情境中发现问题的能力之研究．台湾师范大学博士学位论文，1999.

⑨ Newell，A. & Simon，H. *Human Problem Solving*. Englewood Cliffs，NJ：Prentice-Hall，1972. 253 – 258.

了问题。[①] 皮连生和邵瑞珍（1989）指出，问题是指人不能用现有的概念和规则达到目标，必须寻找和发现新的规则，才能达到目标的刺激环境。[②] Kathy（1993）则认为，一个问题必须包含两个要素：目标，以及这个目标是解题者无法直接达到的。[③] Isaksen，Dorval 与 Treffinger（1994）指出，问题一般是指当前状态与目标状态之间存在的差异。[④] 吴培安（1995）谈到，所谓问题就是一种情境，是一种由于现存状况与应存状况之间的差距，未能及时以适当的策略来加以排除解决的情境。个人或群体必须陷入此情境中，才算真正发生问题。[⑤] 邵惠靖（2001）认为，在某个情境下，当个体知觉到某些事件的现有状态与可以达到的目标状态之间有所差距时，个体就有了"问题"。要从这些事件的现有状态到达其目标状态是困难的，但可能有解决的途径。[⑥] 林沂升（2003）指出，所谓"问题"是个体对于目前的现况无法立即提出解决方法，或是解决的方法无法满足个体，因而在欲达成的目标与现状之间产生的一种差距和不平衡的状态。[⑦]

从以上对问题的定义可以看出，问题包含的是一种不理想状态，它是目标状态与现有状态之间的差异，在日常生活中，问题可能表现为困难、矛盾、不足、不平衡或机遇等。此外，问题具有主观性。一方面，问题只对被其困扰的个人才具有意义，另一方面，只有个人亲自投入其中，问题才能成为问题。

三、问题的来源

问题从来不会无中生有，它的出现总是"有依可寻"的。Simon（1977）就指明，"新的问题，不是源自于宙斯的智力，而是渐渐地浮现——很缓慢的阶段。"[⑧]

有学者指出，问题来源于各种困难、错误、矛盾和疑惑的状态。Dewey（1929）认为，问题发生在我们感觉到某事错了或者不符合我们的期待时。[⑨] 欧阳钟仁（1987）则提出，发现矛盾是产生问题的来源，个人必须首先感到矛盾才

① Hayes, J. R. *The Complete Problem Solver* (2nd). NJ: Lawrence Erlbaum Associates, Inc. 1989. 407.

② 皮连生，邵瑞珍．教育心理学．台北：五南出版社，1989. 27.

③ Kahney, H. *Problem Solving: Current Issues* (2nd). Buckingham, 1993. 23－30.

④ Isaksen, S. G. ,Dorval, K. B. & Treffinger, D. J. *Creative Approaches to Problem Solving*. Dubuque, IA: Kenddall-Hunt, 1994. 49－56.

⑤ 吴培安．"问题解决"的科技教育教学模式．教师之友，1995，36（2）：12～19.

⑥ 邵惠靖．扩散性思考、数学问题发现与学业成就的关系．台湾政治大学硕士学位论文，2001.

⑦ 林沂升．"科学问题发现"之思考模式诠释研究——以研究生与小学生的个案为例．台湾屏东师范学院硕士学位论文，2003.

⑧ Simon, H. A. *Models of Discovery*. Dordrecht, Holland: D. Reidel, 1977. 336－345.

⑨ Dewey, J. *The Quest for Certainty*. NY: Minton, Blach, 1929. 56－61.

会觉得惊奇；有了惊奇，才会产生疑问。[①] Brown（1989）提出，创造性个体的问题来自于他们对于未知矛盾的寻觅。[②] Vanfossen 和 Shiveley（1997）认为问题来自于困难。[③]

在现实中，问题可能来自于个人或情境方面。Kilpatrick（1987）提出，问题的来源有三种，分别是他人、其他问题和情境。不同的问题来源，会使解题者产生不同的心理反应。第一种来源的问题是由他人提供目标状态的，这通常会使解题者处于比较被动的接受地位；而第二、三种的问题来源，则能使解题者更加主动地解决问题。[④] Coon 与 Mitterer（2007）认为，一般情况下我们要解决的问题多是由老师、领导、环境或生活向我们提出的，而并非我们自己发现的。[⑤]

新的问题也可能诞生于已有的问题中。Reitman（1965）指出，新问题可能来源于问题的解决过程。他指出，可以通过对潜在解法的评估来获取新问题。[⑥] Sternberg 和 Lubart（1995）谈到，下一个问题的种子是在解决上一个问题时种下的。[⑦] 吕秋文（2001）也指出，可以将问题普遍化，以发现新的研究题目，即如果将已有的已知问题加以抽象化、普遍化，也可能会产生新的问题。[⑧]

总之，当个体意识到有一个目标要达成，却不知道该怎样去达成时，问题就会产生。问题的来源可能是他人给定的明确问题，也可能是个体自己所知觉到的未知或困难经验。而引起个体发现问题的情境，可能是困难、错误、矛盾、不足，也可能存在于已有问题的解决过程中。

四、问题的构成成分

Newell 与 Simon（1972）[⑨] 认为，所有问题都具有相同的基础成分或构造，

---

① 林沂升．“科学问题发现”之思考模式诠释研究——以研究生与小学生的个案为例．台湾屏东师范学院硕士学位论文，2003.

② Brown，R. T. Creativity：What are we to measure? In Glover，J. A.，Ronning，R. R. &Reynolds，C. R.（Eds.），*Handbook of Creativity*. NY：Plenum Press，1989. 23.

③ Vanfossen，P. J. & Shiveley，J. S. Things that make you go “Hmmm . . . ” creating inquiry “problem” in the elementary social studies classroom. *The Social Studies*，1997，88（2）：72.

④ Kilpatrick，J. Problem formulating where do good problems come from. In Schoenfeld，A. H.（Eds.），*Cognitive Science and Mathematics Education*. Hillsdale，NJ：Lawrence Erlbaum Associates，1987. 123 – 147.

⑤ ［美］Coon，D. & Mitterer，J. O. 心理学导论——思想与行为的认识之路（第 11 版）．郑钢等译．北京：中国轻工业出版社，2007. 407.

⑥ Reitman，W. *Cognition and Thought*. NY：John Wiley & Sons，Inc. ,1965. 156.

⑦ Sternberg，R. J. & Lubart，T. I. *Defying the Crowd*. NY：Free Press，1995. 41 – 51.

⑧ 邵惠靖．扩散性思考、数学问题发现与学业成就的关系．台湾政治大学硕士学位论文，2001.

⑨ Newell，A. & Simon，H. *Human Problem Solving*. Englewood Cliffs，NJ：Prentice-Hall，1972. 253 – 258.

因此可以通过分析问题的结构来了解问题。那么，一个完整的问题是由哪些成分构成的呢？

很多学者从问题空间的角度，分析了问题的构成成分。根据 Newell 和 Simon 的定义，问题空间包括问题的初始状态、目标状态与中间状态。Hayes（1989）则提出，问题空间是由初始状态、目标状态、算子以及一些限制条件所组成的。① Mayer（1983）指出，问题有以下几项特征：已有的条件、目标和障碍。② Dunbar（1998）③、Gagne 等人（1993）④ 则指出，问题由初始状态、目标状态、行动或操作以及任务环境等四个要素构成。郑丽玉（1993）认为，问题空间的基本元素包括：初始状态、目标状态、对象、操作规则和限制等五部分。⑤ 陈琦和刘儒德（2007）提出，无论简单或者复杂、抽象或者具体、持续的时间长或者短，每一个问题都包括了给定信息、目标和障碍这三个基本成分。⑥

有学者从问题的形式进行了阐述。张华夏（1989）认为，凡是问题都具有以下三个成分：①疑问词，指构成问题中的一个疑项，又称为问题变量，它表示个体知识中一个未知部分，是个体需要填补的空白或者破绽。②问题主体，指一个问句去掉问题变量与操作单元"？"之后，该问句所剩余的部分。③问题的解答。⑦

有人从问题特征的角度，描述了组成问题的四个必要条件。Agre（1982）提出，构成问题的四个条件是：①知觉。当个体认为存在某个问题时，必然会对某种物质或心理的困难有所知觉。②不理想性。问题的存在是个体对情境进行评价的结果，在评价中个体发现情境中的某些东西并不理想。③困难性。要成为一个问题，情境必须包含一些个体认为困难的东西，没有困难就构不成问题。④可解性。不可解或者远远超出个体认知范围的问题也不能成为问题。⑧

五、问题的类型

Reitman（1965）认为，个体发现和解决问题的方式会围绕着问题的类型而

---

① Hayes, J. R. *The Complete Problem Solver* (2nd). NJ: Lawrence Erlbaum Associates, 1989. 407.

② Mayer, R. E. *Thinking*, *Problem Solving*, *Cognition*. NY: W. H. Freeman and Company, 1983. 65－69.

③ Dunbar, K. Problem solving. In W. Bechtel&G. Graham (Eds.), *A Companion to Cognitive Science*. Cambridge, MA: Blackwell, 1998. 289－298.

④ Gagne, E. D., Yekovich, C. W. &Yekovich, F. R. *The Cognitive Psychology of School Learning* (2nd). NY: HarperCollins College Publishers, 1993. 338－353.

⑤ 郑丽玉．认知心理学——理论与应用．台北：五南出版社，1993. 237～238.

⑥ 陈琦，刘儒德．当代教育心理学（第2版）．北京：北京师范大学出版社，2007. 333～340.

⑦ 许育彰．探讨高中生从力学情境中发现问题的能力之研究．台湾师范大学博士学位论文，1999.

⑧ Agre, G. P. The concept of problem. *Educational Studies*, 1982, 13 (2): 121－142.

展开。[①] 因此，对问题类型的介绍，可以帮助我们进一步理清问题的各类特性，对问题形成更全面的认识。

（一）从解决问题的角度进行分类

1. 事实性问题、思维性问题

Blosser（1973）指出，根据解决问题时所需要运用的认知层次，问题可以分为两类：事实性问题和思维性问题。对于前者，解题者只需要运用低层次的认知技巧即可；而对于后者，则需要解题者应用到诸如推理、判断、概括化、形成假设等高层次的认知技巧。[②]

2. 经验性问题、概念性问题

Laudan（1977）认为，科学家需要解决的问题可以分为经验性问题和概念性问题两类。经验性问题又可以进一步分为三类：一是未解决问题，指迄今为止仍然没有任何科学理论足以充分解释的经验性问题；二是已解决问题，指已有理论可以适当解决的经验性问题；三是异常问题，指虽然不能被某个特定科学理论解决，但是能被其对立的一个或多个理论所解决的问题。此外，概念性问题也可以进一步分为两类：一是内在概念性问题，指由于理论本身的矛盾而引发的问题；二是外在概念性问题，指由于理论与别的理论相冲突而产生的问题。[③]

3. 转化式问题、改编式问题、结构归纳式问题

Greeno（1978）[④] 根据求解方式对问题进行分类。第一类是转化式问题，其解决方式是通过对算子的系列操作，将问题的起始状态逐步转化为目标状态；第二类是改编式问题，在解题过程中，必须依据某些条件或规则对问题进行重新组织；第三类是结构归纳式问题，需要解题者从过去解决相同结构的问题中归纳出普遍的解题规则或解题模式，因此解决这类问题的关键认知技巧是识别同构问题。

4. 输入性问题、过程性问题、输出性问题

Shepardson 和 Pizzini（1991）根据解决问题时所需要的认知水平，把问题分为输入性问题、过程性问题和输出性问题三种类型。输入性问题的解决仅需要个体回忆信息；过程性问题的解决需要个体将已经回忆的信息进行相互关联和整合；而输出性问题的解决则需要个体以新的方式进行假设、推论、概括、评估和

---

① Reitman，W. *Cognition and Thought*. NY：John Wiley & Sons，1965. 132 – 133.

② Blosser，P. E. *Handbook of Effective Questioning Techniques*. Education Associates，Inc. Worthington，Ohio，1973. 52 – 54.

③ Laudan，L. *Progress and Its Problems*：*Toward a Theory of Scientific Growth*. Berkeley：University of California Press，1977. 12 – 23.

④ Greeno，J. G. Natures of problem solving abilities. In Estes，W. K.（Ed.），*Handbook of Learning and Cognitive Processes*. NJ：Erlbaum，1978. 239 – 369.

创造，以超越已有信息。[①]

5. 需要新信息来解决的问题、需要整合已有信息来解决的问题、无问题

De Bono（1992）依据问题解决中对信息的需求程度，将问题分为三类。第一类是需要使用更多的新信息或者更好的方法才能解决的问题；第二类是不需要新信息，但需要使用顿悟等方式对已有信息进行整合才能解决的问题；第三类是没有问题的问题。他认为，使用逻辑思维可以解决第一类问题，但后两类问题的解决则需要运用创造性思维。[②]

（二）从发现问题的角度进行分类

1. 明显性问题、隐含性问题、潜藏性问题

Dillon（1982）从问题产生的角度，界定了发现式问题。他认为，主体面对的问题情境有三种：明显的、隐含的和潜藏的问题情境。明显性问题情境是指情境中存在明显的问题事件；隐含性问题情境是指情境中具有隐含的或被掩盖的问题事件；而潜藏性问题情境则是指情境中不具有任何现成的问题事件。[③]

Dillon用与三种问题存在情境相对应的三种心理活动来说明问题发现过程。他认为，在第一种问题情境中，矛盾事件明显存在着，个体要做的仅仅是去知觉、认知与辨识。在第二种问题情境中，问题隐含于情境中，个体需要去觉察、探索、发现和形成问题。在第三种问题情境中，问题是发展得最不完全的潜藏问题，这类问题就本体论而言并不存在问题，但是所呈现的要素促使个人去提出问题，也就是个体必须去创造、建构和发明问题。

2. 直接搜寻式问题、自动扫描式问题

M. H. Lai. 和 Kjell Grønhaug（1994）[④] 认为，根据发现问题采用方式的不同，可以把问题分为直接搜寻式与自动扫描式两类。直接搜寻式可以看作是问题发现的预备阶段，是指个体根据某种目的直接对环境进行搜索和审查，进而辨识出问题，比如直接搜寻某个活动的难点。而自动扫描式是指不受先前意图和学习经验影响的直接知觉过程，在自动扫描时，个体对信息的处理是无意识和持续的。两类问题的主要差异在于，问题发现是知觉者导向的还是刺激驱动的。

3. 矛盾式问题、潜藏式问题

许育彰（1999）认为，Dillon对于问题情境的分类方式虽然方便，但是在实际操作中明显性问题与隐含性问题在程度上很难区分，因为两种问题情境都含有

---

① Shepardson, D. P. & Pizzini, E. L. Questioning levels of junior high school science textbooks and their implications for learning textual information. *Science Education*, 1991, 75（6）: 673－682.

② De Bono, E. *Teach Your Child How to Think*. London: Viking, 1992. 167－184.

③ Dillon, J. T. Problem finding and solving. *Journal of Creative Behavior*, 1982（16）: 98－111.

④ Lai, M. H. & Kjell Groønhaug, K. Managerial problem finding conceptual issues and research findings. *The Scandinavian Journal of Management*, 1994, 10（1）: 1－15.

矛盾、错误、不调和等问题事件。所以，许育彰将这两种问题合并，统称为矛盾式问题情境，以此与不含任何问题事件的潜藏式问题情境有明确区别。他还指出，矛盾式情境中的问题发现，体现了聚合式问题发现能力，而潜藏式情境中的问题发现，体现了发散式问题发现能力。①

（三）从问题情境的已知与未知进行分类

1. 呈现式问题、推理式问题、发现式问题

Getzels 和 Csikszentmihalyi（1967）根据问题、解法与答案是否预先被别人所知晓，将问题分成三类：呈现式问题、推理式问题、发现式问题。呈现式问题是指问题和解法已知，而答案未知的问题，此时个体只需要运用现成的解法就能够顺利得到答案。推理式问题是指问题为已知，解法和答案为未知的问题，在这种情况下，个体不能仅凭记忆解决问题，必须通过思维和推理活动才能逐步得出答案。发现式问题则是指问题、解法和答案均为未知的问题，也就是说，连问题本身都需要被发现。② Csikszentmihalyi 和 Getzels（1970）进而把各种问题任务描述为一个连续体，认为它的一端是呈现式问题，另一端则是发现式问题。③

Sternberg（1982）④ 对此作出进一步阐述，他指出，在一个连续体上，我们可以假设呈现式问题（良好定义）情境处于一个极端，而发现式问题（错误定义）情境处于另一个极端。呈现式问题情境需要运用思维来解决，需要再认出解决方法以及获得这种方法的特殊途径。不管是集中式问题解决任务（需要辨认一个正确解法），还是发散式问题解决任务（需要陈述多个解决方法），所需要的思维过程都是指向呈现给个体的这个问题的。而发现式问题情境则代表了创造性思维所描述的区域。

2. Getzels 的八大类问题

Getzels（1964）提出，以问题情境中的已知与未知进行区分，可以得到以下八种类型的问题。

（1）问题已知，问题解决者和其他人都知道标准解法，可以通过有限的解题步骤来得到答案。

（2）问题已知，问题解决者不知道标准解法，但其他人知道。

（3）问题已知，问题解决者和其他人都不知道标准解法。

（4）问题已存在，但需要问题解决者去辨识或探索才能显现出来，虽然其

---

① 许育彰．探讨高中生从力学情境中发现问题的能力之研究．台湾师范大学博士学位论文，1999.

② Getzels，J. W. & Csikszentmihalyi，M. Scientific creativity. *Science Journal*，1967（3）：80－84.

③ Csikszentmihalyi，M. & Getzels，J. W. Concern for discovery：An attitudinal component of creative production. *Journal of Personality*，1970（38）：91－105.

④ Sternberg，R. J. *Handbook of Human Intelligence*. Cambridge，England：Cambridge University Press，1982. 260－305.

他人都知道问题的存在。

（5）问题已存在，但需要问题解决者和其他人去辨识或探索才能显现出来。

（6）问题已存在，但需要问题解决者和其他人去辨识或探索才能显现出来。当这类问题被发现时，问题解决者与其他人都知道其标准解法。

（7）问题已存在，但需要问题解决者和其他人去辨识或探索才能显现出来。当这类问题被发现时，问题解决者不知道其标准解法，但其他人知道。

（8）问题已存在，但需要问题解决者和其他人去辨识或探索才能显现出来。当这类问题被发现时，问题解决者与其他人都不知道其标准解法。

Getzels 认为，在这八类问题中，第一类问题涉及最少的发明与创造过程，而第二类到第八类问题则或多或少都需要运用到创造性思维才能解决问题。[①]

（四）其他分类

1. 定义良好问题、定义不良问题

Reitman（1965）从问题空间的角度区分了定义良好问题和定义不良问题。定义良好问题是指具有完整、明确的初始状态、目标状态和转换手段的问题（如迷宫问题）。定义不良问题则是指在上述一个或多个方面没有得到明确说明的问题。这两类问题不是处于绝对对立的状态，它们并非二元变量，而是连续变量。在某种条件下，一个问题被界定的程度可以发生改变，两种问题类型甚至可以相互转换。[②]

Simon（1973）[③] 指出，定义良好问题是学校教育和谜语书中的常见问题，问题解决所要用到的琐碎信息已经包含在问题陈述中，因此找出正确解法的规则很清晰，答案的判断标准也很明确。但定义不良问题的陈述本身则并没有包含解题所必需的信息，信息不是太多就是不足，使得问题解决者必须通过增加或减除信息的方式去重新构建问题。Hayes（1981）也认为，定义不良问题是指那些除非定义得更好否则将无法解决的问题，在解题中，每一个下一步骤的选择都可能是不确定的，甚至在得出解法时也无法确定。[④]

Sternberg（1982）进一步把定义良好和定义不良问题作了以下三方面的区分：①定义不良问题的解决依赖于一个单一的较大洞察能力，而定义良好问题的解决则需要一系列相对较小的洞察能力。②定义良好问题的问题空间可以描述为一系列不连续但又存在良好关联的状态，但对于不良定义问题就不能这样。③在

① Getzels，J. W. Creative thinking，problem-solving and instruction. In Hilgard，E. R.（Ed.），*Theories of Learning and Instruction*，*the Sixty-third Yearbook of the National Society for the Study of Education*，Part. 1. Chicago：University of Chicago Press，1964. 240－267.

② Reitman，W. *Cognition and Thought*. NY：John Wiley & Sons，1965. 161.

③ Simon，H. A. The structure of ill-structured problems. *Artificial Intelligence*，1973（4）：181－201.

④ Hayes，J. R. The complete problem solver. *Review of Educational Research*，1981（60）：549－571.

定义良好的问题空间中，初始状态与目标状态存在相似性；对定义不良问题，初始状态与目标状态则完全不同。虽然已有的大量问题解决研究已经考察了定义良好的问题，但对于定义不良问题的研究非常少。Sternberg 认为，由于大部分真实世界的问题是定义不良的，因此研究人们怎样解决定义不良问题可能比研究定义良好问题更有价值。①

2. 封闭性问题、开放性问题、管理性问题、反诘性问题

Blosser（1973）根据学校中教师向学生提出问题的方式将问题分为四类。一是封闭性问题，指有固定和明确答案的问题；二是开放性问题，指没有固定答案的问题；三是管理性问题，指教师用来引导学生进行讨论或开展日常教学活动的问题；第四类是反诘性问题，即反问句，指教师用来加强语气或者强调某个观点而采用的修辞用语，实际作用相当于陈述句，问题本身并不需要学生回答。②

3. 单元、门类、关系、系统、转换和蕴涵问题

在 Arlin（1975）③ 的问题发现研究中，参考了 Guilford（1959）④ 三维智力结构理论中思维产品的种类作为问题的分类方式。思维产品是指个体处理信息的基本形式，六类思维产品分别是：单元、门类、关系、系统、转换和蕴涵。Arlin 认为六种思维产品的种类也适合用来分类问题，因为它们一方面可以代表问题的抽象化程度，另一方面也可以表现被试加工和组织信息的方式。

4. 客观问题、主观问题

Lai 和 Grønhaug（1994）提出，可以按照客观和主观这个维度对问题进行分类。典型的客观问题是指具有具体结构，独立于观察者之外而客观存在的问题。典型的主观问题则是指完全由个人指派问题状态，无法脱离问题发现者之外而独立存在的问题。在这种情况下，问题被看作事物或情境在个体心理上的投射。⑤

5. 巩固型问题、探究型问题、复合型问题

李耀俊（2001）把学生在学习中发现和提出的问题分为三类：巩固型问题、探究型问题、复合型问题。巩固型问题是指学生用来巩固新学到的知识，加深对概念的理解的问题；探究型问题指学生试图扩展所学知识的问题；复合型问题指

---

① Sternberg, R. J. *Handbook of Human Intelligence.* Cambridge, England: Cambridge University Press, 1982. 260 – 305.

② Blosser, P. E. *Handbook of Effective Questioning Techniques.* Worthington, OH: Education Associates, 1973. 52 – 54.

③ Arlin, P. K. A cognitive process model of problem finding. *Educational Horizons*, 1975, 54（2）: 99 – 106.

④ Guilford, J. P. Three faces of intellect. *American Psychologist*, 1959, 14（8）: 469 – 479.

⑤ Lai, M. H. & Grønhaug, K. Managerial problem finding conceptual issues and research findings. *The Scandinavian Journal of Management*, 1994, 10(1): 1 – 15.

学生用来检验所学知识，解决概念和冲突，探索新观念以及由此产生的后果的问题。[①]

六、问题的过程

问题的过程是指问题从客观存在，到成为个人主观意义上的真正问题，再到被解决从而消失的整个过程。对问题过程的探讨，可以帮助我们进一步了解问题发现在整个问题过程中的地位与作用。

（一）Dewey 的问题过程

Dewey（1910）在《思维术》中提出了问题解决需要经历的五个步骤。[②]

（1）遇到问题：对情境事物产生认知上的不平衡、疑虑、迷惑等现象。

（2）界定问题：从困惑情境中找出问题症结，确认问题的存在并界定问题。

（3）提出假设：根据问题情境，尝试提出问题的各种可能解决方案。

（4）检验假设：逐一检验解决问题的假设，探究其可行性。

（5）选择最佳假设：在有效的解决方案中，选出最佳方案并运用到实际情境中。

（二）Wallas 的创造性问题解决过程

Wallas（1926）从创造性思维出发提出了问题的解决过程。[③]

（1）准备期：收集解决问题的相关资料，并对问题作出尝试性解答。

（2）酝酿期：解题者为寻求解题答案，对所遇到的问题作深层次的思考和各方面的尝试与探索，其间所经历的一段酝酿解题方式的时期。

（3）豁朗期：经历一段时期的酝酿之后，解题者灵机一动，对于解决问题的关键之处豁然开朗，顿悟到久而不得其解的答案。

（4）验证期：豁朗期所顿悟的答案只是解题者对解题所产生的初步观念，还需要加以验证，以确定其合理性或可行性。

（三）Polya 的问题解决过程

在《如何解题》一书中，Polya（1945）提出了问题解决的四个步骤。[④]

（1）理解问题：解题者需要认识到在问题中，什么是已知，什么是未知，允许怎样的运算或操作。简而言之，问题解决者必须对问题给予表征。

（2）拟订计划：解题者决定开始解决问题的一般程序，比如重新表述问题

---

① 李耀俊．优、差生物理学习策略研究．教育实践与研究，2001(8)：50～51.

② Dewey，J. *How We Think*. Boston：D. C. Heath & Co，1910. 14－28.

③ Wallas，G. *The Art of Thought*．NY：Harcourt Brace，1926. 277－292.

④ Polya，G. *How to Solve It*. NY：Princeton University Press，1945. 5－7

使其更熟悉等。

（3）执行计划：解题者执行各种运算和其他必要操作。

（4）回顾与讨论：解题者重新回顾其解题经历，总结该经验如何有助于其他问题的解决。

（四）Ausubel 的问题过程

Ausubel（1969）提出的问题解决模式包含四个阶段。①

（1）呈现问题情境：从问题情境中辨识出主要问题，对潜在问题作出描述。

（2）确认问题的已知条件和目标：将问题情境与个人的认知经验关联起来，从而理解问题的性质和条件。

（3）填补差距：认清已知条件与目标状态之间的差距，利用背景知识、推理规则和解题策略等途径填补已知条件与目标状态之间的差距。

（4）解题后的检验：解题后需要进行检验，检查推理有无错误，或是填补已知条件与目标状态之间差距的途径是否最简洁、最便利等。

（五）D'Zurilla 和 Goldfried 的问题过程

D'Zurilla 与 Goldfried（1971）提出的问题过程如下。②

（1）问题定向：指解题者对于问题的态度或心向，解题者必须接受问题情境是日常生活的一部分，并抑制放弃问题的倾向。

（2）界定问题：界定问题情境的各种条件，找出相关信息，确定解题目标。

（3）形成解题途径：形成适合问题解决的各种可能方案。

（4）作出决策：从所有解题方案中找出最佳方案。

（5）验证：评估解题方案的执行效果，以便修正。

（六）Hayes 的问题过程

Hayes（1989）提出了更清楚的问题解决过程，包括如下六个步骤。③

（1）发现问题：解题者发现一个尚待解决的问题。

（2）表征问题：认识到问题起始状态与目标状态之间的差距和障碍。

（3）计划解题方案：对解题作出计划，选择适当的方法来突破障碍。

（4）执行计划：执行问题解决的计划。

（5）评估答案：执行计划后，评估解题方法的优劣。

（6）经验总结：从解题过程中总结经验。

---

① Ausubel，D. P. *School Learning*. NY：Holt，Rinehart &Winston，1969. 266 – 269.

② D'Zurilla，T. J. & Goldfried，M. R. Problem solving and behavior modification. *Journal of Abnormal Psychology*，1971，78（1）：112 – 119.

③ Hayes，J. R. *The Complete Problem Solver*（2nd）. NJ：Lawrence Erlbaum Associates，1989. 287 – 290.

(七) Treffinger 与 Isaksen 的创造性问题解决过程

Treffinger 和 Isaksen (1992) 提出了创造性问题解决过程的六大步骤。①

(1) 发现目标：从各类经验、角色、情境中找出目标，然后准备用系统的方法去解决。

(2) 发现事实：收集资料，从各种不同的观念、印象、感受中去考虑情境，找出和分析最重要的信息。

(3) 发现问题：想出各种可能的问题与子问题，并从中筛选出一个具有可操作性的问题描述。

(4) 发现构想：针对问题想出各种可能的主意，选出看起来最有趣与最具可行性的主意。

(5) 发现解法：找出各种可能的解法评价标准，并选用重要的标准来评价主意的好坏。

(6) 寻求接受：考虑可能的助力和阻力来源，形成各种行动步骤，从中找出最有希望的解题方案，执行并验证方案。

(八) Ramirez 的问题发现过程

Ramirez (2002) 提出了问题发现过程的三个阶段。②

(1) 相互关联与分析：将各类事物相互关联。通过绘制相关图表，可以促进对事物的有效连接。

(2) 探索各种可能性和替代性问题：基于已经收集的相关资料，尽可能多地提出各种可能性和替代性问题。

(3) 选择恰当问题：在已经提出的各种可能问题中，挑选出最恰当的问题。

由以上学者对问题过程的描述可知，无论解题步骤的多与少，首先必须经历的第一个步骤都是发现问题。没有问题的发现，就没有问题的解决。因此，问题发现在整个问题过程中扮演着极其重要的角色。

第二节 问题发现的界定与意义

一、问题发现的界定

从在问题过程中出现的时间先后顺序来看，问题发现是指在解决一个已呈现

① Treffinger, D. J. & Isaksen, S. G. *Creative Problem Solving: An Introduction*. Sarasota, FL: Center for Creative Learning, 1992. 67 – 75.

② Ramirez, V. E. Finding the right problem. *Asia Pacific Education Review*, 2002, 3 (1): 18 – 23.

的清晰问题之前的所有活动、过程和事件。问题解决的第一步是给出一个问题，这一步也可以看作是问题发现的最后一步。从更广义上讲，问题发现活动可以看作是认知的第一步，看作是创造性活动和问题解决的第一步。

那么，究竟什么是"问题发现"呢？和智力、创造性等概念一样，对问题发现的清楚界定也是不容易的。目前对问题发现还没有一致的界定。但是，学者们仍然从多个方面对问题发现的定义作出了描述。

有学者对问题发现的过程进行了描述。Torrance（1966）① 将创造性视为"对问题、不足、知识上的缺陷，基本元素的丢失、不协调、不一致等现象变得敏感，并找出困难，寻求解决途径，作出猜想或构成假设，对假设进行检验和再检验，也许是修改和再检验，达到最终结果"。这个定义的前半部分，即在"找出困难"之前，都可以看作是对问题发现过程的描述。Getzels 和 Csikszentmihalyi（1976）② 引用了 Moore 的话来描述创造性问题的诞生过程。"在问题浮现之前，并不存在任何结构与任务，个体只是无意识地想用笔在纸上画出一些线条。问题浮现后，也就是找到绘画主题后，才由艺术技巧来支配与指挥创作的进行，以解决'如何完成绘画主题'这个问题。"Greeno（1978）把问题发现的过程描述为，那些有助于个体理清问题结构，确定问题空间的限制条件，从而最终详细描述出待解决问题的过程。③ 金吾伦（1993）指出，科学问题发现是一个过程，它不是一次完成的，而是在科学实践中，理论因素和经验因素相互作用，演绎推理和归纳推理相互结合，分析和综合交替使用，并运用模型、模拟等方法的综合结果。④ 邵惠靖（2001）认为，问题发现是指个体通过已有的认知或自行创造（想象、提出、形成）的方式，对内在心理或外在环境中的矛盾、困难、新奇或一般事件，设定不同于其现有状态之目标状态的过程。⑤

有学者从问题发现的实质作出描述。Mackworth（1965）宣称，问题发现活动似乎接近于科学创造性思维的"原创力"核心。⑥ Getzels 和 Csikszentmihalyi（1976）认为，问题发现指的是问题被想象、提出、形成和创造的方式，是创作

---

① Torrance，E. P. *Torrance Tests of Creative*：*Norms-technical Manual*，*Research Edition*. NJ：Personnel Press，1966. 27－41.

② Getzels，J. W. & Csikszentmihalyi，M. *The Creative Vision*：*A Longitudinal Study of Problem Finding in Art*. NY：Wiley，1976. 163－165.

③ Greeno，J. G. Natures of problem solving abilities. In Estes，W. K.（Ed.），*Handbook of Learning and Cognitive Processes*. NJ：Erlbaum，1978. 5：239－269.

④ 林沂升．"科学问题发现"之思考模式诠释研究——以研究生与小学生的个案为例、台湾屏东师范学院硕士学位论文，2003.

⑤ 邵惠靖．扩散性思考、数学问题发现与学业成就的关系．台湾政治大学硕士学位论文，2001.

⑥ Mackworth，N. H. Originality. *American Psychologist*，1965，20：51－66.

过程中的决定性要素。① Runco（1994）认为在问题发现过程中，需要想象，寻找矛盾和明显的抵触，保持关于旧问题的新假设或者形成全新的待解决问题等思维活动。②

有学者从问题发现的来源进行描述。Reitman（1965）指出，新问题可能来源于问题的解决过程中。③ 张增杰（1985）把发现问题的过程描述为，我们生活的世界处处时时都存在着各种各样的矛盾，当某些矛盾反映到意识中时，个体才发现它是个问题，并要求设法解决它，这就是发现问题的阶段。④ Sternberg 和 Lubart（1995）提出，下一个问题的种子是在解决上一个问题时种下的。⑤ Dunbar（1998）指出，问题的产生和发现，通常是因为个体想要达成某个目标，却不知道应该用什么方式去达到目标。⑥ 林沂升（2003）认为，问题发现是指在科学问题情境中，个体产生不平衡感，进而提出问题来。⑦

有学者从问题发现的内容进行描述。Kay（1991）认为，问题发现是个体在采取解决问题的行动之前，形成问题时定义的。因此，问题的解决受到个体在最初定义问题时所设置的参数的影响。⑧ Jay 和 Perkins（1997）指出，问题发现包括构思与想象情境中可能的问题或问题形式，定义与形成真实的问题陈述，定期评估所形成问题的质量与解决方法的选择，不断地重新形成问题。⑨ 郑瑛珍（2000）把科学家的问题发现定义为，科学家产生一个新的想法，或者从实验结果中察觉到新的方向和新的问题，或者从实验结果有所发现。⑩ 林心怡（2000）将问题发现视为科学创造过程中的重要步骤之一。⑪

---

① Getzels, J. W. & Csikszentmihalyi, M. *The Creative Vision: A Longitudinal Study of Problem Finding in Art.* NY: Wiley, 1976. 201 – 203.

② Runco, M. A. *Problem Finding, Problem Solving, and Creativity.* Norwood, NJ: Ablex Publishing Corporation, 1994. 271 – 290.

③ Reitman, W. *Cognition and Thought.* NY: John Wiley & Sons, 1965. 156.

④ 中国大百科全书总编辑委员会《教育》编辑委员会．中国大百科全书（教育）．北京：中国大百科全书出版社，1985. 391.

⑤ Sternberg, R. J. & Lubart, T. I. *Defying the Crowd.* NY: Free Press, 1995. 41 – 51.

⑥ Dunbar, K. Problem solving. In W. Bechtel & G. Graham (Eds.), *A Companion to Cognitive Science.* Cambridge, MA: Blackwell, 1998. 289 – 298.

⑦ 林沂升．"科学问题发现"之思考模式诠释研究——以研究生与小学生的个案为例．台湾屏东师范学院硕士学位论文，2003.

⑧ Kay, S. The figural problem solving and problem finding of professional and semiprofessional artists and non-artists. *Creativity Research Journal*, 1991, 4(3): 233 – 252.

⑨ Jay, E. S. & Perkins, D. N. Problem finding the search for mechanism. In Runco, M. A. (Ed.), *The Creativity Research Handbook.* NY: Hampton Press, 1997. 258 – 260.

⑩ 郑瑛珍．物理学家问题发现与问题解决之个案研究．台湾师范大学硕士学位论文，2000.

⑪ 林心怡．科学创造过程模式之探讨——师院生与小学生的个案诠释．台湾屏东师范学院硕士学位论文，2000.

基于对上述定义或描述的梳理和分析，本书拟从思维的角度把问题发现界定为，问题发现是对内部心理或外在环境中的矛盾、困难、新异或一般事件，设定不同于其现有状态的目标状态的思维过程，也就是找出现有状态与目标状态之间差距的思维过程。

二、与问题发现相关的重要概念

本部分将介绍与问题发现相关的几个重要概念，通过概念之间的辨析，理清概念关系，进一步认识问题发现概念的内涵和外延。

（一）问题发现与问题解决

在问题发现与问题解决的关系上，有学者强调了它们的区别。解决问题和发现一个需要解决的问题是不同的。Mackworth（1965）认为，“在问题解决和发现之间存在最重要的质的区别”，发现者与解决者有真正的差异，问题发现比问题解决更加重要。[①] 一些学者认为发现问题和解决问题可能涉及不同的思维过程。Getzels 和 Csikszentmihalyi（1976）把问题发现与问题解决的区别描述为，面对问题情境的个体是否必须发现和形成一种方法或一个正确途径，还是只需要采取现成的有用表达、方法和途径。[②] Dillon（1982）认为问题解决过程通常是从一个给定的问题开始的，而这正是问题发现活动的最后一个步骤——产生待解决的问题。也就是将问题发现视为问题解决过程的第一步。[③]

Hoover 和 Feldhusen（1990）主张，在科学领域，问题发现与问题解决的区别可以定义为产生和形成问题或假设（问题发现）与通过设计和处理实验来检验假设（问题解决）之间的差别。[④] Gagne 等（1993）指出，问题的产生和发现，通常是因为个体想要达到某个目标，却不知道应该用什么方式去达成目标；而问题解决是指个体能够由初始状态通过不同的途径去达到目标状态的过程。[⑤] 许育彰（1999）认为，皮亚杰的“同化—顺应—平衡”机制，可以用来解释发现问题与解决问题的机制，他认为促使同化和顺应达到平衡状态的是解决问题的

---

① Mackworth, N. H. Originality. *American Psychologist*, 1965, 20: 51-66.

② Getzels, J. W. & Csikszentmihalyi, M. *The Creative Vision: A Longitudinal Study of Problem Finding in Art*. NY: Wiley, 1976. 78-82.

③ Dillon, J. T. Problem finding and solving. *Journal of Creative Behavior*, 1982 (16): 98-111.

④ Hoover, S. M. & Feldhusen, J. F. The scientific hypothesis formulation ability of gifted ninth-grade students. *Journal of Educational Psychology*, 1990, 82: 838-848.

⑤ Gagne, E. D., Yekovich, C. W. & Yekovich, F. R. *The Cognitive Psychology of School Learning* (2nd). NY: HarperCollins College Publishers, 1993. 338-353.

机制，而同化和顺应无法取得平衡的失衡状态便是发现问题的机制。①

Mackworth（1965）全面而详细地比较了问题发现与问题解决的信息加工模式，② 具体见表1-1。

表1-1　问题发现与问题解决的区别

	问题发现	问题解决
定义	比较现有的与期望的计划后，制订出新的计划需求。	从现有的计划中选出一个计划并加以实施。
目的	在现有的与期望的计划中进行正确选择，以设置新计划，同时理解到一个或者一个以上的新计划比现有计划更适合于引发可能的解法。	在现有计划中进行正确选择，以选出一个能够有效引发可能解法的行动。
方法	在把期望与现实之间的差距最小化时，使用思维方法多于实验方法。	在把期望与现实之间的差距最小化时，使用实验方法多于思维方法。
结果	从定义不良问题中发掘出许多新问题。	找到定义良好问题的特定可接受解法。

此外，很多学者也谈到了问题发现与问题解决之间的密切关系。Gagne（1965）认为，很难判定这两个活动的“区别究竟有多大”。③ Getzels（1975）认为，答案的品质与问题的质量息息相关，这就很明显地说明了问题发现和问题解决之间的关系。④ Getzels 和 Csikszentmihalyi（1976）认为，问题发现与问题解决并不是不连续和间隔的。他们把问题发现和问题解决之间的互动关系描述为：“在创造过程中，定义问题与解决问题无须清楚划分。事实上，我们可能会希望一个发现式问题先不要被清晰界定，直到某些解决它的想法产生之后。因此，问题发现出现在整个创造过程之中，也可能持续到作品完成与‘表面的’问题解决之后。”⑤ Deborah、Janet 和 James（1989）则谈到在一个问题从诞生到被解决

① 许育彰. 探讨高中生从力学情境中发现问题的能力之研究. 台湾师范大学博士学位论文，1999.

② Mackworth，N. H. Originality. *American Psychologist*，1965，20：51-66.

③ Gagne，R. M. Human problem solving：internal and external events. In Kleinmuntz，B.（Ed.），*Problem Solving：Research，Method，and Theory.* NY：Wiley，1965. 128-148.

④ Getzels，J. W. Problem finding and the inventiveness of solutions. *Journal of Creative Behavior*，1975，9（1）：12-18.

⑤ Getzels，J. W. & Csikszentmihalyi，M. *The Creative Vision：A Longitudinal Study of Problem Finding in Art.* NY：Wiley，1976. 90.

而消失的过程中，问题发现可能存在于各个阶段。也就是说，在整个问题过程中，也许并不仅仅是先发现问题，然后再解决问题，它们并不是完全割裂的两个阶段，可能会存在不断地在发现和解决之间的往返和循环，直至问题的解决。①

Runco（1994）② 把问题发现与问题解决比作是同一枚硬币的两个面，他认为除了在功能上互有牵连外，两者的效果通常是相互影响的。Jay 和 Perkins（1997）揭示了问题发现与问题解决之间的互动和反复现象，并称之为交互式作用。③ 比如，艺术家在创作的过程中如果发现问题 1，就会试图去解决它；在解决问题 1 的过程中，可能会通过评估而发现问题 1 还不够好，进而发现问题 2；然后在解决问题 2 的过程中，可能又会评估问题 2 不够好，又进而发现问题 3……依此类推。

由以上问题发现与问题解决的关系探讨可以看出，发现问题是解决问题的首要步骤，没有问题发现，则无法进行解决。问题发现和问题解决在整个问题过程中的出现次序不同，但其过程是连续的，甚至可以说是互相交织在一起，不可截然分割的。用来进行问题发现和问题解决的技巧也不相同，问题发现大多采用思维的方式，而问题解决则更多采用实验手段。

（二）问题发现与创造性

要从一个情境中发现问题，所需要的思维方式是多种多样的，而创造性思维是其中不可或缺的重要因素。问题发现其实隐含着创造性的存在，科学的创造过程往往是从发现问题开始的。

Torrance（1966）将创造性视为“这样一个过程，即对问题、不足、知识上的缺陷，基本元素的丢失、不协调、不一致等现象变得敏感，并找出困难，寻求解决途径，作出猜想或构成假设，对假设进行检验和再检验，也许是修改和再检验，达到最终结果”。④ 其定义的前半部分可以看作对问题发现过程的阐述。Getzels 和 Csikszentmihalyi（1975）从多年的研究中得出结论：“问题发现是创造性的关键因素，更重要的是，它可以得到可靠和有效的观察和评价。”⑤

---

① Deborah, W. T., Janet, K. S. & James, D. M. Problem-finding and solving in play: The teacher's role. *Childhood Education*, 1989, winter: 92－97.

② Runco, M. A. *Problem Finding, Problem Solving, and Creativity.* NJ: Ablex Publishing Corporation, 1994. 271－290.

③ Jay, E. S. & Perkins, D. N. Problem finding the search for mechanism. In Runco, M. A. (Ed.), *The Creativity Research Handbook.* NY: Hampton Press, 1997. 258－260.

④ Torrance, E. P. *Torrance Tests of Creative: Norms-technical Manual, Research Edition.* New Jersey, Princetion: Personnel Press, 1966. 27－41.

⑤ Getzels, J. W. & Csikszentmihalyi, M. From problem solving to problem finding. In Taylor, I. A. & Getzels, J. W. (Eds.), *Perspectives in Creativity.* Chicago: Aldine, 1975. 70－92.

在创造性思维的描述中，很多学者都提及了问题发现能力的重要性。Guilford 和 Hoepfner（1971）提出创造性思维包含六个主要成分，问题敏感性是重要成分之一，Guilford 把它解释为容易接受新事物，发现新问题。① 威廉斯提出创造性教学八原则，其中一个原则就是鼓励问题的提出。② 周昌忠在谈到创造性个体所具有的才能时指出，首要方面就是探索问题的敏锐性。他认为，创造性个体在认识风格上的主要特征是发散思维和发现取向，发现取向是一种发现问题、提出问题的倾向。他还进一步谈到，任何一个技术熟练的人都能够解决已提出的问题，但首先提出问题才是一种创造。③

Wakefield（1985）对 23 位小学五年级儿童的研究显示，问题发现与创造性之间存在显著的相关，并能对创造潜力作出预测。④ Okuda 和 Runco（1991）基于对 91 位小学生的研究指出，寻找和发现问题的能力可以作为创造性活动中最好的预测指标。⑤ 张玉成（1993）认为，创造性思维是人类的认知能力之一，其过程始于对问题的感知。⑥ Basadur（1994）认为创造行为可被定义为三阶段的过程：问题发现、问题解决和解决方法执行，这个过程被视为创造性问题解决的完整过程。⑦ Coon 和 Mitterer 指出："问题发现是创造性思维与一般问题解决的不同之处。当人在进行创造性思考时，一种寻求发现的激情主导了人的思维，使人主动寻求那些从未被解决过的问题，并选择其中一些去解决。因此，问题发现可能是比发散思维更具创造性的思维过程。"⑧ 林心怡（2000）将问题发现看作科学创造过程中的重要步骤。他认为，在解决问题的每一个步骤中，都需要创造性思维来生成想法，尤其是找出新问题。⑨ Reiter-Palmon 和 Robinson（2009）则指出，

---

① Guilford，J. P. & Hoepfner，R. *The Analysis of Intelligence*. NY：McGraw-Hill Book Company，1971. 21.

② 张庆林，［美］Robert J. Sternberg. 创造性研究手册．成都：四川教育出版社，2002. 515.

③ 张庆林，［美］Robert J. Sternberg. 创造性研究手册．成都：四川教育出版社，2002. 20.

④ Wakefield，J. F. Towards creativity：problem finding in a divergent-thinking exercise. *Child Study Journal*，1985，15：65 – 70.

⑤ Okuda，S. M.，Runco，M. A. & Berger，D. E. Creative and the finding and solving of real-world problems. *Journal of Psychoeducational Assessment*，1991，9：45 – 53.

⑥ 林沂升．"科学问题发现"之思考模式诠释研究——以研究生与小学生的个案为例．台湾范学院硕士学位论文，2003.

⑦ Basadur，M. Managing the creative process in organizations. In Runco，M. A.（Ed.），*Problem Finding，Problem Solving，and Creativity*. New Jersey：Ablex Publishing Corporation，1994. 237 – 268.

⑧ ［美］Coon，D. & Mitterer，J. O. 心理学导论——思想与行为的认识之路（第 11 版）．郑钢等译．北京：中国轻工业出版社，2007. 407.

⑨ 林心怡．科学创造过程模式之探讨——师院生与小学生的个案诠释．台湾屏东师范学院硕士学位论文，2000.

问题的确认和建构是对创造性具有重大意义的认知过程。[①] 胡卫平和周蓓（2010）则将问题提出能力视为创造力的一部分，或是创造过程的一个要素。[②]

总之，创造性在问题发现中扮演着重要角色，反之亦然。也许 Zuckerman（1992）的话能最好地阐明两者的关系。他指出，一个有创造性的科学家应该能在重要的时机，界定出好的问题，并选择重要的问题去研究。[③]

（三）问题发现与思维

思维是一种认知操作活动，包括感官介入、知觉和记忆，进而从事构思、推理或判断等过程（Beyer，1988）[④]。问题与思维之间有着密切联系。早在两千多年前，孔子就曾经说过："疑是思之始，学之端。"

有学者认为，问题发现是思维的前提。苏格拉底认为，问题是接生婆，它促使新思想的诞生。亚里士多德说过，思维自惊奇和疑问始。也就是说，问题促进了思维的产生，发现问题是思维的起源。

发现问题离不开思维活动的参与。Arlin（1975）提出，环境中的刺激是问题发现过程的开始，其中包含着多种思维方式，如联想、重组、分析、判断等。[⑤] 金吾伦（1993）指出，科学问题发现是一个过程，它不是一次完成的，而是在科学实践中理论因素和经验因素相互作用，演绎推理和归纳推理相互结合，分析和综合相互交替，以及运用模型、模拟等方法的综合结果。[⑥] Runco（1994）认为，在问题发现过程中，需要想象、寻找矛盾和明显的抵触、保持关于旧问题的新假设或者产生全新的需要解决的问题等思维活动。[⑦] 林沂升（2003）认为，个体在科学问题情境中使用的思维方式包括六种：分析思维、归纳思维、演绎思维、重组思维、模拟思维以及评鉴思维。而思维模式则是指个体使用的思维方式所组合、形成的一种有架构、有系统的整体模式。他还指出，科学问题发现的思维模式有固定的思维方向，即由科学问题情境出发，首先经过分析思维，再透过演绎或模拟思维，之后将产生的想法进行归纳或重组，再进行评鉴思维，最后发

---

① Reiter-Palmon，R. & Robinson，E. J. Problem identification and construction：What do we know，what is the future? *Psychology of Aesthetics*，*Creativity*，*and the Arts*，2009，3（1）：43－47.

② 胡卫平，周蓓．动机对高一学生创造性的科学问题提出能力的影响．心理发展与教育，2010（1）：31～36.

③ Zuckerman，H. The scientific elite Nobel laureates' mutual influences. In Albert，R. S.（Ed.），*Genius and Eminence*. England Pergamon Press，1992. 157－170.

④ Beyer，B. K. *Developing a Thinking Skills Program*. Boston：Allyn & Bacon，1988. 20－24.

⑤ Arlin，P. K. A cognitive process model of problem finding. *Educational Horizons*，1975，54（2）：99－106.

⑥ 金吾伦．科学发现的哲学．台北：水牛出版社，1993.

⑦ Runco，M. A. *Problem Finding*，*Problem Solving*，*and Creativity*. Norwood，NJ：Ablex Publishing Corporation，1994. 271－290

现科学问题。①

可见，一方面，问题发现过程离不开思维活动的参与，思维方法是问题发现过程中最常用、最重要的方法；另一方面，问题发现也可以看作是思维的开端，没有明确的问题就无法将思维进行集中和深入。两者是相互依存的。

（四）问题发现相关概念辨析

Mackworth（1965）曾指出，问题发现这个术语是罕见的。但许多术语和技巧都与问题发现过程相关，比如问题提出、问题定义、问题形成、问题空间、问题敏感性等。② 在文献中，很多时候对这些术语并没有进行严格区分，而是混合使用的。这里，将列出与问题发现关系密切的词汇并进行区分，以使我们能够更加明确地认识问题发现概念的内涵和外延。

1. 问题提出

问题提出是指从已有情境或经验中创造出新问题，并用语言表达出新发现的问题，简称为提问（费广洪，2003③）。Brown（1994）谈到，一般问题解决领域的教学计划、课程与研究都预设了“给定的问题”，学生的任务是如何去得出问题的解法。其实可以颠倒过来，让没有经验的学生自行创造问题，问题的解法可以用来激励学生提出新问题。④ 梁淑坤（1995）指出，问题提出是一种新兴的教学策略，它是指问题提出者用自己的知识与生活经验把情境、人物、事件等建立关系并组织起来，编成一个题目。⑤

从以上学者的描述，我们可以看出，问题提出与问题发现的结果是相同的，即都是由个人自行提出问题，但两者本身有所区别。Leung（1993）指出，问题提出是在“给定的问题”下进行的，这个“给定的问题”就是要求学生去提出问题，而学生所提出的问题必须是可行的，这种设计类似于传统的开放式问题或是结构不良问题。只是这种开放式问题的答案是由学生自行拟出。⑥ 具有特殊性质（例如是可行的）的问题，从某种意义上讲，问题提出似乎是一种问题解决活动。而问题发现却不一定在特定情境中发生。任何时间、地点，个体都可能发

① 林沂升．“科学问题发现”之思考模式诠释研究——以研究生与小学生的个案为例．台湾屏东师范学院硕士学位论文，2003.

② Mackworth，N. H. Originality. *American Psychologist*，1965，20：51－66.

③ 费广洪．幼儿问题意识概念的建构．学前教育研究，2003（1）：14～17.

④ Brown，S. I. The problem of the problem and curriculum fallacies. In Ernest，P.（Ed.），*Constructing Mathematical Knowledge Epistemology and Mathematics Education.* UK：London The Falmer Press，1994. 177－179.

⑤ 梁淑坤．师范生拟题行为之研究．“行政院”台湾科学委员会专题研究计划成果报告，1995. 5.

⑥ Leung，S. S. *The relation of mathematical knowledge and creative thinking to the mathematical problem posing of prospective elementary school teachers on tasks differing in numerical information content.* Thesis（Ed. D.）. Pittsburgh：University of Pittsburgh，1993. 27.

现问题，问题发现是泛指能产生出任何问题的活动。因此，虽然问题发现与问题提出的结果都是问题的产生，但涉及的认知活动是不同的。

2. 问题定义

问题定义是指一种能够使问题具有解法功能的方式。Runco 和 Okuda（1988）认为，问题定义反映了当个体确认任务是可以控制的时候所发生的情形。①

问题被个体或外界建立的参数所限定。在大部分情况下，参数的定义出现在问题开始的准备阶段，也就是在解决问题的步骤被完成之前就已经形成了。Osborn（1953）提出问题定义发生在一个最初的“事实发现”阶段，在那时，问题被定义，解决问题的参数通过收集和分析数据而形成。② Sidney Parnes 和他的同事扩展了 Osborn 的问题解决模型，把问题定义极大地与问题发现阶段联系起来。Isaksen 和 Treffinger（1985）在提出创造性问题解决阶段模型时也指出，问题定义发生在明显的问题发现阶段。在这个模型中，问题发现阶段出现在发现困惑和发现事实之后，在问题发现阶段之后的是发现构想、发现解答和寻求接受等阶段。③

从问题发现的观点来看，问题定义可以帮助个体在一个特殊的环境或概念中，集中注意力、精力来收集信息，形成对问题的陈述和表征。从这个角度讲，问题定义是问题发现的一个环节，但它也可以独立于问题发现而存在。

3. 问题形成

问题形成与问题发现的侧重点有所不同。如果说问题发现强调的是“从无到有”，即重点在于知觉或创造出新的问题来；那么问题形成则强调的是从“不良到良好”，即重点在于将定义不良的问题调整为“定义良好的问题”。问题发现的结果可能是定义良好问题也可能是定义不良问题；但是问题形成的目的必须是一个定义良好的问题。

4. 问题空间

问题空间是个体开始进行问题发现和解决活动时，所有可能发生的全部状态。Newell 和 Simon（1972）认为，问题空间包括问题的初始状态、目标状态与中间状态，这里的中间状态由算子和一些限制条件所组成。④ 认知心理学从信息加工观点出发，将问题解决过程看作是对问题空间的搜索过程。问题解决者最重

---

① Runco, M. A. & Okuda, S. M. Problem-discovery, divergent thinking, and the creative process. *Journal of Youth and Adolescence*, 1988, 17: 211 – 220.

② Osborn, A. F. *Applied Imagination*. NY: Scribners, 1953. 149 – 151.

③ Isaksen, S. G. &Treffinger, D. J. *Creative Problem Solving*: *The Basic Course*. Buffalo, NY: Bearly Limited, 1985. 69 – 90.

④ Newell, A. & Simon, H. *Human Problem Solving*. Englewood Cliffs, NJ: Prentice-Hall, 1972. 253 – 258.

要的工作就是通过对问题空间的搜寻，找出一个从初始状态达到目标状态的途径，即问题解决者使用策略或启发法来穿越问题空间（Dunbar，1998①）。

而问题发现则是个体通过已有的认知或自行创造的方式，对内在心理或外在环境中的事件设定不同于其现有状态的目标状态的过程（邵惠靖，2001②）。也就是说，问题发现是要建构出问题空间中的目标状态（不同于初始状态），而问题解决则是找到如何从初始状态转化为目标状态的中间途径。

5. 问题敏感性

Guilford 和 Hoepfner（1971）认为问题敏感性是创造性思维的成分之一。③ 他们认为，许多有创造性的个体都对问题的存在特别敏感，这种敏感可能表现为知觉到“需要改变”或“需要新的谋略或方法”，或是知觉到已知的事物存在缺陷等。问题敏感性有助于个体快速知觉到新奇的、不寻常的与存在明显矛盾的事物。这种特质将会给个体提供许多待解决的问题。问题敏感性强的人可以辨识和获取许多潜在性问题。

Lai 和 Grønhaug（1994）则认为，典型的问题敏感性是指“此刻有问题”的态度。情境中往往同时存在多个潜在问题元素，由于个体的问题处理能力有限，所以问题敏感性显得非常重要。要想具备强的问题发现能力，良好的问题敏感性是不可缺少的。④

三、问题发现的意义

人类对未知的探索往往是从发现问题和提出问题开始的。在相当长一段时间内，问题发现的重要性已经得到了学者们的广泛关注和认同。

笛卡儿说，要想追求真理，我们必须在一生中尽可能地把所有事物都质疑一次。Dewey（1910）则表示，一切思维起源于疑难、困扰或者问题。如果没有遇到问题，思维便会静如止水，一点作用都不发生；只有在问题环生的情况下，思维才会波涛起伏，殚思竭虑，以求问题解决。⑤ Einstein 和 Infield（1938）也指出：“问题的发现和形成通常比它的解决更加重要。解决问题可能只需要一个数学的或者实验上的技巧。但是，为了发现新的问题、新的可能性或者以新的角度

---

① Dunbar, K. Problem solving. In Bechtel, W. & Graham, G. (Eds.), *A Companion to Cognitive Science*. Cambridge, MA: Blackwell, 1998. 289 – 298.

② 邵惠靖．扩散性思考、数学问题发现与学业成就的关系．台湾政治大学硕士学位论文，2001.

③ Guilford, J. P. & Hoepfner, R. *The Analysis of Intelligence*. NY: McGraw-Hill Book Company, 1971. 125.

④ Lai, M. H. & Grønhaug, K. Managerial problem finding conceptual issues and research findings. *The Scandinavian Journal of Management*, 1994, 10 (1): 1 – 15.

⑤ Dewey, J. *How We Think*. Boston: D. C. Heath & Co, 1910. 14 – 28.

重新审视已有的问题，则需要丰富的想象力，它标志着科学的真正进步。”[①]

Wertheimer（1945）认为，在伟大的发现中，最重要的是发现问题。提出丰富的问题是比找出一个问题的解决方法更重要、更伟大的成就。[②] 在一篇关于创造性思维的文章中，Campbell（1960）指出，提出正确的问题往往等于解决了问题的一半，真正的原创思维是发现问题。[③] Bunge（1967）认为，在智慧人群中的最智慧者并不是那些知道更多问题解决方法的人，而是那些能够提出和形成全新而丰富的问题系统并有勇气这样做的人。[④] Getzels 和 Csikszentmihalyi（1975）则明确主张，人类不仅是能够减少刺激或是解决问题的有机体，更是能够寻求刺激或是发现问题的有机体。[⑤]

Sternberg 和 Davidson（1985）强调了对天才学生进行问题发现研究的重要性。他指出，虽然还没有清楚知道问题发现能力究竟包含什么，但在大部分领域，天才能够发现广泛的、重要的和在操作研究与行为上容易处理的问题。[⑥] Isaken 等人（1993）在谈到创造力的开发时特别指出，发现问题（包括定义、选择问题以及对问题进行结构化等）与解决问题同样重要。[⑦]

（一）问题发现在科学领域的意义

科学的探索源自于好奇心，而好奇心则引发问题。从问题发现到形成真正可验证问题的全过程，成就了今天的科学世界。科学上的许多重大发明与发现，都是从问题开始的。正是由于科学家在人们一般认为没有问题的地方发现了问题，才能进一步对问题作出创造性的解决。

巴尔扎克说：“打开一切科学的钥匙都毫无异议的是问号。”[⑧] 美国理论物理学家 Richard P. Feynman（1963）指出，谈到科学的本质，特别要强调的是牵涉其中的存疑和不确定性。正是由于对事对物的存疑和不确定，我们才会随时都发

---

① Einstein, A. & Infield, L. *The Evolution of Physics.* NY: Simon & Schuster, 1938. 95.

② Wertheimer, M. *Productive Thinking.* NY: Harper & Row, 1945. 67 – 69.

③ Campbell, D. T. Blind variation and selective retention in Creative thought. *Psychology Review*, 1960, 67: 380 – 400.

④ Bunge, M. *Scientific Research: The Search for System.* NY: Springer-Verlag, 1967. 94 – 97.

⑤ Getzels, J. W. & Csikszentmihalyi, M. From problem solving to problem finding. In Taylor, I. A. & Getzels, J. W. (Eds.), *Perspectives in creativity.* Chicago: Aldine, 1975. 70 – 92.

⑥ Sternberg, R. J. & Davidson, J. E. Cognitive development in the gifted and talented. In Horowitz, F. D. & O'Brien, M. *The Gifted and Talented: Developmental Perspectives.* Washington, DC: American Psychological Association, 1985. 37 – 74.

⑦ Isaken, S. G., Murdock, M. C. Fellestein, R. L. & Treffinger, D. J. *Nurturing and Developing Creativity: The Emergence of a Discipline.* Norwood, NJ: Ablex, 1993. 283 – 289.

⑧ 赵宏．人的思维与创造．北京：解放军出版社，1988. 32.

现问题并确认心中的假设，而科学更是因此得以迅速发展，进步一日千里。① Klahr 和 Dunbar（1988）指出，成功的科学家就像成功的探险家一样，必须要精通两个相关的技能：知道到哪里寻找问题，并理解看到的是什么。② Dudek 和 Côté（1994）认为，提出问题、重构问题和发现答案是科学家的工作。③ 袁隆平（2006）在谈到科学研究最基本的素质时，非常明确地表示“搞科研要会提问，要敢质疑，不要迷信权威，质疑才是科学的生命”。④

可以说，科学活动本质上就是一种发现问题和解决问题的活动。如果没有发现问题，也就谈不上解决问题，从这个意义上来说，问题发现的意义比问题解决更加重要。

（二）问题发现在教育领域的意义

在教育领域，问题发现的重要性也很早就引起了学者们的关注。苏联教育家苏霍姆林斯基说，提出一个问题，胜于解答十个问题。科学家波利来也指出，学习知识的最佳途径是由自己去发现问题，因为这种发现理解最深，也最容易掌握其中的内在规律、性质和联系。

数学家 Hadamard（1945）把问题发现能力作为一个重要的评价标准来区分最优秀的学生与那些“第二流的学生”。⑤ Beveridge（1957）也把能否发现合适的研究问题作为学生是否具备研究天赋的一个重要标准。⑥ Torrance 和 Meyers（1970）认为，发现问题可以使学生获得四个方面的收获：理解程序的许可条件、获取完成作业所需的有效信息、了解事实，以及认识概念和相关过程等。⑦ Thelan（1972）认为，那些仅仅能够解决问题的学生将永远会被别人牵着鼻子走。如果强调教育只能开始于别人对问题的陈述，就否定了人类最基本的需要——对自主的追求。他还指出，在问题的形成过程中，个性得以表达，创造性得到激发。⑧ Miyake 和 Norman（1979）认为，询问有意义的问题意味着一个知识结构

---

① 洪振方，陈宜佩．促进学生形成问题与探究问题之行动研究．科学与教育学报，2000（4）：253～276.

② Klahr，D. & Dunbar，K. Dual space search during scientific reasoning. *Cognitive Science*，1988，12：1－48.

③ Dudek，S. Z. & Côté R. Problem finding revisited. In Runco，M. A.（Eds.），*Problem Finding*，*Problem Solving*，*and Creativity.* NJ：Ablex Publishing Corporation，1994. 130－152.

④ 袁隆平．搞科研要会提问，要敢质疑（刘璐撰文）．南方都市报，2006 年 7 月 28 日，C03 版．

⑤ Hadamard，J. *The Psychology of Invention in the Mathematical field.* NY：Dover Publications，1945. 34－58.

⑥ Beveridge，W. I. *The Art of Scientific Investigation.* NY：Random House，1957. 57－60.

⑦ Torrance，E. P. & Meyers，R. E. *Creative Learning and Teaching.* NY：Dodd，Mead & Company，1970. 228.

⑧ Thelan，H. A. *Education and the Human Quest.* Chicago：University of Chicago Press，1972. 194－205.

的形成和对答案的理解。[①]

Dillon（1988）指出，学生的问题可能是他们思维与学习过程的模拟。[②] Runco 和 Okuda（1993）提出，当学生参与问题发现活动时，他们在问题解决过程中将受到更多的内部激励。[③] 姚本先（1995）[④] 指出，培养学生的问题意识，有助于发挥学生的主体作用、激发学习兴趣和动机；有助于锻炼学生勇于探索追求真理的精神和创造能力；有助于活跃课堂教学气氛，提高教学效果；有助于学生掌握有效的学习方法，提高学习能力。欧阳文（1999）表明，培养学生的问题意识，有助于学生储备丰富的知识信息量、形成一定的思维方法、发展良好的个性以及培养能力，尤其是创造力。[⑤] Kagan（1999）认为，通过发现问题，学生可以学会评价各种观点，清楚表达自己的想法，并提高学习能力。[⑥] Dori 和 Herscovitz（1999）认为，学生问题发现能力的提高可以有效促进他们问题解决能力的提高。[⑦] Marbach-Ad 和 Sokolove（2000）指出，问题发现过程可以使个人描述出他对一个主题的理解并连接其知识与思维。[⑧] Harper，Etkina 和 Lin（2003）发现，那些缺乏概念知识却能够通过询问问题来填补知识缺口的学生，比不这么做的学生要学得更好。[⑨] 赖敏（2007）谈到，问题意识是学生创造能力的催发剂、丰富知识的快车道、个性发展的助动器以及挑战权威的原动力。[⑩]

虽然学者们重视学生的问题发现能力，但同时，他们也指出了教育对学生问题发现能力培养的缺乏。Getzel（1964）指出，在所有层次的教育中，基本上都

---

① Miyake，N. & Norman，D. A. To ask a question，one must know enough to know what is not known. *Journal of Verbal Learning and Verbal Behavior*，1979，18：357 –364.

② Dillon，J. T. Questioning in education. In Mayer，M. （Ed. ），*Questions and Questioning*. NY：Walter De Gruyter，1988. 105.

③ Runco，M. A. & Okuda，S. S. Reaching creatively gifted students through their learning styles. In Milgram，R. M. ，Dunn，R. & Price，G. E. （Eds. ），*Teaching and Counseling Gifted and Talented Adolescents：An International Learning Style Perspective*. NY：Praeger，1993. 103 –115.

④ 姚本先．论学生问题意识的培养．教育研究，1995（10）：40 ~43.

⑤ 欧阳文．学生无问题意识的原因与问题意识的培养．湘潭大学社会科学学报，1999（1）：128 ~131.

⑥ Kagan，M. *Higher-level Thinking QueStions*，*Book Series*. San Clemente，CA：Kagan Publishing，1999. 82 –91.

⑦ Dori，Y. J. & Herscovitz，O. Question-posing capability as an alternative evaluation method：Analysis of an environmental case study. *Journal of Research in Science Teaching*，1999，36：411 –430.

⑧ Marbach-Ad，G. & Sokolove，P. G. Can undergraduate biology students learn to ask higher level questions? *Journal of Research in Science Teaching*，2000，37：854 –870.

⑨ Harper，K. A. ，Etkina，E. & Lin，Y. Encouraging and analyzing student questions in a large physics course：meaningful patterns for Instructors. *Journal of Research in Science Teaching*，2003，40：776 –791.

⑩ 赖敏．关于学生问题意识培养的思考．传承，2007（7）：109 ~111.

忽略了问题发现，而集中于对现有问题的解决。① Washton（1971）指出，长久以来学生一直扮演解题者的角色，很少有机会学习到发现和形成问题的技能。② Gall（1970）指出，课堂中广泛忽略了学生的问题发现技巧。③ Frederiksen（1984）认为，在真实世界中遇到的大部分问题都是结构不良的，而教育环境给学生提供的却都是结构良好的问题，学生很少有发现问题的机会。④ Tegano，Sawyers 和 Moran（1989）⑤ 提出，为了教会学生解决问题，教师必须首先帮助他们发现问题。Moore（1994）指出，教师其实面临着与学生同样的困境。教师在教学中被各种教材、课程指导和学校管理者所提供的各类定义良好的问题所束缚。⑥

除了科学和教育领域，很多文献也提及了问题发现在诸如哲学、数学、技术创新、历史、日常生活和商业⑦等方面的重要性。在此不一一赘述。

第三节　问题发现的理论模型

问题发现理论模型涉及学者们对问题发现的综合性看法和更深入的探索。通过对理论模型的分析，我们可以更全面地了解问题发现的过程和实质。

一、问题发现的过程模型

问题发现过程模型着重从问题发现的先后顺序和前后阶段的角度，论述了问题发现活动的认知机制。

（一）问题发现的认知过程模型

Arlin 于 1974 在《问题发现：认知过程变量与问题发现行为的关系》一书中

---

① Getzels，J. W. Creative thinking，problem-solving，and instruction. In Hilgard，E. R.（Ed.），*Theories of Learning and Instruction*，*the Sixty-third Yearbook of the National Society for the Study of Education*，Part 1. Chicago：University of Chicago Press，1964. 240 – 267.

② Washton，N. S. Creativity and science teaching. *Science Education*，1971，55：147 – 150.

③ Gall，M. D. The use of questions in teaching. *Review of Educational Research*，1970，40：707 – 721.

④ Frederiksen，N. Implications of cognitive theory for instruction in problem solving. *Review of Educational Research*，1984，54（3）：363 – 407.

⑤ Tegano，D. W.，Sawyers，J. K. & Moran，J. D. Problem-finding and solving in play：The teacher's role. *Childhood Education*，1989，66（2）：92 – 97.

⑥ Moore，M. T. The ecology of problem finding and teaching. In Runco，M. A.（Ed.），*Problem Finding*，*Problem Solving*，*and Creativity*. Norwood，NJ：Ablex，1994. 174 – 187.

⑦［日］齐藤嘉则著．发现问题的思考术．郭菀琪译．台北：经济新潮社，2009. 1 ~ 339.

提出了问题发现的认知过程模型。① 具体见图 1－1。

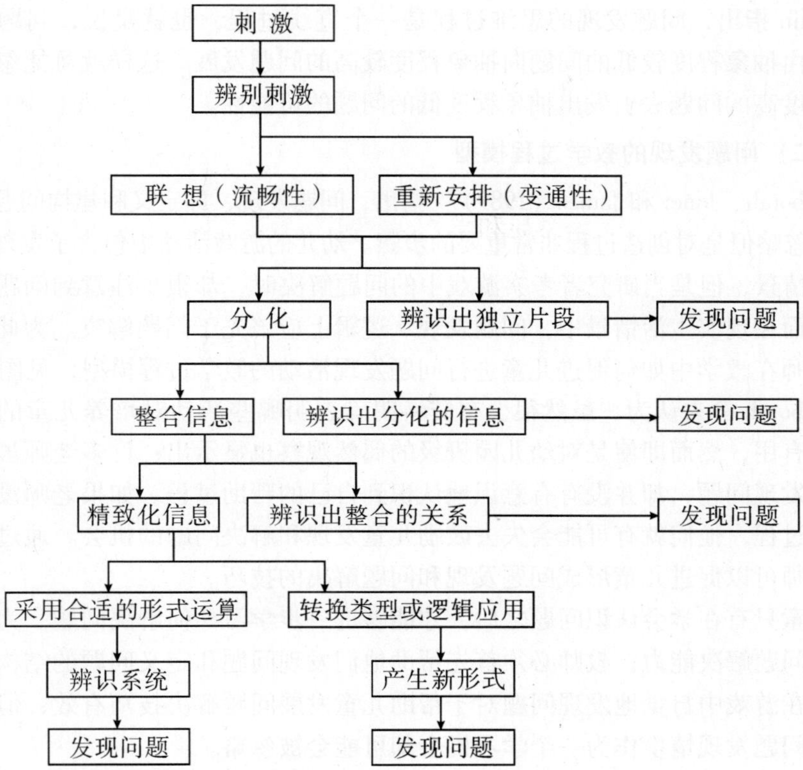

图 1－1　问题发现的认知过程模型（Arlin，1974）

Arlin 指出，环境刺激是问题发现过程的开端。环境中的刺激出现之后，个体必须首先辨别这个刺激，然后进行以下平行操作中的其中一种：对刺激作出有趣的联想，或者是在多个维度间重新组合刺激的位置。

个体经过联想或重组思维后，接下来不是进行分化，就是辨识出独立片段停止问题发现。如果个体选择分化刺激之后，他不是去整合已分化与处理过的刺激信息，就是因为辨识出已分化信息的类别而停止问题发现。如果个体选择继续整合信息，那么他不是去精致化信息并继续发现问题，就是因为辨识出这个整合关系而停止问题发现。如果个体选择精致化信息，那么他会采用合适的形式运算并辨识出系统而停止问题发现，或者去转换类型或合乎逻辑地蕴涵此类型以产生新

① Arlin，P. K. *Problem Finding*：*The Relation Between Cognitive Process Variables and Problem Finding Performance.* Chicago：University of Chicago，1974. 125－147.

的形式。不管是转换或蕴涵，最终结果都是产生一般性问题，也就是个体发现了问题。以上就是 Arlin 描述的问题发现认知过程。

Arlin 指出，问题发现的思维过程是一个直线过程，也就是说，问题发现时一定是由抽象程度较低的问题向抽象程度较高的问题发展。这样就可能忽略了由抽象程度高的问题去引发出抽象程度低的问题的可能性。

（二）问题发现的教学过程模型

Deborah、Janet 和 James（1989）① 指出，问题发现，即定义和建构问题是一个经常被忽略但是对创造过程非常重要的步骤。幼儿的游戏活动中包含了发现和解决问题的情景，但是当研究者考察游戏中的问题解决时，却很少注意到问题发现的作用。而在现实生活情景中，问题发现从逻辑上应该先于问题解决。为此，他提出了教师在教学中如何促进儿童进行问题发现活动的教学过程模型，见图 1－2。

Deborah 等人认为，虽然很少有资料明确表明哪些活动对培养儿童的问题发现能力有用，然而即使是对幼儿园班级的偶然观察也显示出：许多老师虽然帮助了儿童发现问题，却并没有有意识地认识到自己的帮助过程。如果老师没有意识到这个过程，他们就有可能会失去鼓励儿童发现和解决问题的机会。通过游戏活动，教师可以促进儿童形成问题发现和问题解决的技巧。

儿童只有在学会认识问题之后，才能够进一步学习如何解决问题。为了提高儿童的问题解决能力，教师必须首先帮助他们发现问题和定义问题的结构。虽然让儿童在游戏中自觉地发现问题对于帮助儿童发展问题解决技巧有效，但是在教育中，问题发现情境作为一个学习机会却可能会被忽略。

① Deborah, W. T., Janet, K. S. & James, D. M. Problem-finding and solving in play: The teacher's role. *Childhood Education*, 1989, winter: 92－97.

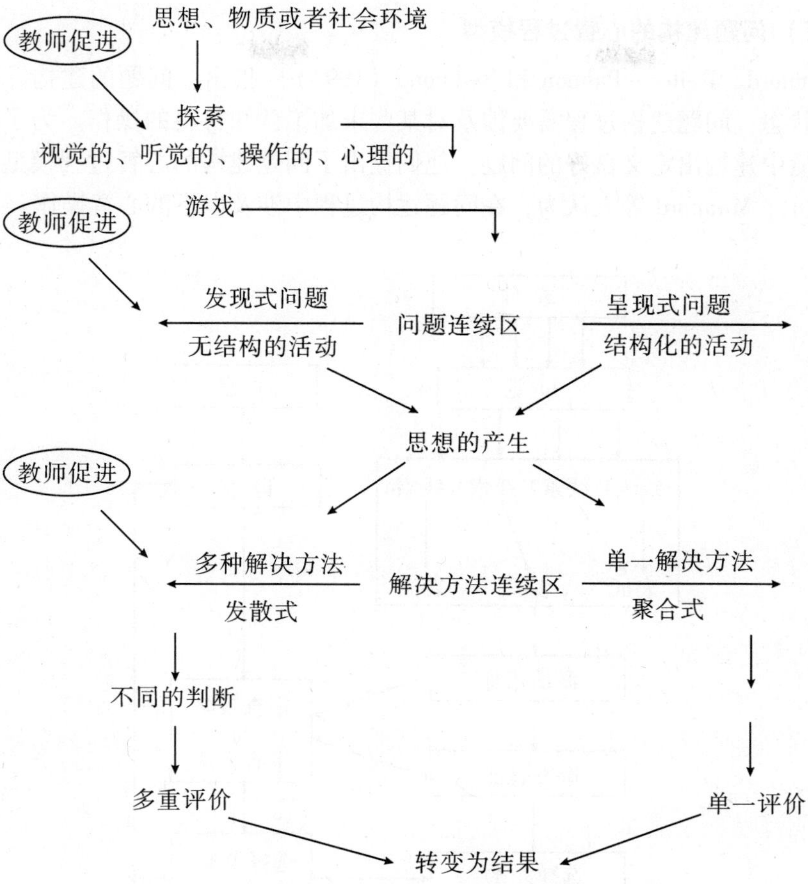

图1-2　问题发现的教学过程模型（Deborah 等，1989）

为此，Deborah 等人还提出，教师可以通过以下途径来促进儿童的问题发现行为。

（1）提供一个心理安全的环境。温暖、支持性的氛围，相互尊重的态度和真诚的赞赏可以为鼓励儿童探索和发现问题提供自由和安全的环境。

（2）提高儿童的兴趣。儿童的个人兴趣可以成为选择班级活动的来源。儿童对活动的浓厚兴趣将促进游戏的顺序开展并提高问题发现和解决方法的产生。

（3）鼓励儿童参与作出决定的过程。

（4）给儿童充分的时间以思考和发展他们的想法。

Deborah 等人认为，受到鼓励去发现问题的儿童更倾向于主动学习各种概括的技巧，并采用更好的方法来处理真实生活中的问题。因此，教师应该经常鼓励儿童主动发现问题。

（三）问题建构的心智过程模型

Mumford、Reiter－Palmon 和 Redmond（1994）① 指出，问题的建构并不是来自真空状态，问题建构过程需要涉及对某些未加工认知材料的操作。为了阐明如何从环境中建构出定义良好的问题，他们提出了问题建构的心智过程模型，如图 1－3 所示。Mumford 等人认为，在问题建构过程中涉及以下的心智操作。

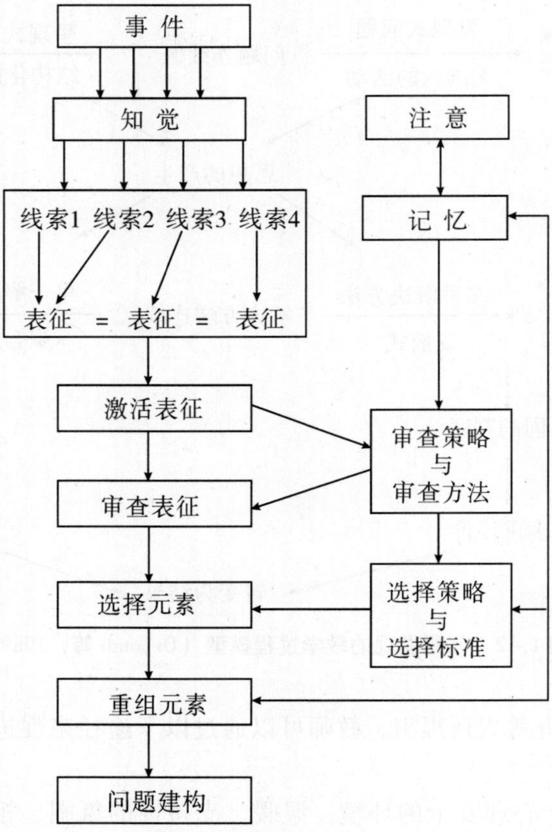

图 1－3　问题建构的心智过程模型（Mumford 等，1994）

（1）由环境中的事件而引发问题线索。在诸多环境信息中，个体选择并注意那些与个人期待相关，但还没有达到理想目标的事件作为发现问题的线索。

① Mumford，M. D.，Roni Reiter-Palmon & Redmond，M. R. Problem construction and cognition applying problem representations in ill-defined domains. In Runco，M. A.（Ed.），*Problem Finding*，*Problem Solving*，*and Creativity*. NJ：Ablex，1994. 3－39.

（2）激活表征。表征是将外在现实事件转化为内在心理事件的过程，问题表征的激活是指将事件的线索与已有的认知相联结。

（3）审查表征。在各种问题表征中，运用审查策略与审查方法，保留住最强而有力的表征。

（4）选择元素。保留可以用来组成问题，并引导问题解决的那些表征元素。

（5）重组元素。将最后保留下来的问题表征元素组织成有条理的问题。

从 Mumford 等人的模式中可以看出，如果要形成问题，个体必须具有完备的记忆内容，以及审查与选择形成环境事件表征所需的策略与方法，这些都与个体的背景知识密切相关。

（四）科学问题发现的思维过程模型

林沂升（2003）通过比较研究生与小学高年级学生在发现科学问题上的思维差异，提出了科学问题发现的思维过程模型。[①] 他指出，在科学问题发现过程中涉及六种思维方式，分别是分析思维、演绎思维、类比思维、归纳思维、重组思维以及评鉴思维，具体如图 1－4。

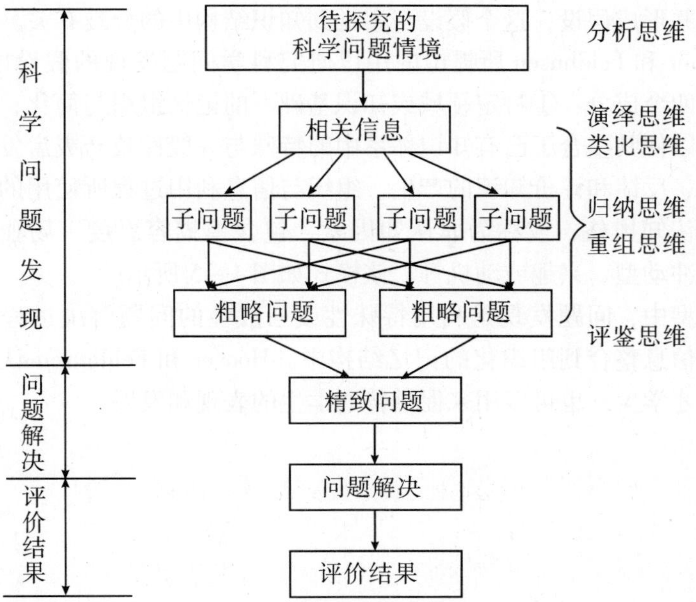

图 1－4　科学问题发现的思维过程模型（林沂升，2003）

① 林沂升．“科学问题发现”之思考模式诠释研究——以研究生与小学生的个案为例．台湾屏东师范学院硕士学位论文，2003.

林沂升认为，科学问题发现的思维模型有固定的方向。该过程是由科学问题情境出发，首先经过分析思维，通过演绎或类比思维，然后将产生的想法进行归纳或重组，再进行评鉴思维，最后发现科学问题。这六类单一的思维方式也可以相互自由组合，形成复杂的思维模式。其研究显示，高问题发现能力者的思维优势并不表现在问题数量上，而是表现在思维类型的多样性、思维模式的复杂性和评鉴思维的使用上。

二、问题发现的成分模型

问题发现的成分模型，主要探讨了问题发现活动所包含的各个要素、成分，以及其间的相互关系。

（一）问题发现的假设成分模型

Hoover 和 Feldhusen（1994）指出，可以尝试集合问题解决、元认知、策略发展与使用以及知识基础的发展，说明问题发现的潜在过程。[①] 他们以信息处理过程和过程之间的转换来定义问题发现：在过程转换中，个体能够在知识基础间建立联结，并形成假设，这个假设与察觉到知识结构中的分歧有关。

在 Hoover 和 Feldhusen 所提出的用以研究科学问题发现的假设成分模型中，包含了以下四个成分：①特定领域或知识基础下的记忆组织与简化；②用来获取知识或信息以使其整合于已有知识体系中的特殊与一般性技巧或启发法；③用来计划、监控、反馈和评价知识的产生、组织与信息利用过程所使用的元认知或执行策略；④认知风格，或称为非认知因素，包含模糊容忍度、场独立—场依存型、反思—冲动型、兴趣或动机等。该模式如图 1－5 所示。

在该模型中，问题发现是利用特殊性或一般性的问题解决过程，将新的数据、经验或信息整合到组织化的记忆结构中。Hoover 和 Feldhusen 认为，模式不仅适用于天才学生，也可以用来促进普通学生的表现和发展。

① Hoover，S. M. & Feldhusen，J. F. Scientific problem solving and problem finding：A theoretical model. In Runco，M. A.（Ed.），*Problem Finding*，*Problem Solving*，*and Creativity*. NJ：Ablex，1994. 201－219.

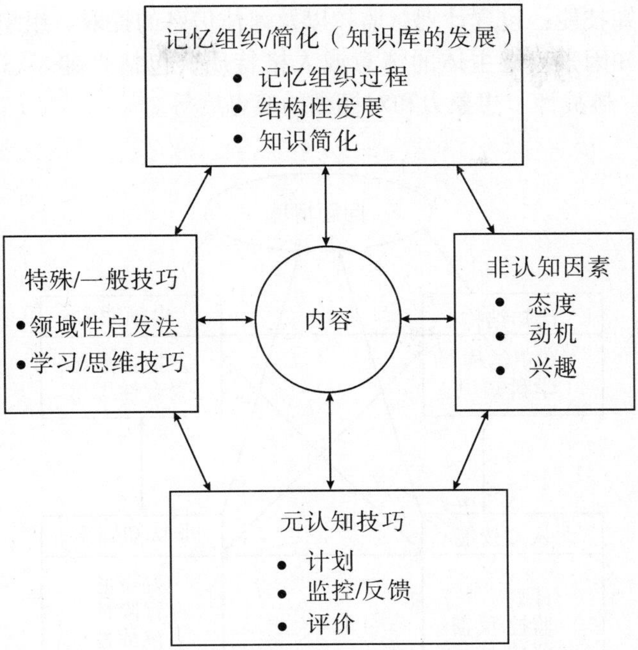

图 1－5　问题发现的假设成分模型（Hoover & Feldhusen，1994）

通过以上探讨可以发现，如果从心理层面来看问题发现，那么个体首先是接触了某类刺激信息，这类刺激信息引发个体搜寻内在知识系统的动作；如果个体无法立即将该刺激信息适当纳入已有知识系统中，就会产生矛盾、不一致的心理失衡感，此时个体就有了问题。产生问题之后，个体可以运用已有的知识库与解决问题的相关技巧，伴随着态度、动机与兴趣等非认知因素，进行问题的解决工作。

（二）问题发现的认知成分模型

许育彰（1999）在他的博士论文《探讨高中生从力学情境中发现问题的能力之研究》中提出，问题发现成分由以下五个变量组成（见图 1－6）。[①]

（1）问题情境：任何发现或创造问题必有其对象，这里的问题情境是指一个能够引发主体好奇、困惑，进而极欲深入探究的问题情境。

（2）认知结构：指主体的记忆组织、经验以及对某个特定学科的知识结构。

（3）思维能力：具有操作外来信息并联结已有认知结构，从而酝酿出崭新认知结构的心智能力。

① 许育彰．探讨高中生从力学情境中发现问题的能力之研究．台湾师范大学博士学位论文，1999.

（4）元认知技能：包含计划、监控以及评估信息的提取、组织和贮存等。

（5）非认知因素：指主体的情意或人格特质，包括兴趣、态度、动机、好奇心、冒险性、挑战性、想象力和对模糊的容忍度等。

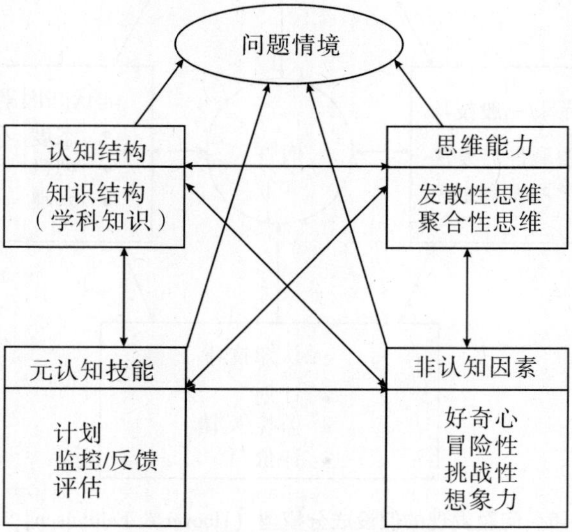

图 1－6　问题发现的认知成分模型（许育彰，1999）

许育彰的问题发现成分模型完整地呈现了问题发现可能涉及的各种成分。他进而强调，这五个变量之间的关系是极为密切的，它们绝非各自为政，而是交互影响的。

第四节　问题发现的实验研究与研究方法

问题发现技巧很早就得到了人们的重视。对问题发现的实验研究可以追溯到 Csikszentmihalyi 和 Getzels（1970）① 以及 Patrick（1935）② 的开创性研究。Getzels 首先提出了问题发现的概念并区分了发现问题和解决问题。其实在更早的时候，Wallas（1926）③ 的研究就已经分别涉及关于问题发现的某些细节（至少是

① Csikszentmihalyi，M. & Getzels，J. W. Concern for discovery：An attitudinal component of creative production. *Journal of Personality*，1970，38：91－105.

② Patrick，C. Creative thought in poets. *Archives of Psychology*，1935，26：1－74.

③ Wallas，G. *The Art of Thought*. NY：Harcourt Brace，1926. 277－292.

预备过程)。

但是，与对“问题解决”领域的丰富研究形成鲜明对比的是，有关问题发现的理论探讨大多是简短的，实验研究比较缺乏，研究方法也相对单一。研究不足的主要原因可能来自问题发现过程本身的开放性、潜伏性、隐蔽性和反复性等特点，以及由此带来的对问题发现的界定、理论和方法等难以达成共同的认识和理解。下面，将对问题发现领域重要的实验研究和研究方法作全面回顾。

一、问题发现的实验研究

近年来，有关问题发现的研究主要集中在科学、艺术、生活和教育等领域。

(一) 科学领域的问题发现研究

Hoover 和 Feldhusen (1990) 在真实的、界定不良的环境中探讨了高智力学生在科学领域的假设形成能力。[①] 他们使用 Frderickson、Evans 和 Ward (1975) 等人发展的假设形成测验作为评价学生问题发现能力的工具。具体做法是，在自然环境中给被试呈现一个真实的、界定不良的情境。86 个高智商的九年级学生通过一步一步地接收问题情境中的信息，并试着提出造成该情境原因的假设。在此过程中，被试会接收到额外的信息以增加到其已有知识系统中，这些信息是用来帮助他们确认、修正或否定已经提出的假设。结束时，被试需要对问题情境提出最终的假设。每个假设形成测验均获得两组分数，质量分数和数量评分。研究发现，假设形成能力与智力、能力和特殊非认知变量的相关不显著。该研究为建构高智商学生假设形成和发现科学问题的独立本质提供了实验证据。[②]

许育彰 (1999)[③] 考察了 292 名高中生从物理力学情境中发现问题的能力。在评价问题发现能力时，研究采用了自编的力学方面的“矛盾式问题情境”和“潜藏式问题情境”作为材料。矛盾式情境的评分是依据被试是否能够发现情境中的矛盾之处，并说出合理的理由；潜藏式情境的评价则从力学和创意两个角度分别进行 3 分制评分。研究还搭配其他测验工具进行资料搜集，这些工具包括：物理力学基本概念测验、逻辑推理群测试题、威廉斯创造性思维活动量表、元认知量表、威廉斯创造性倾向量表等。研究结果显示，除了物理学科知识之外，各量表中只有逻辑推理能力与问题发现能力有正相关，且上述两者也只是与聚合式

---

① Hoover, S. M. & Feldhusen, J. F. The scientific hypothesis formulation ability of gifted ninth-grade students. *Journal of Educational Psychology*, 1990, 82: 838 - 848.

② Frderickson, N., Evans, F. R. & Ward, W. C. Development of provisional criteria for the study of scientific creativity. *Gifted Child Quarterly*, 1975, 19: 60 - 65.

③ 许育彰. 探讨高中生从力学情境中发现问题的能力之研究. 台湾师范大学博士学位论文, 1999.

发现问题能力呈正相关。此外，学科知识在预测学生发现问题的能力上也有重要作用。

郑瑛珍（2000）以物理实验室的成员为观察对象，采用实地观察与半结构式访谈等形式，用个案研究的方法探讨了物理学家的问题发现行为。结果表明，物理学家在形成研究主题时，会搜集相关的研究文献，依据个人先前获取的研究经验和背景知识，发现可以进一步研究的主题。促进问题发现的方法包括：设定可能的研究目标、注意不一致的地方、与人跨领域合作等。此外，物理学家们均认为，科学问题发现不是意外发生的，而是有心才会产生的。①

杨千慧（2002）在研究当代女性地球科学家的科学探索过程中，也涉及到了问题发现的内容。研究通过深度访谈与直接观察收集质性资料，探讨当代杰出女性科学家的科学探索历程，其中包括如何发现问题的过程。研究表明，女性地球科学家的研究问题通常是延续过去的研究成果，强调持续观测的重要性。在发现研究问题方面，女性科学家比男性更关注社会需求。②

林沂升（2003）以研究生与小学生的个案为例，对科学问题发现的思维模式进行了考察。研究先通过文献探讨整理出六种科学问题发现的思维模式，然后用科学问题发现评测工具评价并筛选出 2 位研究生与 6 位小学六年级儿童作为被试。采用半结构化访谈的方法对被试进行科学问题发现的个别访谈，以考察研究生与小学生科学问题发现思维模式的异同。结果显示，小学生在发现问题的数量上明显优于研究生，研究生在发现“好的科学问题”的数量上明显优于小学生。研究生在科学问题发现过程中所使用的思维方式相当全面，思维类型多样化且会使用评价思维。而小学生使用的思维方式较少，思维的复杂性不高。③

代天恩（2011）采用实验的方法探讨了相关原型知识对科学问题发现启发效应的认知机制，结果表明，原型材料的学习可以促进创造性问题的发现，提高问题发现质量，显示出显著的原型启发效应。同时，借助 fMRI 技术探讨了科学问题发现中原型启发效应的脑机制。研究发现，有原型启发的科学问题发现活动的显著激活脑区主要有楔前叶和角回，而有原型和无原型科学问题发现活动的共同激活脑区则主要包括左侧中央前回、左侧内侧额叶、左侧梭状回、左侧豆状核和右小脑等。④

---

① 郑瑛珍．物理学家问题发现与问题解决之个案研究．台湾师范大学硕士学位论文，2000.

② 杨千慧．当代女性地球科学家科学探索历程．台湾师范大学硕士学位论文，2002.

③ 林沂升．“科学问题发现”之思考模式诠释研究——以研究生与小学生的个案为例．台湾屏东师范学院硕士学位论文，2003.

④ 代天恩．科学问题发现中的原型启发效应．西南大学硕士学位论文，2011.

（二）艺术领域的问题发现研究

Patrick（1937）在其问题发现研究中给被试呈现了一个复杂的刺激（一首诗），并要求他们通过从中发现问题和提出解决方法来作出反应（画一幅画）。实验组是50位有创造性的画家，控制组由没有接受过绘画训练的50位成人非艺术家组成，两组被试的词汇水平相当。在整个实验过程中，被试必须进行出声思维，直到完全完成这幅画。在实验结尾，被试还需要完成一个包含10个题项的问卷调查，主要用来了解艺术家的日常创作过程以及对实验的反应。①

在分析数据中，Patrick根据Wallas（1926）提出的创造过程四阶段模型②，把总的创作时间分成了四个阶段。分析集中于以下四个方面：①在每个阶段思维变化的数量；②画出图形的形状总数量；③在创作过程中修改的数量（比如，加入线段以表示强调，增加阴影等）；④在每一个创作阶段，用于产生思维变化的时间，也就是用于无组织思维的时间和用于修正的时间。通过数据分析，Patrick提出，在问题发现中可能存在两个不同阶段："无组织"的思维阶段和紧接着的"有组织"的思维阶段。研究发现，艺术家和控制组成人在整个创作过程的各个阶段，心理能量的分配比例是完全相同的。他们都把大量活跃的心理能量花费在创作过程的准备阶段。Getzels和Csikszentmihalyi认为，被试此时可能正是处于问题形成的阶段。特别值得一提的是，在该研究中Patrick首次使用了出声思维技术研究问题发现过程。

后来，Cōté（1990）③ 对Patrick的研究进行了修订，他改变了创作媒介（把绘画改为做抽象拼图，这是为了消除被试绘画技巧上的差异）和观察方式（把被试出声思维，主试观察并记录改为用录像方式记录）。在研究中，要求21名艺术系学生对提供的23件物品进行选择和安排，以构成一幅抽象拼图。该研究发现，与最终产品的质量和独创性显著相关的并不是在问题发现阶段而是在问题解决阶段的努力数量和能量的消耗，这与Patrick的研究结果相反。这可能是由于通过消除绘画技巧上的个体差异，另一些重要的元素也被消除了。当用抽象拼图代替绘画时，可能已经测量了不同的技巧。此外，媒介改变带来的差异也唤起了我们对一个事实的注意，即问题发现这个术语不应该被限定在创作的准备阶段。也就是说，问题发现可能会再次发生在问题解决阶段。

Getzels和Csikszentmihalyi（1976）通过纵向研究，探索了在艺术领域的问题发现能力与未来成就之间的关系。他们让31位艺术系男生从27个指定物品中选

---

① Patrick, C. Creative thought in artists. *Journal of Psychology*, 1937, 4: 35－73.

② Wallas, G. *The Art of Thought*. NY: Harcourt Brace, 1926. 277－292.

③ Runco, M. A. *Problem Finding, Problem Solving, and Creativity*. NJ: Ablex Publishing Corporation, 1994. 271－290.

择出一些并作出排列，以构成一幅静物图，然后画出该静物的写生作品。在该任务中，艺术家通过排列物品来形成问题，并以完成绘画作为对该问题的解决。结果显示，问题发现阶段的态度和行为与画作质量之间呈显著的正相关，这似乎暗示了好的问题发现者可能也是好的问题解决者。七年后，对同一批被试的重复研究发现，在艺术领域，问题发现者比对照组被试取得了更大的成就。这说明，问题发现能力能够预测未来的成功。同时研究还发现，被试的价值观、人格特征等不能够预测成功。① 在 1990 年，Csikszentmihalyi 又一次报告了这个时间跨度为 18 年的纵向研究。结果进一步显示，即使在 18 年之后，艺术家的问题发现技巧还是能够有效地预测他未来的工作质量。②

Brinkman（1999）探讨了大学生的问题发现类型和创作风格对音乐作品创作的影响。他采用一个 2×2 因素的实验对 32 名大学生进行研究，自变量是问题发现类型（分为开放式和封闭式）和创作风格（分为改编风格或革新风格），因变量是被试的音乐创作分数。三位专家对每首曲子的原创性、技巧和美学价值以七点量表进行评分，三个维度的评分相加就得到每首曲子的“创造性”分数。Brinkman 设想改编风格的被试对封闭式问题有更多的创造性，而革新风格的被试对开放式问题有更多的创造性。结果却发现，主效应和交互作用都不存在显著差异。此外，在询问学生更喜欢哪种类型的问题时，26 位学生选择开放式问题，6 位学生选择封闭式问题，这表明学生倾向于喜欢“自发的”开放式的创作任务。③

Sapp（1995）提出，艺术家的创造性问题解决过程有五个阶段：联想探索、问题参数探索、多重焦点探索、主要焦点探索和使用广泛的发散性处理程序。其中，问题参数探索是指对建立特定问题结构的探索，对于每一个个体与问题情境，参数的范围都是无穷尽的。④

后来，Sapp（1997）⑤ 在考察艺术教育中，让学生完成问题发现式创作任务时，设置问题参数的意义。问题参数是对问题范围的规定和限制，参数的设置出现在创造过程中的问题发现阶段，处于问题解决之前。Sapp 提出了问题参数效

---

① Getzels，J. W. & Csikszentmihalyi，M. *The Creative Vision：A Longitudinal Study of Problem Finding in Art.* NY：Wiley，1976. 256－269.

② Csikszentmihalyi，M. The domain of creativity. In Runco，M. A. & Albert，R. S.（Eds.），*Theories of Creativity.* Newbury Park，CA：Sage，1990. 190－212.

③ Brinkman，D. J. Problem finding，creativity style and the musical compositions of high school students. *Journal of Creative Behavior*，1999，33（1）：62－68.

④ Sapp，D. D. Creative problem-solving in art model for idea inception and image development. *The Journal of Creative Behavior*，1995，29（3）：173－185.

⑤ Sapp，D. D. Problem parameters and problem finding in art education. *Journal of Creative Behavior*，1997，31（4）：282－298.

应模型，来说明在艺术教育中问题参数设置与学生创作过程之间的关系，包括问题参数的地位、作用、呈现类型、传递方式以及学生对参数的反应和执行过程等。

Sapp 指出，教学中教师对问题参数的设置主要有四种类型：不完全参数、过分限制的参数、不够限制的参数以及增加和压缩的参数。而学生会对教师设置的参数作出三种普遍反应：不考虑参数、自我附加参数和扩展参数。Sapp 认为，教学中参数设置和传递的理想情形是不完全参数与扩展参数的结合，即学生为发挥创造性而主动检验和探索教师提供的各种参数限制条件，并对问题参数作出积极的反应。适当的参数限制既可以集中学生的创造能力又不会阻碍他们的主动性和努力行为，教师应该鼓励学生参与问题发现任务中的参数设置。

蒋雅君（1997）通过案例分析的方法对设计创作中的问题发现过程进行分析。结果显示，在问题发现过程中，创造性问题定义从抽象到具体的过程是具有阶段性的。①

陈家富（1998）探讨了问题发现在建筑设计创造过程中的作用，采用出声思维和全程录像的方式对两位被试的创作过程进行研究。结果发现，设计中发现问题与解决问题行为之间的比例大者创造性较强；比例小者创造性较弱。这证实了发现问题对创造性有直接的影响。研究还表明，发现问题影响创造性的阶段是在设计前期，在设计后期对创造性几乎没有影响。②

（三）生活领域的问题发现研究

Carson 和 Runco（1999）探讨了生活中的问题发现能力与压力、应激和事件处理能力之间的关系。他们给 74 名大学生提供了 5 个生活中的问题发现任务，包括列举与朋友、同龄人或配偶有关的问题；与当前生活状况有关的问题；与健康或身体的良好状况有关的问题；与不同年龄群个体有关的问题；与工作中可能发生的事件有关的问题等。用流畅性和独创性对问题进行评价。研究表明，问题发现能力是个人处理生活压力能力的重要组成部分。③

Heinzen（1989）④ 研究了问题类型与观念作用的关系。他给被试提供一个真实世界中的任务，比如找工作。Heinzen 设想，随着找工作难度的提高，被试发现问题和产生创造性思维的数量也将提高。为了检验这个假设，研究比较了三组

---

① 蒋雅君. 设计创造性思考过程发现问题之研究—以莱特为例. 台湾交通大学硕士学位论文，1997.

② 陈家富. 发现问题在建筑设计创造力中的角色. 台湾交通大学硕士学位论文，1998.

③ Carson, D. K. & Runco, M. A. Creative problem solving and problem finding in young adults: Interconnections with stress, hassles, and coping abilities. *Journal of Creative Behavior*, 1999, 33 (3): 167 – 190.

④ Heinzen, T. On moderate challenge increasing ideational creativity. *Creativity Research Journal*, 1989, 2: 223 – 226.

被试，主试分别向被试描述被雇用的机会为：完全没有问题、有中等难度的挑战和绝对不可能。通过比较发现，中等难度挑战组的被试发现了最多的问题和解决方法。该结果表明，问题发现存在一个最佳挑战水平。

Okuda、Runco 和 Berger（1991）通过比较传统任务中的观念作用和自然情境中遭遇到真实问题时所需要的观念作用，来扩展问题发现任务。结果发现，在两种任务之间存在较低的相关。这可能是由于传统的人为问题和真实世界的问题涉及不同的策略和动机。研究还发现，真实世界中问题发现的预测效度与在创造性文献中提到的一样高（接近 0.55）。Okuda 等人由此得出结论，观念化的创造性能够被真实世界的问题发现任务所评价。①

（四）教育领域的问题发现研究

在教育中，对学生问题发现能力的培养具有重要意义。首先，它有助于向学生传递信息（Marbach-Ad & Sokolove，2000②），并帮助学生更好地获取和保持信息（Davey & McBride，1986③）。其次，问题发现能力的提高可以促进问题解决能力的提升（King，1991④），并促进学生学习自主性的发展（Morine & Morine，1973⑤）。从教师的立场来看，倾听和阅读学生的问题有助于了解学生的思维和学习状况（Woodward，1992⑥），并随时调整教育方法（Etkina & Harper，2002⑦）。

Rosenshine 等人（1996）对有关问题发现教学过程的研究进行了总结和评论。结果显示，讲授问题发现策略可以促进学生理解力的提高。⑧ Fontenot 和 Nancy（1993）探讨了在创造性问题发现中，训练对于商业人士的影响。结果表

---

① Okuda，S. M.，Runco，M. A. & Berger，D. E. Creative and the finding and solving of real-world problems. *Journal of Psychoeducational Assessment*，1991，9：45－53.

② Marbach-Ad，G. & Sokolove，P. G. Can undergraduate biology students learn to ask higher level questions? *Journal of Research in Science Teaching*，2000，37：854－870.

③ Davey，B. & McBride，S. Effects of question-generation training on reading comprehension. *Journal of Educational Psychology*，1986，78：256－262.

④ King，A. Improving lecture comprehension：Effects of a metacognitive strategy. *Applied Cognitive Psychology*，1991（5）：331－346.

⑤ Morine，H. & Morine，G. *Discovery*：*A Challenge to Teachers.* Englewood Cliffs，NJ：Prentice Hall，1973. 97－104.

⑥ Woodward，C. Raising and answering questions in primary science：Some considerations. *Evaluation and Research in Education*，1992（6）：145－153.

⑦ Etkina，E. & Harper，K. A. Closing the feedback loop in large enrollment physics courses. *Journal of College Science Teaching*，2002，31：476－480.

⑧ Rosenshine，Barak，Meister，Carla，Chapman，Saul. Teaching students to generate questions：A review of the intervention studies. *Review of Educational Research*，1996，66（2）：181－221.

明，训练影响了被试在问题发现中的流畅性和灵活性。①

Shukkwan 和 Rui－Xiang Wu（1999）提供了两个数学课程来帮助学生提出问题。他们指出，正确提出数学问题的能力对于学生理解概念很重要。培养学生的问题发现能力，需要教师具有更多的耐心和灵活性，不管对于教师还是学生，这都是有益的经验。②

Christine 和 David（2000）对 102 名中学八年级学生的学习情况进行考察，分析了优、差生在物理学习策略的掌握和应用上的差异。结果发现，优、差生在学习策略的运用上明显不同。其中，发现和提出问题能力的差异是学习策略差异的重要表现之一。③ Van Zee 等人（2001）提出，以下四类环境对学生发现高水平的问题有利：①教师建立了能够明确引发问题的课程结构；②学生对问题情境内容已经作了长时间的观察并非常熟悉；③在学习情境中学生能够尝试理解相互之间的想法；④建立学习小组，学生可以相互合作。④

宋振韶（2002）采用访谈法、问卷法等，对 352 名 4～6 年级小学生和 60 名小学教师进行调查，考察了教师对学生提问的认知、学生提问的发展特点，以及影响学生提问的因素等。研究显示，教师对学生的提问有绝对和相对两类判断标准。在描述积极提问学生的特点时，教师首要考虑的是思维特征，并认为学生提问的首要功能是促进思维发展。5、6 年级学生在提问行为的多个维度上，得分均显著高于 4 年级学生。提问倾向、思维兴趣和问题敏感性等与学生提问行为的各个维度都有显著的相关。⑤

Hoover 和 Feldhusen（1994）⑥ 提出，可以通过以下方法提高问题发现能力：帮助学生发展围绕某一统一主题的、广阔的、有组织的知识基础；帮助学生发展一般和特殊的问题解决策略；在需要反馈的过程中，帮助学生计划、监控和评价自己的学习过程，给学生提供元认知策略；帮助学生培养问题发现的积极态度和兴趣。在气候科学教育中，Gautier 和 Solomon（2005）通过鼓励学生提出问题来

① Fontenot & Nancy, A. Effects of training in creativity and creative problem finding upon business people. *The Journal of Social Psychology*, 1993, 133 (1): 11.

② Shukkwan, S. L. & Rui－Xiang Wu. Posing problems: Two classroom examples . *Mathematics Teaching in the Middle School*, 1999, 5 (2): 112.

③ Christine, C. & David, E. B. Learning in science : A comparison of deep and surface approaches. *Journal of Research in Science Teaching*, 2000, 37 (2): 109－138.

④ Van Zee, E. H., Iwasyk, M., Kurose, A., Simpson, D. & Wild, J. Student and teacher questioning during conversations about science. *Journal of Research in Science Teaching*, 2001, 38: 159－190.

⑤ 宋振韶. 小学 4—6 年级学生课堂提问的类型特点及其影响因素的研究. 北京师范大学博士学位论文，2002.

⑥ Hoover, S. M. & Feldhusen, J. F. Scientific problem solving and problem finding: A theoretical model. In Runco, M. A. (Eds.), *Problem Finding, Problem Solving, and Creativity*. NJ: Ablex, 1994. 201－219.

提高对概念的理解。课程以指定的读物作为学生问题发现的基础，采用演说和讨论的形式帮助学生定义研究问题和方案。结果表明，通过训练后，学生的问题发现能力有所提高，其中，中等和低等成绩的学生进步迅速。①

此外，Deborah 等（1989）②、李耀俊（2001）③、俞国良和侯瑞鹤（2004）④、韩琴和胡卫平（2005）⑤ 等学者也对教育中的问题发现现象进行了探讨。

（五）问题发现的相关研究

问题发现的相关研究主要集中于探讨问题发现能力与其他心理过程之间的关系。

Arlin（1976）考察了问题发现能力与智力结构模型之间的关系。她给 60 位女大学生每人 12 个物品，要求她们在 10 分钟内提出与这些物品有关的各种问题，基于被试反应的数量和质量对问题进行评价。⑥ 问题质量的评分是根据 Guilford（1967）提出的思维产品的六个分类：单元、门类、关系、系统、转换和蕴涵。将被试所填写的问题归属到各个类别，并赋予不同分值。结果显示，转换、蕴涵和系统三类思维水平与问题发现之间存在联系。⑦

Wakefield（1985）以 23 位小学五年级儿童为对象，研究了问题发现能力与创造潜力的关系。Wakefield 要求被试画出线条图形，再列举该图案所能代表的一切事物，并以此测量被试的问题发现行为。结果显示，问题发现与创造性之间存在显著相关性，并能对创造潜力作出预测。⑧

Runco 和 Okuda（1988）⑨ 以青少年为被试，用三个口头的发散性思维测验考察问题发现能力与发散性思维的关系。在发现式问题任务中，要求学生首先自己明确一个物品，然后再列举根据此物品所想到的各种事物。结果表明，发现式问题与创造成绩之间有较高的相关性，并对创造成绩有预测作用。

---

① Gautier, C. &Solomon, R. A preliminary study of students' asking quantitative scientific questions for inquiry-based climate model experiments. *Journal of Geoscience Education*, 2005, 53 (4): 432 – 443.

② Deborah, W. T., Janet, K. S. & James, D. M. Problem-finding and solving in play: The teacher's role. *Childhood Education*, 1989, winter: 92 – 97.

③ 李耀俊．优、差生物理学习策略研究．教育实践与研究，2001（8）：50～51.

④ 俞国良，侯瑞鹤．问题提出、认知风格与学校教育中的创造力培养．教育科学，2004（4）：54～58.

⑤ 韩琴，胡卫平．小学生创造性文学问题提出能力的发展研究．心理发展与教育，2005（3）：83～88.

⑥ Arlin, P. K. A cognitive process model of Problem finding. *Educational Horizons*, 1976, 54 (2): 99 – 106.

⑦ Guilford, J. P. *The Nature of Human Intelligence*. NY: McGraw-Hill, 1967. 453 – 457.

⑧ Wakefield, J. F. Towards creativity: problem finding in a divergent-thinking exercise. *Child Study Journal*, 1985, 15: 65 – 70.

⑨ Runco, M. A. & Okuda, S. M. Problem-discovery, divergent thinking, and the creative process. *Journal of Youth and Adolescence*, 1988, 17: 211 – 220.

Subotnik（1988）以西屋（Westing House）科学天才研究奖的获奖者作为被试，探索了问题发现能力与智力的关系。他要求被试从31个对创造过程有影响的智力因素中选出对他们的选题（即发现问题）有意义的因素，并用五点量表对这些因素进行评分，之后再从中列出5个最重要的因素。结果发现，聚合性思维对发现问题的影响作用大于发散性思维。①

邵惠靖（2001）探讨了发散性思维、数学问题发现与学业成就之间的关系，研究对象是台北的318位初三学生。数学问题发现能力的评价使用了自编的“数学问题发现测验”。研究结果表明，学生能够发现各种思维产品类型与数学类型的问题。其中，关系性问题与发现性问题提出的人最多，而单位性、类别性与验证性问题则较少人提出。在数学学业成绩上，能发现数量多且层次高的数学问题的学生，比不善于发现问题的学生更好。②

谢居盛（2003）采用自编问题发现评价工具，探讨了儿童的创造性科学问题发现能力与元认知能力之间的关系。结果表明，儿童元认知能力低，其问题发现能力也低；但元认知能力高，并不表示问题发现能力高。③

林育秀（2004）考察了学生的批判性思维、认知策略与问题发现能力的关系。研究以台湾高雄市291名初二学生为对象，问题发现能力的评价采用了研究者自编的“植物问题发现开放性测验”。结果显示，在各类认知策略中，对问题发现影响最大的是监控认知策略。④

吴真真和张庆林（2005）考察了提问限制和领域熟悉度对大学生问题创造性的影响。结果显示，对熟悉领域的提问限制可以促进创造性问题的提出，而对于陌生领域，提问有无限制的差异并不明显。⑤

Lee和Cho（2007）探讨了问题情境的结构程度对于问题发现的影响。结果显示，在结构不良的问题情境中，知识基础和人格特质对问题发现有积极作用，而发散性思维则有消极作用。在结构良好的问题情境中，发散性思维和内部动机均能促进问题发现。⑥

① Subotnik, R. F. Factors from the structure of intellect model associated with gifted adolescents' problem finding in science: Research with Westinghouse science talent search winners. *Journal of Creative Behavior*, 1988, 22（1）: 42－54.

② 邵惠靖. 扩散性思考、数学问题发现与学业成就的关系. 台湾政治大学硕士学位论文，2001.

③ 谢居盛. 从后设认知探讨学童创意科学问题提出之能力. 台湾屏东师范学院硕士学位论文，2003.

④ 林育秀. 国二学生批判思考、认知策略与问题发现能力之研究. 台湾高雄师范大学硕士学位论文，2004.

⑤ 吴真真，张庆林. 领域熟悉度和提问限制对大学生提问创造性的影响. 中国临床康复，2005（44）: 61～63.

⑥ Lee, H. & Cho, Y. Factors affecting problem finding depending on degree of structure of problem situation. *The Journal of Educational Research*, 2007, 101（2）: 113－122.

胡卫平和周蓓（2010）采用直接与间接激发内、外动机的方式，比较了内、外动机和不同水平的外部动机对中学生创造性科学问题提出能力的影响。结果显示，在直接激发条件下，内部动机可以促进创造性科学问题的提出，但外部动机则有一定的抑制作用。不同的动机水平对创造性科学问题提出能力的影响不同。期待正性评价对创造性科学问题提出能力没有影响，而避免负性评价则有较显著的抑制作用①。

（六）问题发现研究的重要事件记录

在全面回顾问题发现的各类理论和实证研究之后，我们对有关问题发现的研究进行了系统梳理，整理出问题发现研究中的重要事件，以便对该领域的研究全貌有更清晰的认识。问题发现研究的重要事件记录见表 1－2。

表 1－2　问题发现研究的重要事件记录

时间	研究者	主要研究内容
1937 年	Patrick	对比了艺术家和普通人在创作中的心理能量分配情况，对问题发现过程进行阶段划分，首次使用出声思维技术研究问题发现思维过程
1964 年	Getzels	按照“呈现式”与“发现式”维度，将问题情境区分为三种，界定了问题发现所处的问题情境
1965 年	Mackworth	提出问题发现与问题解决的系统比较
1975 年	Arlin	提出问题发现的认知过程模型
1976 年	Getzels 和 Csikszentmihalyi	出版《创造视野》一书。指出问题发现是艺术创造活动的关键成分，并以纵向研究法对艺术系学生作长期观察，结果表明问题发现能力对于未来艺术成就有预测作用
1982 年	Dillon	从问题存在性与个体心理性角度区分问题情境
1988 年	Runco 和 Okuda	设计自然情境让被试从中发现问题
1989 年	Deborah、Janet 和 James	把对问题发现能力的培养扩展到幼儿阶段。通过观察法，探索游戏活动中教师鼓励幼儿发现问题的活动过程，提出问题发现的教学模型

① 胡卫平，周蓓．动机对高一学生创造性的科学问题提出能力的影响．心理发展与教育，2010（1）：31～36.

（续上表）

时间	研究者	主要研究内容
1990 年	Hoover 和 Feldhusen	把问题发现类比为假设形成过程，采用过程研究法在真实的、界定不良的情境中探讨高智力学生的假设形成行为
1994 年	Runco	出版《问题发现、问题解决与创造性》一书，系统阐述了问题发现、问题解决与创造性之间的关系
1994 年	Hoover 和 Feldhusen	结合问题解决、元认知、策略发展和使用以及知识基础的发展，提出问题发现的假设成分模型，说明问题发现的潜在过程
1994 年	Mumford，Reiter-Palmon 和 Redmond	提出问题建构的心智过程模型
1997 年	Sapp	从理论上探讨了艺术教育中，问题参数的设置如何影响学生的创造过程
1999 年	Carson 和 Runco	用 5 个生活中的问题发现任务，探讨了真实情境中的问题发现能力与压力、应激和处理能力之间的交互作用
1999 年	许育彰	探讨高中生从力学情境中发现问题的能力，提出问题发现的认知成分模型
2002 年	宋振韶	考察小学 4 ~ 6 年级学生课堂提问的类型特点及其影响因素
2003 年	林沂升	通过比较研究生与小学高年级学生在发现科学问题上的思维差异，提出科学问题发现的思维过程模型
2007 年	Lee 和 Cho	探讨了问题情境的结构程度对于问题发现的影响
2007 年	陈丽君	通过实验研究，从思维操作、模式、表征、策略、阶段等多个角度，系统探讨了问题发现思维特点
2009 年	齐藤嘉则	就商业领域的问题发现提出了具体步骤和技术，如策略性构思问题、从广度和深度去发现问题、对问题作出排序等
2011 年	代天恩	考察相关原型知识对科学问题发现启发效应的认知机制，采用 fMRI 技术探索了科学问题发现中原型启发效应的脑机制

二、问题发现的研究方法

Getzels 和 Csikszentmihalyi（1975）指出，问题发现是创造性活动的关键成分，它可以被观察和测量，也可以有令人满意的信度与效度。① 但是，Getzels 和 Csikszentmihalyi（1976）也指出，一般而言，要发展抽象的问题发现测验是困难的。②

近年来，问题发现能力得到学界的广泛关注和重视。但由于问题发现过程本身的开放性、隐蔽性、潜伏性和反复性等特点，给研究带来了困难和挑战。同时受到理论建构、研究方法和研究模式的局限，学者们在问题发现领域虽然作了许多有益的探索，但始终没有取得突破性的进展，致使这方面的研究成果并不丰富。通过对近年来国内外学者有关问题发现研究的探讨和分析，我们总结出问题发现的几种主要研究方法。

（一）直接测验法

直接测验法是指在研究中，主试为被试创设一个问题发现情境或者提供一个主题，直接要求被试通过纸笔作答的方式，写出他们所发现的与情境或主题相关的各种问题。这是问题发现研究中最常用、最直接的方法。

Arlin（1974）在实验中，要求60位女大学生针对所呈现的12个物品（包含一个C形夹子、一根黑木管、一把剪刀、一个二角五分钱币、三根蜡烛、两条六尺长的细绳等），在10分钟内尽可能地写出与物品相关的各种问题，并根据问题的数量与质量进行评分。③ 其中，问题质量的计分是根据 Guilford（1967）所提出的思维产品的六个类别。④

Chand 和 Runco（1993）⑤ 设计了两个真实世界的问题发现测验，要求被试写出在学校或是读书时可能会遇到的问题，计分项目包括问题数量与问题独特性。Carson 和 Runco（1999）在研究生活中的问题发现能力与压力、应激和事件处理能力之间的关系时，也向被试呈现了5个生活问题的主题（如“与当前生活

---

① Getzels, J. W. & Csikszentmihalyi, M. From problem solving to problem finding. In Taylor, I. A. & Getzels, J. W. (Eds.), *Perspectives in Creativity*. Chicago: Aldine, 1975. 90 – 116.

② Getzels, J. W. & Csikszentmihalyi, M. *The Creative Vision: A Longitudinal Study of Problem Finding in Art*. NY: Wiley, 1976. 238 – 247.

③ Arlin, P. K. *Problem Finding: The Relation Between Cognitive Process Variables and Problem Finding Performance*. Chicago: University of Chicago, 1974. 125 – 147.

④ Guilford, J. P. *The Nature of Human Intelligence*. NY: McGraw-Hill, 1967. 134 – 155.

⑤ Chand, I. & Runco, M. A. Problem finding skills as components in the creative process. *Personal Individual Difference*, 1993, 14 (1): 155 – 162.

状况有关的问题”），要求被试列出与该主题有关的尽量多的问题。从流畅性和独创性两个维度对问题进行评分。①

此外，许育彰、Wakefield、Runco 和 Okuda、谭少班、邵惠靖、谢居盛、林育秀、吴真真和张庆林、胡卫平和周蓓等学者也曾经采用直接测验的方法对问题发现能力进行考察。

从以上研究可以看出，用直接测验法考察问题发现能力比较符合人们一般的思维习惯。该方法操作简便，易于理解和接受，却无法深入考察被试的内部心理活动和过程。

（二）行为测量法

行为测量法是行为主义倡导的方法，指研究者通过对被试外显行为的观察或者运用各种指标对外显行为进行评估，以考察其思维过程的方法。通过对观察数据或行为指标的分析，可以间接推测被试的内在思维过程。

在问题发现研究中的行为测量，是通过间接任务的方式来完成的。具体来讲，就是通过让被试完成一个相关任务并观察其行为表现，间接考察其问题发现能力。这类研究主要出现在艺术领域。

Getzels 和 Csikszentmihalyi（1976）曾以 31 位艺术系男学生为被试，进行行为测量。他们在空教室内，放置了两张桌子和各种常用绘画工具。在第一张桌子上放置了 27 种物品，第二张桌子上则空无一物。要求学生从第一张桌子的物品中选出一些，依照自己喜欢的方式排列在第二张桌子上，然后再以此为基础作画。主试详细地观察并记录被试在创作过程中的所有发现行为和完成任务所需要的时间。Getzels 和 Csikszentmihalyi 对于每位学生在问题形成阶段和问题解决过程中的问题发现阶段等都评以问题发现分数。②

此外，Patrick、Côté 和陈家富等都在研究中使用过行为测量法。

用行为测量来推断问题发现的思维过程具有一定的科学性与可靠性，因为内部心理活动总会通过一定的外显行为来表现。但是，如果只从外部行为结果入手，将难以揭示行为的内部认知过程。

（三）实地观察法

问题发现研究中的观察有两种，一种是在行为测量中对行为表现进行观察，另一种则是对真实的问题发现过程进行实地观察。

---

① Carson, D. K. & Runco, M. A. Creative problem solving and problem finding in young adults: Interconnections with stress, hassles, and coping abilities. *Journal of Creative Behavior*, 1999, 33 (3): 167 - 190.

② Getzels, J. W. & Csikszentmihalyi, M. *The Creative Vision: A Longitudinal Study of Problem Finding in Art*. NY: Wiley, 1976. 163 - 165.

郑瑛珍（2000）以物理实验室的成员为观察对象，采用在研究第一现场进行实地观察的方法探讨了物理学家如何形成研究主题以及遇到问题时所采用的启发法。① 杨千慧（2002）在对当代女性地球科学家的科学探索过程所展开的研究中，也通过直接观察收集质性资料。②

实地观察的方式，可以真实地呈现问题发现的现实过程，避免了实验室研究的人为性和主观性，提高了研究的外部效度。从这一点来说，它可以作为实验室研究的有益补充。但是观察法只是一种比较简单直接的方法，无法为深入考察问题发现的内部过程和实质提供更有效的证据。

（四）访谈法

通过访谈可以了解被试在问题发现过程中的想法。访谈分为结构化、半结构化和无结构访谈。在问题发现的个案研究中，访谈法运用得比较多。

郑瑛珍（2000）在探讨物理学家的问题发现情况时，采用半结构化访谈的方式对个案进行了资料收集。③ 杨千慧（2002）通过深度访谈探讨了当代杰出女性科学家在科学探索历程中的问题发现情况。④ 林沂升（2003）以 2 位研究生与 6 位小学生个案为被试，对科学问题发现的思维模式进行了考察。在研究中，他采用半结构式访谈的方法对被试的科学问题发现过程进行了深入访谈。⑤ 宋振韶（2002）采用访谈法对 50 名 4—6 年级小学生进行调查，考察了学生提问的发展特点和影响提问的因素等。⑥

此外，在实验研究中，也可以穿插一些访谈内容，作为对研究的补充。比如 Patrick、Getzels 和 Csikszentmihalyi、Brinkman 在实验后都使用了访谈法来进一步收集资料。

（五）问卷调查法

问卷调查法可以用来考察被试对问题发现的态度、感受或者元认知体验等。

Subotnik（1988）以 1983 年西屋科学天才研究奖获奖者为被试，用问卷调查法考察了问题发现与智力因素的关系。实验中，首先要求被试浏览 31 种智力因素，问卷中对每一个因素都用 1 ~ 2 个句子来描述，并用 1 个例子作出更进一步

---

① 郑瑛珍．物理学家问题发现与问题解决之个案研究．台湾师范大学硕士学位论文，2000.

② 杨千慧．当代女性地球科学家科学探索历程．台湾师范大学硕士学位论文，2002.

③ 郑瑛珍．物理学家问题发现与问题解决之个案研究．台湾师范大学硕士学位论文，2000.

④ 杨千慧．当代女性地球科学家科学探索历程．台湾师范大学硕士学位论文，2002.

⑤ 林沂升．“科学问题发现”之思考模式诠释研究——以研究生与小学生的个案为例．台湾屏东师范学院硕士学位论文，2003.

⑥ 宋振韶．小学 4－6 年级学生课堂提问的类型特点及其影响因素的研究．北京师范大学博士学位论文，2002.

地阐述。之后，被试需要指出哪些因素对于他们发现获奖的研究问题有影响。最后还要求被试从中选出 5 个对问题发现影响最大的因素。[①]

王凯虹（1999）用问卷调查法考察了北京市 700 多名高中生在语文阅读中的质疑能力。调查涉及学生在课堂上阅读时的动脑思考情况、问题来源、自己发现问题的情况以及解决问题的途径等。[②] 宋振韶（2002）也采用问卷法调查了 302 名 4 –6 年级小学生，着重考察了学生提问的判断标准、分类、功能、发展特点及其影响因素等问题。[③]

问卷调查法既可以单独使用，也可以用于一个实验完成之后的补充考察。在前述研究中，Patrick、Getzels 和 Csikszentmihalyi、谭少班等学者都在实验结束后，采用问卷调查的方法考察了被试的感受和体验。

问卷调查法对于收集有关问题发现的态度、感受和体验等方面的信息是方便、有效的。但问卷只能考察问题发现中较浅层次的内容，无法对问题发现过程作深层次的分析和探讨。因此，问卷调查得到的结果一般都是相关结果。更多的时候，它是作为一种辅助性的研究方法。

（六）出声思维法

出声思维法是指被试一边进行思维活动一边大声报告其思维内容的方法。出声思维中收集的录音材料叫做口语报告资料，因此出声思维法通常也被称为口语报告法。人类的思维过程具有持续时间较长、内部操作复杂等特点，是借助于不出声的内部语言进行的，这给研究工作带来了困难。出声思维法可以较好地解决这个问题，它使被试的思维过程外部语言化，研究者通过分析口语记录可以直接研究人类复杂的信息加工过程。Simon 认为，出声思维是获得关于人类复杂心理活动知识的重要方法。[④]

出声思维法的运用包括模拟训练、报告记录、转译编码、数据分析等四个阶段，其中以转译编码和数据分析最为关键。根据口语报告出现的时间，可以把口语报告分为同时性口语报告和追述性口语报告两类。Ericsson 和 Simon 指出，同时性口语报告通常比追述性口语报告的内容更为准确，更能客观反映任务操作的信息加工过程。[⑤] 李菲菲和刘电芝认为，同时性口语报告更可靠、更有效，追述

① Subotnik, R. F. Factors from the structure of intellect model associated with gifted adolescents' problem finding in science: Research with Westinghouse science talent search winners. *Journal of Creative Behavior*, 1988, 22 (1): 42 –54.

② 王凯虹．谈高中生语文阅读中质疑能力的培养．民族教育研究，1999（1）：73 ~75.

③ 宋振韶．小学 4—6 年级学生课堂提问的类型特点及其影响因素的研究．北京师范大学博士学位论文，2002.

④ 司马贺．人类的认知．北京：科学出版社，1986. 78.

⑤ 周荣刚，张侃．可用性测试中的出声思维法．人类工效学，2005（3）：55 ~57.

性口语报告的内容更完整，但也更间接、易失真。① 在问题发现领域，Patrick、Getzels 和 Csikszentmihalyi 等学者都采用过出声思维法进行研究。

（七）过程研究法

在前述方法涉及的实验中，被试进行问题发现的过程都是一次性的。也就是说，实验中只给予了被试一次发现问题的机会，而没有提供给他们对问题进行修正和补充的机会。但是，现实中的问题发现往往不是一次性完成的，总是要经历多次反复的过程。而过程研究法正好弥补了一次性研究的不足。

过程研究法理念的起源可以追溯到 Hoover 和 Frderickson（1990）②，他们借鉴 Frderickson，Evans 和 Ward（1975）③ 提出的方法，研究天才学生的假设形成能力。具体做法是，在自然环境中给被试呈现一个真实的、界定不良的情境，被试一步一步地接收情境信息，并尝试提出造成该情境原因的可能假设。在这个过程中，被试通过接收主试的反馈，可以获得额外的信息以增加到已有的知识系统中。这些信息可以用来帮助他们确认、修正或否定所提出的假设。在实验结束时，被试需要针对情境提出一个最终的假设。研究者对被试的反应从质和量两个方面进行评价。

过程研究法可以让被试在第一次发现问题之后，通过主试的反馈再次接收到新的信息，以进行第二次问题发现，修正、调整或否决原有问题。多次重复该过程，以达到问题的完善。该方法可以帮助研究者深入了解问题发现思维的发展和变化过程，是对问题发现过程更真实、更有效的模拟。

（八）建构认知模型法

建构认知模型是一个方法论上的概念，它代表的是一种指导思想，而非专指某种具体方法。建构认知模型法可以用来揭示思维的本质。该方法在运用时，大致需要经过“先验模型阶段—实验验证阶段—模型完善阶段”三个步骤。具体来说，就是先建构一个理论模型，然后通过实验来验证该模型，之后根据研究结果对模型进行修正和完善。经过修改完善的模型再次回到实验验证阶段，重新经受实证研究的考验，然后继续完善。在这种不断循环往复的研究程序中，认知模型将越来越具有解释效力。许多学者都曾经尝试在问题发现领域建立相关的认知模型。比如 Arlin 的问题发现认知过程模型和许育彰的问题发现成分模型等。

建构认知模型法有其优点和局限性。它的优点主要表现在以下三个方面。首

---

① 李菲菲，刘电芝．口语报告法及其应用研究述评．上海教育科研，2005（1）：39～42.

② Hoover，S. M. & Feldhusen，J. F. The scientific hypothesis formulation ability of gifted ninth-grade students. *Journal of Educational Psychology*，1990，82：838－848.

③ Frderickson，N.，Evans，F. R. & Ward，W. C. Development of provisional criteria for the study of scientific creativity. *Gifted Child Quarterly*，1975，19：60－65.

先，符合当今科学发展的趋势，即先依靠人的理性思维提出某个观点，然后再以实践去加以验证。其次，有利于揭示思维的本质及其内在的心理机制，而不仅仅停留在现象描述的层面上。再次，对思维过程进行某种模型上的猜测与拟合，具有较大的应用价值。但同时，建构认识模型也存在局限性。其一，先验模型有时可能不可靠；其二，有时难以找到具体的实验方法去验证先验模型；其三，不是任何思维过程都能够找到一个与之相匹配的认知模型。

通过对问题发现研究方法的全面梳理可以看出，问题发现领域的研究方法既包含了传统心理学的研究方法，如直接测验、实地观察、深入访谈、问卷调查等；也包含了思维研究中常用的方法如行为测量法、出声思维法和建构认知模型法等；还有问题发现研究所独有的方法，如过程研究法。此外，也有学者（代天恩，2011）尝试借助 fMRI 技术等更加精准的研究手段，探索问题发现过程的认知神经机制。① 这些方法的发展和演变并非一种方法对另一种方法的取代，而是研究方法不断细化和深入的结果。多种方法的综合应用，才能够使问题发现研究取得更深入的进展。

第五节 对已有研究的评价及本书的框架结构

一、对已有研究的评价

学者们对问题发现过程进行了多方面的探索，也取得了一定的成绩，这为将来的研究奠定了基础。但同时，与学界对智力、创造性、问题解决等相关领域的重视程度和所取得的研究成果相比，问题发现研究无论在数量还是在质量上都相当滞后。大部分研究还停留在表面和相关研究，没有深入到问题发现能力的实质，较有成效的研究大多集中于艺术领域（如 Getzels 和 Csikszentmihalyi 等人的研究）。已有研究主要存在以下几个方面的不足。

（一）理论建构缺乏

对问题发现的理论建构非常缺乏，已有理论探讨大多是思辨的、简短的，没有形成一个公认适当的问题发现理论。就连在问题发现的定义上，也缺乏统一、明确的认识。正是由于理论探讨的缺乏，致使问题发现领域的研究方法和模式比较局限，研究深度有所欠缺，研究成果也不丰富。虽然一些学者也尝试提出过一些问题发现的理论模型，如 Arlin 的问题发现认知过程模型等，但是大多数模型

---

① 代天恩．科学问题发现中的原型启发效应．西南大学硕士学位论文，2011.

的提出都缺乏直接有效的实验证据支持，影响力也比较有限。一个领域的研究要取得新进展，首先就要在理论上进行多角度地，充分深入地讨论、探索和尝试，要有所创新和突破。只有在理论上进行了深入探讨，才能逐渐确立起对问题发现适当、明确的认识，进而在研究方法和研究成果上取得突破。

（二）实证研究不足

如果说对于问题发现的理论探讨比较缺乏，那么关于它的实证研究则更加不足。实证研究的不足体现在以下三个方面。①从重要性和意义方面对问题发现进行阐述的学者很多，但落实到切实有效的实证研究上的则非常不足。如果说，对问题发现的理论思辨缺乏，那么实证研究就更加不足。②相关性和表面性的研究较多，具体、深入、细致的探讨很少。在学者们对问题发现所开展的实验研究中，相当一部分都是比较空泛和表面的研究。真正深入到问题发现实质，对问题发现领域有推动意义的经典研究非常少。③国内研究比国外研究更加滞后。国内学者在问题发现方面的研究更加不足，已有的少量研究大多停留在经验总结层面，仅仅从表现、结果、影响因素等角度对问题发现进行了分析，没有深入考察其内部活动机制，更谈不上系统性研究。

（三）研究方法比较单一

问题发现领域的研究方法比较单一。虽然我们在前面总结研究方法的时候，谈到有八种研究方法，但是已有的绝大部分研究都集中在前五种一般性和表面性方法。使用后三种方法，即出声思维法、过程研究法和建构认知模型法的研究非常少。尤其是在建构认知模型方面，能够把模型建构与实验相结合的有效研究（如 Arlin 的研究）是非常缺乏的，而采用系统性综合方法开展的研究就更加不足。

正是由于大部分研究都局限于使用比较表面的方法，也没有发展出一套公认比较科学有效的问题发现研究范式，使得长期以来，心理学家们虽然非常重视问题发现能力，但在实验研究上始终得不到突破。至今提到问题发现的实验研究，最经典的还是 Getzels 和 Csikszentmihalyi 在 1976 年开始进行的纵向研究。要想研究取得新进展，在方法上有所突破是必须的。出声思维法、过程研究法和建构认知模型法等，都是在复杂思维领域非常好的研究方法。在未来，如果有更多研究使用这些方法，乃至作系统性研究，那么对问题发现领域的探讨来说将大有裨益。此外，对相关领域如问题解决、创造性等方面的研究方法也可以进行大胆借鉴。

（四）研究深度欠缺

在已有的问题发现研究中，缺乏深度是一个普遍存在的现象。大而全的研究比较多，小而深入的探讨比较少。研究深度的欠缺可能是由于理论思考的不足和研究模式的局限。目前绝大部分研究都集中在问题发现的外部表现方面，或者进行一些经验总结，或者考察一些表面现象，或者探讨问题发现与其他心理过程（如创造性、智力）之间的相关关系。极少深入到问题发现的实质，比如对它的构成成分、思维过程和内部机制等进行探讨。

要在研究深度方面取得进展，就必须突破只研究外部表现和表面现象的局限，深入到问题发现的本质进行分析和探索。

（五）研究应用性较弱

学者们对问题发现的应用研究并没有给予充分的重视。即使在广受关注的教育领域，谈到对问题发现的培养时，大多还是着眼于如何利用问题发现来促进学生掌握知识和提高学习成绩方面，而着眼于个体自身全面发展和提高素质的较少。也就是说，只是把问题发现视为服务于其他领域的工具。

在实际研究中，也缺乏对其应用性的重视。大部分研究仅仅限于在实验室中得出的研究结论，并没有把这些结论再次应用于实践中、服务于实际或者用实践进行检验。这使得研究的意义和价值都大大削弱。本来在教育、科学、艺术和生活等领域，问题发现能力都是非常重要的，它是人所具备的一种基本素养和心理需求。但是，已有的研究结论却较少能够应用于指导人们的实践活动。在这一点上，比起它的相关概念“问题解决”的应用性来说，滞后了太多。

针对已有研究在上述各方面的不足，本书将通过对文献资料的深入分析，寻找问题发现研究在理论、方法和观念上的突破口，采用系统性的方法对问题发现过程进行深入探讨，尤其是对问题发现的思维成分、思维模式和思维过程等作详细的分析和考察。

二、本书的研究构想

基于对以往研究的全面回顾和分析，我们对本书的研究提出一些基本设想，作为开展研究的基础。

（一）研究内容方面

Mackworth（1965）在谈到问题发现与问题解决的区别时指出，问题发现在方法上主要依靠思维方法，而解决问题主要依靠实验方法。[①] 由此可见，思维方法对于问题发现的重要性。换句话说，问题的发现最主要是通过思维而产生的。因此，本书拟以思维作为突破口，对问题发现过程进行深入考察，主要探索思维

① Mackworth，N. H. Originality. *American Psychologist*，1965，20：51 - 66.

的成分、模式、表征、策略和阶段等。

在主体实验研究对象的选择上，由于本书主要考察问题发现的一般思维规律，因此选取的对象是思维已经发展成熟的成年人。同时考虑到对象的易选择性、思维的发展状况和研究的应用价值，本研究认为，大学生是比较理想的研究对象。

在研究材料方面，和问题解决相同，问题发现的研究也涉及知识丰富型和知识贫乏型的研究。虽然问题发现与具体领域的知识、能力和经验密切联系，但在本研究中，我们试图探究脱离具体知识领域的普遍性规律。这是因为对知识丰富型材料的研究往往是建立在对一般和普遍规律已经有比较深入的认识和理解基础之上的。由于目前对问题发现这个概念及其机制的探讨都非常缺乏，因此还不适合作深入的知识丰富型研究。首先需要考察的应该是问题发现能力的一般性规律。

在研究领域方面，将涉及理论研究和应用研究两个方面。理论研究主要通过严格的科学实验探讨问题发现的思维特征，而应用研究则针对日常生活、科学研究和学校教育等领域，考察问题发现活动的实际运用。两个领域的研究将相互补充和支持，理论研究作为应用研究的基础，而应用研究则有助于提高理论研究的外部效度和实践意义。

（二）研究方法方面

在研究方法的选取上，既考虑了已有问题发现领域的研究方法，同时也借鉴了思维、创造性和问题解决等领域的经典研究方法。本着方法为内容服务的原则，本书将围绕研究的具体内容选取适当的方法。研究拟以思维模型的建构为中心，采用系统的方法进行考察。以下要介绍的是本研究主要涉及的，且比较特殊和重要的研究方法。对于研究中所采用的一般性研究方法如问卷调查、访谈、实地考察等，这里不作介绍。

1. 出声思维法

在本书的理论研究中，包含三个个别实验，它们将分别考察个体在问题发现中的思维模式、思维过程和动态信息呈现下的思维规律。这三个实验都将采用出声思维的方法。该方法通过让被试一边进行发现问题的思维活动，一边大声报告其思维内容，追踪个体问题发现的整个认知过程。

2. 问题行为图

理论研究中，在对思维加工模式的考察时将采用该技术。问题行为图是Newell 和 Simon（1972）提出的一种对出声思维报告进行分析的技术。问题行为图由知识状态和思维操作两个成分组成，在图形绘制中按照时间先后顺序将思维过程中所进行的各种知识转化和思维操作进行序列性的直观呈现，以便于区分哪些是思考内容，哪些是思考方式。① 通过该技术，研究者能够清晰地把握个体思维的发生、发展与变化过程。

3. 秩次聚类分析

在理论研究、考察思维阶段时将采用该技术。秩次聚类分析技术借鉴了李亦菲、朱新明、张侃（1996）等人的研究，主要用于帮助研究者确定各个认知阶段出现的相对位置情况。其原理是，通过考察问题发现中各个思维阶段所对应的口语报告分段，在其所属问题分段中所处的相对位置，来判断各思维阶段在思维过程中出现的先后顺序。②

4. 过程研究法

在考察动态信息呈现下的问题发现思维研究这个部分采用过程研究的方法。该方法的提出是基于本书对“问题发现”的动态性界定，即问题发现过程不是一次性完成，而是多次反复发现、修正与调整的动态过程。与传统方法不同的是，在动态过程研究中，问题情境材料不是一次性呈现给被试，而是作多个轮次的动态性呈现，让被试通过一次次新信息的接受去发现新的问题，或者修正和改进原有问题。动态过程研究的模式，更接近于真实情景中的问题发现过程，有助于深入考察问题发现思维的发展、变化和反复的过程。

5. 眼动研究

眼动即眼球的运动，它与注意力及内部信息加工机制之间存在密切关联。本研究将借助眼动仪对问题发现思维作更加精细的考察。通过对眼动指标的分析，总结被试的眼动规律，探索眼动与问题发现思维之间的关系。

6. 个案研究

在日常生活、科学研究、学校教育三个应用领域的研究中将采用个案研究法对问题发现的现实应用进行纵向追踪考察，研究其间行为发展变化的全过程，并提取问题发现在实际活动中的认识阶段与认知模式规律，与实验研究结果作对比分析。个案研究中，将通过实地调查收集一手的文件、表格、图片、影像等资料作为研究依据。具体来看，个案研究中还将涉及实地考察、问卷调查、访谈、思维日记、测验等方法。

7. 建构认知模型法

本书在考察思维模式和思维阶段时，将借鉴建构认识模型的方法对问题发现思维进行探讨。在全部研究结束后，也将基于该方法来建构问题发现的思维结构模型。

---

① Newell, A. & Simon, H. *Human Problem Solving*. Englewood Cliffs, NJ: Prentice-Hall, 1972. 253－258.

② 李亦菲，朱新明，张侃．广告设计的思维过程及其影响因素．心理学报，1996（1）：22～29.

（三）全书的框架结构

本书以思维作为切入点，在对已有问题发现研究进行全面梳理的基础上，着重考察问题发现在思维操作、思维表征、思维策略、思维过程、影响因素等方面的特征与规律，以及在日常生活、科学研究、学校教育等领域问题发现思维活动的相关应用。

全书分为四个部分，共十一章。第一部分介绍问题发现研究的概况，包括第一章“问题发现研究评述与构想”。从界定、意义、理论模型、实验研究、研究方法、相关重要概念等方面梳理问题发现研究并作出评价，基于文献分析提出本书的研究目的、思路、内容和方法等。

第二部分介绍问题发现思维的理论研究，包含第二章到第六章。第二章“问题发现思维的团体实验”，基于对问题发现思维测评材料的编制与评价标准的制定，从思维产品、思维层次、思维品质等角度对大学生问题发现思维进行全面考察，总结其特点。第三章“问题发现的思维模式”，用出声思维法考察问题发现过程中思维模式、思维表征、思维策略和元认知思维的一般规律。第四章“问题发现的思维过程”，基于秩次聚类分析和问题行为图技术的运用，考察问题发现过程中思维阶段的划分和问题行为图的运用特点。第五章“动态信息呈现下的问题发现思维特征”，考察在动态信息呈现下问题质量、思维模式、思维过程的特点，并与静态信息呈现下的实验结果进行对比分析。第六章“问题发现思维的眼动研究”，考察在不同问题领域与情境，以及各兴趣区之间问题发现过程的眼动指标差异，作为对行为实验研究的佐证与补充。

第三部分介绍问题发现思维的应用研究，包含第七章到第十章。第七章“日常生活中的问题发现思维”，基于三个典型的日常生活中的问题发现案例，详细绘制并分析其思维流程图，总结相关思维特点与规律。第八章“科学研究中的问题发现思维”，要求大学生以写思维日记的方法追踪记录在毕业论文选题中的思维活动，分析科研选题思维特征和影响因素。第九章“学校教育中的问题发现思维”，概述和分析当前学校教育中对问题发现能力使用和培养现状，并探讨提高学生问题发现能力的有效措施。第十章“问题发现思维的影响因素”，分别从知识基础、问题参数设置、材料呈现方式、线索提示等方面考察问题发现的影响因素，从而探讨提高问题发现思维能力的因素。

第四部分对问题发现研究作总结与展望，包括第十一章“总结与展望”。对全书涉及的问题发现研究作出总结和评价，并对问题发现领域的未来研究方向作出展望。

全书对问题发现的已有研究作出全面而系统的梳理和评述，有助于其他研究者高效地掌握该领域的研究全貌和动态，促进该领域研究的广泛和深入开展。本书提出或使用的问题发现动态过程观、多轮次信息呈现实验设计、秩次聚类分析技术等新理念和方法，可以丰富问题发现研究的相关基础理论与实验范型，为突破问题发现的研究瓶颈作出贡献。

此外，本书对应用领域的探索可以促进问题发现的实践运用。有助于教育工作者了解问题发现思维活动的过程和规律，为培养学生的问题意识和科学思维，提高问题发现能力与创新能力提供理论依据和实践指导，并对科学工作者运用科学思维进行问题发现提供一定的启发。

本章小结

发现问题是人类探索和认识未知世界的第一步。问题发现能力是创造性思维能力的重要组成部分，对人类的发展与进步具有重要意义。本章全面回顾了问题发现及其相关的各类理论与实证研究，就问题的意义、界定、来源、构成成分、类型、过程，以及问题发现的界定、意义、理论模型、实验研究、研究方法和相关重要概念等进行了系统梳理和深入探讨。

问题发现是对内部心理或外在环境中的矛盾、困难、新异或一般事件，设定不同于其现有状态的目标状态的思维过程，也就是找出现有状态与目标状态之间差距的过程。问题发现的理论模型包括过程模型和成分模型两类，实验研究涉及科学、艺术、生活、教育及相关研究等领域，运用的研究方法有直接测验法、行为测量法、实地观察法、访谈法、问卷调查法、出声思维法、过程研究法、建构认知模型法等多种。

基于文献梳理与分析，指出现有研究存在理论建构缺乏、实证研究不足、研究方法单一、研究深度欠缺、研究应用性较弱等不足，在此基础上，提出了本书以思维作为切入点的研究理念，并介绍了具体的研究内容、研究方法和框架结构。本章的论述有助于对问题发现研究的历史、现状和发展趋势形成系统认识，并对本书的逻辑结构有所了解。

第二章　问题发现思维的团体实验

要考察大学生问题发现的思维模式，首先需要确定该如何测量和评价大学生的问题发现思维能力，了解大学生问题发现思维的基本状况。本章的目的是编制问题发现思维能力的测评材料，制定评分标准，并通过团体实验考察大学生问题发现思维的整体特点，以及在年级、性别、学科门类等方面的差异。在此基础上，通过聚类分析对被试进行分类和筛选，为后面的个别实验研究做准备。

第一节　问题发现思维团体实验材料的编制

为了全面考察大学生问题发现思维的整体状况和基本类型，并为后阶段的个别实验研究筛选被试，本研究拟自编问题发现思维的团体测评材料来考察大学生的问题发现思维能力。下面对问题发现思维团体测评材料的编制过程作详细介绍。

一、团体测评材料编制的目的

确定大学生问题发现思维能力的测评工具和评价标准，并基于测评材料的使用，了解大学生问题发现思维的整体状况和特点，为后阶段的实验做准备。

二、对实验材料的设想

（一）材料的整体设想

在测评材料的选择和设置上，学者们的研究为我们提供了思路。Newell 和 Simon（1972）指出，任务环境的外部特征对个体在特定情境中所使用的思维方式和思维过程都起着重要的作用。[①] 因此，选择适当的实验材料对于引发大学生

① Newell, A. & Simon, H. *Human Problem Solving*. Englewood Cliffs, NJ: Prentice-Hall, 1972. 478.

的问题发现行为及其相应的思维活动非常重要。

在测评材料的选择方面，即问题情境的设置上，主要考虑了以下内容：

（1）问题内容方面：内容尽量不涉及具体的学科知识，减少知识基础对思维活动的影响。材料难度适中，对被试的思维具有启发性。

（2）问题表述方面：以清晰易懂的方式对问题情境进行描述，希望被试能够在该情境下积极思维，发现并提出问题。

（3）问题情境方面：不同类型的问题情境可能会引发不同的思维活动过程。本研究拟把问题情境进行分类考察。

（二）测评材料的表现形式

一个好的测评材料需要以一种适当的形式表现出来，才能够充分“诱发”学生的思维活动。在测评材料的表现形式上，本研究借鉴了已有研究中所运用的实验材料。已有问题发现研究中主要使用过以下三种类型的材料。

1. 实物

有研究者通过设置和安排具体实物，作为被试进行问题发现的对象。典型的代表是 Getzels 和 Csikszentmihalyi（1976）的经典研究。他们让被试操纵人体模型、女用天鹅绒帽、古书、一串葡萄、铜制号角、钢制排档、玻璃镜等 27 个指定的实物，把它们组成一幅静物图并画出来，以画中物体的数量和独创性来区分被试是否为问题发现者。① Arlin（1976）在探索问题发现能力与智力结构模型之间关系的研究中，也给被试呈现了一个 C 形夹子、一把剪刀、一个二角五分的硬币、一根黑木管、两根六尺长的细绳、三根蜡烛等 12 个实物，要求他们用头脑风暴法想出尽可能多的与物体相联系的问题，并基于被试反应的数量和质量进行评价。②

2. 图形

这类研究是利用图形来考察被试的问题发现能力。例如，Wakefield 在研究问题发现能力与创造潜力的关系时，要求学生画出一个线条图形，然后列出该图形能够代表的一切事物，并以此评估被试的问题发现能力。许育彰在研究高中生力学问题发现能力的时候，也采用了两幅力学图片作为在潜藏式问题情境中被试发现问题的材料。

3. 文字

有学者通过文字的方式来设计和描述问题情境，让被试发现问题，以考察其

① Getzels, J. W. & Csikszentmihalyi. M. *The Creative Vision*: *A Longitudinal Study of Problem Finding in Art*. NY: Wiley, 1976. 163 - 165.

② Arlin, P. K. A cognitive process model of problem finding. *Educational Horizons*, 1976, 54 (2): 99 - 106.

问题发现能力。Hoover 和 Feldhusen（1990）在真实的、界定不良的问题环境中研究了天才学生的假设形成行为。他们用文字设计的不良情境，包括“学校中一个班级在上课时出现异常的缺席率”、“一个地区的乖戾人口数量急剧下降”等。[①] 谭少班（2001）以三个文字描述的数学问题情境作为调查素材，考察了初二年级 116 名学生发现和建构数学问题的能力。林沂升（2003）[②] 在以研究生和小学五年级学生为对象进行科学问题发现能力的考察时，选用了“恐龙灭绝之谜”这段文字作为实验材料。韩琴和胡卫平（2005）[③] 在对小学生创造性文学问题提出能力的发展研究中，通过呈现童话故事来创设问题情境。[④]

此外，也有研究者对比了不同实验材料的效果差异。陈丽君（2002[⑤]，2006[⑥]）在考察小学三、五年级儿童的问题发现特点时，对比了实物呈现和言语呈现的差异。肖浩宇、张庆林、史慧颖（2006）在研究小学儿童提问能力的发展时，同时采用了文字和图片材料进行对比研究。[⑦]

以上三种材料在引发被试的问题发现行为上各具优势。考虑到研究对象是大学生，本研究认为文字材料更符合大学生的日常思维习惯，能更充分地体现出大学生的思维水平，也可以更好地模拟和抽象现实的问题情境。因此，本研究拟采用文字材料作为问题发现情境的载体。

（三）知识丰富型材料与知识贫乏型材料

在已有问题发现研究的材料设置中，有两种典型的类型。一是知识丰富型问题材料，这类材料通常与某一个学科领域的具体知识密切结合。在研究中，该类材料的使用可以同时考察被试的思维能力和知识基础情况。比如，许育彰在研究高中生物理力学问题发现能力时，所采用的两幅力学图片就是典型的知识丰富型材料。被试在基于材料发现问题时，需要极大地依赖于他的力学知识。

另一类是知识贫乏型材料，这类材料不与某一个具体的学科领域密切关联，只需要以一般的普遍性知识作为基础。因此，该材料可以集中考察被试的思维状况，较少涉及被试的知识背景。比如，Hoover 和 Feldhusen 在研究中所设置的两

---

① Hoover, S. M. & Feldhusen, J. F. The scientific hypothesis formulation ability of gifted ninth-grade students. *Journal of Educational Psychology*, 1990, 82: 838 – 848.

② 林沂升．“科学问题发现”之思考模式诠释研究——以研究生与小学生的个案为例．台湾屏东师范学院硕士学位论文，2003.

③ 韩琴，胡卫平．小学生创造性文学问题提出能力的发展研究．心理发展与教育，2005（3）：83 ~ 88.

④ 谭少班．“提出问题”能力的调查测试分析与思考．柳州师专学报，2001（3）：63 ~ 66.

⑤ 陈丽君．小学三、五年级儿童问题发现特点的实验研究．西南师范大学硕士学位论文，2002.

⑥ 陈丽君，张庆林，蔡治．材料呈现方式对儿童不同领域问题发现的影响．心理科学，2006，29（2）：297 ~ 300.

⑦ 肖浩宇，张庆林，史慧颖．小学儿童提问能力的发展．心理发展与教育，2006（1）：58 ~ 62.

段材料“学校中一个班级在上课时出现异常的缺席率”、“一个地区的乖戾人口数量急剧下降”，就是典型的知识贫乏型材料。被试在进行问题发现时，不需要具备专门领域的知识基础。

在关于知识丰富型和知识贫乏型的研究中，有学者提出了问题解决能力的领域不可迁移性，即强解决方法。也就是说，问题的解决与具体领域的知识、能力和经验等密切联系，在一个领域问题解决能力强并不意味着在其他领域的问题解决能力就强。一个人的问题解决能力也许只能更好地体现在他对某些具体领域有了深刻的认识和理解。在问题发现中，知识丰富型和知识贫乏型材料的规律也是如此，问题发现能力与知识背景是密切相关的。

但是，对知识丰富型材料进行研究往往是建立在对知识贫乏型材料研究所得出的一般和普遍规律之上的。通常来说，只有对普遍规律有了比较深刻的认识和探讨之后，才更适合作深入的知识丰富型研究。就好像在问题解决领域，先探讨了诸如“通用问题解决程序”这样的一般规律，才能够深入地结合具体学科进行考察，使得通用策略和具体学科策略互为补充。这是因为，在作知识丰富型研究时，是同时考察了知识和能力两个因素，两者的效应会交织和叠加在一起，难以区分和剥离。而在作知识贫乏型研究时，由于只是考察了其中的能力因素，没有知识因素的干扰，因此可以比较深入地对能力进行专门探讨和研究。

本研究认为，由于目前对问题发现这个概念及其内部机制的探讨都非常缺乏，首先需要考察的是问题发现思维的一般规律，还不适合作很深入的知识丰富型研究。而且，由于本实验选择大学生作为被试，不同专业大学生擅长的知识领域差异非常大，难以建立起一个普遍性的知识平台。此外，本研究的目的是考察大学生在问题发现过程中的思维情况。建立在知识贫乏型材料之上的研究，更有利于对思维进行深入分析，避免知识等因素的干扰。

综合上述分析，本研究用文字材料进行情境设置时，将不涉及具体的学科知识，只是作一般性的知识贫乏型情境的设置。

（四）材料所涉及的领域

在基于知识贫乏型材料的情境设置上，拟选择大学生比较熟悉和感兴趣的一般科普类材料来建构问题发现情境，比如林沂升在研究中选用的“恐龙灭绝之谜”这类情境。

（五）问题情境的分类

在学者们从问题发现角度对问题所作的分类中，可以看到以下两种典型的分类情况。Dillon（1982）提出，在发现问题过程中，主体面对的问题情境有三种，分别是：明显的（evident）、隐含的（implicit）以及潜藏的（potential）问题情境。明显性问题情境是指情境中存在明显的问题事件；隐含性问题情境是指情境中具有隐含的或被掩盖的问题事件；潜藏性问题情境则是指情境中不具有任何现成的问题事件。[①] 许育彰（1999）认为，在实际操作中明显性问题与隐含性问题在程度上很难区分，因为两种问题情境都含有错误、不调和及矛盾等问题事件。他主张把明显性和隐含性问题情境合并，统称为矛盾式问题情境，以与不含任何问题事件的潜藏式问题情境有明确区别。[②]

在本实验中，借鉴许育彰对 Dillon 的三类问题情境划分的可操作性改进，把问题情境分为矛盾式和潜藏式两类。矛盾式情境是指情境本身就存在矛盾、错误、缺陷或者不足，对于这类情境的问题发现，主要是找出情境中已经存在的问题（即矛盾、错误等方面）。潜藏式情境是指情境本身不存在错误和矛盾，但是你可以去发现和挖掘其潜藏的问题事件，比如牛顿发现万有引力的情境。这两类情境可能会涉及不同的思维方式。在矛盾式情境中，问题发现更多的是体现聚合性思维能力；而在潜藏式情境中，更多的则是体现发散性思维能力。两类问题情境是大学生问题发现中的两种典型代表。

综上所述，在本实验中，选择一般科普类文字性材料作为大学生进行问题发现活动的情境，分别涉及矛盾式和潜藏式两类情境。

三、测评材料的编制过程

测评材料的编制过程包括以下阶段：①确定每一类情境的典型代表事件并征求专家意见；②根据典型代表事件收集备选的问题情境材料；③请大学生对材料的启发性、难度和熟悉度进行评价；④专家审核与评定材料；⑤对小部分被试进行预测试；⑥对材料进行文字上的修订；⑦确定正式材料；⑧建立问题的评分标准。下面对八个主要阶段进行详细阐述。

（一）确定每一类情境的典型代表事件

依据本研究的构想，首先确定每一类问题情境的典型代表事件。矛盾式情境的典型代表为科学骗局或者伪科学故事；潜藏式情境的典型代表为科学探索故事。之后，就这两类事件的情境代表性征求两位心理学博士和两位心理学博士生导师的意见，得到其认可。

（二）收集备选的问题情境材料

确定典型代表事件之后，为这两类情境寻找适当的材料。由于网络资讯非常方便和发达，而且是大学生接触外界信息最常用的途径之一，因此两类情境均是

---

① Dillon, J. T. Problem finding and solving. *Journal of Creative Behavior*, 1982 (16): 98 – 111.

② 许育彰. 探讨高中生从力学情境中发现问题的能力之研究. 台湾师范大学博士学位论文, 1999.

在网上进行搜索和初选的。材料的选取原则是：①启发性强；③难易适中；③熟悉度适中。初步筛选出各类别的备选情境各五个，如表 2－1 所示。

表 2－1　问题发现测评材料的备选情境一览表

类别	备选情境
矛盾式情境	排毒基强离子排毒仪 脑纹测智商 牛皮西红柿 天王星引发印尼海啸 复活冷冻人计划
潜藏式情境	外星生命存在的探索 50 万年后的人类 南极热水湖之谜 人体衰老之谜 多年不眠的秘密

需要说明的是，每一个矛盾式情境都设置了多个错误和不合理之处，而潜藏式情境则是本身不具有任何现成矛盾和错误。

（三）大学生对材料的启发性、难度和熟悉度进行评价

把候选情境与 6 位大学三年级本科生逐一进行详细讨论，请他们对每一段文字的启发性、难度和熟悉度进行评价。综合大学生的意见，并结合本研究设想，对每类的五个材料按照适合度进行排序。排在前面的是启发性较强且难度与熟悉度适中的材料。

（四）专家审核与评定材料

请两位心理学教授对每个类别中排名前三位的材料进行审核。最终在备选情境个类别中，挑选出两个情境材料作为正式实验材料（表 2－1 中排在备选情境栏前两行的情境）。其中，一个用于团体实验的测试（排在第 1 行的情境），另一个用于个别实验的测试（排在第 2 行的情境）。

（五）预测试

把正式选取的四个情境在 20 名大学生中进行了小规模的预测试。在预测试时，要求被试记录下每一段材料的起始时间和结束时间，并对文字表述部分的可理解性和可阅读性提出意见。经过预测，发现全部被试都可以在 14 分钟内完成两个材料的测试。为了让被试有更充裕的思考时间，本研究把正式的测试时间限定为 20 分钟。

（六）对材料进行文字上的修订

针对预测试中学生提出的意见，就四个材料的文字部分进行了梳理和修订，使其更加符合阅读习惯。

由于希望被试能够在思维活动过程中尽量避免受到其他因素的干扰，同时也便于对思维过程进行深入分析和比较，对拟用于个别实验的两个材料，在保持原文基本内容不变的情况下，把原本长短不一的材料统一改编为长度为 477 个字的十句话，并且每一个材料都分为四个自然段进行呈现。而对用于团体实验的两个材料，则保持原文长度，没有进行统一改编。

（七）确定正式实验材料

在经过上述步骤之后，本研究确立了用于正式实验的四个材料，两个用于团体实验，两个用于个别实验。其中，用于团体实验的两个材料如下。

1. 矛盾式情境材料

市场上正在热销的一种名叫“排毒基强离子排毒仪”的产品。该产品号称是来自美国的尖端科技产品，能把体内药毒排出去。该仪器像一个普通电动脚盆，使用时往注满水的盆中放入双脚，加一些精盐，启动仪器，过了一段时间，盆中开始出现绿色、棕色的絮状物质，据说是从脚底排出的体内毒素。

据称其作用原理是，通过离子能量泵分解的超强离子，从脚迅速进入人体血液循环系统，凭借其带负电荷的特性，强力通过细胞单离子通道，吸出长期在脏腑带有正电荷的药毒离子，再经血液循环系统，由足底毛细血管和毛孔排出体外。正负两种离子有机结合，最终形成颜色不同的絮状物质。

2. 潜藏式情境材料

科学家在最近一次推测外星智慧生命数量的结果显示，外星人比我们从前认为的要多得多。

一项基于地球生命起源速度的统计数据分析表明，在类似地球的星球中，至少有 1/3 将在生命生存条件成熟后 10 亿年内形成生命。而最新发现证明近似太阳的恒星周围普遍存在行星，其中肯定有理想的生命居住环境。

从前，关于类似地球行星存在生命可能性的推测之所以受挫，是因为科学家只获得一个单数据指标——同位素测定和化石证据显示，地球在生命生存条件成熟后 2500 万年至 6 亿年内诞生了生命。但是，我们无法确定生命是仅发生在地球上的一次独特意外，还是宇宙中类似行星上都会发生的普遍现象。澳大利亚悉尼新南威尔士大学的查尔斯·林维弗和塔玛拉·戴维斯分析了地球生命生存条件成熟与生命诞生两者时间差对外星生命存在可能性的暗示。

林维弗说：“生命存在的机会好像博彩。地球如此早就中了大奖这一事实留给我们推算可能性的空间。假设你知道一名博彩者在第3轮尝试时中奖，虽然你不能确定真正的中奖几率，但你可以肯定这个几率更接近1/3而非十亿分之一。”从地球生命博彩状况来看，林维弗说，他95%确信，以10亿年计算，在条件适当的行星上诞生生命的可能性是1/3。

（八）建立问题的评分标准

正式实验材料确定以后，进一步制定对问题的评价标准。由于本实验着重考察大学生的思维能力，所以，评分标准都是围绕思维这个核心制定的。

在对问题的评价上，首先确立的一个准则是，问题发现思维能力的真正体现是被试发现并提出高水平的问题。虽然随便发现一个问题也可以称作问题发现，但只是问题发现思维的一种比较低层次的体现。真正能够展示问题发现思维能力的，是提出有价值、有意义并在一定程度上具备可行性的问题。也就是说，如果一个问题只是很肤浅、很表面地提出来，没有进行理性深入的分析、判断和思考，那么这种问题发现只能是低水平的问题发现，应该给予较低的思维评分。

为了综合评价被试在问题发现中的思维能力，考虑从多个思维角度同时对一个问题进行全面评价。为此，大量参考已有研究中对问题的评价标准，并对其进行分类、梳理和总结。之后结合本研究的特点，拟定了初步的评价标准。把该标准与两个心理学博士研究生进行反复商讨和评议，使得每一个评分标准尽量客观和可操作化。再请两位博士生导师对标准进行审核，之后确立了完整的评价方案。把整理好的评分标准在预测试的20名被试中进行实际评分。结果表明，评价标准比较适当，且有良好的可操作性。具体来讲，评价指标包括以下几个方面。

（1）首先，区分了对矛盾式情境和潜藏式情境的评分标准。因为在两类情境中，被试进行问题发现过程所涉及的主要思维活动可能有所不同，前者的主要任务是找出矛盾与错误之所在，而后者则主要是发掘情境中的潜藏问题事件。

在矛盾式问题情境中，被试问题发现能力的评价标准是看他能否找出情境中的矛盾（错误）之处。准确找出一个存在矛盾的问题记3分，找出一个非矛盾的问题记1分，以此计算出被试在矛盾式情境中的总分。

（2）在潜藏式问题情境中，采用多个指标综合评价被试的问题发现能力。

A. 思维产品评价。这个评价标准依据的是吉尔福特提出的，把思维产品分为单元、门类、关系、系统、转换、蕴涵等六大类标准。结合吉尔福特的定义和本研究的特点，对六类思维产品的评分给出了操作性定义。它们分别是，单元：问题涉及文中提及的单个属性；门类：问题涉及单一类别；关系：问题涉及两个属性；系统：问题涉及两个或以上的类别，或者三个或以上的属性；转换：问题迁移到与文中情境所不同的情境中；蕴涵：问题涉及综合性地迁移和推理。在评价时，把问题归属于上述六类中的任意一类。此外，对每一类问题分别赋予不同的分值，单元、门类、关系、系统、转换和蕴涵问题分别为1～6分。思维产品得分就是把一个被试的所有问题在思维产品上的得分相加，再除以问题总数量。

B. 思维层次评价。参考杨小洋、申继亮和崔艳丽（2006）等学者的分类，以思维层次为标准对问题进行分类，包含事实性问题、推论性问题、综合性问题和评价性问题四个类别。① 事实性问题是指询问一个原文中提到的事实，如“××是什么意思”、“××是真的吗”、“××是指什么”等。推论性问题是指询问由原文引出的一个相关性或推理性问题，如“××是如何推测的”、“××有什么证据”、“××的原因是什么”等。综合性问题是指对两个或者两个以上的事物或属性进行综合性提问，如询问两个属性之间的关系或者情境迁移问题等。评价性问题是指对材料进行有依据地评价的问题，但那种仅仅提出质疑的评价，如“××可信吗”，不列入评价性问题。

在评价时，把问题归属于上述四类中的任意一类。此外，对每一类问题分别赋予不同的分值，事实性问题、推论性问题、综合性问题和评价性问题分别为1～4分。思维层次得分就是把一个被试的所有问题在思维层次上的得分相加，再除以问题总数量。

C. 思维品质评价。借鉴Torrance（1966）② 和Glover（1979）③ 等学者对思维的评价标准，从流畅性、变通性、深刻性、精致性、新颖性等五类思维品质进行评价。其中，流畅性用问题总数量来表示。变通性的评价方法是，把被试所发现的问题按照其内容进行分类，发现问题的类别数就是其变通性的得分。深刻性是指问题的深刻程度，是表面、浅层次的问题还是隐藏、深层次的问题，深刻性指标是评分者以5分制进行评价的。精致性是指被试对问题描述的准确和细致程度，以及在问题中修饰语和专有名词的运用情况，精致性指标以5分制进行评价。新颖性则是按照问题所属内容类别包含的问题数量在问题总数量中所占的比例来评价的，比例越低，新颖性得分就越高。此外，问题中如果使用了新颖的词汇或者从新颖的角度对问题进行描述，可能会获得1～2分的新颖性加分。新颖性指标以5分制进行评价，如果一个问题加分之后的总分超过了5分，则还是以5分计。

---

① 杨小洋，申继亮，崔艳丽．学生提问与语文阅读理解能力的关系研究．心理科学，2006，29（4）：806～810.

② Torrance，E. P. *Torrance Tests of Creative*：*Norms-technical Manual*，*Research Edition.* NJ：Personnel Press，1966．27－41.

③ Glover，J. A. Levels of questions asked in interview and reading sessions by creative and relatively noncreative college students. *Journal of Genetic Psychology*. 1979，135：103－108.

第二节　问题发现思维团体实验的方法与结果

一、实验方法

（一）被试

团体实验的被试为647名大学生，分别来自华南理工大学、暨南大学、华南师范大学和广东技术师范学院等四所高校。

在答卷中，有的被试对两个情境中的其中一个没有发现任何问题。由于无法判断被试究竟是对该情境发现不了问题，还是根本就没有阅读情境的内容，所以把没有完成其中任意一个情境材料的答卷作为废卷。在收回的647份答卷中，挑选出27份废卷。有效答卷占总数量的95.83%。

团体实验的有效被试人数为620人，其中男生302人，女人318人；被试最大年龄27岁，最小年龄18岁，平均年龄20.82岁。被试在年级、性别和学科门类上的人数分布见表2-2。

表2-2　被试基本情况一览表

年级	性别		学科门类	
	女	男	理科	文科
大一	60	51	61	50
大二	90	150	150	90
大三	112	58	43	127
大四	56	43	58	41
合计	318	302	312	308

（二）实验材料

自编的问题发现思维团体测评材料。

（三）实验设计

实验采用单因素被试内设计，问题情境因素分为矛盾式与潜藏式两个水平。

（四）实验程序

实验采用集体施测的方式，测试时间为20分钟。

（五）评分过程

由于团体实验的被试量很大，不能做到所有的测题都由两个以上的评分者进行评分，为了确保评分标准的客观性和可操作性，首先对评分标准的一致性信度进行了检验。在评分者信度符合要求后，再由研究者一人对所有测题进行单独评分。

在正式实验的测题中，随机抽取18份测题并各复印两份。请两位心理学硕士生作为评分员，和研究者一起对其进行评分。其具体步骤为：

（1）向两位评分员进行评分标准的详细介绍。说明整个实验设计的基本思路，以及团体实验的意义、施测过程和在整个研究中的地位与作用。

（2）详细讲解问题发现的矛盾式情境和潜藏式情境的评分标准与评分细则。讲解如何使用评分表格进行评分和分数的计算。

（3）在18份测题中随机抽出1份，把其复印件分别发给两位评分员。然后向评分员现场示范如何评阅答案。如果在此期间评分员对评分过程有疑问，研究员应进行解释，并对疑问处进一步商榷，以达成共识。

（4）在17份测题中，随机抽出2份，让两位评分员对其进行试评，研究者观察其评分过程，确保评分员已经掌握了评分的标准和流程。

（5）研究者与两位评分员独立对剩下的15份问卷进行评分。

（6）在三位评分者评分完毕后，把数据输入电脑，考察评分者一致性信度。结果发现，矛盾式情境的一致性较好，一致性系数范围在0.886～0.941之间，均达到非常显著的水平。但是，潜藏式情境的一致性不够理想。

（7）对潜藏式情境中几个一致性信度较低的项目进行逐一分析。每一个评分员先分别叙述其评分的理由，然后经过三人的共同商议后，在该项目的评分上达成共识，并记录下这些项目的具体评分依据。

（8）在所有测题中，另外随机抽取15份（均复印两份），对潜藏式问题情境进行重新评分。这15份问卷评分的一致性达到了0.775～0.995之间，是比较理想的信度范围，说明所制定的评分标准有较清晰的界定和良好的可操作性。

（9）在评分者信度达到比较理想的范围后，研究者开始对所有测题进行正式评阅。

二、实验结果

所有实验数据均用SPSS For Windows（17.0）统计软件进行统计分析。

（一）团体实验中问题得分的基本情况

为了全面呈现团体实验对问题的评分结果，本部分将详细列出在问题评价过程中使用的各类指标数据。

1. 矛盾式情境中问题得分的整体情况

按照总体，以及不同的年级、性别和学科门类，对矛盾式情境中的问题得分进行分类统计，得出的结果见表2－3。

表2－3　矛盾式情境中问题得分的分类统计

	总体		年级								性别				学科门类			
			1		2		3		4		女		男		理科		文科	
	M	*SD*	*M*	*SD*	*M*	*SD*	*M*	*SD*	*M*	*SD*	*M*	*SD*	*M*	*SD*	*M*	*SD*	*M*	*SD*
问题总数量	3.94	1.86	3.74	1.80	3.73	1.74	3.84	1.56	4.86	2.35	3.96	1.85	3.91	1.87	3.99	1.82	3.89	1.90
矛盾问题数量	3.07	1.61	3.17	1.80	3.10	1.56	2.96	1.45	3.06	1.79	2.91	1.48	3.24	1.73	3.24	1.71	2.90	1.49
非矛盾问题数量	0.86	1.30	0.59	0.99	0.62	1.00	0.86	1.11	1.75	2.02	1.03	1.40	0.68	1.17	0.76	1.15	0.96	1.44
矛盾问题击中率	0.80	0.27	0.86	0.24	0.84	0.24	0.79	0.25	0.66	0.31	0.76	0.28	0.84	0.25	0.83	0.26	0.78	0.27
矛盾情境问题总评分	10.07	4.71	10.05	5.05	9.93	4.66	9.79	4.23	10.93	5.19	9.79	4.40	10.38	5.01	10.46	4.92	9.68	4.46

2. 潜藏式情境问题得分的基本情况

按照总体，以及不同的年级、性别和学科门类，对潜藏式情境中的问题得分进行分类统计，得出的结果见表2－4。

需要说明的是，在思维产品、思维层次、深刻性、精致性和新颖性等指标上，列出的都是被试在问题发现中的平均分，而不是总分。其主要考虑是，能够发现数量多的问题是个人问题发现能力强的表现，但这并不是唯一的或者最重要的指标。真正体现问题发现思维水平的，还是问题的质量。而且在问题数量与质量之间并没有明显的相关关系。也就是说，能够发现很多问题，并不意味着就能够发现高质量的问题。而且，被试发现问题数量的能力已经在“问题总数量”这个指标上体现了。因此，在具体的思维维度上，平均分比总分更能反映出被试真实的思维水平。

表 2-4 潜藏式情境中问题得分的分类统计

	总体		年级								性别				学科门类			
			1		2		3		4		女		男		理科		文科	
	M	*SD*	*M*	*SD*	*M*	*SD*	*M*	*SD*	*M*	*SD*	*M*	*SD*	*M*	*SD*	*M*	*SD*	*M*	*SD*
问题总数量	2.79	1.50	2.61	1.45	2.58	1.27	2.78	1.43	3.48	1.93	2.83	1.45	2.74	1.54	2.75	1.50	2.83	1.49
思维产品得分	2.39	0.66	2.45	0.62	2.38	0.71	2.30	0.66	2.51	0.57	2.35	0.65	2.44	0.67	2.46	0.65	2.32	0.66
思维层次得分	2.25	0.63	2.34	0.68	2.20	0.65	2.18	0.62	2.37	0.49	2.19	0.56	2.31	0.68	2.30	0.63	2.19	0.62
变通性	2.26	1.09	2.23	1.05	2.18	1.04	2.24	1.00	2.54	1.36	2.29	1.10	2.24	1.09	2.25	1.09	2.28	1.09
深刻性	2.57	1.44	2.53	0.60	2.67	2.19	2.44	0.57	2.61	0.54	2.58	1.91	2.56	0.63	2.57	0.57	2.57	1.96
精致性	3.08	0.50	3.10	0.52	3.06	0.53	3.06	0.50	3.13	0.36	3.03	0.44	3.12	0.55	3.12	0.54	3.03	0.45
新颖性	2.21	0.84	2.30	0.87	2.24	0.82	2.14	0.82	2.16	0.91	2.19	0.85	2.23	0.84	2.24	0.85	2.18	0.83

（二）问题得分的差异比较

1. 问题得分的人口学差异

以年级、性别和学科门类为自变量，被试在矛盾式情境中的问题得分为因变量进行方差分析，结果见表 2-5。

表 2-5 矛盾式情境中问题得分的人口学差异

变异来源	年级	性别	学科门类	年级×性别	年级×学科	性别×学科	年级×性别×学科
问题总数量	9.66***	0.11	0.59	1.14	0.05	0.34	1.45
矛盾问题数量	0.30	3.80	5.08*	0.85	2.70*	0.67	2.56
非矛盾问题数量	19.23***	2.96	1.97	1.72	3.78**	0.20	2.23
矛盾问题击中率	10.84***	4.80*	1.39	2.26	6.47***	0.67	2.73*
矛盾情境总评分	1.55	2.11	3.51	0.95	1.26	0.45	2.16

注：*代表在 0.05 水平上差异显著；**代表在 0.01 水平上差异显著；***代表在 0.001 水平上差异显著，以下同。

由表 2-3 和表 2-5 可知，在问题总数量、非矛盾问题数量、矛盾问题击中率等三个指标上，存在年级差异；在矛盾问题击中率上存在性别差异，男生显著高于女生；在矛盾问题数量上存在学科门类差异，理科学生显著高于文科学生。

对年级差异进行多重比较发现，在问题总数和非矛盾问题数量上，都是四年级显著高于一、二、三年级的学生；在矛盾问题击中率上，一年级显著高于三年级，同时，一、二、三年级显著高于四年级。

此外，在矛盾问题数量、非矛盾问题数量和矛盾问题击中率三个指标上年级和学科之间的交互作用显著。在矛盾问题击中率指标上存在年级、性别和学科三者的显著交互作用。对交互作用进行简单效应检验发现，在矛盾问题数量上，理科一年级学生高于三年级学生。在非矛盾问题数量上，文科四年级学生高于一、二、三年级学生，理科二年级学生高于一年级学生，理科三年级学生高于一、二年级学生，理科四年级学生高于一、二、三年级学生。在矛盾问题数量和矛盾问题击中率上，一年级理科生高于文科生。在非矛盾问题数量上，一年级和二年级都是文科生高于理科生。

以年级、性别和学科门类为自变量，被试在潜藏式情境中的问题发现思维得分为因变量进行方差分析，结果见表2-6。

表2-6　潜藏式情境中问题得分的人口学差异

变异来源	年级	性别	学科门类	年级×性别	年级×学科	性别×学科	年级×性别×学科
问题总数量	8.77***	0.54	0.00	1.59	1.08	1.04	1.22
思维产品得分	2.72*	0.46	1.93	0.14	2.59	0.56	0.29
思维层次得分	3.70*	5.08*	0.76	0.99	0.21	2.55	2.66*
变通性	2.59	0.56	0.03	3.71*	0.99	0.09	0.77
深刻性	0.48	0.03	0.10	0.17	0.09	0.00	0.67
精致性	0.68	3.39	1.81	0.99	0.15	1.22	0.73
新颖性	1.61	0.30	0.01	2.73*	1.15	1.36	0.65

由表2-4和表2-6可知，在问题总数量、思维产品得分、思维层次得分上，存在年级差异；在思维层次得分上男生高于女生。对年级差异进行多重比较发现，在问题总数量上，四年级高于一、二、三年级；在思维产品得分上，四年级高于三年级；在思维层次得分上，一、四年级高于二、三年级。此外，在变通性和新颖性指标上，年级与性别的交互作用显著。进一步的简单效应检验发现，在变通性上，二年级女生显著高于男生；在新颖性上，四年级男生高于女生。

2. 问题得分的情境差异

由于在团体实验中，潜藏式与矛盾式情境采用了不同的评分标准。两者之间可以相互对应的指标就只有体现在思维流畅性的问题总数量这一个指标。因此，在这里只比较了问题总数量之间的情境差异。在后面的个别实验中，将对两类情境采取统一的评分方法，在那里将对情境差异进行更全面的比较。被试发现问题总数量的情境差异见表2－7。

表2－7　问题总数量的情境差异

	潜藏情境平均数	矛盾情境平均数	平均数之差	差值的标准差	自由度	t 值
问题总数量	2.79	3.94	－1.15	1.58	619	-18.17^{***}

由表2－7可知，在问题总数量上存在非常显著的情境差异，矛盾式情境的问题数量要高于潜藏式情境。

（三）大学生问题发现思维类型的比较

在对问题的评价中，本研究对潜藏式情境进行了更加详细和全面的分析。下面，针对其中涉及思维类型的两项评价指标，即思维产品（单元、门类、关系、系统、转换、蕴涵）和思维层次（事实性、推论性、综合性、评价性）中被试的整体表现，进行思维类型上的差异分析。

表2－8列出的是大学生在思维产品和思维层次两个类别中，各自发现问题的比例。通过该表可以直观看出，大学生发现的哪类问题多，哪类问题少。

表2－8　各类问题所占百分比一览表

类别/项目	思维产品指标（%）						思维层次指标（%）			
	单元	门类	关系	系统	转换	蕴涵	事实性	推论性	综合性	评价性
百分比	13.33	48.44	31.46	6.20	0.46	0.12	18.17	49.48	28.30	4.05

由表2－8可知，在思维产品指标的六个类别中，大学生发现的门类问题最多，占问题总数量近一半，其次是关系问题，这两类问题占总问题数量的近80%。最少的是蕴涵和转换两类问题，加起来占到不足1%的比例。在思维层次指标的四个类别中，推论性问题最多，占到总问题数量的近一半，其次是综合性问题，这两类问题也占到了总问题数量的近80%，最少的是评价性问题。

用重复测量的方差分析对上述两个思维指标内部的各个类别之间进行差异比较。结果表明，除了思维产品指标的“转换”与“蕴涵”之间差异不显著外，在其余各个类别的两两之间均存在非常显著的差异。

（四）大学生问题发现思维的聚类分析

大学生能够发现各种各样的问题，那么，在整个大学生群体内部，他们的问题发现思维会不会存在差异呢？也就是说，会不会有的大学生对问题发现思维更加擅长，有的则不那么擅长？或者说，会不会有的大学生更擅长某几种思维，而有的大学生则更擅长另外的思维呢？为此，本研究尝试以聚类分析的方法，按照问题发现思维能力的差异，将大学生进行分类。

在对问题发现思维的评价中，本研究从多个角度采用了多个指标进行分析。与前面结果展示中使用综合性指标不同的是，在聚类分析中，将不使用那些运算后的综合指标，如思维产品总分、思维层次平均分等进行考察。而是直接使用思维评价中的各个原始指标，如单元、门类、关系等进行聚类分析。

在聚类分析的过程中，首先尝试把所有被试聚为两类，结果发现，除了在系统和蕴涵两个指标上两类被试的差异不显著之外，在其余指标上都存在显著差异。之后，又尝试把聚类的类别数增加，看看能否达到一个更加理想的聚类效果。结果发现，当把类别数增加为3～6个后，聚类的效果并没有得到明显提高，即类别间被试的差异并没有变得更加显著，甚至在个别类别上，不显著的项目反而更多了。尤其值得注意的是，在系统和蕴涵这两个项目上，无论采用几个类别进行聚类分析，都没有出现过类别间的显著差异。结合原始数据分析发现，在这两个类别上被试所发现的问题数量非常少，这可能是造成差异无法显著的原因。

由此可见，把被试区分为两个类别，就已经可以较好地说明被试之间的思维差异了。聚类分析的结果见表2－9。

表2－9　聚类分析中思维各维度得分方差分析的 F 值

类别数量	二类	三类	四类	五类	六类
单元	31.33***	17.81***	13.32***	14.61***	10.94***
门类	229.63***	116.01***	135.99***	137.63***	106.64***
关系	27.40***	15.15***	10.23***	7.74***	5.92***
系统	2.24	1.71	0.98	0.73	0.81
转换	15.15***	7.45***	10.22***	6.49***	5.82***
蕴涵	1.93	0.95	0.42	0.19	0.78
事实性问题	52.87***	27.93***	15.36***	18.04***	14.03***
推论性问题	251.63***	126.03***	161.32***	139.72***	123.40***
综合性问题	14.25***	7.53***	8.00***	7.31***	5.97***
评价性问题	8.14**	4.01*	1.48	1.16	2.24*

（续上表）

类别数量	二类	三类	四类	五类	六类
流畅性	695.01***	347.88***	490.43***	639.54***	559.30***
变通性	512.39***	257.02***	308.04***	292.63***	235.66***
深刻性	500.65***	540.65***	683.48***	784.56***	687.01***
精致性	725.33***	365.13***	521.87***	661.70***	569.35***
新颖性	594.06***	296.16***	372.02***	408.65***	394.30***
矛盾情境流畅性	325.16***	163.28***	188.75***	165.70***	167.41***
矛盾问题数量	189.62***	94.33***	98.06***	95.38***	100.19***

为了更直观地比较出聚类后被试之间的思维差异，表2－10中列出了当被试聚为两类时，在各个思维指标上得分的平均数及其差值。

表2－10　两类被试在各个思维指标上得分的差异比较

思维指标	第一类被试	第二类被试	差值	思维指标	第一类被试	第二类被试	差值
单元	0.93	0.46	0.47	评价性问题	0.30	0.18	0.12
门类	5.76	2.72	3.04	流畅性	9.32	4.92	4.40
关系	1.85	1.28	0.57	变通性	6.91	4.12	2.79
系统	0.31	0.24	0.07	深刻性	24.97	13.04	11.93
转换	0.41	0.22	0.19	精致性	28.03	15.05	12.98
蕴涵	0.02	0.00	0.02	新颖性	22.88	11.34	11.54
事实性问题	1.26	0.58	0.68	矛盾情境流畅性	10.59	6.76	3.83
推论性问题	6.08	2.92	3.16	矛盾问题数量	8.15	5.56	2.59
综合性问题	1.66	1.23	0.43				

由表2－10可知，在所有思维指标上，第一类被试的得分都要高于第二类被试。因此，可以把第一类被试看作是问题发现思维能力较强的被试，这类被试共194人，占全体被试的31.29%；而第二类被试则是问题发现思维能力较弱的被试，这类被试共426人，占全体被试的68.71%。

（五）大学生问题发现思维的整体评价

由评分标准可以看出，对被试在两个情境中的每一个问题，都从多个不同的思维角度进行了评分。那么，如何去综合评价一个被试的问题发现思维能力呢？

本研究设想，首先，确定在众多指标中，哪些指标参与思维的总体评价。其次，在选取指标之后，由于各指标的原始分数无法直接进行运算，就需要把原始分数转化为标准分数。再次，各指标不是直接简单相加，还需要根据其重要性分别赋予不同的权重，然后再计算出总分。

具体来说，就潜藏式情境而言，评分主要依据思维产品得分、思维层次得分、流畅性（问题总数量）、变通性、深刻性、精致性、新颖性等七个指标。潜藏式情境综合评分的具体计算过程是，将个体在这七个指标上得分的原始分数分别转化为标准分数，再把这七个标准分数相加后，计算出一个平均分数，作为潜藏式情境的最后评分。而对于矛盾式情境，则只选取了矛盾情境问题总分这一个指标。因为总分的计算方法是“矛盾问题数量 ×3 + 非矛盾问题数量 ×1”，这里已经包含了对所有问题的总体评价并且对不同的问题赋予了不同的权重。矛盾式情境综合评分的具体计算过程是，把矛盾情境问题总分的原始分数转化为标准分数，即为矛盾式情境的最后评分。

问题总评分则是把潜藏式和矛盾式情境的最后评分都分别赋予一个权重计算出来的。这里考虑到，在潜藏式情境的最后评分中包含了七个评价指标，其评分方式能够体现更全面的思维表现。因此，对其赋予 0.7 的权重，而对矛盾式情境的最后评分赋予 0.3 的权重，因此，总评分的计算公式为：“问题总评分 = 潜藏式情境的最后评分 ×0.7 + 矛盾式情境的最后评分 ×0.3”。

在后阶段的个别实验研究中，需要挑选出问题发现思维能力高和低的两类被试。其选择的依据就是问题总评分以及聚类分析的结果。本研究规定，总评分处于前 20% 的被试属于问题发现思维能力高的被试（称为高分组被试），总评分处于后 20% 的被试则属于问题发现思维能力低的被试（称为低分组被试）。个别实验的被试将在这两类被试中进行随机挑选。

第三节 大学生问题发现的思维特点与分析

一、问题发现思维的人口学差异

（一）年级差异

由于绝大多数大学生年龄在 18 岁以上，思维发展已经处于比较成熟的阶段。因此本研究预想在年级方面不会存在显著差异。

研究结果显示，矛盾式情境中，在问题总数量、非矛盾问题数量、矛盾问题击中率等三个指标上，存在年级差异。对年级差异进行多重比较发现，在问题总数和非矛盾问题数量上，都是四年级显著高于一、二、三年级的学生；在矛盾问题击中率上，一年级显著高于三年级，同时，一、二、三年级显著高于四年级。在矛盾式情境中，四年级学生发现了更多的问题，但是他们发现矛盾问题的比例更少。也可以说，在发现更多数量的问题的同时，间接地“牺牲”了一定的问题质量。从这个角度来说，四个年级的学生在矛盾式情境下的表现是基本一致的。

潜藏式情境中，在问题总数量、思维产品得分、思维层次得分上，存在年级差异。对年级差异进行多重比较发现，在问题总数量上，四年级高于一、二、三年级；在思维产品得分上，四年级高于三年级；在思维层次得分上，一、四年级高于二、三年级。总体来看，潜藏式情境的年级差异，是来自四年级同一、二、三年级之间的差异。几乎所有的差异都与四年级学生有关，在三个重要指标上，都是四年级的学生要好于其他年级的学生。这是不是说明大学四年级在问题发现的思维表现上出现了一个质的飞跃呢？

为此，本研究进一步分析了四年级学生的构成情况，发现他们绝大部分是来自一所“211 工程”重点大学。由于当时的团体测试是委托给一位教师去做的，研究者向他了解了当时的测试情况。该教师介绍，为了让学生能够更认真地完成问卷，他告诉学生要把这次的测试作为一次平时成绩进行记录。由此可以推测，也许这批学生为了得到更高的学科成绩，比其他的学生更认真地对待了这次测试。这大概也可以解释为什么在矛盾式情境中，四年级的学生会提出更多数量的问题，而在反映问题质量指标的矛盾问题击中率上却低于其他年级的学生。

但另一个值得关注的问题却是，同样是四年级的学生，如果说他们在潜藏式情境的优秀表现是由于教师“特别施压”的结果，那么为什么在矛盾式情境中却没有那么突出的表现呢？进一步对实验的两段材料进行分析发现，潜藏式情境材料字数更多，内容更生僻。这段情境材料的字数是 496 字，而矛盾式情境材料的字数是 262 字。在内容上，这段材料讲述了科学家对外星智慧生命数量的推测，其中涉及“地球生命起源速度”、“同位素测定”和“化石证据”等比较深奥的词汇。在试测中就有学生反应这段材料比较难理解，相对而言科学骗局的材料更加通俗易懂。此外，从两个情境问题的总数量上也可以反映出这则材料的难度（平均问题数量：矛盾情境 3. 94，潜藏情境 2. 79）。正因为这段材料难，也许很多学生随便看看，发现了一些问题就不多想了，而这批学生有了成绩的激励可能投入了更多的思考在上面。这也许不是他们本身的思维能力更强（因为在矛盾情境中，他们并没有表现出这么强的能力），而是他们的态度更认真。

为了考察对“态度”影响力的设想，把四年级学生中属于上述班级的学生数据删除，重新进行了年级的方差分析。结果表明，在所有指标上均不存在显著性的年级差异。这也从另一个方面证实了我们的设想，即并非四年级学生的问题发现思维能力发生了飞跃性的进步，而是在参与测试的大四学生中有些学生的态度特别认真。

（二）性别差异

男生和女生在思维的整体水平上是相当的，但是各自有其擅长的领域，这是学者们在思维领域研究中达成的一个共识。本研究设想，男女生在不同情境中思维能力的表现大致相当，但各有某些方面的优势。

研究结果表明，在矛盾式情境中，男生在矛盾问题击中率上好于女生。也就是说，在男生所发现的问题中，找出矛盾与错误的比例要高于女生。这可能与男性更善于质疑、挑战，更具有怀疑的精神有关。在潜藏式情境中，思维层次得分存在性别差异，男生高于女生。问题的思维层次由低到高依次为事实性、推论性、综合性与评价性问题，在本研究中给予1～4的评分，其中女生平均分2.19，男生平均分2.31。说明从整体来看，学生发现问题的思维层次处于中等偏上，高层次思维体现了个体思维逻辑性和系统性的特点。该结果比较符合人们对男性认知能力的设想，即他们更加擅长抽象领域的思维。

综上所述，男女生在大部分指标上都不存在差异，男生在个别指标上具有一定优势，这和本研究的预先设想是一致的。

（三）学科门类差异

文科和理科的学生会不会有各自所擅长的思维领域呢？本研究设想，文理科学生在问题发现思维的整体水平上是相当的，但是他们可能有各自擅长的不同方面。

研究结果表明，矛盾式情境中，在矛盾问题数量上存在学科门类差异，理科学生显著高于文科学生。矛盾问题的发现与思维的逻辑性和分析性相关，即通过逻辑分析与推理，找出情境中的矛盾与错误之处。相比于文科生思维的感性与发散性，理科学生的理性与逻辑性思维可能更有助于他们有效地找出矛盾问题。因此，在问题总数量没有差异的情况下，理科学生发现的矛盾问题数量更多。

由于本研究的指标较多，人口学分析方面的交互作用效果比较繁多和复杂。在这里，将暂不对交互作用的显著性进行讨论。

二、问题发现思维的情境差异

在团体实验中，我们对潜藏式情境和矛盾式情境采用了不同的评分方法。因此，在作情境差异对比时，只有问题总数量这一个指标可以对照。在后面的个别实验中，将采用同一评分体系对两类情境进行评分，届时将对情境差异进行更深入的分析。

对问题总数量的情境差异分析表明，矛盾式情境的问题数量要显著高于潜藏式情境。被试在矛盾式情境中能够发现更多的问题，这可能是由于矛盾式情境本身就已经包含了“问题事件”，被试只要在情境中找出这些已有的错误、不足和矛盾之处就可以了。而潜藏式情境本身并没有存在“问题事件”，也就是说，没有现成的错误或矛盾供被试寻找。这就需要被试自己去挖掘和探索，发现问题的难度也相应增大了。此外，在矛盾式情境中，被试既可以去寻找现成的矛盾线索，同时也可以通过发散性思维等去挖掘潜在的问题。而在潜藏式情境中，被试只能采取后一种途径来发现问题。因此，相对来说，在矛盾式情境中发现问题更加容易一些。

三、大学生问题发现的思维产品和思维层次特点

在思维产品的六个类别中，大学生发现的门类和关系问题之和占到了总问题数量的近80%，而系统、转换和蕴涵三类问题合起来还不到10%。在思维层次的四个类别中，推论性和综合性问题之和也占到了总问题数量的近80%，事实性问题占近20%，评价性问题仅仅占4%。

门类和关系问题以及推论性和综合性问题都涉及思维的中等水平，两类问题之和均占到近80%。由此可见，在大学生的问题发现过程中，运用中等水平的思维是最为普遍的，是占主体的思维水平。此外，两类指标中最低层次的问题，单元问题和事实性问题均占到10%左右，这说明在问题发现过程中，低层次思维也是不可缺少的，只是所占的比例比较低。而在体现高水平思维能力的系统、转换和蕴涵问题以及评价性问题上，比例就更低一些。系统、转换和蕴涵三类问题合起来仅占不到10%，评价性问题占4%。这说明在问题发现过程中，大学生运用高水平思维的比例非常低，这也从另一个方面反映出当代大学生的问题发现思维能力还有待进一步培养和发展。

四、大学生问题发现思维品质的特点

本研究中，对潜藏情境问题发现思维品质从流畅性、变通性、深刻性、精致性、新颖性等五个方面作出评价。其中流畅性用问题总数量作为指标，变通性用发现问题的类别数量作为指标，而深刻性、精致性、新颖性等则用5分制进行评分。大学生在上述五方面的得分依次为：2.79、2.26、2.57、3.08、2.21。也就是说，面对潜藏情境，大学生平均提出2.79个问题，问题类别平均数为2.26。整体来看，大学生发现问题的数量比较少，这可能与任务的吸引力、趣味性以及

学生的态度有关。问题总数量和类别数相当，说明大学生提出的问题倾向于是不同类的。在三个用5分制评分的项目中，大学生的得分在2～3分左右，这也是一个中等水平的分数，体现大学生整体问题发现思维品质是处于中等水平的。其中，在体现描述问题详细、准确、精细和修辞程度的精致性上，得分超过3分，表现得最好，说明大学生的语言表达和陈述能力较好。但在体现思维独特性和创新性的新颖性指标上，得分最低，仅为2.21分，说明大学生在问题发现的新颖、独创性方面还有所欠缺，是问题发现中较薄弱的环节。

五、大学生问题发现思维能力的聚类分析

通过对所有被试问题得分的聚类分析，可以把被试分为两大类别。在对比的17个指标中，除了系统和蕴涵两个指标没有显著性差异之外，其余15个指标中第一类被试的得分均高于第二类被试。因此可以把第一类被试看作高问题发现能力者，第二类被试看作低问题发现能力者。高问题发现能力者共194人，占全体被试的31.29%；低问题发现能力者共426人，占全体被试的68.71%。

这个结果说明，本研究使用的问题发现思维测评材料可以对大学生的问题发现思维能力进行有效的区分。此外，问题发现能力高的学生占学生总人数的近1/3。这说明从总体上看，擅长问题发现思维的学生并不太多。这可能与传统教育重视学生的问题解决能力而忽视学生的问题发现能力有关。这也启发了教育工作者，在教育中应该更加重视对学生问题发现能力的培养。

在后面的实验中，将选取在总评分上分别处于高和低各20%的被试进行个别实验。从聚类分析的结果也可以看出，这两类被试在问题发现思维的表现上存在显著差异，可以分别作为高、低问题发现能力学生的代表。

六、大学生问题发现思维能力的整体评价

为了挑选个别实验的被试，本研究依据问题的评分，对大学生的问题发现思维能力进行了总体评价。在评价标准的制定上，考虑了对多个思维指标的综合性评价，并根据其重要性分别赋予了相应的权重。把所有原始分数转化为标准分数之后再进行运算，可以把620名被试的问题总评分由高到低排出一个顺序。个别实验的被试，将在问题总评分位于前后各20%的大学生中进行随机抽取，位于前20%的学生归属于高问题发现能力组学生，后20%的学生归属于低问题发现能力组学生。

本章小结

本章基于对大学生问题发现思维测评工具的编制和评价标准的制定，在矛盾式与潜藏式情境中，对620名在校大学生进行团体思维实验，考察其问题发现思维的整体特点与规律。研究从思维产品、思维层次、思维品质（流畅性、变通性、深刻性、精致性、新颖性）等角度对问题进行评分。

团体实验结果显示，从年级上，排除态度因素，四个年级学生的问题发现思维能力大致相当；男女生在大部分思维指标上都不存在差异，男生在个别指标（矛盾问题击中率、潜藏情境中的思维层次）上具有优势；理科生在发现矛盾问题的数量上显著高于文科生。

大学生在矛盾情境中发现的问题数量高于潜藏情境。在思维产品方面，学生发现的门类和关系问题占总问题数量的近80%，而系统、转换和蕴涵三类问题合起来不到10%。在思维层次方面，推论性和综合性问题之和占总问题数量的近80%，评价性问题仅占4%。可见，大学生使用得最多的是中等水平的思维，高层次思维的使用比例较低。在思维品质方面，大学生在问题的精致性上得分较高，新颖性上得分较低。

通过聚类分析可以将大学生分为两类，第一类学生在绝大部分指标上得分均高于第二类，前者可称为高问题发现能力者（194人，占31.29%），后者可称为低问题发现能力者（426人，占68.71%）。在后续第三章到第六章的个别实验中，将从得分在前、后20%的大学生中随机抽取，分别作为高分组和低分组被试参与实验。

第三章　问题发现的思维模式

本章将采用个别实验的方式，要求大学生针对矛盾式与潜藏式两类情境的个别实验材料提出他们所发现的问题。与团体实验不同的是，在个别实验中，被试不仅要说出发现的问题，而且要把在问题发现过程中的详细思维活动通过出声思维报告出来。本实验将通过对口语报告资料的编码和分析，考察大学生问题发现的思维操作、思维模式、思维表征、思维策略以及元认知思维等方面的特点和规律。

第一节　问题发现思维模式的个别实验研究

一、实验方法

（一）被试

从团体实验得分较高（高分组）和较低（低分组）的前后20%大学生中，随机各挑选出20名学生参与本实验。大学生来自华南理工大学、暨南大学、华南师范大学、广东技术师范学院等四所高校。40名大学生中，男女生各半；最大年龄24岁，最小年龄19岁，平均年龄21.04岁。

（二）实验仪器

在实验中，由于要对出声思维内容进行录音，因此，实验在带麦克风和耳机的电脑上进行。实验前，先在所有电脑上安装录音软件并试运行，确保其录音效果。

（三）实验材料

由于本实验采用个别实验的方式，需要的主试人数较多。为了更好地控制实验程序，确保实验效果，制定了“个别实验主试操作流程”，并对实验中主试的所有行为和操作都作了严格规定。

正式实验材料，采用在团体实验中挑选出的两段材料。这两段材料已经经过适当调整，使其在形式上保持了一致性。每一段材料都包含10句话，477个字符，并且都分为四个段落进行呈现。此外，为了帮助被试熟悉实验流程和适应出声思维活动，实验还准备了三段练习材料。三段练习材料和两段正式实验材料的内容如下。

练习材料：

（1）不久前，英国一家实验室宣布他们成功地将牛的基因移植到西红柿的基因上，结果他们得到了一个果皮似牛皮、果肉似西红柿的成品，这一发现轰动世界。

（2）1984年，法国几名科学家宣布，他们发明了次声武器，只要一开动它，它便会发出“次声”，杀死方圆10公里以内的人。他们称他们曾不小心开动过它，这几名科学家却没有因为这次“不小心”而丧失性命。

（3）一天，台北一家医院的两名护士因园中的一丛特大的九重葛（一种植物）妨碍晾衣服，请园丁把它砍去。几个月后，那护士又来找他，说九重葛又长起来了。园丁又一次把它砍个精光。可是没多久，一丛枝繁叶茂的九重葛又出现了。这种植物顽强的生命力使园丁深受感动。

正式个别实验材料：

1. 矛盾式情境材料

一种全新的“测脑纹”仪器日前在上海风行，这种专门为儿童设计的脑纹图谱测试，吸引了不少望子成龙的家长。

“测脑纹”工作室的装备是一台电脑和一个“脑纹收集器”。检测时，受测者的眉骨上方和耳后需要贴上四块传导硅胶片，胶片上拖出四根从“脑纹收集器”引出的导线，在收集器和电脑之间也有导线相连接。整个测试只需要4分钟的时间，受测者只要面朝一堵白色墙壁，睁眼120秒后再闭眼120秒即可。测试人员说：“别看就几分钟的工夫，脑纹收集器可没闲着，它每隔一秒记录一次‘脑纹’数据，并通过导线输入电脑。”

此时，电脑正运行着一个叫做“脑纹数据分析”的软件，里面有“左脑波纹”、“右脑波纹”、“脑纹准值分析”、“集中力波纹”等四个项目。测试人员说：“采集到的脑纹数据会送到加拿大，由专家进行每秒‘脑纹’波动的审读。这种新式做法能定期检测追踪，了解儿童的智力开发程度并提供一份有针对性的培养方案，1岁以上儿童即可做检测。”

他还补充道：“我们还开发了‘脑纹修复CD’，每种CD包含不同种类的音乐，用于有针对性地培养不同的才能。例如巴洛克风格的古典音乐可以直接刺激人的创造力与想象力。”

2. 潜藏式情境材料

当地球人到达高度进化的阶段时，或者更确切地说，在50万年以后，人类将会变成什么模样呢，科学家对此提出了各种观点。

加拿大人类学家卢瑟尔和塞格京认为，在进化历程中，人的脑袋会越来越大，越来越聪明，现代人的大脑体积几乎是古猿的三倍。加上人能创造和使用工具，发展出语言来学习和利用他人的创造成果，久而久之，人类对脑力的依赖性大大超过体力。50 万年后，未来人的大脑体积将远远大于我们，而肢体渐渐退化，最后变成大脑袋、小身体的非常强大的模样。

英国古生物学家狄克森则认为，人类经历数百万年的进化历程，现已进入到高度文明的社会，盛极而衰，人类将逐渐走向衰亡。50 万年后地球将发生巨变，由于滥用资源，生存环境变得非常恶劣。荒原上残存的几十米高的树木成了未来人的家，湖泊中生长的蓝绿藻类成为唯一的食粮，人也变成了树栖动物。

还有许多科学家接受稳定进化论的观点，他们认为，单纯的体形改变或大脑发达，不能作为人类进化的主要标志。比如在最近 50 万年中，人类的体形变化和大脑体积增加很有限，但聪明才智和社会文明却高度发展了。所以说，未来人在身体结构比例上，和今天的人类不会有多大差别。

（四）实验设计

实验采用 2（问题情境）×2（组别）的混合设计。其中，问题情境为组内因素，分为矛盾式情境和潜藏式情境两个水平；组别为组间因素，分为高分组和低分组两个水平。因变量为问题的数量与质量，以及问题在思维模式、思维表征、思维策略和元认知思维等方面的特点与规律。

（五）实验程序

1. 实验前的主试培训

由于个别实验程序比较复杂，对主试的要求比较高，所以本实验挑选了 15 名心理学专业的硕士生作为主试。实验前一周，对所有主试进行了培训。培训内容包括实验的整体情况介绍、实验程序和相关注意事项等，着重介绍了“个别实验主试操作流程”的内容。

在实验中，要求被试持续进行出声思维活动，但被试有时可能会忘记进行出声思维。在这种情况下，主试需要使用提醒技术，即在必要时提醒和鼓励被试对思维活动过程进行口语报告。一般来说，当被试陷入较长时间的沉默时（大约 15 秒的停顿），主试要给予提醒：“请把你现在的想法说出来。”提醒时应尽可能地简短和轻声，以免影响被试的思维。

在培训中，研究者还与各位主试就一些有争议的细节问题进行了充分讨论。之后，根据达成的一致意见对实验程序进行了一些小的修正。

2. 正式实验程序

为了控制顺序效应，两组被试各随机分派一半先参加矛盾情境实验，另一半先参加潜藏式情境实验。正式实验分为以下四个步骤。

第一步，实验前的准备。主要包括被试就座、介绍实验要求、测试录音效果、被试填写个人资料等内容。

第二步，实验训练程序。目的是训练被试熟悉整个实验的流程，并要求被试掌握出声思维技术。每一个被试有三次训练机会。训练程序既是培训被试，同时也是在培训主试。如果主试觉得自己对实验程序和技术掌握得不好，也可以再次进行训练。

第三步，正式实验。被试按照事先随机抽取的顺序依次完成两段材料的实验。每一段材料的具体实验过程包括：

（1）主试开启录音设备，向被试呈现正式实验的文字材料，被试在阅读完一遍材料之后向主试报告。

（2）被试根据文字材料，提出自己所发现的问题，期间需要进行出声思维。

（3）保存录音文件，关闭录音。

重复以上步骤一次，就完成了两段材料的实验。

第四步，实验结束后的工作。包括给被试小纪念品、主试交回实验材料和拷贝实验录音等内容。

（六）口语报告资料的整理和编码

本实验收集的数据主要是被试的口语报告资料。关于口语报告对思维过程的反映情况，Ericsson 等人作出了阐述。Ericsson 和 Simon（1984）根据任务操作过程中所介入的与任务无关的加工特点，对口语报告进行了三个层次水平的定义。[①] ①水平 1：报告前不需要进行转化的口语报告。即报告的内容与短时记忆中的编码形式一致，思维序列没有发生改变，所以报告的内容最为可靠。②水平 2：需要转化才可以对思维过程进行描述的口语报告，转化的过程就是从短时记忆中提取相关信息进而口语化的过程。这一过程会引起任务完成速度的下降，但是由于没有新信息的介入，思维序列和结构也没有发生变化，所以报告的内容也是可靠的。③水平 3：需要额外加工介入才可以进行的口语报告，额外的加工过程包括过滤性加工（如只报告与某个主题有关的想法）、被试关于自身认知的推理和对外界影响的感知等，这些内容的报告需要同时从短时记忆和长时记忆中提取信息。Ericsson 等人认为，对这部分内容的分析反映不出个体在操作中的认知加工过程，不赞成使用该水平报告数据。

根据上述三个标准考量本实验的口语报告资料。可以判断，实验收集的口语报告处于水平 1，因此是有效和可靠的。

---

① Ericsson, K. A. & Simon, H. A. *Protocol Analysis: Verbal as Data*. Cambridge, MA: MIT Press, 1984. 322 – 331.

对实验结果的分析主要就是对被试口语报告资料的分析。分析的主要步骤包括：①将录音转译为书面的文字材料；②根据需要对文字材料进行编码；③对编码后获得的数据进行进一步分析和评价。

1. 将录音转译为文字材料

录音必须要转译为文字材料，才能进行具体和深入的分析。为此，本研究招募了四位本科三年级的女学生来做口语报告录音转译为文字的工作，并给予一定的报酬。此外，问题的提出时间是反映问题发现过程中思维进程的指标之一。在转译过程中，以秒为单位，记录下了每一个问题的提出时间。

在录音转译前，先对四位学生进行培训。具体内容包括：①介绍整个实验的背景和实验流程；②介绍录音转译的详细要求；③示范一个具体的转译过程。

2. 对文字材料的初步处理

在录音转译为文字材料后，就需要对每一个被试的口语报告资料进行初步整理。具体做法是，首先将口语报告以一个“问题”为单位分成许多独立的段落。再对这些段落进行“断句”和“分段”。所谓断句就是把口语报告所陈述的内容进行句子划分。划分句子的主要依据是在口语报告的原始录音中，被试的自然停顿以及话语本身的意义独立性和完整性。由于在录音转译时，已经对口语报告资料进行了断句，在这里，主要是对断句的合理性进行检查。

断句检查结束后，根据句子的具体含义进一步进行句子之间的整合，即“分段”。分段的依据是句子的意思，无论句子是否完整，是否符合语法，每一个分段都要表达一个独立的主题。分段的具体操作过程，是判断前后相邻的句子之间是否表达了同一个意思或主题。如果相邻句子之间表达的意思相同，就把这些句子整合于一个“分段”内。如果含义不同，则保留为独立的分段。在对口语报告资料进行编码分析时，都是以“分段”为单元进行评价的。

在初步整理好文字资料之后，下一步就是对这些口语报告资料进行详细的编码和分析。

3. 对口语报告编码的思考

在对口语报告资料的分析上，最有难度并对分析结果有最大影响的是口语报告的编码阶段。这里提及的编码，就是对口语报告的每一个“分段”进行编码。

在制订口语报告的编码方案前，我们首先考察了学者们在这方面的研究。Ericsson 和 Simon（1984）在《口语报告分析》一书中指出，口语报告编码方案的设计应考虑以下两个方面的因素：一方面，它必须反映研究的理论构思，符合理论上的要求；另一方面，它必须适合实验任务本身的特点，能够解释被试在完成实验任务过程中的各种行为，从而对口语报告中的每一条陈述都能够指定相应的代码。[①] 李亦菲和朱新明（1998）提出了通用口语报告编码方案，该方案将人的行为分为元认知行为、操作行为和学习行为三种类型。他们指出，按照这个分类标准，可以对人的各种行为活动进行编码和分类。[②] 廖伯琴（2001）在研究中学生力学问题表征体系时，对口语报告作出下列四类编码：对实验任务的描述、对知识的陈述、对认知操作的陈述和对元认知的陈述。[③] 李贤、余嘉元（2005）则指出，编码方式的低水平是口语报告方法发展的“瓶颈”，但是可以通过语境倾向编码和多重联合定义分类的方法在一定程度上解决这个问题。[④]

此外，Shu Ching Yang（2003）等人还提出了五条数据编码的标准：①数据分类必须基于所研究的问题和假设；②独立的分段必须包含每一个单元的含义；③言语表达还应附加编码上被试表述的注意信息；④每一个种类在内容上必须相互独立，不得有所交叉；⑤在使用非语境编码时，理论假设的影响必须降到最低，数据必须随机分段。[⑤]

总结学者们对制订编码方案的建议，并结合本实验着重考察问题发现思维的具体情况，我们在编码的设置上主要考虑了以下三个方面：①为了对被试的思维进行综合性、多角度的考察，研究将采用多维度的编码体系，而非单一编码。②所有的编码维度都与思维有直接关联。③编码维度的设置要适合问题发现思维的特点。

4．口语报告资料的编码方案

具体来说，本实验对问题发现口语报告资料的编码方案主要包括以下三个维度：思维操作、思维表征和思维策略。

（1）思维操作编码。分析口语报告中思维操作的使用情况，是为了总结出思维模式的一般特征和规律，并比较两类被试的思维操作差异。思维操作编码的确定将采用专家调查的方法。主要思路是基于文献的分析整理出若干种类的思维，请心理学专家对这些思维类别在问题发现过程中的重要性进行七点评分。对专家调查结果进行探索性因素分析，抽取出主要的几种思维操作。思维操作编码的具体过程将在后面的结果部分进行详细介绍。

（2）思维表征编码。在本研究中，由于把问题发现定义为，对内在心理或外在环境中的矛盾、困难、新异或一般事件设定不同于其现有状态的目标状态的

---

① Ericsson，K. A. & Simon，H. A. *Protocol Analysis*：*Verbal as Data*. Cambridge，MA：MIT Press，1984. 322 - 331.

② 李亦菲，朱新明．一种通用的口语报告编码方案．心理学动态，1998（4）：47 ~ 51.

③ 廖伯琴．中学力学问题表征体系的动态特征．心理学报，2001，33（3）：251 ~ 254.

④ 李贤，余嘉元．口语报告：探测复杂心理活动的方法．赣南师范学院学报，2005（1）：33 ~ 35.

⑤ Shu Ching Yang. Reconceptualizing think-aloud methodology：Refining the encoding and categorizing techniques via contextualized perspectives . *Computers in Human Behavior*，2003，19（1）：95 - 115.

思维过程，也就是找出现有状态与目标状态之间差距的思维过程，因此，在思维表征的编码上，本研究划分了两个维度。第一个维度是信息表征，依据表征的信息是情境中已有的（情境信息），还是被试头脑中提取的（内部信息），或者是被试综合情境信息和内部信息进行推理而得出的，分别编码为情境信息表征、内部信息表征和信息联合表征。第二个维度是问题状态表征，根据表征的对象是问题的现有状态、目标状态，还是位于两个状态之间的关联和中间状态，分别编码为起始状态表征、目标状态表征和中间状态表征。

（3）思维策略编码。在思维策略的编码方面，采取了由算子归纳出策略的方法。具体的过程是，首先通过文献的分析，整理出问题发现过程中常用的若干类别的“算子”。然后，对口语报告中每一个分段所涉及的算子进行类别编码。根据对算子使用情况的分析，总结出几种主要的思维策略。再基于思维策略重新对被试的口语报告资料进行编码。

建立好编码体系之后，就需要对被试在口语报告中的每一个分段，按照上述维度进行编码。也就是说，在每一个思维维度上，都要把“分段”进行类别划分，确定它属于哪一类思维模式，这也就是编码的全过程。

为了确保本研究制定的思维编码都有明确的含义，在思维类别的划分上具有良好的操作性，我们对口语报告资料的编码过程进行了评分者的一致性检验。在编码方案确定之后，从40份口语报告资料中随机抽取1份高分组和1份低分组的报告，由两位评分者（一位是研究者，另一位是心理学硕士）根据建立好的编码方案对口语报告资料进行独立编码。两位评分者编码的一致性系数为0.882，达到非常显著的水平。这说明本研究所制订的编码方案有较清晰的界定和良好的操作性。此外，对其中编码不一致的部分，由两位评分者进行进一步的讨论，直到达成共识。之后，由研究者一人对其余口语报告资料进行编码。

编码完毕之后，就可以开始对已编码的口语报告数据进行统计与分析，对思维模式进行定量化的考察。

二、实验结果

在个别实验中，对问题的评价标准直接借鉴了团体实验的问题评价标准。有所不同的是，在团体实验中，对矛盾式情境的问题只是作了该问题属于“矛盾问题”还是“非矛盾问题”的区分。而在个别实验中，对矛盾式情境问题的评价，除了判断其是否属于“矛盾问题”，还将按照对潜藏式情境问题的思维评价方式进行详细分析。

（一）问题得分的基本情况

在团体实验中，已经对问题质量从多个角度进行了详细分析。因此，在本实验中，将只列出在各个思维指标上的问题评分作为结果展示。同时，由于团体实验中对于不同情境的问题采用了不同的评分方式，无法对实验结果作多因素的方差分析。因此本实验将用重复测量的方差分析对组别和情境因素的综合影响作用进行考察。

表 3－1 中，呈现了问题得分的总体情况，以及按照组别和情境两个维度分类统计的问题在各个主要指标上的得分情况。

表 3－1　问题的总体及分类得分一览表

问题指标	总体		组别				情境			
			高分组		低分组		矛盾式情境		潜藏式情境	
	M	*SD*	*M*	*SD*	*M*	*SD*	*M*	*SD*	*M*	*SD*
问题总数量	8.53	2.85	10.25	3.01	6.80	1.15	4.93	1.77	3.60	1.50
矛盾问题击中率	0.66	0.34	0.72	0.27	0.60	0.39	0.66	0.34	—	—
思维产品得分	2.33	0.50	2.49	0.46	2.17	0.50	2.26	0.45	2.41	0.54
思维层次得分	2.24	0.44	2.32	0.30	2.16	0.53	2.19	0.41	2.29	0.46
变通性	3.59	1.31	4.10	1.43	3.08	0.94	3.90	1.32	3.28	1.24
深刻性	2.78	0.59	3.07	0.36	2.49	0.63	2.82	0.47	2.74	0.70
精致性	3.11	0.35	3.20	0.38	3.02	0.29	3.10	0.16	3.12	0.46
新颖性	2.09	0.55	2.09	0.57	2.10	0.53	2.02	0.56	2.17	0.53

（二）在各因素上问题得分的差异比较

用重复测量的方差分析考察组别和情境因素对问题数量和质量的影响，结果见表 3－2。

表 3－2　在各因素上问题得分的差异比较

变异来源	问题总数量	矛盾问题击中率	思维产品得分	思维层次得分	变通性	深刻性	精致性	新颖性
组别	22.97***	1.14	7.14*	2.53	14.82***	20.54***	4.28*	0.00
情境	27.36***	—	2.87	1.17	5.70*	0.72	0.15	1.58
组别×情境	2.81	—	0.12	0.30	0.45	2.65	0.32	3.20

由表 3－1 和表 3－2 可知，在问题总数量、思维产品得分、变通性、深刻性、精致性上，高分组被试得分均高于低分组。在问题总数量和变通性上，矛盾

情境高于潜藏情境。

三、问题数量与质量的评价

在团体实验中，已经对问题质量进行了比较全面的分析和考察。但是，没有对情境差异部分进行深入探讨。在本实验中，将着重针对这个部分进行分析和讨论。

通过对组别和情境因素对于问题数量及质量影响的考察显示，在问题总数量、思维产品得分、变通性、深刻性、精致性上，高分组的被试均好于低分组。在对比的七个指标中，高分组被试在五个指标上均优于低分组被试。这说明在团体实验中选出的被试是有效的，符合本研究的设想。同时，也说明两组实验材料的评价结果之间存在较好的一致性。

在问题总数量上，矛盾情境高于潜藏情境。大学生在矛盾情境中问题发现的数量上要明显地高于潜藏情境。这可能是由于被试在两个情境中发现问题的难度是不同的。前者只需要找出现成的矛盾和错误，后者则需要深层次的"挖掘"其潜在的目标。此外，在矛盾式情境中，被试既可以发现现成的矛盾线索，同时也可以挖掘潜在的问题，有两条途径可供选择。而在潜藏式情境中，被试只能采取后一种途径来发现问题。这一结果与团体实验的结果也是一致的。

在变通性上，矛盾情境更占优势。变通性体现了被试发现问题的类别数。具体来看，在矛盾情境中，依据内容将问题分为脑纹、仪器、分析软件、收集数据、CD、音乐、仪器操作、作用、培养方案、其他等 10 个类别；在潜藏情境中，依据内容将问题分为消极观点、积极观点、稳定进化观、综合观点、脑力体力、身形、大脑、食物、生存环境、文明、生存形式、时间、其他等 13 个类别。矛盾情境的总类别数更少，被试发现的问题类别却更多，一方面可能是由于被试在矛盾情境中发现问题的总数量更多（矛盾情境：4.93，潜藏情境：3.60），相应也就可能涉及更多类别的问题；另一方面则可能是矛盾情境的问题线索既可以来自现成的矛盾与错误，也可以来自对潜藏信息的挖掘，相对潜藏情境却只有后一类问题线索，因此矛盾情境更可能产生更发散、更多类别的问题。

第二节　问题发现的思维操作和思维模式

下面将对被试的口语报告资料进行正式分析。林沂升（2003）提出，思维操作是指个体在问题发现情境中使用的具体思维方式，包括分析思维、归纳思维、演绎思维等；而思维模式则是个体在问题情境中使用的各类思维操作所组合、形成的一种有架构、有系统的整体模式。① 本研究对思维操作和思维模式的界定是参考了林沂升的这个观点。按照本研究的设想，首先从思维操作的角度对问题发现的思维过程进行评价。

一、确定思维操作类型

本研究确定思维操作类型的方法是采用专家评估的方法。具体做法是，首先查阅大量有关思维研究，尤其是问题发现思维研究方面的文献资料，从中挑选出涉及思维操作的词汇。其次对这些挑选出来的词汇进行筛选和归纳，整理出一个思维词汇表。然后就整理好的思维词汇表，征求两位专家的意见，并对词汇表再次进行了小调整，最终形成的词汇表包含了 25 种思维。最后，基于 25 种思维词汇，编制一个七点调查问卷，对 178 名心理学专家进行问卷调查，请他们对这些思维操作在个人问题发现过程中所起作用的重要程度进行七点评分。基于对问卷调查结果的探索性因素分析，确定思维操作类型。

对问卷调查结果进行探索性因素分析。在进行因素分析前，先进行了 KMO 检验和 Bartlett 球形检验。结果表明，KMO 值为 0.912；Bartlett 球形检验值为 2 348.794，其显著性水平为 0.000，极其显著。说明数据适合作因素分析。

运用因素分析主成分法对因子进行最大正交旋转，并抽取出特征值大于 1 的因子，得到问题发现思维操作的因子结构。结果见表 3－3。

表 3－3　问题发现思维操作旋转后的因素结构表（$n=178$）

因素一		因素二		因素三		因素四		因素五	
项目	负荷	项目	负荷	项目	负荷	项目	负荷	项目	负荷
非常规思维	0.785	演绎思维	0.689	思维速度	0.761	预见性思维	0.694	形象思维	0.713
顿悟	0.780	归纳思维	0.649	思维系统性	0.746	重组思维	0.643	应用性思维	0.624
发散性思维	0.723	分析性思维	0.643	思维严密性	0.635	元认知思维	0.603		
创造性思维	0.699	抽象思维	0.631	思维流畅性	0.521				
直觉思维	0.657	逻辑思维	0.555	逆向思维	0.509				
思维独特性	0.627	聚合思维	0.460						

① 林沂升．“科学问题发现”之思考模式诠释研究——以研究生与小学生的个案为例．台湾屏东师范学院硕士学位论文，2003.

（续上表）

因素一		因素二		因素三		因素四		因素五	
项目	负荷	项目	负荷	项目	负荷	项目	负荷	项目	负荷
侧向思维	0.536								
模拟思维	0.468								
思维变通性	0.454								
特征值	4.516		3.191		3.136		2.401		1.763
解释率	18.062		12.765		12.543		9.603		7.051
累积解释率	18.062		30.828		43.371		52.974		60.024

把上述五个因素分别命名为：发散与创新思维、聚合与逻辑思维、系统性思维、元认知监控思维和形象思维。在思维模式研究中，将以这五种思维操作为基础对问题发现思维进行编码和分析。五种思维操作在本研究中的具体含义如下：

形象思维：对材料作出具体的复述、描述和解释以及形象化的思维。

聚合与逻辑思维：对材料内容进行分析、推理、归纳或演绎等思维活动。

发散与创新思维：运用联想、类比、假设、模拟等发散性思维以及顿悟、直觉等非常规创新思维。

系统性思维：对聚合思维和发散思维的内容进行进一步的综合分析和思考。

元认知监控思维：对问题进行评价和修正或者对自身的思维过程进行反思、监控和调节。

二、思维操作的整体分析和差异比较

对思维操作的编码过程，就是判断被试口语报告中的每一个“分段”是属于上述五种思维操作中的哪一种。基于此，就可以从整体上知晓被试在问题发现过程中运用了哪些类型的思维及其所占的比例。下面就从整体上对问题发现思维操作进行考察。

（一）思维操作的整体得分情况

在表3－4中，呈现了思维操作使用次数的总体情况，以及按照组别和情境两个维度分类统计的思维操作使用情况。

表 3－4　思维操作的总体及分类使用次数一览表

思维操作	总体		组别				情境			
			高分组		低分组		矛盾式情境		潜藏式情境	
	M	*SD*	*M*	*SD*	*M*	*SD*	*M*	*SD*	*M*	*SD*
形象思维	2.59	2.01	2.73	2.17	2.45	1.85	2.95	2.10	2.23	1.87
聚合与逻辑思维	5.58	2.36	6.23	2.34	4.93	2.23	5.85	2.08	5.30	2.61
发散与创新思维	1.39	1.71	1.93	2.03	0.85	1.10	1.33	1.54	1.45	1.88
系统性思维	0.19	0.45	0.33	0.57	0.05	0.22	0.20	0.46	0.18	0.45
元认知监控思维	0.93	1.33	1.00	1.38	0.85	1.29	0.70	1.20	1.15	1.42

从表 3－4 的总体平均数一列可知，五种思维操作的平均使用次数差异较大。对五种思维操作的内部差异，进行重复测验的方差分析和多重比较发现，五种思维操作的两两之间均存在显著性差异。也就是说在问题发现过程中，大学生使用五种思维的频率是不同的，使用得最多的是聚合与逻辑思维，最少的是系统性思维。

（二）思维操作在各维度上的使用次数差异比较

用重复测量的方差分析考察组别和情境因素对问题发现过程中思维操作使用情况的影响，结果见表 3－5。

表 3－5　思维操作在各维度上的使用次数差异比较

变异来源	形象思维	聚合与逻辑思维	发散与创新思维	系统性思维	元认知监控思维
组别	0.27	5.43*	10.05**	8.01**	0.21
情境	4.36*	1.51	0.10	0.06	3.04
组别×情境	0.13	3.20	0.48	0.58	0.94

由表 3－4 和表 3－5 可知，在聚合与逻辑思维、发散与创新思维和系统性思维上，高分组均显著高于低分组。在形象思维上，矛盾情境高于潜藏情境。

三、基于口语报告资料的思维模式分析

前面以被试为考察对象，对问题发现的思维操作从整体上进行了数量化的分析。下面，将以被试发现的问题为考察对象，探讨在每一个问题的发现过程中具

体涉及的思维操作。

在个别实验中，学生一共提出了341个问题，其中矛盾情境问题197个、潜藏情境问题144个；低分组被试发现136个问题，高分组发现205个问题。在考察思维模式时，本研究采用“自下而上”的分析方式。即由实验的数据出发，通过对数据的分析概括问题发现过程的思维规律，总结问题发现的思维模式。具体做法如下。

（1）以问题为考察对象，总结各思维操作在问题发现过程中的使用情况。具体来说，就是以一个“问题”为单位，把被试在口语报告中使用的思维操作按照其出现时间的先后顺序进行排列。这样就可以罗列出多种思维模式。

（2）把罗列出的思维模式进行归类和分析，考察每一类思维在思维模式序列中的出现规律。

（3）总结思维模式的一般规律和特点，抽象出思维模式图。

（一）各类思维在问题中的使用情况分析

以问题为考察对象，分析五种思维操作在问题中的使用情况。如果一种思维被用于一个问题中，就在该思维对应的问题数量上记1。但是，如果一种思维多次在同一个问题中重复使用，那么也只记1，表明只对应了一个问题。

通过这样的分析，可以直观地看出，一种思维被多少个问题所使用过。结果见表3－6。

表3－6　思维操作在问题中的使用情况

思维操作		形象思维	聚合与逻辑思维	发散与创新思维	系统性思维	元认知监控思维
总体	对应问题数量	183	308	80	14	54
	问题所占百分比	53.67%	90.32%	23.46%	4.11%	15.84%
矛盾式情境	对应问题数量	110	178	42	8	23
	问题所占百分比	55.84%	90.36%	21.32%	4.06%	11.68%
潜藏式情境	对应问题数量	73	130	38	6	31
	问题所占百分比	50.69%	90.28%	26.39%	4.17%	21.53%

根据表3－6数据，结合对原始统计数据的分析，可发现思维操作的以下特点：

（1）问题涉及的各类思维比例存在差异，由高到低依次为：聚合与逻辑思维、形象思维、发散与创新思维、元认知监控思维和系统性思维。

（2）使用聚合与逻辑思维的问题比例最高，近90%的问题都会使用到。可以说，聚合与逻辑思维是问题发现最主要的思维操作。

（3）系统性思维的使用比例最低，在341个问题中，仅有14个问题使用过系统性思维。对这些使用过系统性思维的问题进行单独考察发现，这些问题中，每一个所采用的具体思维模式都不同，也就是说，14个问题对应了14种思维模式。在这些思维模式中，系统性思维往往出现在思维过程的中后期，其中10个问题中系统性思维都出现在最后。此外，在这14个问题中，有12个问题的思维使用次数都在3次以上。

（4）形象思维、发散与创新思维和元认知监控思维也是问题发现中常用的思维操作。就比例来看，形象思维在矛盾情境问题中出现的比例高于潜藏情境，而发散与创新思维和元认知监控思维在潜藏情境问题中出现的比例高于矛盾情境。

（二）典型思维模式示例

依据各类思维在一个问题中出现的时间先后顺序，把思维操作进行时间排序，这就构成了一个问题的思维模式。在表3－7中，列出了使用频率最高的10种思维模式及其相关信息。

表3－7　典型思维模式及其相关信息

思维模式类别	对应问题数量	累积问题数量	问题所占百分比	累积问题百分比	思维模式
1	79	79	23.17%	23.17%	形象思维→聚合与逻辑思维
2	60	139	17.60%	40.76%	聚合与逻辑思维
3	33	172	9.68%	50.44%	聚合与逻辑思维→聚合与逻辑思维
4	21	193	6.16%	56.60%	形象思维→聚合与逻辑思维→聚合与逻辑思维
5	9	202	2.64%	59.24%	形象思维→发散与创新思维
6	12	214	3.52%	62.76%	聚合与逻辑思维→发散与创新思维
7	7	221	2.05%	64.81%	形象思维→聚合与逻辑思维→发散与创新思维
8	6	227	1.76%	66.57%	发散与创新思维
9	5	232	1.47%	68.04%	形象思维→形象思维→聚合与逻辑思维
10	5	237	1.47%	69.50%	聚合与逻辑思维→元认知监控思维

本实验中，学生一共使用了91种思维模式来发现341个问题。其中，被5个以上的问题使用过的思维模式仅有10种（如表3－7所示）。但是这10种思维模式所对应的问题数量高达237个，占问题总数量的69.501%，这说明它们是最

主要的思维模式。此外，有65种思维模式都只被一个问题使用过，占思维模式总数量的71.429%。这说明，大学生问题发现的思维模式共性与个性并存。通过对上表中思维模式的分析，结合对原始统计数据的考察，我们发现以下特点：

（1）形象性思维一般用于对情境的理解和表征，所以通常出现在思维过程的前期。

（2）系统性思维涉及综合性的思考，需要建立在其他思维活动的基础之上，所以出现在中后期较多。

（3）元认知监控思维用于对问题发现全过程的监督、控制和调节，出现的位置很灵活。它可能出现在思维过程的最开始、最后面或者中间。

（4）同一种思维操作可以在问题发现过程中多次重复使用。

（5）一般不单独使用系统性思维或者元认知监控思维来发现问题。

（6）在问题发现过程中，各种思维之间可以进行非常灵活的转换与组合。

（三）问题发现的思维模式图

基于前面对问题发现思维操作的考察，以及对思维模式的特点分析，本研究拟提出一个能够说明在问题发现过程中，各种思维的使用情况及其相互关系的思维模式图。本研究对思维模式图有以下设想：

（1）体现五种思维操作的特点及其相互之间的关系。

（2）体现各种思维在问题发现过程中的差异性。

（3）体现思维与问题以及问题情境之间的联系。

（4）有的思维模式并不典型，在本实验结果中没有体现出来。比如本实验发现，被试一般不会单独使用系统性思维或者元认知监控思维来发现问题。但是，从理论上不能排除这种可能性。因此，在图3－1中将对这些没有在本实验结果中体现出的思维模式进行补充。

基于上述的设想，并参考其他学者的相关研究，本研究对问题发现思维模式图的设计见图3－1。

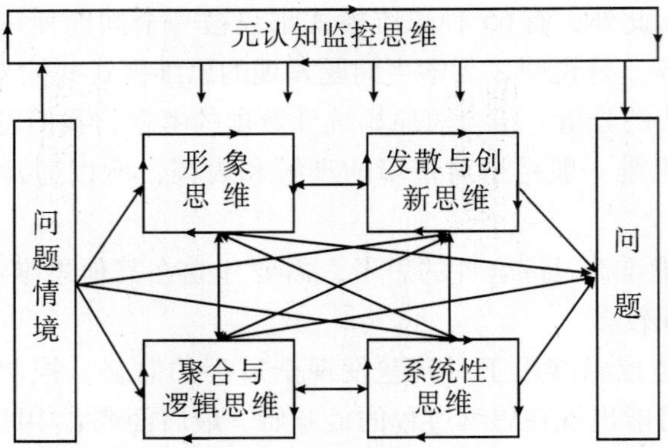

图 3－1　问题发现思维模式图

问题发现思维模式图有以下特点：

(1) 从问题情境出发，可以直接通向每一种思维操作。同时，任何一种思维也可以直接导向问题的产生。

(2) 除元认知监控思维之外，在其余四种思维内部的两两之间都是双向箭头连接的，表明思维在问题发现中出现的灵活性。

(3) 元认知监控思维贯穿于问题发现的始终，可以对问题发现的任何环节进行监控。所以把它放在最上面，用箭头指向下，表明对思维过程的监控作用。

(4) 在五类思维的方框上，都有四个箭头，构成一个环形。表明思维本身可以多次重复和循环使用。

四、问题发现的思维操作分析

(一) 思维操作分析

本研究基于对专家调查问卷的探索性因素分析，抽取出问题发现中最典型的五类思维操作，分别是形象思维、发散与创新思维、聚合与逻辑思维、系统性思维和元认知监控思维。五类思维在问题发现过程中的使用频次存在显著差异。使用频率最高的是聚合与逻辑思维，以下依次是形象思维、发散与创新思维和元认知监控思维，使用频率最低的是系统性思维。这说明，大学生对综合类与元认知监控类等较高层次的思维使用得比较少。而中等层次的聚合与逻辑思维使用频率最高。

在聚合与逻辑思维、发散与创新思维和系统性思维上，高分组均显著高于低分组。通过对问题质量差异的考察我们知道，高分组被试在问题质量上显著高于低分组被试。而高分组在三类思维上显著好于低分组，这可能是促成他们问题发现质量高的原因之一。逻辑与聚合思维是使用频率最高的思维，在该思维上高分组占优势，说明这类基础的推理性和分析性思维对问题发现具有重要意义。发散与创新思维体现了问题发现过程中被试思维的开阔性、迁移性和独特性，高分组被试在这方面的优势，说明了该思维对问题发现的质量有重要影响。系统性思维属于高层次思维能力，高分组被试在这方面的优势，体现了思维水平与问题质量的正相关关系，即高水平的思维才能产生高质量的问题。

在形象思维上，矛盾情境高于潜藏情境。思维的差异与这两类情境本身的特点和性质有关。在矛盾情境中，由于需要去“找出”问题，因此，仔细观察和理解情境材料就显得更加重要，相应的形象思维使用得比较多。

（二）思维模式分析

对思维模式的使用情况进行考察，结果发现，在所有问题中，包含思维操作次数在两次以下的简单思维模式所占的比例达到64.22%；三次以下的更占到了83.57%。这说明在问题发现中，学生大多数时候都倾向于使用简单和直接的思维模式。

通过对所有问题思维模式的考察，本研究总结出一个问题发现的思维模式图来说明思维操作的使用规律。在思维模式图中，思维两两之间都是相互关联的，并且每一种思维都可以直接与问题情境和问题相连。也就是说，独立运用每一种思维被试都可以发现问题，并且思维之间的组合和使用是非常灵活的。元认知监控思维单独放在最上端，表示它可以对思维全程进行监控和调节。

问题发现思维模式最大的特点就是它的灵活性。这体现了在问题发现过程中，思维为问题服务的特点。不管是单独利用一种思维，还是同时利用多种思维，或者是多次重复使用同一种思维，都可以达到问题发现的目的。所以总体来说，思维模式是非常灵活和多变的。

第三节　问题发现的思维表征

一、问题发现的思维表征编码

表征是影响问题发现的关键因素。表征是指将外在现实事件转换为内在心理事件，并对信息进行记录、储存和描述，进而改进信息结构方式的过程，它说明问题情境在头脑里是如何记载并如何表现出来的。在问题发现过程中，高质量的表征需要个体正确地感知和理解问题情境，摒弃和剔除无关因素，把握问题的性质和关键信息并理顺各要素之间的内在联系，是发现高质量问题的基础。

问题表征是个体将外部信息转化为内部信息，形成问题空间的心理过程。在问题发现中，信息和问题空间是表征的两个关键要素。一方面，信息是表征的重要对象。Mumford（1994）等提出，问题发现中的表征激活，意味着把情境中的问题线索与已有的认知结构建立起联系。① 李广洲等（2001）认为，对化学问题的表征需要在头脑中选择、激活和调用相关的化学知识，并与材料中出现的独立、分散的关键字词在工作记忆中进行整合，形成有意义的信息组块。② 另一方面，表征需要建构出问题的空间。Newell 和 Simon（1972）指出，问题空间包括起始状态、目标状态与中间状态。发现问题的心理实质是个体觉察到某一起始状态与预想的目标状态之间存在差距，从而建构出问题空间的过程。③ 因此，信息表征和问题状态表征是问题发现中的两类核心表征，本研究拟从这两个维度对表征层次进行编码。

第一个维度是信息表征。根据表征的信息是材料情境中提供的（情境信息），还是从头脑中提取的（内部信息），或者是综合情境信息和内部信息进行加工而得出的，分别编码为情境信息表征、内部信息表征和信息联合表征。第二个维度是问题状态表征。根据表征的对象是问题的起始状态、目标状态，还是位于两个状态之间的关联和中间状态，分别编码为起始状态表征、目标状态表征和中间状态表征。各类思维表征的具体含义如下：

情境信息表征：对情境中已有的信息进行表征。

内部信息表征：对头脑中已有的知识和信息进行表征。

信息联合表征：综合情境信息和内部信息后进行的表征。

起始状态表征：表征内容涉及的是问题的起始状态。

目标状态表征：表征内容涉及的是问题的目标状态。

中间状态表征：表征内容涉及的是问题的起始状态与目标状态之间的关联。

对表征层次的编码是基于大学生的出声思维报告。以“分段”为单位进行表征编码。编码的计分依据是对出声思维内容的表征层次归类，即判断一个分段内容是属于哪一类表征（两个维度同时考察）。例如对于矛盾式情境的一段出声思维报告：“测脑纹仪器是能测出人的智力而已，而不能提高人的智力，为什么会有那么多家长对它感兴趣呢?”首先将该段报告以逗号为间隔，分解为 3 个独立分段，然后对每一个分段都单独编码。以第 1 个分段“测脑纹仪器是能测出人

---

① Mumford, M. D., Roni Reiter-Palmon & Redmond, M. R. Problem construction and cognition applying problem representations in ill-defined domains. In Runco, M. A. (Ed.), *Problem Finding, Problem Solving, and Creativity*. NJ: Ablex Publishing Corporation, 1994. 3 – 39.

② 李广洲，任红艳，丁金芳．化学问题表征和解题策略之间关系初探．课程·教材·教法，2001 (5): 52 ~ 55.

③ Newell, A. & Simon, H. *Human Problem Solving*. Englewood Cliffs, NJ: Prentice-Hall, 1972. 253 – 258.

的智力而已”为例，这是针对情境内容的复述，没有涉及提取内部信息或者对信息进行加工的成分，因此在信息方面编码为情境信息表征。此外，该分段仅仅描述了一个现有的状态，尚未对现状进行扩展与质疑，因此在问题状态方面编码为起始状态表征。以此类推，对第2、3分段进行独立编码，并完成对一个问题的表征编码过程。编码完毕后就可以对表征的使用情况进行数量化分析。

二、思维表征的整体分析和差异比较

（一）思维表征的整体情况

在表3-8中，呈现了思维表征使用次数的总体情况，以及按照组别和情境两个维度分类统计的思维表征使用情况。

表3-8　思维表征的总体及分类使用次数一览表

表征类型	总体		组别				情境			
			高分组		低分组		矛盾式情境		潜藏式情境	
	M	*SD*	*M*	*SD*	*M*	*SD*	*M*	*SD*	*M*	*SD*
情境信息表征	3.11	2.22	3.15	2.40	3.08	2.06	3.43	2.31	2.80	2.12
内部信息表征	0.33	0.64	0.20	0.46	0.46	0.76	0.18	0.39	0.49	0.79
信息联合表征	7.24	3.56	8.83	3.67	5.65	2.65	7.40	3.33	7.08	3.81
起始状态表征	3.25	2.33	3.45	2.55	3.05	2.09	3.25	2.22	3.25	2.46
中间状态表征	6.95	3.67	8.50	3.88	5.40	2.70	7.30	3.44	6.60	3.90
目标状态表征	0.48	0.84	0.25	0.44	0.70	1.07	0.45	0.85	0.50	0.85

从表3-8中的总体平均分一列可以看出，各类思维表征使用次数的差异较大。用重复测量的方差分析和多重比较，对两类思维表征各自的内部差异进行比较后发现，在各类表征的两两之间均存在显著性差异。也就是说，在问题发现过程中，大学生使用各种思维表征的频率是不同的。在信息表征中，使用得最多的是信息联合表征；在问题状态表征中，使用得最多的是中间状态表征。

（二）思维表征在各因素上的使用次数差异比较

用重复测量的方差分析考察组别和情境因素对问题发现过程中思维表征使用情况的影响，结果见表3-9。

表 3－9　思维表征在各因素上的使用次数差异比较

表征类型		信息表征			问题状态表征		
		情境信息表征	内部信息表征	信息联合表征	起始状态表征	中间状态表征	目标状态表征
组别	4.78*	0.02	3.86	14.61***	0.41	12.78***	4.54*
情境	0.59	2.92	4.27*	0.33	0.00	1.52	0.11
组别×情境	3.41	0.04	0.47	4.71*	0.06	6.97*	0.11

由表3－8和表3－9可知，高分组大学生在表征总数量、信息联合表征和中间状态表征上高于低分组，低分组大学生在目标状态表征的使用上高于高分组。在内部信息表征上，潜藏式情境高于矛盾式情境。

在信息联合表征与中间状态表征上，组别与情境交互作用显著。简单效应检验表明，矛盾和潜藏情境中，高分组大学生的信息联合表征都显著高于低分组。矛盾和潜藏情境中，高分组学生的中间状态表征都显著高于低分组；高分组学生在矛盾情境中使用中间状态表征的次数要高于潜藏情境，其余差异不显著。

三、问题发现的思维表征分析

高低分组大学生在表征层次的使用上存在差异。高分组在表征总数量、信息联合表征和中间状态表征上高于低分组。高分组大学生使用了更多数量的表征，说明充分的表征有助于问题的发现。信息联合表征和中间状态表征是使用频率最高的两类表征，且均属于联系性表征。高分组在这两类表征上都高于低分组，说明联系性表征对问题发现有显著的正面影响。Sapp（1995）指出，问题发现期间个体通常会自发地在信息和经验之间建立起联系。① Patrick（1937）的研究暗示，思想的联系会导致问题主题的发展。② 在问题发现中，鼓励学生有意识地对各类信息和状态进行联系性的思考，比如在情境信息与内部信息之间进行关联，以促进对信息的充分理解和加工，推理和想象出更有价值的新信息；在起始状态和目标状态之间建立联系，以找出其共性与差别，设置更有效的目标等，都可能促进学生问题发现能力的提高。

在目标状态表征上，低分组高于高分组。这说明，目标状态表征可能对问题发现有负面影响。前面提到明确的目标意识有利于认知资源的集中并促进问题的

① Sapp, D. D. Creative problem-solving in art: A model for idea inception and image development. *Journal of Creative Behavior*, 1995, 29 (3): 173－185.

② Patrick, C. Creative thought in artists. *Journal of Psychology*, 1937, 4 (1): 35－73.

产生，但为什么对目标状态的表征反而会阻碍问题发现呢？陈英和（1996）指出，如果一个目标仅仅通过很简单的步骤就可以实现，那么这个情景就不能构成一个典型的问题情景。[①] Getzels 与 Csikszentmihalyi（1976）认为，问题发现过程是目标导向的，但通常是追求意识之下的目标。[②] 也就是说，对目标状态的表征并非刻意为之，而应该建立在对情境现状与各类潜在关联的分析之上，是经过深思之后形成的一种水到渠成、顺理成章的结果。如果表征过程过于直接，过多地关注和指向目标状态而缺乏对相关基础的分析，会导致目标设置的僵化，进而阻碍问题的产生。因此，在问题发现中对目标导向和目标意识的强调，并不是要求学生仅仅去关注目标状态，而是需要集中认知资源做好对关键信息的加工工作，为目标的表征与设置奠定坚实的认知基础。

在内部信息表征上，潜藏式情境高于矛盾式情境。在潜藏情境中，由于需要对潜在信息进行分析和挖掘，涉及创造、产生或发明等复杂认知活动，因此往往需要大学生提取自身的内部信息参与分析和加工。而矛盾情境中由于问题目标暴露得更加明显，大多只需要使用知觉、识别与辨认等相对简单的认知活动，常常能够较少借助内部信息就完成任务。由此可见，情境的性质将影响大学生对表征层次的使用，进而影响问题发现的难度。在情境信息复杂，问题线索模糊时，更需要借助内部信息表征。

在信息联合表征与中间状态表征上，组别与情境交互作用显著。在矛盾和潜藏情境中，高分组大学生的信息联合表征和中间状态表征都显著高于低分组。这进一步说明了联系性表征对问题发现的促进作用。在中间状态表征上，高分组情境差异非常显著，矛盾情境高于潜藏情境。在矛盾情境中，大学生找出矛盾之处后，就可以直接表征问题的目标状态。但是高分组学生更多地使用了中间状态表征，这说明他们更加重视起始状态和目标状态之间的关联，体现了思维的严密性。在问题发现能力的培养中，应注重对学生思维逻辑性和系统性的训练，因为任何有价值的问题都不是无中生有、凭空捏造的，只有基于对各类信息的充分分析、合理判断和有效表征，才能够发现有意义的关键性问题。

---

① 陈英和．认知发展心理学．杭州：浙江人民出版社，1996. 234.

② Getzels, J. W. & Csikszentmihalyi, M. *The Creative Vision: A Longitudinal Study of Problem Finding in Art*. NY: Wiley, 1976. 163 - 165.

第四节　问题发现的思维策略

一、对思维策略分析的思考

对问题发现思维策略的分析大致分为两个部分。第一部分是归纳问题发现思维中使用的“算子”，并对其进行数量化的分析。第二部分是通过对算子使用情况的分析，概括出几种主要的思维策略，并对策略的优劣进行评价。

在具体做法上，本研究借鉴了刘霞和潘晓良（1997）在《模拟互变问题解决认知策略的实验研究》中所使用的策略研究方法。① 思维策略分析的主要步骤包括：①通过文献的分析，总结出问题发现过程中常用的若干“算子”，并请专家对算子的适当性进行评估。②对口语报告资料的每一个分段进行算子编码。③把算子按照有 1 无 0 记分，并将采用了相同算子调用方式的问题归为一类。④基于对算子的分析，划分出几种主要的思维策略。⑤对各类策略所对应的问题质量进行考察，评价策略的优劣。

二、算子及其分析

（一）算子的含义

在研究中，首先通过文献的分析，整理出问题发现过程中常用的若干“算子”。然后，就总结出的算子征求了两位心理学专家的意见，并根据专家的建议对算子进行了适当的调整。之后，再挑选出一份口语报告资料，用总结出的算子进行编码。结果表明，算子的界定比较清晰，可操作性强。

最终确立了 16 种算子，它们分别是搜索信息、解释、分析、推理、质疑、联想、逆向思维、表示不理解、指出矛盾、提取已有知识、设置目标、顿悟、修正、总结、评价和元认知。各算子的具体含义如下：

搜索信息：搜索情境中所关注的某一段信息，在口语报告中的体现是直接复述某一段原文。

解释：对情境信息用自己的话进行解释和描述。

分析：按照自己的理解对信息进行分析。

推理：根据已有信息，推出其他的信息或者结论。

① 刘霞，潘晓良．模拟互变问题解决认知策略的实验研究．心理科学，1997，20（4）：314～317.

质疑：对信息表示怀疑或者不相信。
联想：根据情境信息联想到其他的相关信息，是发散性思维的体现。
逆向思维：从相反的角度来考虑情境信息。
表示不理解：对情境信息表示无法理解和领会。
指出矛盾：指出情境中的矛盾或者不合理之处。
提取已有知识：提取头脑中已有的知识和信息。
设置目标：为情境设置一个目标状态。
顿悟：突然领悟到一个事实，是直觉性思维的表现。
修正：对已有信息或者已经作出的判断和结论进行修改。
总结：对各类信息进行归纳和总结。
评价：对信息进行评价，表示赞成、否定等态度。
元认知：对自身思维活动的认知和评价。

（二）算子使用的整体分析和差异比较

1．算子使用的整体情况

表 3－10 呈现了算子的总体以及按照组别和情境分类的使用情况。

表 3－10　算子的总体及分类使用次数一览表

算子	总体		组别				情境			
			高分组		低分组		矛盾式情境		潜藏式情境	
	M	*SD*	*M*	*SD*	*M*	*SD*	*M*	*SD*	*M*	*SD*
搜索信息	2.39	1.93	2.60	2.09	2.18	1.75	2.68	2.12	2.10	1.69
解释	0.18	0.44	0.13	0.40	0.23	0.48	0.25	0.54	0.10	0.30
分析	0.70	1.00	0.75	1.13	0.65	0.86	0.48	0.72	0.93	1.19
推理	0.23	0.68	0.15	0.36	0.30	0.88	0.25	0.84	0.20	0.46
质疑	2.58	1.73	2.40	1.87	2.75	1.58	3.03	1.51	2.13	1.83
联想	0.15	0.51	0.05	0.22	0.25	0.67	0.05	0.22	0.25	0.67
逆向思维	0.04	0.25	0.03	0.16	0.05	0.32	0.03	0.16	0.05	0.32
表示不理解	0.31	0.76	0.45	0.96	0.18	0.45	0.48	0.96	0.15	0.43
指出矛盾	0.11	0.42	0.05	0.22	0.18	0.55	0.20	0.56	0.03	0.16
提取已有知识	0.19	0.51	0.25	0.59	0.13	0.40	0.10	0.38	0.28	0.60
设置目标	1.51	1.71	2.40	1.77	0.63	1.10	1.50	1.78	1.53	1.66
顿悟	0.05	0.27	0.10	0.38	0.00	0.00	0.05	0.22	0.05	0.32

（续上表）

算子	总体		组别				情境			
			高分组		低分组		矛盾式情境		潜藏式情境	
	M	*SD*	*M*	*SD*	*M*	*SD*	*M*	*SD*	*M*	*SD*
修正	0.91	1.54	1.53	1.89	0.30	0.65	0.95	1.40	0.88	1.68
总结	0.09	0.33	0.13	0.40	0.05	0.22	0.10	0.30	0.08	0.35
评价	0.86	1.32	0.65	1.08	1.08	1.51	0.60	0.96	1.13	1.57
元认知	0.40	0.92	0.53	1.06	0.28	0.75	0.30	0.97	0.50	0.88

从表3－10的总体平均分一列可以看出，算子之间的平均使用次数差异比较大。用重复测量的方差分析和多重比较，对算子使用的内部差异进行比较后发现，在大部分算子之间均存在显著性差异。也就是说，问题发现过程中，大学生在算子的使用频率上是有所不同的，使用得最多的三类算子分别是质疑、搜索信息和设置目标，它们平均被使用的次数超过1.5次；最少的三类算子是逆向思维、顿悟和总结，平均被使用的次数均不超过0.1次。

2. 算子在各因素上的使用次数差异比较

用重复测量的方差分析考察组别和情境因素对问题发现过程中算子使用情况的影响，结果见表3－11。

表3－11　算子在各因素上的使用次数差异比较

变异来源	组别	情境	组别×情境	变异来源	组别	情境	组别×情境
搜索信息	0.70	2.98	1.63	指出矛盾	1.92	3.44	0.63
解释	1.20	2.21	3.92	提取已有知识	1.42	2.20	1.12
分析	0.20	4.59*	2.78	设置目标	25.89***	0.01	1.08
推理	0.83	0.13	0.13	顿悟	0.00	0.00	2.92
质疑	0.87	5.87*	1.81	修正	11.54**	0.08	0.01
联想	3.23	3.62	3.62	总结	1.13	0.11	0.98
逆向思维	0.20	0.20	1.80	评价	2.24	3.23	1.24
表示不理解	3.35	3.51	2.51	元认知	1.19	1.23	0.69

由表3－10和表3－11可知，高分组使用设置目标和修正两个算子的频次高于低分组。大学生在矛盾情境中使用质疑的频次高于潜藏情境；在潜藏情境中使用分析的频次高于矛盾情境。其余主效应和相互作用不显著。

三、思维策略的归纳与评价

（一）对算子调用方式的分析

首先，对每一个问题的算子调用方式进行分析，这样就得到了 341 个问题的算子调用方式（在这里，只考虑了算子的类别，没有考虑算子的顺序问题）。其次，把使用了相同算子调用方式的问题合并在一起，并记下该算子调用方式所对应的问题数量。结果表明，大学生在问题发现过程中，一共使用了 106 种算子调用方式。其中，有 66 种算子调用方式都只有一个问题使用过，占到算子调用方式总数量的 62.26%。

在表 3－12 中，列出了被 5 个以上的问题所使用过的算子调用方式。在表中的“算子调用方式”一栏，列出了 16 种算子。其中，被问题调用过的算子用“1”表示，否则为空格。

表 3－12　算子调用方式的基本情况

调用方式类别	对应问题数量	累积问题数量	问题所占百分比（%）	累积问题百分比（%）	算子调用方式															
					搜索信息	解释	分析	推理	质疑	联想	逆向思维	表示不理解	指出矛盾	提取已有知识	设置目标	顿悟	修正	总结	评价	元认知
1	50	50	14.66	14.66	1				1											
2	43	93	12.61	27.27					1											
3	24	117	7.04	34.31	1										1					
4	17	134	4.99	39.30											1					
5	15	149	4.40	43.70											1		1			
6	9	158	2.64	46.33					1								1			
7	8	166	2.35	48.68								1								
8	7	173	2.05	50.73	1				1								1			
9	6	179	1.76	52.49	1							1								
10	6	185	1.76	54.25			1								1					
11	6	191	1.76	56.01					1										1	
12	5	196	1.47	57.48	1				1						1					
13	5	201	1.47	58.94	1										1					1
14	5	206	1.47	60.41	1				1										1	
15	5	211	1.47	61.88	1										1		1			

一种算子调用方式的使用次数，就是其对应的问题数量。由表 3 – 12 可以看出，被 5 个及以上问题所采用过的算子调用方式有 15 种，它们所对应的问题数量为 211 个，占问题总数量的 61.88%。此外，在算子调用方式上，大学生倾向于使用比较直接和简单的方式，90% 以上问题所调用的算子类别数量都不超过 3 个。

（二）从内容角度对思维策略的归纳

基于对算子调用方式的分析与梳理，本研究认为，可以从内容上把算子分为四个类别，它们分别对应四类策略。第一类是信息策略，是指信息收集和处理的策略，包括搜索信息、解释、分析、推理、联想、逆向思维、提取已有知识和总结等算子。第二类是问题策略，是指发现和提出问题的策略，包括质疑、表示不理解、指出矛盾、设置目标和顿悟等算子。第三类是修正策略，指对已经发现的问题进行修改、调整，在这类策略中只包含了修正这一个算子。第四类是评价策略，指对情境信息、问题或者自身思维活动的评价，包括评价、元认知等算子。

依据上述分类，用这四类内容策略对被试的思维过程进行考察。表 3 – 13 中列出了四类策略在问题发现过程中的使用次数及比例情况。

表 3 – 13　四类内容策略的使用情况

内容策略	信息策略	问题策略	修正策略	评价策略
对应问题数量	219	316	61	68
所占百分比	64.22%	92.67%	17.89%	19.94%

由表 3 – 13 可知，在问题发现过程中，四类内容策略的使用次数是不同的，使用得最多的是问题策略，最少的是修正策略。此外，卡方检验结果显示，在修正策略和评价策略之间差异不显著，而其余策略均存在显著差异。

（三）从类别复杂性角度对思维策略的归纳

在问题发现过程中，被试使用的内容策略可以有多种组合。本研究认为，使用的内容策略类别越多（而不是算子类别），就说明被试的策略运用水平越高。比如，两个被试都调用了五类算子来发现问题，第一个被试的算子调用情况为：搜索信息—分析—联想—质疑—设置目标；第二个被试的算子调用情况为：搜索信息—推理—质疑—修正—元认知。那么，我们认为两者的策略水平是有差异的，前者只使用了两类内容策略，后者则使用了四类。基于此，本研究提出，以内容策略的使用类别数作为划分策略类型的标准。一个问题使用的内容策略类别数越多，说明策略越复杂，相应地，也体现了更高的策略水平。

在一个问题中，仅使用了一类内容策略的命名为单一策略；使用了两类内容策略的命名为二维策略；使用了三类内容策略的名为三维策略；使用了四类内容策略的命名四维策略。需要说明的是，如果使用的策略类别数相同，但是其包含的具体策略不同，比如使用“信息—问题策略”和使用“问题—修正策略”这两种情况，本研究把它们视为同一类型的策略，即都属于二维策略。此外，如果策略类别数相同，但是其具体所涉及的算子数量不等，比如“搜索信息—质疑”和“搜索信息—分析—推理—质疑”这两种情况，本研究也把它们都视为二维策略。

表3－14中列出了按复杂性分类的四种策略类型及其对应的具体策略类别和典型算子调用方式。在有的策略前面标注了“多重”两个字，是指该策略所对应的算子调用方式，包含了某一类内容策略中的多个算子。

表3－14　思维策略的类别复杂性分类及其相关信息一览表

策略类型	具体策略类别	典型算子调用方式举例
单一策略	问题策略	质疑
	问题策略	设置目标
二维策略	信息—问题策略	搜索信息—质疑
	问题—修正策略	设置目标—修正
	问题—评价策略	质疑—评价
	多重二维策略	（搜索信息—分析）—质疑
三维策略	信息—问题—修正策略	搜索信息—质疑—修正
	信息—问题—评价策略	搜索信息—设置目标—元认知
	问题—修正—评价策略	设置目标—修正—元认知
	多重三维策略	（搜索信息—推理）—质疑—修正
四维策略	信息—问题—修正—评价策略	搜索信息—质疑—修正—评价
	多重四维策略	（搜索信息—推理）—质疑—修正—（评价—元认知）

（四）不同策略对问题发现效果的影响

依据类别复杂性的策略分类，可以把每一个问题都归属于一个策略类别。在归纳出的以上四种策略类型中，每一类随机抽取出对应的10个问题比较其问题质量的差异，以考察不同策略对问题发现效果的影响。在问题质量的评价指标上，由于是针对单个问题，因此无法使用诸如问题总数量、变通性等整体性评价的指标。此外，考虑到所有情境的通用性，没有选取矛盾问题击中率等指标。参与策略效果分析的问题质量指标包括：思维产品得分、思维层次得分、深刻性、精致性和新颖性等五个指标。此外，由于四维策略一共只有 7 个问题使用，因此，在四维策略上的问题数量少于其他三类。在这 7 个问题中，有 6 个问题都是高分组被试发现的。

用多元方差分析和多重比较对策略的影响效果进行考察。结果表明，在思维产品得分上，四维策略显著优于其他三种策略。在思维层次得分上，二维策略优于单一策略；四维策略优于单一策略和三维策略。在深刻性上，四维策略优于单一策略和三维策略。在精致性上，四维策略优于其余三种策略。在新颖性上，四类策略之间没有任何显著差异。

四、问题发现的思维策略分析

（一）算子使用情况分析

通过文献查阅，确立了在问题过程中常用的 16 种算子。通过对算子整体使用情况的比较发现，大部分算子在使用次数上存在显著性差异。使用次数最高的三个算子依次是：质疑、搜索信息和设置目标；使用次数最低的三个算子依次是：逆向思维、顿悟和总结。这说明在问题发现过程中，被试最经常做的是寻找情境中的信息、直接描述目标状态和提出质疑。这可能与被试经常使用比较简单和直接的思维模式来发现问题有关。顿悟思维的出现一般需要较长时间的酝酿，所以在实验情境下较少出现。而逆向思维和总结出现较少，可能也与被试较少使用复杂的思维模式有关。

考察组别和情境因素对算子使用情况的影响。结果发现，在设置目标和修正上高分组高于低分组。所谓设置目标就是为问题设置一个不同于现有状态的目标状态。高分组被试更多地进行目标设置，说明他们有良好的目标意识。值得注意的是，在思维表征的研究中，我们提到低分组被试在目标状态表征上高于高分组被试，这和本结论是否矛盾呢？其实不然，因为目标状态表征并不等于设置目标，诸如质疑等算子也与目标状态有关联。可以说，目标状态表征是一个更广泛的概念。而设置目标则是指明确设立一个目标状态，它体现了被试良好的目标意识。此外，高分组被试在修正算子的使用次数上更高。修正是对问题的修改，该策略的使用体现了被试对问题的监控和调节能力。高分组被试在这方面做得更好，也说明该策略对于问题发现有积极的影响作用。

大学生在矛盾情境中使用质疑的频次高于潜藏情境；在潜藏情境中使用分析的频次高于矛盾情境。由于矛盾情境本身存在矛盾和错误，因此，会更多地引发对内容产生“质疑”。Dewey（1929）认为，质疑代表着认知上的不一致，是一种心理上的扰动感，它发生在我们感觉某事错了、不符合我们的期待时。① Piaget（1977）提出，质疑是一种失衡，指的是我们所观察到的世界与自身的经验有了不一致的情况。② 与潜藏情境相比，矛盾情境存在的缺失和错误更明显，更易使人对其产生怀疑，这符合本研究的预期。与此相对应的是，在潜藏式情境中由于没有现成的错误和矛盾去辨识，个体必须自行构建与创造。这个过程需要对情境信息进行精制、深入的加工，促进对情境的理解和思考，因此会更多地运用“分析”这个算子。

（二）思维策略分析

基于对算子调用方式的归纳和整理，本研究首先从内容上把思维策略分为四个类别。它们分别是，信息策略、问题策略、修正策略和评价策略。在问题发现过程中，这四类策略的使用次数存在差异，使用得最多的是问题策略，最少的是修正策略。这说明，在问题发现中，被试需要经常进行各种发现问题方面的信息加工，如质疑、表示不理解、指出矛盾、设置目标和顿悟等，这也体现出问题意识对于问题发现的重要性。

此外，从策略类别复杂性这个角度，把策略分类为单一策略、二维策略、三维策略和四维策略。四类策略对问题质量的影响存在差异。从总体上看，四维策略非常显著地优于其他三类策略；二维策略要略优于单一和三维策略；在单一和三维策略之间则没有显著差异。

本研究设想，在四类策略之间会有依次递增的效果，但是结果表明，只有四维策略要显著好于其他三类策略。这可能是由于以下几个方面的原因：①策略的使用有一个积累效应，只有当优势大到一定的程度，比如四维策略，才会显现出它的优越性。②本研究只是按照使用策略的种类数量划分了策略。但是在每一个种类的内部，各个算子之间的效果可能会有差异。比如分析和联想都是属于“信息策略”，但是它们本身在使用效果上是有很大区别的。而我们的分类标准却无法将这类差异进行区分。③本研究对同一策略内部的多重算子和单个算子之间也没有进行区分。比如对于“搜索信息—质疑”和“搜索信息—分析—推理—质疑”这两种情况，本研究同样都视为二维策略。这就忽略了算子的累加效应。

为了用一个简单明确的标准分类策略，本研究使用了这种四维策略的分类方法。从对四类策略效果的检验来看，本研究的策略划分有一定的合理性。但是总体来说还比较粗略，没有把策略的内部差异显著地区分开来。在今后的研究中，

① Dewey, J. *The Quest for Certainty*. NY: Minton, Blach, 1929. 56－61.

② Vanfossen, P. J. & Shiveley, J. S. Things that make you go “Hmmm...” creating inquiry “problem” in the elementary social studies classroom. *The Social Studies*, 1997, 88 (2): 72.

可以考虑如何对策略进行更加精确和科学化的分类。

第五节 问题发现的元认知思维

一、对元认知研究的思考

影响个体问题发现的因素很多，其中元认知能力起到举足轻重的作用。元认知能力指个体对自身的认知过程进行反思、监控和调节的能力，它贯穿于问题发现的始终，对问题发现的各个环节进行调控。Hoover 和 Feldhusen（1994）把用来计划、监控、反馈和评价问题的产生、组织与信息利用过程所使用的元认知策略看作构成问题发现的四个最重要心理成分之一。他们还指出，给学生提供元认知策略可以提高其问题发现能力。[①] 许育彰（1999）认为，元认知技能是问题发现能力的主要成分。[②] 谢居盛（2003）采用自编问题发现评价工具探讨儿童创造性科学问题发现能力与元认知能力的关系，结果显示，个体元认知能力低，则其问题发现能力低；元认知能力高并不表示问题发现能力高，但普遍比中、低元认知能力的要高。[③] 俞国良、侯瑞鹤（2004）指出，元认知是影响学生问题发现的主要因素之一。[④]

虽然学者们重视元认知能力在问题发现中的意义，但已有研究对元认知的探讨多限于理论思辨，实证研究比较缺乏。在少量实证研究中，对元认知的考察也比较笼统，缺乏细致、客观和全面的分析，比如没有具体阐明高能力者的元认知强在何处，低能力者又是在哪些方面不足；对元认知影响作用的揭示比较模糊等。为了更清晰地评估元认知能力，尤其是元认知的各个具体成分对问题发现过程的影响，本研究拟从元认知评价、元认知监控和元认知策略等三个方面，对大学生问题发现过程中的元认知特点展开深入探讨。

已有研究（谢居盛，2003[⑤]；林育秀，2004[⑥]）显示，高问题发现能力者在元认知能力上更具优势，因此本研究假设，高分组被试在元认知评价、监控和策略

---

① Hoover, S. M. & Feldhusen, J. F. Scientific problem solving and problem finding: A theoretical model. In Runco, M. A. (Ed.), *Problem Finding, Problem Solving, and Creativity*. NJ: Ablex, 1994. 201 – 219.

② 许育彰．探讨高中生从力学情境中发现问题的能力之研究．台湾师范大学博士学位论文，1999.

③ 谢居盛．从后设认知探讨学童创意科学问题提出之能力．台湾屏东师范学院硕士学位论文，2003.

④ 俞国良，侯瑞鹤．问题提出、认知风格与学校教育中的创造力培养．教育科学，2004（4）：54 ~ 58.

⑤ 谢居盛．从后设认知探讨学童创意科学问题提出之能力．台湾屏东师范学院硕士学位论文，2003.

⑥ 林育秀．国二学生批判思考、认知策略与问题发现能力之研究．台湾高雄师范大学硕士大学论文，2004.

的表现上均优于低分组。此外，矛盾与潜藏情境的问题发现涉及不同的认知过程和规律，而后者更具难度①，因此本研究假设被试在矛盾式情境中的元认知表现优于潜藏式情境。

二、元认知特点的整体分析和差异比较

（一）元认知能力评价标准

对元认知评价能力的考察包括三个方面。一是被试对自己问题发现能力的自我评价。在正式实验结束后，主试询问被试："你会用下面哪个词语来评价自己的问题发现能力?"备选的七个词语包括非常强、很强、强、普通、弱、很弱和非常弱，分别记7～1分。二是分析被试自我评价的客观性。自评之后，计算被试的自评分数与其发现问题总数量和总评分之间的相关程度，相关程度越高，说明被试的自我判断越客观，其元认知评价能力也越强。三是被试对自我评价的理由解释。被试自评后，主试再次询问："请具体解释一下，你为什么选择'××'（根据选择情况而改变）这个词语来评价自己的问题发现能力?"对被试的解释用5分制进行评分，评分标准是理由阐述的合理性和充分性。

元认知监控能力主要体现在被试对自身问题发现结果的判断，以及对整个问题发现过程的认识、掌控和调节上。本研究中，当被试完成一个问题发现任务后，主试询问："假如你是一位研究者，而国家想委托你针对这个内容展开调查研究，那么你会选择哪一个问题进行研究？请选择一个问题并详细阐述你的理由。"由于问题本身的价值性见仁见智，难以客观评判，因此本研究不对挑选的问题进行评价而是以被试的理由阐述作为评价标准。具体分为两个方面，一是被试对问题的选择标准，标准包括价值性判断、可行性判断、自身兴趣和原文分析等四类，其具体含义是：价值性判断，选择是基于问题本身的价值性和意义性；可行性判断，选择依据是对问题展开研究的可行性和现实性；自身兴趣，选择是出于被试本人对该问题感兴趣；原文分析，直接针对问题的具体内容作具体分析。二是对选择理由从合理性和充分性两方面作5分制评分。

元认知策略的评价是基于口语报告资料，对被试在问题发现过程中所使用的元认知策略进行分类和定量考察。本研究中，被试使用的元认知策略包括评价策略和修正策略，评价策略是指对自身思维活动的认知和评价，修正策略是指对已经作出的判断或提出的问题进行修改和调整。

对元认知能力的评分进行了评分者一致性检验，随机抽取1份高分组和1份

---

① Dillon, J. T. Problem finding and solving. *Journal of Creative Behavior*, 1982, 16 (2): 98–111.

低分组的报告，由三位评分者根据评分细则进行独立评价。评分者一致性信度为0.740～0.854，这是比较理想的信度范围，说明本研究制定的评分标准比较明确，有较好的可操作性。之后由研究者对其余出声思维报告进行评分。

（二）元认知评价能力

对于元认知评价能力，主要考察被试对问题发现能力的自我评价以及评价理由的陈述情况。表3－15列出了被试自我评价分数和自评理由得分的基本情况。

表3－15 问题发现中自我评价分数和自评理由得分的情况

	全体被试		高分组		低分组		t	p
	M	SD	M	SD	M	SD		
自我评价分数	4.55	0.75	4.80	0.89	4.30	0.47	2.213*	0.033
自评理由得分	3.50	0.78	3.60	0.75	3.40	0.82	0.803	0.427

独立样本t检验显示，高分组学生在自我评价分数上显著高于低分组，在自评理由得分上，两组差异不显著。此外，为了考察自评的合理性，把被试的自我评价分数和自评理由得分分别与其发现问题的总数量和总评分之间作相关分析，结果表明，被试自评分数与问题总数量之间相关显著，$r(1, 40)=0.603$，$p<0.01$，与问题总评分之间的相关也显著，$r(1, 40)=0.541$，$p<0.01$。自评理由得分与问题总数量和总评分之间相关均不显著。

（三）元认知监控能力

对于元认知监控能力，本研究的考察方式是要求学生在发现的问题中选择一个最想深入探究的，并阐述选择理由。表3－16列出了被试选择问题的依据以及选问理由得分的基本情况。

表3－16 问题选择依据和选问理由得分的基本情况

		全体被试		高分组		低分组		矛盾情境		潜藏情境	
		M	SD	M	SD	M	SD	M	SD	M	SD
选择依据	价值性判断	0.43	0.50	0.30	0.46	0.55	0.50	0.55	0.50	0.30	0.46
	可行性判断	0.04	0.19	0.03	0.16	0.05	0.22	0.03	0.16	0.05	0.22
	自身兴趣	0.09	0.28	0.10	0.30	0.08	0.27	0.03	0.16	0.15	0.36
	原文分析	0.45	0.50	0.58	0.50	0.33	0.47	0.40	0.50	0.50	0.51
选问理由得分		3.13	0.68	3.50	0.51	2.75	0.63	3.25	0.67	3.00	0.68

考察不同组别和情境中大学生问题选择依据和选问理由得分的差异。方差分析结果显示，在问题选择依据方面，低分组被试使用价值性判断显著高于高分组[$F(1, 38)=7.090$, $p<0.05$]；被试在矛盾情境中使用价值性判断显著高于潜藏情境[$F(1, 38)=4.612$, $p<0.05$]，在潜藏情境中比在矛盾情境中更多依据自身兴趣[$F(1, 38)=5.460$, $p<0.05$]。在选问理由得分方面，高分组被试显著高于低分组[$F(1, 38)=29.483$, $p<0.001$]，被试在矛盾情境中的选问理由得分显著高于潜藏情境[$F(1, 38)=5.108$, $p<0.05$]。在其余主效应和交互作用上均不存在显著差异。

此外，用配对样本 t 检验考察被试在四个选择依据上的内部差异，结果发现，被试使用价值性判断和原文分析要显著多于可行性判断和自身兴趣，$t_{(价值性-可行性)}=6.163$, $p<0.001$；$t_{(价值性-自身兴趣)}=4.751$, $p<0.001$；$t_{(可行性-原文评价)}=-6.508$, $p<0.001$；$t_{(自身兴趣-原文评价)}=-5.056$, $p<0.001$。在选问理由得分中，高分组被试显著高于低分组，被试在矛盾情境中的得分高于潜藏情境。

（四）元认知策略

基于被试的口语报告资料，整理出在问题发现过程中使用的元认知策略，主要包含评价和修正两类策略。表3－17中，呈现了两类策略使用的基本情况。

表3－17　元认知策略的使用情况

	全体被试		高分组		低分组		矛盾情境		潜藏情境	
	M	*SD*	*M*	*SD*	*M*	*SD*	*M*	*SD*	*M*	*SD*
评价策略	1.36	1.68	1.15	1.46	1.58	1.87	1.05	1.34	1.68	1.93
修正策略	0.89	1.52	1.50	1.88	0.28	0.60	0.95	1.40	0.83	1.65

考察不同组别和情境中大学生元认知策略的使用差异。方差分析结果显示，高分组被试比低分组更多地使用修正策略[$F(1, 38)=12.072$, $p<0.01$]。在其余主效应和交互作用上均不存在显著差异。

三、问题发现的元认知特征分析

（一）问题发现中的元认知评价能力

在元认知评价方面，首先要求大学生对自己的问题发现能力给予七级评价。在自评分数方面，高低分组的平均分分别为4.80分和4.30分。4分和5分分别对应的评价词语是“普通”和“强”。这说明，大学生倾向于使用中等或中等偏上的词汇来评价自己的问题发现能力。高分组的自评分数显著高于低分组，这与他们实际的问题发现能力一致，说明高分组学生对自己的能力有更高的认同。

被试在自我评分后需要阐述评分的理由，根据理由陈述的合理性和充分性给予5分制评分。在自评理由得分方面，高低分组的平均分分别为3.60分和3.40分，高分组略高但没有达到显著水平。在5分制评分中，两组被试得分均超过3分，说明总体来讲，大学生在理由陈述上表现良好，体现了大学生较适当和合理的自我评价能力。

此外，自评分数与问题总数量和总评分之间均存在显著正相关，进一步说明大学生具备比较客观的自我评价能力，这也是其元认知评价能力发展良好的表现。

（二）问题发现中的元认知监控能力

元认知监控能力主要考察大学生对自己发现问题的价值判断，体现其对整个问题发现过程的认识和掌控。谭可欣和乌家培（2009）指出，元认知在创造性思维自组织演化过程中起主导作用。① 本研究中，要求被试在发现的问题中选择其中一个进行研究并陈述选择理由，从选择问题依据和选问理由得分两个方面进行评价。大学生选择问题的依据主要有四类：价值性判断、可行性判断、自身兴趣和原文分析。研究显示，低分组被试更多使用价值性判断来选择问题，这说明直接判断问题的价值可能会致使选择有失偏颇，因为问题的价值性往往难以得到迅速而准确的判断。这也间接反映出延迟评判对问题发现的重要性。被试在矛盾情境中多依据价值性判断，在潜藏情境中多依据自身兴趣，这可能与材料提供的问题情境有关。矛盾情境的科学骗局使得学生直接从价值方面作选择，而潜藏情境的科学探索故事则引发了学生的兴趣。这说明被试对问题的认知和判断会根据情境内容发生变化，当情境提供的信息能够帮助个体直接判断真伪高低时，他们会首先选择做这类价值评判；当情境信息有助于引发探索和好奇心时，则更多依据自身兴趣作出选择。对四个选择依据的内部差异比较显示，被试使用价值性判断和原文分析要显著多于可行性判断和自身兴趣。这说明，被试在选择问题时，最常考虑的是问题本身的意义和价值，其次是基于情境的现实分析来选择问题。

在选问理由得分中，高分组被试的理由阐述显著好于低分组，这说明高分组被试在阐述理由上更加合理和充分，这也说明高分组被试具有较强的元认知监控能力。学生在矛盾情境中对选择理由的阐述好于潜藏情境，结合问题发现结果可知，学生在矛盾情境中也发现了更多的问题。矛盾情境提供了更多的问题线索，

---

① 谭可欣，乌家培．研发人员创造性思维的自组织机制．科学学研究，2009（8）：1137～1143.

学生更易理解和认识，因此能够在阐述问题选择理由时更充分合理，这说明对问题的评价和判断与个体对问题背景的认识程度有关。此外，由于矛盾情境存在现成的矛盾与错误，个体不但能够更有效地集中认知资源，也能够更清晰、准确地认知自己的认知过程，对自身的问题发现活动进行更有效的监控，因此在理由阐述中表现更佳。

（三）问题发现中元认知策略的使用

在修正策略的使用上，高分组高于低分组。高分组被试经常对已经作出的判断或提出的问题进行修改和调整，这体现了他们善于主动地、有意识地调节和修正自己的思维活动，展示了更高的元认知调节能力。Hoover 和 Feldhusen（1990）指出，在问题发现中，当个体对问题情境形成初步假设后，会接收到额外的新信息，用以帮助其确认、修正或否定已有假设，以促进最终假设的形成。① Patrick（1935）把问题发现的时间分为四个部分，其中一个部分就是用于修正的时间，并认为在此期间思维会产生变化。② 这说明，在发现问题后对其进行调整和修改是非常重要的，正是高问题发现能力者的优势所在。在矛盾和潜藏情境中，大学生对修正策略的使用没有差异。运用修正策略可能是个体的一种认知风格，这与个体本身的特质而不是所处的情境相关。曾路（2009）的研究显示，元认知策略的运用会随着文本难度的增加而显著增加，本研究中，两类情境的元认知策略没有差异，可能也与情境难度没有差异有关。③

综上所述，本研究考察了高低分组大学生在矛盾与潜藏情境中的问题发现情况及其元认知特点，结果显示，大学生能够客观评价自己的问题发现能力，在自评分数与问题总数量和总评分之间均存在显著相关。高分组大学生在自评分数、选问理由得分和修正策略的使用上均优于低分组，在元认知评价、监控和策略上全面体现了优势，这与本研究的设想一致。联系到高分组学生在问题总数量和总评分上均占优势，本研究反映出元认知能力显著影响个体的问题发现能力，印证了学者（如 Hoover & Feldhusen，谢居盛）对此的看法。大学生在矛盾情境中对选问理由的阐述更好，体现出元认知监控能力与个体对情境的理解和认知相关。对问题发现过程元认知特点的探索，为提高大学生的问题发现能力提供了一个参考途径，即通过对大学生元认知能力的训练，可以促使其问题发现能力的提高。

---

① Hoover, S. M. & Feldhusen, J. F. The scientific hypothesis formulation ability of gifted ninth-grade students. *Journal of Educational Psychology*, 1990, 82: 838 – 848.

② Patrick, C. Creative thought in poets. *Archives of Psychology*, 1935, 26: 1 – 74.

③ 曾路. 文本难度与认知及元认知策略运用实证研究. 西南民族大学学报（人文社会科学版），2009（7）：263 ~ 266.

本章小结

本章通过出声思维的个别实验对问题发现的思维模式、思维表征、思维策略和元认知思维等进行考察。基于专家调查结果，把问题发现的思维操作分为五类：形象思维、聚合与逻辑思维、发散与创新思维、系统性思维和元认知监控思维，其中聚合与逻辑思维用得最多，系统性思维用得最少。高分组被试在发散与创新思维和系统性思维上得分高于低分组；在形象思维和聚合与逻辑思维上，矛盾情境得分高于潜藏情境。大学生问题发现的思维模式灵活、多变。

思维表征方面，从信息表征角度，把表征分类为情境信息表征、内部信息表征和信息联合表征；从问题状态表征角度，把表征分类为起始状态表征、目标状态表征和中间状态表征。充分的表征是发现高质量问题的基础，信息联合表征和中间状态表征是使用频率最高的两类表征。联系性表征对问题发现有积极影响，但目的性表征对问题发现有负面作用；潜藏式情境的问题发现更需要借助内部信息表征。

在思维策略方面，大学生主要使用了16种算子来发现问题，其中使用得最多的是质疑，最少的是顿悟。在算子调用方式上，大学生倾向于使用直接和简单的方式，90%以上问题调用的算子类别数不超过3个。从内容上，可以把思维策略分类为信息策略、问题策略、修正策略和元认知策略，多类别策略的综合使用有助于发现问题。

在元认知策略上，大学生自评分数与问题总数量和总评分之间存在着显著的相关，体现了较好的元认知能力。高分组学生在自评分数、理由阐述和修正策略使用上均优于低分组。

第四章　问题发现的思维过程

第三章主要从构成要素的角度分析了问题发现的思维成分，而本章则从顺序性的角度对问题发现思维过程进行考察。本章的实验过程与第三章相同，但是由于出发点和分析思路的不同，故单列一章。

基于出声思维报告，采用秩次聚类分析法考察大学生问题发现的思维过程，划分思维阶段。结合实验数据分析各思维阶段的特点，并对思维阶段分类的合理性进行检验。同时，借鉴问题行为图技术，把思维操作与知识状态结合起来进行研究，从质的方面考察其发展与转换过程，总结问题发现过程中问题行为图的类别和特征。

第一节　问题发现思维过程的研究方法

本章实验与第三章的个别实验相同，这里不再单独介绍。

一、对分析方法的思考

本章首先考察被试问题发现的思维阶段。在对思维阶段的分析上，主要借鉴了李亦菲、朱新明和张侃（1996）在《广告设计的思维过程及其影响因素》一文中使用的研究方法。在该研究中，首先对广告设计的思维过程作了理论上的构想和思维阶段的划分。之后依据设置的思维阶段对被试的口语报告资料进行编码。最后，采用了秩次聚类分析法对思维阶段划分的合理性进行了验证。[①] 本研究将借鉴该方法对问题发现的思维阶段进行考察。

此外，本章还将对问题发现的思维过程进行探讨。对于思维过程的分析有两种方式，一种是纯思维分析，即只分析口语报告资料中所涉及的思维操作；另一种是结合知识的思维分析，这是类似于问题行为图的分析方式，即把思维操作与

---

① 李亦菲，朱新明，张侃．广告设计的思维过程及其影响因素．心理学报，1996（1）：22～29.

知识状态结合起来进行考察。我们认为，在思维过程中，思维操作和对应的知识状态总是交织在一起的，类似于骨与肉的关系。没有一个思维过程可以脱离知识状态而单独存在。如果把两者结合起来分析，将会使我们对思维过程有一个更全面和深刻的认识。因此，在本部分将借鉴问题行为图技术，将思维操作与知识状态两个方面结合起来，进行综合考察。在问题行为图的分析中将选择两个个案（高低分组各一个），结合口语报告资料的具体内容作质性分析。之后，基于被试在问题行为图上的表现把行为图进行归类，并比较两类被试的问题行为图差异。

二、口语报告资料的编码方案

本章考察问题发现的思维阶段，同时采用问题行为图技术对思维过程进行分析。因此在对口语报告资料的分析方面，主要涉及以下三种编码。

（1）思维阶段编码。从理论上对问题发现的思维阶段划分提出构想。基于文献分析、本实验的具体情况以及专家的意见，借鉴了 Ramirez（2002）① 和孙俊才、卢家楣（2007）② 等学者的观点，本研究把问题发现过程初步划分为以下六个阶段：信息搜寻阶段、现状表征阶段、寻求目标阶段、建立联系阶段、提出问题阶段、评价和修正问题阶段。在口语报告资料的分析中，将对每一个“分段”进行思维阶段的编码，并总结思维阶段的一般规律和特点。

（2）知识状态编码。在问题行为图的分析中，将同时对思维操作和知识状态进行考察。在本研究中，从以下两个维度对知识状态进行分类。其一是从信息加工的角度把知识分类为陈述性知识、程序性知识和策略性知识；其二是从知识来源的角度把知识分类为情境信息、内部信息和推断信息。这两个维度的组合就构成了九种知识状态。

（3）思维操作编码。在第三章中，把思维分为五个类型，并基于此对口语报告资料中的“分段”进行编码。而在本实验中，着重要考察的是分段与分段之间的思维联系情况，而不是每个独立的分段。因此，不适合使用第三章的思维分类。基于对思维关系的思考，我们把思维操作分类为：独立思维、横向思维、纵向思维和元认知思维四类。各类思维的具体含义将在后面的结果部分作详细阐述。

在初步整理好口语报告资料之后，对资料进行详细的编码和分析。首先，从 40 份口语报告资料中随机抽取出 1 份高分组和 1 份低分组被试的资料，由两位评

① Ramirez，V. E. Finding the right problem. *Asia Pacific Education Review*，2002，3（1）：18－23.
② 孙俊才，卢家楣．问题发现研究及其心理成分．上海教育科研，2007（3）：55～57.

分者（一位是研究者，另一位是心理学硕士）根据建立好的编码体系对口语报告资料进行独立编码。两位评分者编码的一致性系数为0.907，达到非常显著的水平。这说明本研究所制订的编码方案有较清晰的界定和良好的操作性。此外，对其中编码不一致的部分，由两位评分者进行进一步讨论，直到达成共识。

之后，由研究者一人对其余口语报告资料进行编码。编码完毕之后，就可以对已编码的口语报告数据进行统计与分析了。

第二节 问题发现过程的思维阶段

一、对思维阶段的划分

采用建构认知模型的方法①对思维阶段进行考察，从认识论角度来说，该方法采用“自上而下”的认知方式，包含“先验模型—实验验证—模型完善”等三个步骤。即先基于已有研究建构理论模型，然后设计实验对模型进行检验，之后根据实验结果对模型进行修正和完善。

根据对问题发现的界定，结合对已有文献的思考，笔者认为问题发现过程中，主要存在以下几个关键步骤：①要收集和掌握与问题情境相关的各种信息和资料，这是问题发现的前提和基础，也是整个问题发现的背景。②在信息搜寻并掌握了一定的资料之后，就需要结合个体已有的知识，对信息进行分析和梳理。这两个步骤是被试对问题起始状态的认知过程。③既然要发现问题，那么就意味着情境中存在明显或者潜藏的“问题事件”。因此，需要找出这些“问题事件”，并设置与起始状态不同的目标状态。这一步也就是对目标状态的寻找和探索过程。④目标状态是与情境起始状态相关联但又有所差别的状态，因此，有时还需要对起始状态与目标状态之间的联系与差异进行分析，这一步是对差距的明确过程。⑤经过上述步骤之后，就已经完成了对问题起始状态、目标状态和差距这三个基本要素的认识和设定，也就可以正式提出所发现的问题了。⑥在问题提出之后，有时还需要对问题进行修正和完善，或者对问题作出一些评价。在这六个步骤结束之后，就完成了一个问题的发现过程。

基于对上述分析的抽象和总结，本研究把问题发现思维过程分类为六个阶段，分别是信息搜寻阶段、现状表征阶段、寻求目标阶段、建立联系阶段、提出问题阶段、评价和修正问题阶段。一个完整的问题发现思维过程可以涉及上述全

---

① 郭秀艳，杨治良．基础实验心理学．北京：高等教育出版社，2005. 382～384.

部或者部分的思维阶段。下面就这六个阶段的内涵进行具体说明。

信息搜寻阶段：对情境中的信息进行搜索和筛选，特别关注于某些信息。

现状表征阶段：对搜寻的特定信息用自己的理解进行表征，表征内容涉及问题的现有状态。

寻求目标阶段：发现情境信息中的不理想状况，并为其设置一个目标状态，这个目标状态是不同于现有状态的。

建立联系阶段：在情境的现有状态和目标状态之间建立起关联，或者阐述其差距所在。

提出问题阶段：在对现有状态、目标状态和关联状态有所感悟之后，提出一个明确的问题。

评价和修正问题阶段：对提出的问题作出评价，或者进行修改和完善。

本研究将基于被试的口语报告资料进行思维阶段的考察。对每一个"分段"的内容进行详细编码和分析，把它归属于上述的六个阶段之中。之后，再对问题发现的思维阶段特点进行数量化探讨。

二、各思维阶段在问题发现中的出现情况

（一）思维阶段的出现情况

以问题为考察对象，分析六个思维阶段在问题发现过程中的出现情况。如果一个问题经历了某一个思维阶段，就在该思维阶段所对应的问题数量上记1。但是，如果某一个思维阶段在同一个问题中重复出现了多次，那么也只记作1，表明该思维阶段还是只对应了一个问题。通过这样的分析，可以直观地看出一种思维阶段被多少个问题所经历过。具体结果见表4-1。

表4-1　各思维阶段在问题发现中的出现情况

思维阶段	信息搜寻	现状表征	寻求目标	建立联系	提出问题	评价和修正问题
对应问题数量	162	50	19	50	341	107
问题所占百分比	47.51%	14.66%	5.57%	14.66%	100.00%	31.38%

由表4-1可知，问题发现的思维阶段具有以下特点。

（1）虽然本研究从理论上把问题发现的思维阶段划分为六个，但并不是每一个问题都必须完整地经历所有阶段。绝大多数时候，只会经历其中的部分阶段来发现问题。

（2）提出问题阶段是每一个问题都必须要经历的，它的出现频率是100%，因为没有这个阶段也就谈不上发现问题了。

（3）除了提出问题阶段外，其余各个阶段在问题发现过程中的出现频次也存在差异。出现得较多的是信息搜寻阶段，出现得较少的是寻求目标阶段。

（二）结果分析

从各思维阶段所对应的问题数量可以看出，出现得最多的是提出问题阶段。要进行问题发现当然就必须明确地提出问题，所以所有的问题都需要经历提出问题这个阶段。其次是信息搜寻阶段，超过一半的问题会经历该阶段。在发现问题之前，一般需要认识和理解情境信息，然后再找出自己有疑惑或者感兴趣的关注点，进而展开深入思考，因此，信息搜寻阶段也是大学生经常会经历到的。然后是评价和修正问题阶段，有1/3的问题经历该阶段。在提出了一个问题之后，通常这个问题不会一次就能表述得非常清楚和完整，需要对问题进行一定的修改和完善，所以评价和修正问题阶段往往也会经历得比较多。

大学生经历得比较少的阶段，按照由少到多的顺序分别是寻求目标、现状表征和建立联系阶段。寻求目标和建立联系阶段本来也是问题发现的重要环节，为什么在大学生的口语报告中出现得那么少呢？根据对原始口语报告资料的分析发现，这两个阶段往往是与提出问题阶段融合在一起的。大学生在提出问题时，往往会设置问题目标，同时也会描述现有状态与目标状态之间的关联。只是由于这些描述通常是与提出问题紧密结合在一起的，因此，在对口语报告资料进行阶段编码之后，我们就无法单独看到这两个隐蔽阶段的存在了。

现状表征阶段的出现也相对较少。一般来说，现状表征涉及对情境信息的分析和加工。由于在信息搜寻阶段被试已经对情境信息进行了描述，因此许多被试往往会基于对情境的复述，直接就开始寻求目标甚至提出问题，而跳过了对情境信息的加工，即现状表征的阶段。出现跳过现状表征阶段的原因可能在于情境材料的难度不够高。通常，当情境材料比较容易的时候，被试只需要阅读一次就可以很好地理解材料，不需要再单独加工信息。而当情境材料难度比较大时，则会需要经过反复多次地加工和表征情境信息才能够充分理解材料。由于对大学生来说，本研究的两段材料难度都在中等水平，因此大部分被试可能不需要专门对情境信息进行表征和加工。所以，经历现状表征阶段的问题比例较低。

三、对思维阶段划分合理性的考察

（一）思维六阶段出现的先后顺序

下面，借鉴李亦菲等人提出的秩次聚类分析法，对本研究中思维阶段划分的合理性进行考察。具体做法如下：

（1）首先，以“问题”为单位，对每一个问题的口语报告资料的每一个分段按照其出现时间的先后顺序，赋予一个顺序号。

（2）按照对每一个分段的阶段编码，在每个分段上标志出其所归属的阶段。

（3）对于每一个问题，都记下各个阶段所对应的分段顺序号。这样，就可以知道各个思维阶段所对应的分段在口语报告中所处的位置情况。我们把这个位置称为分段所处位置 Wi。

（4）记录下每一个问题所对应的分段总数量 R。

（5）在每一个问题上，用分段所处位置除以其对应的分段总数量，就得到了分段相对位置 Pi（Pi = Wi/R）。如果某个思维阶段在一个问题中出现了两次以上，那么就把该思维阶段所对应的多个分段相对位置求平均数，但仍用 Pi 表示。

（6）计算出在各个思维阶段上分段相对位置的总数 ∑Pi，并把它除以对应的问题总数量 N，就得到了分段相对位置平均数 *M*Pi（*M*Pi = ∑Pi/N）。

（7）通过比较各思维阶段所对应的分段相对位置平均数之间的差距，就可以知道各个思维阶段所处位置的先后顺序情况。

综上所述，本研究通过考察各个思维阶段所对应的口语报告分段，在其所属问题分段中所处的相对位置，来判断各思维阶段在思维过程中出现的先后顺序，即思维阶段所处的相对位置。通过上述运算，得到的思维阶段的相对位置情况见表 4－2。

表 4－2　思维六阶段在各情境与组别中出现的相对位置

相对位置平均数（*M*Pi）		信息搜寻	现状表征	寻求目标	建立联系	提出问题	评价和修正问题
矛盾情境	*M*	0.45	0.47	0.67	0.63	0.84	0.94
	SD	0.09	0.13	0.16	0.14	0.15	0.09
潜藏情境	*M*	0.49	0.50	0.61	0.67	0.77	0.90
	SD	0.16	0.16	0.15	0.15	0.20	0.12

（续上表）

相对位置平均数（*M*Pi）		信息搜寻	现状表征	寻求目标	建立联系	提出问题	评价和修正问题
高分组	*M*	0.47	0.43	0.66	0.65	0.79	0.95
	SD	0.13	0.14	0.15	0.16	0.16	0.06
低分组	*M*	0.47	0.54	0.62	0.65	0.82	0.89
	SD	0.13	0.13	0.16	0.14	0.20	0.13
总体	*M*	0.47	0.49	0.64	0.65	0.81	0.92
	SD	0.13	0.15	0.16	0.15	0.18	0.11

相对位置平均数代表了各思维阶段在整个问题发现过程中所处的相对位置，平均数越小表示位置越靠前，即在出现时间上越早。由表4－2可知，各个思维阶段的位置存在先后顺序。处于最前面的是信息搜寻阶段，随后依次是现状表征阶段、寻求目标阶段、建立联系阶段和提出问题阶段，而评价和修正问题阶段则在最后。这和本实验对六阶段顺序的设想是完全一致的，说明六个思维阶段的构想得到了实验数据的支持，该设想是比较合理的。

为考察思维六阶段出现位置在不同问题情境与不同能力人群中是否具有差异，以情境和组别为自变量，六类思维阶段的出现位置为因变量进行多因素方差分析，结果见表4－3。

表4－3　不同情境与组别中六阶段出现位置的差异比较

思维阶段	信息搜寻	现状表征	寻求目标	建立联系	提出问题	评价和修正问题
情境	2.31	0.93	2.97	1.29	3.65	2.72
组别	0.02	14.55***	2.26	0.08	0.55	8.94**
情境×组别	1.64	2.54	11.05**	7.76**	2.98	4.06

由表4－2和表4－3可知，高分组被试的现状表征阶段比低分组出现得更早；高分组的评价和修正问题阶段比低分组出现得更晚。对交互作用的简单效应检验显示，在现状表征阶段，矛盾情境组别差异非常显著［$F(1, 39) = 12.56$，$p < 0.01$］，高分组出现时间更晚［$M_{(高分组)} = 0.75$，$M_{(低分组)} = 0.59$］；高分组情境差异非常显著［$t(1, 19) = 4.31$，$p < 0.01$］，矛盾情境出现时间更晚［$M_{(矛盾情境)} = 0.75$，$M_{(潜藏情境)} = 0.58$］。在寻求目标阶段，矛盾情境组别差异显著

[F（1，39）=5.16，$p<0.01$]，高分组出现时间更晚 [$M_{(高分组)}=0.68$，$M_{(低分组)}=0.58$]；低分组情境差异显著 [t（1，19）=2.84，$p<0.05$]，矛盾情境出现时间更早 [$M_{(矛盾情境)}=0.58$，$M_{(潜藏情境)}=0.71$]。其余相互作用不存在显著性差异。

此外，从相对位置平均数的差异可以看出阶段与阶段之间的相对距离情况。由表4－2可知，在信息搜寻和现状表征两个阶段之间，以及寻求目标和建立联系两个阶段之间，相对距离比较小；其他相邻阶段之间，距离比较大。为了更直观地看出各个思维阶段之间的相对位置，把六个阶段的相对位置情况用图4－1表示。

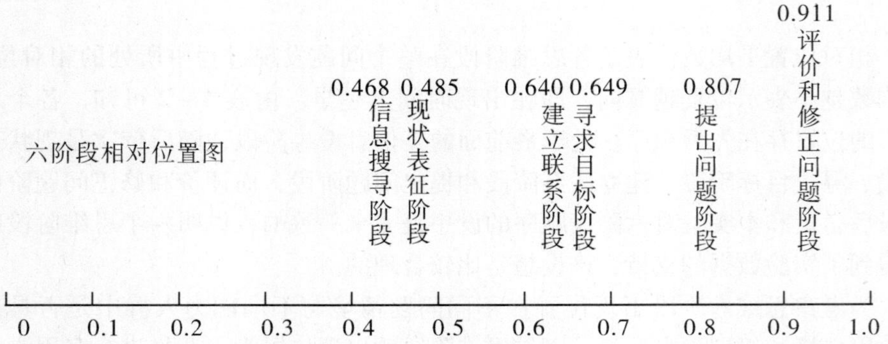

图4－1　问题发现思维六阶段的相对位置图

由图4－1可以直观看出，在六个阶段中，信息搜寻与现状表征阶段之间以及建立联系与寻求目标阶段之间的位置非常接近。进一步用 t 检验对六个阶段相对位置平均数进行差异检查，结果显示，除了在信息搜寻和现状表征阶段之间，以及寻求目标与建立联系之间相对位置差异不显著外，在其余各相对位置的两两阶段之间差异均非常显著。

本研究进一步设想，这两对没有显著差异的相邻阶段可能完成的是同一段思维程序，将其进行合并会更加合理。因此，把信息搜寻和现状表征两阶段合并为“信息搜寻与表征阶段”，其含义为“搜寻问题线索并表征其现有状态”；把寻求目标和建立联系两阶段合并为“目标探索阶段”，其含义为“找出起始状态的不理想性与差距，并探索相对理想的目标状态”。这样就把问题发现过程整合为四个思维阶段：信息搜寻与表征、目标探索、提出问题、评价和修正问题。

（二）思维四阶段分类合理性的验证

基于思维四阶段标准，对问题发现过程重新进行思维阶段编码，并采用秩次聚类分析法计算各阶段的相对位置情况，结果见表4－4。

表 4－4　思维四阶段在各情境与组别中出现的相对位置

相对位置平均数（*MPi*）		信息搜寻与表征	目标探索	提出问题	评价和修正问题
矛盾情境	*M*	0.46	0.65	0.84	0.94
	SD	0.07	0.12	0.15	0.09
潜藏情境	*M*	0.50	0.64	0.77	0.90
	SD	0.12	0.12	0.20	0.12
高分组	*M*	0.45	0.66	0.79	0.95
	SD	0.10	0.12	0.16	0.06
低分组	*M*	0.51	0.63	0.82	0.89
	SD	0.09	0.12	0.20	0.13
总体	*M*	0.48	0.65	0.81	0.92
	SD	0.10	0.12	0.18	0.11

用 t 检验对四阶段相对位置平均数进行差异检查，结果显示，在各相邻的两两阶段之间差异均非常显著［$t(1, 79) = -9.99$，$p<0.001$；$t(1, 79) = -5.83$，$p<0.001$；$t(1, 79) = -5.32$，$p<0.001$］。说明这四个阶段的出现位置明显不同，在此期间可能分别经历着不同的思维重点和认知规律。四阶段相对位置图见图 4－2。

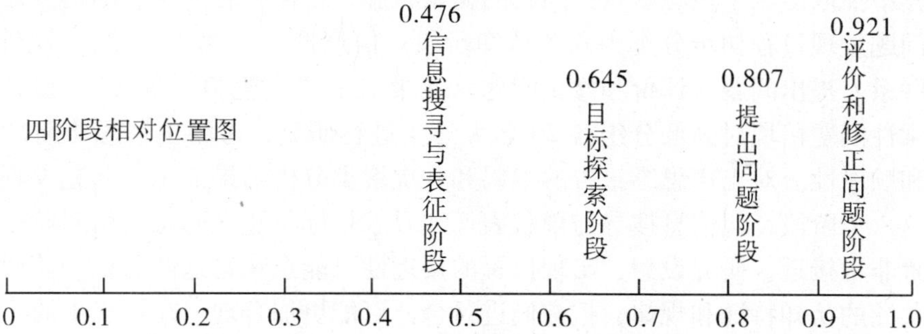

图 4－2　问题发现思维四阶段的相对位置图

由图 4－2 可以看出，经过对思维阶段的整合后，新的四个阶段在相对位置上差异非常显著，相邻阶段之间有清晰的距离。

考察思维四阶段出现位置在不同问题情境与不同能力人群中是否具有差异，以问题情境和组别为自变量，四类思维阶段的出现位置为因变量进行多因素方差分析，结果见表4－5。

表4－5　不同情境与组别中四阶段出现位置的差异比较

思维阶段	信息搜寻与表征	目标探索	提出问题	评价和修正问题
情境	3.46	0.19	3.65	2.72
组别	6.60*	1.24	0.55	8.94**
情境×组别	0.03	15.57***	2.98	4.60

由表4－4和表4－5可知，高分组被试的信息搜寻与表征阶段比低分组出现得更早；高分组的评价和修正问题阶段比低分组出现得更晚。对交互作用的简单效应检验显示，在目标探索阶段，矛盾情境组别差异非常显著［$F(1, 39) = 14.35$，$p<0.001$］，高分组出现时间更晚［$M_{(高分组)} = 0.71$，$M_{(低分组)} = 0.59$］；低分组情境差异显著［$t(1, 19) = -2.27$，$p<0.05$］，矛盾情境出现时间更早［$M_{(矛盾情境)} = 0.59$，$M_{(潜藏情境)} = 0.67$］；高分组情境差异非常显著［$t(1, 19) = 3.47$，$p<0.01$］，矛盾情境出现时间更晚［$M_{(矛盾情境)} = 0.71$，$M_{(潜藏情境)} = 0.60$］。

（三）对思维阶段划分结果的思考

采用建构认知模型的方法，对问题发现过程的思维阶段划分进行了探索。建构认知模型法分为“先验模型阶段—实验验证阶段—模型完善阶段”三个步骤。

在第一步“先验模型阶段”中，基于已有研究和理论构想从问题发现的认知过程中抽取出三个核心要素：问题的初始状态、目标状态和两者间的差距，进而将问题发现过程初步分类为六个认知阶段：信息搜寻、现状表征、寻求目标、建立联系、提出问题、评价和修正问题。在第二步“实验验证阶段”，设计了两个探索性问题情境对高低分组各20名大学生进行研究，考察上述思维阶段的存在性和顺序性。对出声思维报告的编码和秩次聚类分析结果显示，问题发现过程存在这六个阶段，但信息搜寻与现状表征和寻求目标与建立联系这两对阶段出现的位置非常接近。研究设想，出现位置的接近性可能意味着这两对认知阶段分别存在共同的认知特征和规律，把它们进行合并可能更加合理。在第三步的“模型完善阶段”，尝试把位置非常接近的两对阶段进行合并，把六个阶段整合为现状搜寻与表征、目标探索、提出问题、评价和修正问题四个阶段。基于新的四个阶段分类，对出声思维报告进行重新编码和秩次聚类分析，结果显示，相邻阶段的位置之间均存在非常显著的差异，四个阶段的分类能够更清晰地梳理问题发现过程。

对问题发现过程的阶段划分涉及理论思考的较多，有实证结果作支持的只有Patrick、Arlin和林沂升等少数学者的研究。本研究尝试运用考察复杂思维活动过程的“建构认知模型法”，将理论思辨与相对应的实验研究结合起来，对问题发现阶段作综合性考察。此外，还运用秩次聚类分析的方法把各个阶段的思维顺序性用位置作出标识，进一步将一个复杂的思维过程作出量化。

对问题发现过程认知阶段的探索有助于认识问题发现的本质与规律，进而为培养个体的问题发现意识、促进问题发现能力的提高服务。研究试图用实验的方法初步分离出四个相对独立的认知阶段，为进一步深入探索问题发现的实质奠定基础。

（四）问题发现思维阶段的典型模式

虽然本研究把问题发现过程分类为四个阶段，但大部分问题都只会经历其中的某几个阶段。下面将结合每一个问题的口语报告资料，考察大学生在问题发现过程中都具体经历了哪一些阶段，即思维阶段的模式。同时，着重考察思维阶段的哪些组合类型是大学生们最常使用的，即思维阶段的典型模式。

首先，根据对口语报告资料在思维阶段上的编码，对每一个问题所经历的思维阶段按照出现时间的先后顺序进行排序，这样就构成了一个问题的思维阶段模式。其次，记录下每一种思维阶段模式所对应的问题数量。

本实验中，大学生一共发现了341个问题，其中，矛盾情境问题197个，潜藏情境问题144个。在表4－6中，列出了使用次数在5次以上的8种典型思维阶段模式及其相关信息。

表4－6　典型思维阶段模式及其相关情况

阶段模式类别	对应问题数量	累积问题数量	问题所占百分比	累积问题百分比	思维阶段模式
1	84	84	24.63%	24.63%	信息搜寻与表征 → 提出问题
2	82	166	24.05%	48.68%	提出问题
3	45	211	13.20%	61.88%	提出问题 → 评价和修正问题
4	24	235	7.04%	68.91%	信息搜寻与表征 → 提出问题 → 评价和修正问题
5	11	246	3.23%	72.14%	信息搜寻与表征 → 信息搜寻与表征 → 提出问题
6	8	254	2.35%	74.49%	信息搜寻与表征 → 目标探索 → 提出问题
7	5	259	1.47%	75.95%	提出问题 → 目标探索
8	5	264	1.47%	77.42%	提出问题 →信息搜寻与表征

由表4－6的结果，结合对问题发现原始数据的分析可以看出，问题发现思维阶段模式具有以下特点：

（1）被五个及以上问题所使用过的思维阶段模式有八种，但它们所对应的问题数量为264个，占到了问题总数量的77.42%。这八种思维阶段模式是最典型的模式。这也说明，大学生的问题发现思维阶段模式具有比较高的共性。

（2）40位大学生在问题发现过程中，一共使用了65种思维阶段模式。其中，有42种模式都仅仅被一个问题所使用过。这体现了思维阶段模式的差异性和个性。

（3）使用次数最多的八种思维阶段模式所包含的阶段数量都在三个以内，说明大学生倾向于使用比较简单和快捷的步骤来发现问题。

（4）各思维阶段的出现有一定的顺序性。通常，信息搜寻与表征阶段出现在思维过程的开始阶段，而评价和修正问题阶段则会出现在提出问题阶段之后，但四类阶段的具体顺序有时会发生变化。

第三节　问题发现过程的问题行为图研究

对知识状态和思维操作转化过程的深入研究有助于揭示问题发现的内部认知机制，而问题行为图则是一种能够把内部思维序列外显化和精细分析的有效工具。问题行为图是Newell和Simon（1972）提出的一种对问题解决过程的口语报告资料进行分析的技术。① 问题行为图由知识状态和思维操作两个成分组成，在图形绘制中按照时间先后顺序将思维过程中所进行的各种知识转化和思维操作序列直观呈现，便于区分哪些是思考内容，哪些是思考方式，以清晰地把握个体思维的发生、发展与变化过程。虽然，已有研究多把问题行为图技术运用于问题解决领域，但其对内部认知过程的序列分析原理是同样适用于问题发现领域的。在本部分，拟借鉴问题行为图这种经典的研究技术，对问题发现思维过程作深入考察，着重探讨被试在问题发现过程中知识状态与思维操作的转化过程。

对每一位被试口语报告资料的分析都将分为两个部分。第一部分是口语报告分析。具体来讲，是从知识状态和思维操作两个维度对口语报告资料进行编码和分析。第二部分是问题行为图分析。基于对口语报告的分析，画出每一个问题的问题行为图，之后再进行相关比较与考察。

---

① Newell, A. & Simon, H. *Human Problem Solving*. NJ: Prentice-Hall, 1972. 478－483.

由于在问题行为图的设计上，主要涉及“知识状态”和“思维操作”两个方面。因此，首先要对问题发现过程中涉及的“知识状态”和“思维操作”进行界定。

一、知识状态分类及使用情况

（一）知识状态的编码

从两个维度对知识状态进行编码。其一，基于加工性质的差异，参考Gagné和Driscoll（1988）的知识分类标准，把知识编码为陈述性知识、程序性知识和策略性知识。[①] 陈述性知识指关于“是什么”的知识，包括各种事实、概念和原理等（编码a，在问题行为图中用虚线框表示），本研究中表现为陈述一个现象或引用一段事实等；程序性知识指关于“怎么做”的知识，包括如何从事并完成各种活动的行为或操作步骤等（编码b，实线框表示），本研究中表现为阐述动态行为、办事程序等；策略性知识指关于如何感知、如何记忆、如何思维等元认知方面的知识（编码c，双线条框表示），本研究中表现为对自我的认知、体验和调控等。

其二，基于信息来源，参考Hoover和Feldhusen（1994）提出的问题发现过程的信息处理包括问题情境中的数据、经验或信息，个体已有的知识基础以及两者的联结与整合的观点，把知识编码为情境信息、内部信息和推断信息。[②] 情境信息指情境材料中提供的原始信息（编码A，用□表示），本研究中表现为对材料内容的直接引用和复述；内部信息指被试头脑中存储的信息（编码B，用○表示），本研究中表现为回忆自身已有的知识；推断信息指被试通过思维活动对情境信息和内部信息进行加工之后得出的新信息（编码C，用△表示），本研究中表现为结合自身知识对情境信息进行理解、加工和整合。上述两个维度的相互组合就构成了九种类型的知识状态。

（二）各知识状态的使用情况

根据编码方案，分别统计能力高与低两类大学生，以及潜藏式与矛盾式两类情境中知识状态的使用频次，结果如表4－7所示。

---

① Gagné，R. M. & Driscoll，M. P. *Essentials of Learning for Instruction*. NJ：Prentice-Hall，1988. 26－30.

② Hoover，S. M. & Feldhusen，J. F. Scientific problem solving and problem finding：A theoretical model. In Runco，M. A.（Ed.），*Problem Finding*，*Problem Solving*，*and Creativity*. NJ：Ablex Publishing Corporation，1994. 201－219.

表 4-7 问题发现中知识状态的使用频次

	知识的加工类型						信息的来源类型					
	陈述性知识		程序性知识		策略性知识		情境信息		内部信息		推断信息	
	M	*SD*	*M*	*SD*	*M*	*SD*	*M*	*SD*	*M*	*SD*	*M*	*SD*
高分组	2.98	2.28	7.98	3.66	0.78	1.33	2.70	2.22	0.20	0.52	8.85	3.93
低分组	3.08	2.30	5.63	2.33	0.95	1.43	2.53	1.80	0.38	0.67	6.70	3.01
矛盾情境	3.10	2.19	7.20	3.37	0.73	1.26	3.00	2.15	0.13	0.40	7.88	3.38
潜藏情境	2.95	2.39	6.40	3.16	1.00	1.49	2.23	1.80	0.45	0.71	7.68	3.93
总体	3.03	2.28	6.80	3.27	0.86	1.38	2.61	2.01	0.29	0.60	7.78	3.64

考察知识状态在不同问题情境与不同能力人群中的使用是否具有差异，以情境和组别为自变量，两个维度知识状态为因变量进行多因素方差分析，结果见表 4-8。

表 4-8 不同情境与组别中知识状态的使用差异

	知识的加工类型			信息的来源类型		
	陈述性知识	程序性知识	策略性知识	情境信息	内部信息	推断信息
情境	0.13	1.92	1.05	4.88*	6.00*	0.12
组别	0.03	9.51**	0.25	0.11	1.90	5.38*
情境 × 组别	0.93	3.96	0.22	0.41	0.04	6.65*

以大学生的组别和问题情境为自变量，各类知识状态的使用频次为因变量进行重复测量方差分析。结果显示，高分组学生使用程序性知识和推断信息的频次高于低分组学生。在矛盾式情境中，大学生使用情境信息的频次高于潜藏式情境；在潜藏式情境中，大学生使用内部信息的频次高于矛盾式情境。在推断信息的使用上，情境与组别的相互作用显著，简单效应检验表明，矛盾情境组别差异显著，高分组使用频次显著高于低分组［$M_{(高分组)}=9.70$，$M_{(低分组)}=6.05$］，高分组情境差异显著，在矛盾情境的使用频次高于潜藏情境［$M_{(矛盾情境)}=9.70$，$M_{(潜藏情境)}=8.00$］，其余主效应和交互作用均不存在显著差异。

对各类知识状态的使用频次差异进行考察。方差分析结果显示，在知识加工类型的两两之间，被试的使用频次均存在显著差异，由高到低依次是程序性知识、陈述性知识和策略性知识。在信息来源类型的两两之间，被试的使用频次均存在显著差异，由高到低依次是推断信息、情境信息和内部信息。

（三）结果讨论

知识对问题发现具有重要影响。Lakatos（1976）指出，问题的出现往往与个体的背景知识相关。[①] Mumford、Roni 和 Redmond（1994）也提出，问题的形成与知识基础密切关联。[②] 研究结果显示，在情境信息的使用上，矛盾情境高于潜藏情境，这与研究的设想一致。在矛盾情境中，发现问题主要是通过知觉、认知、辨识等找出情境中的错误与矛盾，需要个体对情境本身进行细致充分的理解与分析，因此会更多使用情境信息。而在内部信息的使用上，潜藏式情境显著高于矛盾式情境，这也符合本研究的设想。Hoover 和 Feldhusen（1990）指出，潜藏式问题发现需要个体将额外的新信息整合到已有知识系统中。[③] 在潜藏式情境中，发现问题不但需要个体利用情境信息，还需要更多调用头脑中已有的知识来帮助理解情境，深入加工和整合信息以挖掘、揭示出潜在的问题线索，因此会比矛盾式情境更多地使用到内部信息。这个结果既反映出问题发现过程对知识和信息的依赖，同时也揭示出不同类型问题对知识需求度的差异，矛盾式问题的发现更需要个体对外部情境信息作出客观分析与判断，而潜藏式问题的发现则对个体自身知识基础的要求更高，后者也印证了一个现象：在某个领域能够创造性发现有价值问题的人必定是该领域的专家。

高分组学生使用程序性知识和推断信息的频次高于低分组学生。Marbach 和 Sokolove（2000）指出，问题发现过程需要个人理解当前主题并将知识元素连接起来，而程序性知识和推断信息正体现出个体对知识和信息的加工过程。[④] 高分组学生对两类知识使用更多，反映了对信息的积极加工和整合可以促进问题发现。

各类知识状态的使用频次存在显著差异。从知识加工角度，使用率由高到低依次是程序性知识、陈述性知识和策略性知识。Miyake 和 Norman（1979）认为，发现有意义的问题意味着一个知识结构的形成。[⑤] 问题发现中，需要不断对知识

---

① Lakatos, I. *Proofs and Refutations*: *The Logic of Mathematical Discovery*. Cambridge: Cambridge University Press, 1976. 87.

② Mumford, M. D., Roni, R. P. & Redmond, M. R. Problem construction and cognition applying problem representations in ill-defined domains. In Runco, M. A (Ed). *Problem Finding*, *Problem Solving*, *and Creativity*. New Jersey: Ablex Publishing Corporation, 1994. 3 – 39.

③ Hoover, S. M. & Feldhusen, J. F. The scientific hypothesis formulation ability of gifted ninth-grade students. *Journal of Educational Psychology*, 1990, 82: 838 – 848.

④ Marbach, A. G. & Sokolove, P. G. Can undergraduate biology students learn to ask higher level questions? *Journal of Research in Science Teaching*, 2000, 37: 854 – 870.

⑤ Miyake, N. & Norman, D. A. To ask a question, one must know enough to know what is not known. *Journal of Verbal Learning and Verbal Behavior*, 1979, 18: 357 – 364.

进行整合、推理、重组等动态地加工，而不仅仅是静态地复述，因此会较多运用到体现动态过程性的程序性知识。而策略性知识主要起到对问题发现过程进行监督、控制和调节的元认知作用，相对运用得较少一些。从知识来源角度，使用率由高到低依次是推断信息、情境信息和内部信息。推断信息是指个体基于情境信息和头脑中已有的内部信息进行关联、归纳、演绎等从而得到的新信息。Hoover和Feldhusen（1994）提出，在问题发现过程中个体需要获取知识或信息，将其整合于已有知识体系之中，并在知识基础之间建立联结。① 推断信息是建立在对情境信息与内部信息整合、加工基础上的，它的使用频率高说明在问题发现过程中，知识处于一种不断转化、发展和演变的动态过程中，只有对知识和信息进行持续的加工，才能完成问题发现任务。

二、思维操作分类及使用情况

（一）思维操作的编码

在第三章对思维模式的考察中，基于对专家调查表的探索性因素分析，把思维操作分类为形象思维、聚合与逻辑思维、发散与创新思维、系统性思维和元认知监控思维等五类。第三章思维模式的考察对象是口语报告资料的“分段”，即独立地分析被试在出声思维的每一个分段中使用了哪一种思维。但在本部分，对思维操作的分析并不是针对单个独立的分段，而是针对分段与分段之间的思维联系和转换，因此本部分采用的思维操作分类与第三章的分类有所不同。

由于需要考察各个知识状态之间的思维关联和转换情况，因此，从知识状态之间的相互关系角度进行思维操作编码，参考Newell和Simon提出的问题行为图绘制遵循横向操作从左到右，纵向操作自上而下排列的原则，结合学者们对问题发现中元认知思维意义的肯定（Hoover和Feldhusen、谢居盛、林育秀），将思维操作分为独立思维、横向思维、纵向思维和元认知思维等四类。

（1）独立思维。独立思维是指相邻的知识状态之间是相对独立的关系，也就是说，后者并不是基于对前者的思维加工而得到的，而是独立地描述另一个知识状态。需要说明的是，如果前后两个知识状态描述的是同一个内容，但是后者只是对前者进行了简单的重复（尤其是指两者都在直接复述情境信息），并没有思维的加工过程参与，那么本研究仍然把这类思维操作看作独立思维操作。在问

① Hoover, S. M. & Feldhusen, J. F. Scientific problem solving and problem finding: A theoretical model. In Runco, M. A. (Ed.), *Problem Finding, Problem Solving, and Creativity*. NJ: Ablex Publishing Corporation, 1994. 201 - 219.

题行为图的描述上，独立思维之间将没有任何连线进行连接。

（2）横向思维。横向思维是指前后两个知识状态之间是一种横向的平行加工关系。后者是基于对前者的思维加工而得到的，并且在具体内容和意义上两者之间是一种并列的关系。在问题行为图的描述上，横向思维之间用横向箭头连接。

（3）纵向思维。纵向思维是指前后两个知识状态之间是一种深入和递进的关系。后者是基于对前者的思维加工而得到的，并且在具体内容和意义上后者是对前者的概括或者具体化。在问题行为图的描述上，纵向思维之间用纵向的箭头进行连接。

由于在对口语报告资料的具体判断过程中，有时候会比较难以分辨横向思维和纵向思维这两种思维状态。因此本研究对两者之间的区别提出了一个具有操作性的判断方法。如果一种知识状态，它既可以由其前面的知识状态加工得出，也可以直接从原文的情境材料中加工得出，那么连接前后两种知识状态的就是一种平行的思维关系。与之相应，如果一种知识状态，它只能够由其前面的知识状态加工得出，不能够从原文的情境材料中直接加工得出，那么连接前后两种知识状态的就是一种纵向的思维关系。

（4）元认知思维。元认知思维是指思维过程中所引出的知识状态是针对被试自身思维活动的评价、监控和调节。由于元认知思维与整体的思维流程之间存在一种相对独立的关系，因此，在元认知思维出现的情况下，分析前后知识状态之间的思维操作关系时，需要跳过体现元认知思维的知识状态进行分析。比如如果在第二个知识状态上出现了元认知思维，那么在分析第三个知识状态的思维操作时候，就需要跳过第二个知识状态，直接和第一个知识状态进行比较分析。在问题行为图的描述上，元认知思维与其对应的知识状态之间用双线箭头进行连接。

（二）各思维操作的使用情况

根据编码方案，分别统计能力高与低两类学生，以及潜藏式与矛盾式两类情境中各类思维操作的使用频次，结果如表 4 – 9 所示。

表 4 – 9　问题发现中思维操作的使用频次

	独立思维		横向思维		纵向思维		元认知思维	
	M	*SD*	*M*	*SD*	*M*	*SD*	*M*	*SD*
低分组	0.83	0.96	1.90	1.43	3.33	1.94	0.55	0.99
高分组	0.98	1.35	2.48	1.94	4.05	2.43	0.78	1.27
矛盾式情境	1.13	1.29	2.50	1.88	3.40	2.10	0.63	1.19
潜藏式情境	0.68	1.00	1.88	1.49	3.98	2.32	0.70	1.09
总体	0.90	1.17	2.19	1.71	3.69	2.21	0.66	1.14

考察思维操作在不同问题情境与不同能力人群中的使用是否具有差异，以情境和组别为自变量，思维操作为因变量进行多因素方差分析，结果见表4－10。

表4－10　不同情境与组别中思维操作的使用差异比较

	独立思维	横向思维	纵向思维	元认知思维
情境	6.48*	6.50*	1.62	0.09
组别	0.23	1.47	1.92	0.71
情境×组别	5.12*	0.84	1.62	0.26

由表4－9和表4－10可知，大学生在矛盾式情境中使用独立思维和横向思维的频次比潜藏式情境更高。在独立思维的使用上，情境与组别交互作用显著，简单效应检验表明，高分组被试使用独立思维的情境差异非常显著，矛盾情境高于潜藏情境［$M_{(矛盾情境)}=1.40$，$M_{(潜藏情境)}=0.55$］。

对各类思维操作的使用频次差异进行考察。方差分析结果显示，被试对思维操作的使用频次存在显著差异，多重比较显示，横向思维的使用频次显著高于独立和元认知思维，纵向思维的使用频次显著高于独立、横向和元认知思维，其余思维操作的两两之间不存在显著差异。

（三）结果讨论

Dillon（1988）指出，问题是个体思维的模拟。① 本研究显示，在独立和横向思维的使用上，矛盾式情境高于潜藏式情境。矛盾情境中，明显存在各种错误、缺陷和矛盾，个体很容易辨识并发现问题，因此仅依靠简单的独立思维即可完成任务，故独立思维出现的频次更高。此外，矛盾式问题发现主要依赖于个体对情境信息的分析、推理和判断，其焦点是找出矛盾与错误。在这个过程中，需要将情境中的各种信息进行反复的比较和推敲，因此会更多地出现能够将知识进行联结、对比和整合的横向思维。

高低分组被试思维操作的使用频次不存在差异，其原因可能与在知识状态使用上的差异不显著性相似。即思维操作的类别，反映出个体问题发现的基本认知过程和思维规律，具有普遍性特征。

从使用频率来看，纵向与横向思维明显高于元认知与独立思维。这说明问题发现过程主要依靠横向思维的延展和纵向思维的深入，纵横交错，在深度和广度空间同时获取问题线索。

① Dillon，J. T. Questioning in education. In Mayer，M.（Ed.），*Questions and Questioning*. NY：Walter De Gruyter，1988. 105.

三、问题行为图的使用情况

（一）对问题行为图分析的思考

在问题行为图的分析上，借鉴了学者们在相关研究中的具体分析过程。连四清（2000）用问题行为图的方式对四名高三学生在解决数学问题中的思维过程进行了探讨。[①] 在其研究中，把被试的口语报告内容，尤其是其中的关键知识点，抽象为问题行为图并进行分析。在李广洲（2001）等人的研究中，把被试处理的知识状态分类为题中信息、头脑中已有的信息和推断信息，并在问题行为图中用不同的符号进行了标识。[②] 在李广洲（2002）等人的另一项研究中，则采取了先分析出声思维的原始资料，再按其出现时间的先后顺序对应地整理为问题行为图的方式。[③]

值得注意的是，在上述研究中，都是选取了优、差两类被试作对比分析。此外，采用问题行为图的研究一般都是针对个案进行质的分析和探讨。

（二）问题行为图的分析过程

为了更清晰地显示出被试的思维历程，在本研究中，对问题行为图的流程走向作了以下规定。

（1）在整体思维走向上，按照从左到右、从上到下的顺序排列。

（2）如果两个相邻的知识状态之间是完全独立的关系，则不用线条进行连接，直接并排在一起。

（3）横向的前后位置之间，体现的是一种平行思维的关系，用向右的箭头表示思维进程方向。

（4）纵向的上下位置之间，体现的是一种纵向思维的关系，用向下的箭头表示思维进程方向。

（5）如果在某一个位置上，有元认知思维的出现，则单独在其对应知识状态的上方，用向下的双线箭头标识。

整体来看，问题行为图的横向位置是思维的平行发展流程，纵向位置是思维的纵深发展流程，用双线箭头独立标识的则是元认知思维。

---

① 连四清．思维障碍的排除．中国教育学刊，2000（2）：46～48.

② 李广洲，任红艳，丁金芳．化学问题表征和解题策略之间关系初探．课程·教材·教法，2001（5）：52～55.

③ 李广洲，程萍，任红艳．关于解决化学平衡问题的初步研究．教育探索，2002（9）：73～76.

（三）问题行为图的类型

基于知识状态和思维操作在图形中的使用和转换情况，本研究把问题行为图归纳为以下七种类型。①独立操作型，即只由一个知识状态就完成了问题发现，其间没有思维的转换。②横向平行型，即所有思维操作都是横向思维，知识状态之间呈现平行关系，并以线性方式渐进发展。③横向归纳型，即思维操作中存在多个并列的相互独立的知识状态，问题是综合这些知识状态而得出的。④纵向深入型，即思维操作全部都是纵向思维，前后知识状态之间存在纵向深入、层层递进的关系，后面的知识是基于前面知识推论而来的。⑤纵横交错型，即思维操作同时包含了横向和纵向思维，知识状态和思维操作均是既有横向延展，又有纵向深入。⑥单维监控型，即知识状态和思维操作是单维发展的，比如单一地横向平行发展或者单一地纵向深入发展，但其中会出现元认知思维对某些环节的监控和调节。⑦纵横监控型，即知识状态和思维操作同时作横向平行或纵向深入的发展，并包含元认知思维对某些环节的监控和调节。

（四）问题行为图的分析实例

表4－11用具体例子说明口语报告资料的编码与问题行为图的绘制情况。在“口语报告资料”一列中，有序号进行分段，这是研究者为了便于编码和分析而对口语报告内容作出的人为划分。在实际口语报告中，这些话语是连续的。限于篇幅，每一类问题行为图只举出一个例子。

表4－11　各类问题行为图的口语报告资料及其分析示例

行为图类型	口语报告资料	图中代码	知识状态编码	思维操作编码	问题行为图
独立操作型	1. 为什么受测者要面对一堵白色墙壁睁眼120秒后再闭眼120秒？	①	bA	Ⅰ	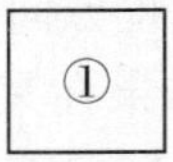
横向平行型	1. 嗯，我有一个问题，呃，人，按这加拿大人的说法，人对体力的依赖性越来越低，所以人……未来人会变成小身体。 2. 这个符合现在人们非常注重体力锻炼的现实吗？	① ②	aA bC	 Ⅱ	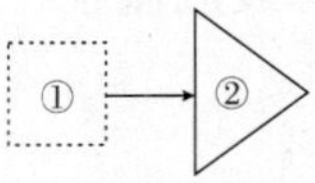

（续上表）

行为图类型	口语报告资料	图中代码	知识状态编码	思维操作编码	问题行为图
横向归纳型	1. 呃，接着下面……嗯，他说单纯的形体大，变大……嗯，呃…… 2. 最后一类科学家接受的……的稳定进化论的观点。 3. 嗯，我有一个问题，他们……如何得出体形变化和大脑体积增加很有限这个结论？	① ② ③	Aa aA bC	 Ⅰ Ⅱ	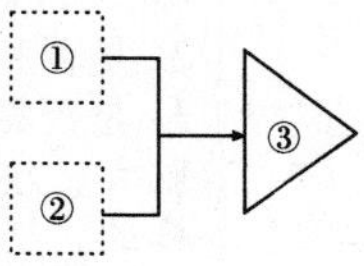
纵向深入型	1. 这个测脑纹只能测出人的智力而已。 2. 而不能提高人的智力。 3. 为什么会有那么多家长对它感兴趣呢？	① ② ③	aA aC bC	 Ⅲ Ⅲ	
纵横交错型	1. 我有一个问题，当人们都变成了树栖动物…… 2. 人的社会结构会变成怎样？ 3. 他们是怎么样组建家庭，组建社会的？ 4. 他们是怎么样沟通？怎么样联系的？	① ② ③ ④	aA bC bC bC	 Ⅱ Ⅲ Ⅲ	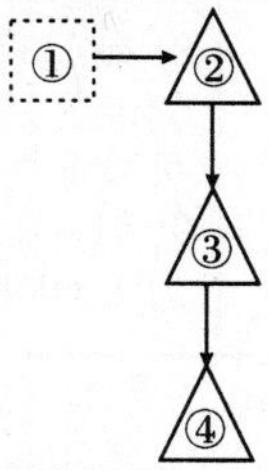
单维监控型	1. 我有一个问题，他说人，地球人高度进化，但是他却变成树栖动物。 2. 但是这感觉上反而是一种退步，嗯，退化。 3. 为什么说是，唉，其实是说那高度进化是树栖动物，那退化之后的呢？ 4. 树栖动物，唉，是不是问题来的？ 5. 为什么高级变成退化，为什么就为什么吧？ 6. 唉，这不是问题吧？ 7. 就是为什么，就是变树栖动物为什么是一种进化呢？ 8. 说这种退化是一种进化呢，高度进化，这种变化是一种进化？	① ② ③ ④ ⑤ ⑥ ⑦ ⑧	aA bC bC cC bC cC bC bC	 Ⅱ Ⅱ Ⅳ Ⅱ Ⅳ Ⅱ Ⅱ	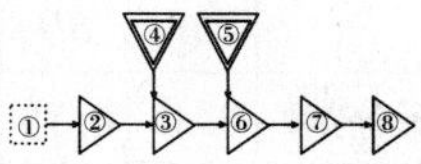

（续上表）

<table>
<tr><th>行为图类型</th><th>口语报告资料</th><th>图中代码</th><th>知识状态编码</th><th>思维操作编码</th><th>问题行为图</th></tr>
<tr><td rowspan="9">纵横监控型</td><td>1. 我有一个问题，他们得出，呃，人的体形和大脑，变化有限。</td><td>①</td><td>aA</td><td></td><td rowspan="9">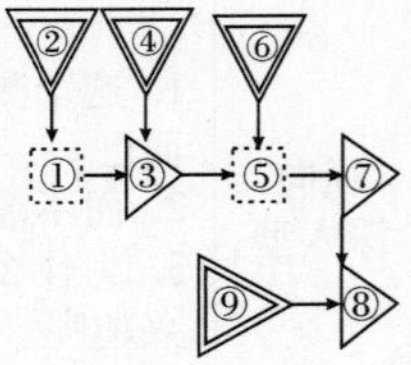</td></tr>
<tr><td>2. 是否和其他，和，和，不对。</td><td>②</td><td>cC</td><td>Ⅳ</td></tr>
<tr><td>3. 是否和加拿大人得出的……大脑大，小身体的，这种结论一样的。</td><td>③</td><td>bC</td><td>Ⅱ</td></tr>
<tr><td>4. 没有可……换种说法。</td><td>④</td><td>cC</td><td>Ⅳ</td></tr>
<tr><td>5. 就是说他说……他，他，加拿大人得到大脑大、小身体的这种观点。</td><td>⑤</td><td>aA</td><td>Ⅱ</td></tr>
<tr><td>6. 嗯，再换种说法，呃，呵呵……</td><td>⑥</td><td>cC</td><td>Ⅳ</td></tr>
<tr><td>7. 呃，呃，最后呃……稳定进化论科学家的……的，观点是否和，呃……和加拿大人类学家的观点一样不可行？</td><td>⑦</td><td>bC</td><td>Ⅱ</td></tr>
<tr><td>8. 就是否他一样不可行，因为他们走的是两个极端，但是都没有可验证性。</td><td>⑧</td><td>bC</td><td>Ⅲ</td></tr>
<tr><td>9. 都……的确，嗯……我表达能力太 OUT 了。</td><td>⑨</td><td>cC</td><td>Ⅳ</td></tr>
</table>

（五）问题行为图的使用情况

分别统计能力高与低两类学生，以及潜藏式与矛盾式两类情境中问题行为图的使用频次，结果见表 4－12。

表 4－12　问题发现中各类问题行为图的使用频次

	独立操作型		横向平行型		横向归纳型		纵向深入型		纵横交错型		单维监控型		纵横监控型	
	M	*SD*	*M*	*SD*	*M*	*SD*	*M*	*SD*	*M*	*SD*	*M*	*SD*	*M*	*SD*
低分组	0.45	0.78	0.58	0.96	0.23	0.53	1.00	0.99	0.78	0.77	0.23	0.53	0.23	0.48
高分组	0.93	1.37	0.73	0.93	0.45	0.85	1.48	1.40	1.08	1.12	0.38	0.93	0.15	0.36
矛盾情境	0.93	1.29	0.93	1.14	0.53	0.82	1.45	1.34	0.68	0.69	0.30	0.88	0.15	0.43
潜藏情境	0.45	0.90	0.38	0.59	0.15	0.53	1.03	1.07	1.18	1.13	0.30	0.61	0.23	0.42
总体	0.69	1.13	0.65	0.94	0.34	0.71	1.24	1.23	0.93	0.97	0.30	0.75	0.19	0.42

考察问题行为图在不同情境与不同能力人群中的使用是否存在差异，以情境和组别为自变量，各类问题行为图为因变量进行多因素方差分析，结果见表4－13。

表4－13　不同情境与组别中问题行为图的使用差异

	独立操作型	横向平行型	横向归纳型	纵向深入型	纵横交错型	单维监控型	纵横监控型
情境	5.46*	6.77*	5.17*	3.28	6.80*	0.00	0.59
组别	2.85	0.58	2.50	2.54	1.77	0.63	0.65
情境×组别	0.74	0.00	0.02	0.92	0.07	0.11	0.59

由表4－12和表4－13可知，在矛盾式情境中，大学生使用独立操作型、横向平行型和横向归纳型行为图的频次高于潜藏式情境；在潜藏式情境中，大学生使用纵横交错型行为图的频次高于矛盾式情境，其余主效应和交互作用均不存在显著差异。

对各类问题行为图的使用频次差异进行考察。方差分析结果显示，被试对问题行为图的使用频次存在显著差异。多重比较显示，独立操作型行为图的使用频次显著低于横向平行型、纵向深入型和纵横交错型（$p<0.01$，$p<0.01$，$p<0.001$）；横向平行型行为图的使用频次显著高于单维监控型和纵横监控型（$p<0.01$，$p<0.01$），低于纵横交错型（$p<0.05$）；横向归纳型行为图的使用频次显著低于纵横交错型（$p<0.001$）；纵向深入型行为图的使用频次显著低于纵横交错型（$p<0.05$），高于单维监控型和纵横监控型（$p<0.01$，$p<0.01$）；纵横交错型行为图的使用频次显著高于单维监控型和纵横监控型（$p<0.001$，$p<0.001$）。其余问题行为图的两两之间均不存在显著差异。

（六）结果讨论

在七类问题行为图中，独立操作型、横向平行型、横向归纳型和纵向深入型都是线性思维模式，相对来说比较简单。但纵向深入型可以体现思维的深度，因此相对更占优势一些。单维监控型本质上也属于线性思维模式，只是有元认知思维介入其中。比较复杂的是纵横交错型和纵横监控型，它们都同时涉及横向思维和纵向思维，体现出思维在广度和深度两个方面的发展，而后者更有元认知思维的参与。

矛盾式情境中，大学生对独立操作型、横向平行型和横向归纳型行为图的使用高于潜藏式情境。这可能是由于矛盾式情境中问题是已经明显存在的，一方面，只需借助简单的独立思维就可以发现问题，所以对独立操作型行为图的使用频次较高；另一方面，也可能需要对情境信息作对比、分析、判断以找出其问题所在，因此横向联结类的行为图出现频次较高。在潜藏式情境中，大学生对纵横交错型行为图的使用高于矛盾式情境。潜藏式情境的问题需要挖掘，不但需要个体对信息进行关联与整合，更需要结合自身已有的知识作纵向的深入探索，去发掘和创造新的问题，因此更多地用到纵横交错型行为图。

高低分组被试对各类问题行为图的使用频次不存在差异，这与本研究的设想不同。在已有采用专家—新手对比研究范式的考察中，均在两者身上不同程度地发现了差异。本研究中，差异的不显著可能是由于考察的指标均属于认知本质层面，反映出认知过程抽象化后的本质成分，说明个体问题发现的认知过程和心理成分具有共同性。在问题发现中高低分组被试的差异可能并不在于认知的过程和结构，而在于认知的具体内容，对于这种差异性，将来还需要借助更敏感的指标或技术进行研究。

各类问题行为图的使用频次存在差异。Arlin（1976）指出，各类结构化信息间的复杂关系与交流而构成的系统性思维与问题发现之间存在联系。[①] 本研究中，这种复杂关系展示出的纵向深入型与纵横交错型等体现思维关联、扩展的行为图使用频率较高。横向思维指思维在广度空间上的搜索和扩展，有助于帮助个体广泛搜寻各种潜在的问题线索，避免信息的疏忽与遗漏；纵向思维指思维在深度空间上的深化和延伸，有助于个体针对其中的某个具体线索展开深入详细的分析和考察，对问题的科学性、价值性和可行性作出分析与判断。两类思维的综合使用和融会贯通构成了纵横交错型的模式，促进问题的产生和发现。本研究显示，纵向深入与纵横交错是最常见的问题行为图。可以说，问题发现过程就是在广度和深度这两维空间上同时对问题线索进行搜寻和操作的过程。

本章小结

采用建构认知模型的方法和秩次聚类分析技术，探索问题发现过程的思维阶段，将其分为信息搜寻与表征、目标探索、提出问题、评价和修正问题等四个具有先后顺序性的阶段。在问题发现过程中，不一定需要完整地经历所有阶段，但提出问题阶段对每一个问题来说都是必不可少的。

基于问题行为图技术，可以从知识状态和思维操作两方面对问题发现过程进行考察。从信息加工的角度将知识状态分为陈述性知识、程序性知识和策略性知识；从知识来源的角度分为情境信息、内部信息和推断信息。在问题发现中，使

① Arlin，P. K. A cognitive process model of problem finding. *Educational Horizons*，1976，54（2）：99－106.

用得最多的是程序性知识和推断信息。从知识状态之间的关系和转换角度，将问题发现过程的思维操作分为四类：独立思维、横向思维、纵向思维和元认知思维。思维操作使用频次由高到低依次为：纵向思维、横向思维、独立思维、元认知思维。大学生在矛盾情境中使用独立思维和横向思维的频次比潜藏情境更高。

基于思维操作和知识状态在问题行为图中的转换情况，把问题行为图归纳为七种类型：独立操作型、横向平行型、横向归纳型、纵向深入型、纵横交错型、单维监控型和纵横监控型。纵向深入型与纵横交错型是使用频次最高的两类问题行为图。矛盾情境中，个体使用独立操作型、横向平行型和横向归纳型行为图的频次高于潜藏情境；潜藏情境中，个体使用纵横交错型行为图的频次高于矛盾情境。

第五章　动态信息呈现下的问题发现思维特征

第三、四章分别考察了静态情境中问题发现的思维模式和思维过程，在实验中，情境材料的呈现都是一次性完成的。但在现实中，问题发现往往不是一蹴而就的，而是一个不断重复，甚至循环往复的过程。面对一个情境，个人或许会先提出一些初步的感受和疑惑，之后通过进一步思考、查阅相关信息、与他人交流等，再发现更深入的问题。如此反复多次，直至发现一个清晰、明确且让人满意的问题为止。因此，单独分析一次性的静态思维历程（如第四章）是不够的，还需要在动态信息呈现下，深入探讨问题发现的完整思维过程和规律。而本章正是以此为基础展开的。

第一节　动态信息呈现下的问题发现思维研究

一、实验目的

之所以对动态信息呈现下的问题发现过程进行考察，与问题发现思维的特殊性有关。问题发现思维活动往往没有明确、标准的答案。一个问题被发现了，并不意味着终点和结束。因为发现的问题不一定每个都有价值，好的思想也不是一下子就能在头脑中形成的。也就是说，发现有价值问题的过程不是一蹴而就的，而是多次反复的结果。也许，需要在发现很多问题之后，一个关键性的好问题才会出现。对此，牛顿的例子作出了生动的说明。牛顿在谈起他的成功秘诀时说："我一直在想……想……想……"在主要著作《光学》的最后部分，牛顿提出了30多个问题。这些问题瑕瑜互见，既有熠熠闪光的真知灼见，也掺杂着一些今天看来是显而易见的错误观点。但是正因为牛顿发现的问题数量很多，才迸发出了光辉思想的火花[①]。

因此，本章拟在静态实验的基础上进行扩展与深入，不仅仅在一次性信息呈

---

① 赵宏．人的思维与创造．北京：中国人民解放军出版社，1988. 34.

现的情境中研究问题发现，还应在多轮次信息动态呈现的情境中进行考察。这样更能反映出现实中问题发现过程的真实全貌，也使得实验研究具有现实模拟性和生态学效度，呈现出一个更加完整的问题发现过程。为了研究问题发现的动态特征，在实验程序中，将增加设计一个“动态信息呈现”环节，考察被试在接收到新的重要信息（在现实中，这些信息是由个体通过查阅文献、询问他人、观察、寻找线索等途径获得的）后，问题发现思维的发展与变化情况。此外，与第三、四章个别实验不同的是，本章不再分析单个问题的思维模式和思维过程，而将重点放在考察被试在获得新信息后，思维的变化情况以及对初始问题的修正上。

二、实验方法

（一）被试

从团体实验得分较高（高分组）和较低（低分组）的前后 20% 大学生中，随机各挑选出 20 名学生参与动态过程实验。大学生来自华南理工大学、暨南大学、华南师范大学、广东技术师范学院等四所高校。40 名大学生中，男女生各半；最大年龄 24 岁，最小年龄 19 岁，平均年龄 21.53 岁。

（二）实验仪器与材料

为了更好地进行对比分析，本章采用的材料与前两章静态个别实验的材料相同，只是在材料的呈现方式上作出调整。即实验材料的呈现不是一次性完成的，而是分为四个轮次（材料分为四个自然段），一段一段地进行动态呈现。

实验在带麦克风的电脑上进行。为了更好地呈现动态信息，本实验的所有操作均在电脑上完成，实验材料也在电脑上呈现。

（三）实验设计

实验采用 2（问题情境）×4（轮次）×2（组别）的混合设计。其中，问题情境为组内因素，分为矛盾式情境和潜藏式情境两个水平；轮次为组内因素，分为第一、二、三、四轮四个水平；组别为组间因素，分为高分组和低分组两个水平。因变量为问题的数量与质量，问题在思维操作、思维表征、思维策略、思维阶段等方面的特点与规律，以及新信息呈现后对问题的修正情况和被试对新信息影响作用的评价。

（四）实验程序

正式实验分为四个步骤。

第一步，实验前的准备。主要包括被试就座、介绍实验要求、运行程序并测试录音效果、被试填写个人资料等内容。

第二步，实验训练程序。利用实验训练材料，训练被试熟悉整个实验的流程，并掌握出声思维技术。

第三步，正式实验。被试依次完成两个材料的实验，每一个实验材料都分为四轮呈现。在呈现第一轮材料后，被试提出发现的问题，同时进行出声思维，提问完毕后，再增加呈现第二轮材料，以此类推，直到四轮材料全部呈现。因此，被试看到的呈现顺序为“第一段”—“第一段＋第二段”—“第一段＋第二段＋第三段”—“第一段＋第二段＋第三段＋第四段”。

为了确保被试认真阅读新材料，在呈现新材料时，顺序是先单独呈现那段新增材料，待被试阅读完毕后，再呈现“旧＋新”的完整材料。比如在呈现“第一段＋第二段”材料时，实际是先单独呈现“第二段”材料，待被试报告阅读完毕后，再呈现“第一段＋第二段”材料，然后再要求被试开始提问。

此外，为了详细考察新信息对于被试发现问题的影响，从第二轮开始，在对每一轮新材料提问完毕之后，都对被试进行访谈，询问被试对于新信息影响作用的看法。

第四步，实验结束后的工作。包括给被试纪念品、主试交回实验材料和拷贝实验录音等内容。

（五）对分析内容和分析方法的思考

本实验着重考察被试在动态信息呈现下的思维模式和思维过程特点。研究把重点放在被试接收到新信息后，其问题数量、质量和思维表现的变化情况上。也就是说，本实验重在分析新信息带来的问题和思维变化。

在第三、四章，分别对问题发现的思维模式、思维表征、思维策略、思维阶段和问题行为图等方面进行了考察。在本章中，不再对上述各方面进行单独考察。我们将在这些思维指标中，挑选出对于研究动态信息最为有效的指标进行分析。具体来说，实验将考察以下三个方面的内容。

（1）问题数量与质量的变化。着重比较在四个轮次上问题数量与质量的差异；同时与静态一次性信息呈现下的实验结果进行对比。

（2）问题发现的思维模式、思维表征、思维策略和思维阶段的差异分析。着重比较在四个轮次上的思维差异情况，并与静态一次性信息呈现下的实验结果作对比分析。

（3）对新信息的影响作用进行考察。包括两个方面，一是在接收到新信息后，对问题的修正和调整情况；二是被试对新信息影响作用的评价。

（六）口语报告资料的整理和编码

在录音转为文字材料后，对文字材料作了“断句”和“分段”的初步处理，之后再对口语报告资料进行编码。这项工作与前两章的工作类似，这里不再重复介绍。

三、实验结果

本实验对问题数量和质量的评价标准与前两章相同。由于实验是分为四个轮次进行的，因此汇总数据既包括了被试在各个轮次上的得分情况，也包括了在所有轮次上的总体得分。

（一）问题得分的基本情况

表5－1列出了问题得分的总体情况，以及按照组别、情境和轮次三个因素分类统计的问题在各个主要指标上的得分情况。

表5－1　动态信息呈现下问题的总体及分类评分一览表

			问题总数量	矛盾问题击中率	思维产品得分	思维层次得分	变通性	深刻性	精致性	新颖性
总体		*M*	23.10	0.45	2.31	2.21	6.93	2.78	3.14	2.38
		SD	11.29	0.22	0.23	0.20	1.88	0.25	0.16	0.36
组别	高分组	*M*	28.00	0.48	2.40	2.33	7.90	2.94	3.22	2.48
		SD	14.15	0.20	0.23	0.20	1.96	0.20	0.17	0.29
	低分组	*M*	18.20	0.43	2.22	2.08	5.95	2.62	3.05	2.27
		SD	3.29	0.24	0.19	0.08	1.19	0.18	0.06	0.40
情境	矛盾	*M*	12.95	0.45	2.41	2.27	7.50	2.93	3.17	2.50
		SD	6.51	0.22	0.39	0.29	2.16	0.36	0.24	0.47
	潜藏	*M*	10.15	—	2.20	2.15	6.35	2.63	3.10	2.25
		SD	5.70	—	0.23	0.18	2.24	0.26	0.13	0.50
轮次	第一轮	*M*	6.23	0.24	4.56	4.29	4.68	5.39	6.28	4.56
		SD	3.28	0.30	0.74	0.47	1.83	0.72	0.58	1.38
	第二轮	*M*	5.85	0.46	4.54	4.25	4.33	5.52	6.22	4.24
		SD	3.17	0.38	0.90	0.70	1.76	0.77	0.71	1.22
	第三轮	*M*	5.90	0.50	4.41	4.32	4.65	5.51	6.08	4.88
		SD	3.33	0.40	0.90	0.87	1.98	0.97	1.01	1.42
	第四轮	*M*	5.05	0.64	4.50	4.40	4.05	5.51	5.92	4.82
		SD	2.75	0.37	1.02	0.99	1.45	1.23	1.30	1.29

（二）在各因素上问题得分的差异比较

用重复测量的方差分析考察组别、情境和轮次等因素对问题得分的影响，结果见表5-2。

表5-2 动态信息呈现下问题在各因素上的得分差异

	问题总数量	矛盾问题击中率	思维产品得分	思维层次得分	变通性	深刻性	精致性	新颖性
组别	9.35**	1.47	6.72*	14.58***	11.03**	18.56***	6.92*	6.32*
情境	15.28***	—	6.66*	6.93*	5.06*	23.51***	4.52*	7.74**
轮次	6.76*	21.19***	0.31	0.66	3.00	0.66	3.03	2.45
组别×情境	1.94	—	0.00	0.39	0.14	14.73***	1.69	0.71
组别×轮次	0.06	0.35	1.80	2.05	0.53	1.18	1.52	0.28
情境×轮次	0.30	—	7.94**	6.03*	1.95	0.41	3.45	18.55***
组别×情境×轮次	0.02	—	2.02	1.62	0.03	4.14*	1.54	9.26**

由表5-1和表5-2可知，在问题总数量、思维产品得分、思维层次得分、变通性、深刻性、精致性、新颖性上，高分组被试均高于低分组被试。在所有评价指标上（矛盾问题击中率因无法比较除外），矛盾情境得分均高于潜藏情境。轮次差异在下面将进行专门探讨，这里暂不描述。此外，在深刻性上，组别与情境交互作用显著；在思维产品得分、思维层次得分、新颖性上，情境与轮次交互作用显著；在深刻性与新颖性上，组别、情境与轮次的三阶交互作用显著。

第二节 动态信息呈现下发现问题的数量与质量变化

一、四个轮次上问题得分的差异比较

由于本书着重考察被试在接收到新信息后发现问题的变化情况，因此，在各轮次上的问题数量与质量差异是关注的重点。

用重复测量的方差分析法和多重比较法考察在各轮次上问题得分的差异情况。结果表明，在各轮次上，问题数量与质量存在差异。具体来说，在问题总数量上，第一、二、三轮显著高于第四轮。在矛盾问题击中率上，第二、三、四轮显著高于第一轮；第四轮还要显著高于第二、三轮。在变通性上，第一、三轮高于第四轮。在新颖性上，第三、四轮高于第二轮。其余指标上，轮次差异不显著。

二、动态与一次性信息呈现下问题得分的差异比较

进一步考察在动态信息呈现与一次性信息呈现下，被试问题得分的差异情况，用配对样本 t 检验考察了本章与第三章在问题数量与质量的各个主要指标上的差异，结果见表 5 – 3。

表 5 – 3　动态与一次性信息呈现的问题得分差异比较

	动态信息呈现	一次性信息呈现	平均数之差	差值的标准差	t 值	自由度	显著性
问题总数量	23. 10	8. 53	14. 58	11. 74	7. 85***	39	0. 000
矛盾问题击中率	0. 45	0. 66	–0. 21	0. 36	–3. 59**	39	0. 001
思维产品得分	2. 31	2. 33	–0. 03	0. 43	–0. 37	39	0. 713
思维层次得分	2. 21	2. 24	–0. 03	0. 34	–0. 57	39	0. 569
变通性	6. 93	3. 59	3. 34	2. 09	10. 12***	39	0. 000
深刻性	2. 78	2. 78	0. 00	0. 43	0. 02	39	0. 988
精致性	3. 14	3. 11	0. 03	0. 27	0. 65	39	0. 522
新颖性	2. 38	2. 09	0. 28	0. 55	3. 29**	39	0. 002

由表 5 – 3 可知，在动态信息呈现与一次性信息呈现两种情况下，问题得分在多个方面都存在非常显著的差异。在问题总数量、变通性、新颖性上动态信息呈现的得分显著高于一次性信息呈现。在矛盾问题击中率上，一次性信息呈现显著高于动态信息呈现。

三、动态信息呈现下的问题得分及其差异分析

（一）四个轮次上问题得分的差异分析

在四个轮次上，问题的数量与质量均存在差异。具体来说，在问题总数量上，第一、二、三轮显著高于第四轮。这可能是由于在前面信息呈现的时候，被试已经把能够想到的问题都提出了，后阶段随着新信息的加入，主要是补充原先没有想到的新问题，因此在问题总数量上有所下降。在矛盾问题击中率上，第二、三、四轮显著高于第一轮；第四轮还要显著高于第二、三轮。也就是后面轮次的击中率要显著高于前面的轮次，这与事先预想的情况是一致的。矛盾情境问题击中率的高低主要依赖于被试是否能够准确地找出存在矛盾的地方。随着信息的增多，被试对问题的了解加深，对矛盾之处就会有更准确的对比和理解。此外，有些信息单独看可能并不存在矛盾或错误，但前后信息联系起来分析比较，就可能看出其矛盾之处。因此，信息的增加也会促使矛盾暴露。相应地，矛盾问题击中率也会有所提高。

在变通性得分上，第一、三轮高于第四轮。这可能是由于在先前已经把能够想到的各个方面的问题都提及了，因此在后期主要是针对新信息对问题进行补充，所以涉及的内容领域和类别会有所减少。在新颖性上，第三、四轮显著高于第二轮。在新颖性方面，总的趋势是后面轮次的新颖性高于前面的。这可能是由于通常被试在看到一段信息的时候，首先想到的都是一些常规性的问题，随着新信息的加入，使得看问题的角度和深度都发生了变化，就更容易发现有新意的问题。

从问题数量与质量在轮次上的变化可以看出，随着新信息的加入，被试对材料的理解会更加全面和深入，所涉及的思维水平会提高，相应在问题质量上也会有所提高，但发现问题的数量会减少。

（二）动态与一次性信息呈现下问题得分的差异分析

从问题总数量方面来看，在动态信息呈现下的 40 位被试一共发现了 924 个问题，而在一次性信息呈现下的 40 位被试却只发现了 341 个问题，差异非常明显。这说明信息呈现方式对被试发现问题的数量有非常大的影响。把同样的信息分为多轮次进行呈现，这样在每一轮呈现时，被试所关注的内容都相对较少。相应地，就可以对内容进行更深入的理解和更精细的加工。而且信息的多轮呈现，可以让先出现的信息在被试头脑中有一个相对较长的酝酿时间，这也可能会促进被试对信息的深度加工。也就是说，在动态信息呈现下，被试会有更充足的时间和精力去阅读和理解材料，思考并发现更多的问题。而信息如果一次性呈现完

毕，由于信息量较大，被试在对各个信息点的关注上面必然会有所侧重和偏好，这样就会相应减少对某些信息的深层次或精致加工，同时也缺乏信息酝酿效应的产生条件。因此，发现问题的数量会明显减少。

而在矛盾问题击中率上，一次性信息呈现显著高于动态信息呈现。这可能是由于在动态信息下，被试对各个信息点都进行了考察，发现了大量的问题，这些问题既包含矛盾问题，也包含非矛盾问题。也就是说，被试对材料加工得更精致，在各个方面都发现了更多的问题。相应地，矛盾问题的比例就有所降低。而在一次性信息呈现下，被试更多地关注了那些最显著的矛盾信息，减少了对其他信息的加工程度，因此发现的矛盾问题比例更高。此外，由于材料是一次性呈现的，其中包含的矛盾与错误会更易于在前后信息的对比中凸显出来，因此更容易发现矛盾问题。

此外，在变通性和新颖性上，动态信息呈现的得分显著高于一次性信息呈现。变通性代表了发现问题的类别数量，由于在动态信息呈现下发现问题总数量上的绝对优势，相应地，发现不同类别和不同方面的问题也会更多。而新颖性的提高则可能与被试加工信息的时间更长、细致程度更高有关。在这两个指标上动态信息呈现的得分更高，说明被试在提高问题数量的同时，思维质量也有所提高。这进一步体现了动态信息呈现对问题发现的促进作用。

第三节　动态信息呈现下问题发现思维模式与过程的新特点

本节将对动态信息呈现下的各项思维指标，包括思维模式、思维表征、思维策略和思维阶段等进行全面考察。由于前两章已经详细探讨了组别、情境等因素对思维活动的影响，本章将不再对这些因素的影响作用作专门分析，而是着重考察被试在接收到新信息后，思维的发展与变化情况。因此，考察主要针对被试在四个轮次问题发现中的思维差异，以及动态信息呈现与一次性信息呈现的思维差异。

一、思维模式的新特点

在考察思维模式差异时，首先就被试在五种思维操作上的使用频次差异进行比较。差异比较既包括在四个轮次上的差异，也包括动态信息呈现与一次性信息呈现之间的差异。

（一）四个轮次上思维操作的使用频次及其差异比较

表 5 –4 列出了在总体和四个轮次上，五类思维操作的使用频次情况。

表 5－4　思维操作的总体及各轮次使用频次一览表

思维操作	总体		第一轮		第二轮		第三轮		第四轮	
	M	*SD*	*M*	*SD*	*M*	*SD*	*M*	*SD*	*M*	*SD*
形象思维	5.64	4.69	0.81	0.95	1.55	1.16	1.56	1.52	1.55	1.22
聚合与逻辑思维	13.39	5.84	3.10	1.60	3.51	1.96	3.73	2.14	3.09	1.56
发散与创新思维	4.44	3.66	1.64	1.53	1.06	0.98	1.06	1.16	0.63	0.70
系统性思维	0.31	0.64	0.03	0.11	0.09	0.27	0.05	0.22	0.15	0.32
元认知监控思维	1.38	1.61	0.29	0.48	0.41	0.56	0.38	0.61	0.30	0.54

用重复测量的方差分析和多重比较对思维操作的轮次差异进行考察。结果表明，在四个轮次上思维操作的使用频次存在差异。在形象思维上，第二、三、四轮显著高于第一轮。在聚合与逻辑思维上，第三轮高于第四轮。在发散与创新思维上，第一轮显著高于第二、三、四轮；第二轮和第三轮高于第四轮。在系统性思维上，第四轮高于第一轮。在元认知监控思维上，四个轮次之间没有显著差异。

在四个轮次上，思维操作的使用频次存在差异。在形象思维上，第二、三、四轮显著地高于第一轮。形象思维是对信息进行深入加工之前的一个思维准备状态。一般来说，如果需要对信息进行深入思考，那么就会先使用形象思维对信息进行一个前期的预加工。由于在第一轮的材料中只是呈现了背景信息，在材料的理解上相对比较简单，也没有太多需要深入加工的复杂信息，因此被试不需要利用形象思维对材料进行前期的预加工，所以在形象思维的使用上第一轮显著低于其余三轮。在聚合与逻辑思维上，第三轮高于第四轮。这可能是由于在前两轮的信息呈现之后，第三轮中需要对信息进行进一步的归纳、整理和推断，所以聚合与逻辑思维使用较多。而在第四轮则涉及了更大范围的综合，所以在运用系统性思维较多的同时，聚合与逻辑思维的使用数量相应减少。

在发散与创新思维上，第一轮显著高于第二、三、四轮；第二、三轮高于第四轮。也就是说，前面的轮次比后面的轮次使用得更多。这可能是由于信息越少，相应可以思考的内容也少，对思维的束缚也较小，因此就越需要依靠想象力和发散性思维进行开放式加工。而信息越多，思维的加工就越倾向于集中在现有信息上，发散思维的运用就相应减少了。在系统性思维上，第四轮高于第一轮。系统性思维需要对信息进行多角度的系统性和综合性的思考。在第四轮中，由于被试获得了比前期更全面、更详细的信息，因此产生系统性思维的可能性更高。而在第一轮中，由于信息本身比较单一，所以运用系统性思维的可能性也相应减少了。

从思维操作使用的轮次差异可以看出，在问题发现过程中具体会采用什么样的思维操作与信息本身的数量和性质是密切相关的。在深度加工信息之前，通常会使用形象思维先对信息进行预加工；在信息较少的时候，倾向于使用发散与创新思维进行思考；而在信息比较丰富和全面的时候则更容易产生系统性思维。

（二）动态与一次性信息呈现的思维操作差异比较

由于在两类呈现方式下，问题总数量差异极其显著，因此对思维操作使用频次的差异比较不使用原始数据，而是将其除以问题总数量后，考察在每一个问题的提出上，思维操作的平均使用频次。用配对样本 t 检验比较在动态信息呈现与一次性信息呈现下，各思维操作使用频次的差异情况，结果见表 5－5。

表 5－5　动态信息呈现与一次性信息呈现下思维操作使用频次的差异比较

思维操作使用频次	动态信息呈现	一次性信息呈现	平均数之差	差值的标准差	t 值	自由度	显著性
形象思维	0.48	0.61	－0.13	0.40	2.14*	39	0.039
聚合与逻辑思维	1.21	1.36	－0.15	0.51	1.90	39	0.065
发散与创新思维	0.36	0.31	0.04	0.28	－1.01	39	0.319
系统性思维	0.03	0.04	－0.01	0.08	1.24	39	0.221
元认知监控思维	0.11	0.23	－0.12	0.26	3.03**	39	0.004

由表 5－5 可知，一次性信息呈现下对形象思维和元认知监控思维的使用频次均高于动态信息呈现。这可能是由于在一次性信息呈现下，把四轮的信息一次性呈现给被试，因此被试一次性接收的信息数量较大且丰富，大量的信息既有助于对原始材料的直接利用和加工，也能促进形象思维的产生。元认知监控思维的出现，与对问题发现过程本身的思考有关。由于动态信息呈现下，被试思维的关注点一直被不断出现的新信息所牵引，对材料本身的思考较多地占据了认知资源，就可能会相应削弱对元认知思维的运用。相对应地，在一次性信息呈现下，当信息完全呈现，被试对材料的思考到一定程度之后，不再有新增加的信息影响思维，被试就可能有更多的机会对思维过程本身进行思考，提高对元认知监控思维的使用频次。

（三）动态信息呈现下的典型思维模式

依照各种思维操作在一个问题中出现时间的先后顺序，把思维操作进行时间排序，这就构成了一个问题的思维模式。在表 5－6 中，列出了被 10 个以上问题所使用过的思维模式及其相关信息。

表5－6　动态信息呈现下的典型思维模式及其相关情况

思维模式类别	对应问题数量	累积问题数量	问题所占百分比	累积问题百分比	思维模式
1	209	209	22.62%	22.62%	聚合与逻辑思维
2	149	358	16.13%	38.74%	形象思维 → 聚合与逻辑思维
3	87	445	9.42%	48.16%	聚合与逻辑思维 → 聚合与逻辑思维
4	66	511	7.14%	55.30%	发散与创新思维
5	52	563	5.63%	60.93%	形象思维 → 聚合与逻辑思维 → 聚合与逻辑思维
6	37	600	4.00%	64.94%	聚合与逻辑思维 → 发散与创新思维
7	29	629	3.14%	68.07%	形象思维 → 发散与创新思维
8	19	648	2.06%	70.13%	形象思维 → 聚合与逻辑思维 → 发散与创新思维
9	14	662	1.52%	71.65%	发散与创新思维 → 发散与创新思维
10	14	676	1.52%	73.16%	形象思维 → 发散与创新思维 → 发散与创新思维
11	11	687	1.19%	74.35%	聚合与逻辑思维 → 聚合与逻辑思维 → 聚合与逻辑思维
12	10	697	1.08%	75.43%	聚合与逻辑思维 → 发散与创新思维 → 发散与创新思维

在动态信息呈现下，被试一共使用了133种思维模式。由表5－6可知，被10个以上问题使用过的思维模式仅为12种，占思维模式总类别的9.02%。但是，这12种思维模式所对应的问题数量却高达697个，占问题总数量的75.43%。此外，有80种思维模式都只被一个问题使用过，占思维模式总数量的60.15%。这说明，大学生在问题发现思维模式上共性与个性并存，这与第三章一次性信息呈现的研究结果一致。

（四）动态与一次性信息呈现的典型思维模式对比

表5－7列出了在动态信息呈现与一次性信息呈现两种情况下，被试使用频率最高的五种典型思维模式的对比。

表 5－7 动态与一次性信息呈现的典型思维模式对比

使用频率排序	动态信息呈现下的典型思维模式	一次性信息呈现下的典型思维模式
1	聚合与逻辑思维	形象思维 → 聚合与逻辑思维
2	形象思维 → 聚合与逻辑思维	聚合与逻辑思维
3	聚合与逻辑思维 → 聚合与逻辑思维	聚合与逻辑思维 → 聚合与逻辑思维
4	发散与创新思维	形象思维 → 聚合与逻辑思维 → 聚合与逻辑思维
5	形象思维 → 聚合与逻辑思维 → 聚合与逻辑思维	形象思维 → 发散与创新思维

由表 5－7 可知，在动态信息呈现与一次性信息呈现两种情况下，被试使用频率最高的五种思维模式中，有四种模式是完全相同的，只是在顺序上有所差异。而且这四种模式所对应的问题数量均占到各实验中问题总数量的一半以上。这说明，在动态信息呈现与一次性信息呈现两种情况下，被试所使用的典型思维模式基本一致。

在“发散与创新思维”和“形象思维→发散与创新思维”这一对思维模式上，两类呈现方式存在差异。这可能是由于在动态信息呈现下，被试的思维更发散，更倾向于直接对信息进行开放性的联想而不经过形象思维的预加工。此外，在动态信息呈现下，使用频率最高的是“聚合与逻辑思维”，其次是“形象思维→聚合与逻辑思维”，而一次性信息呈现的前两位顺序正好相反。说明一次性信息呈现下对形象思维的使用更多一些。这可能是由于在一次性信息呈现中，被试接受的信息量比较大，范围也比较广，所以在加工和处理信息时，往往更倾向于先使用形象思维进行预加工。

在两类呈现方式下最常使用的五种典型思维模式中，都没有出现过系统性思维和元认知监控思维。这说明大学生在问题发现过程中，对这两类高层次思维的使用比例相对较低。

二、思维表征的新特点

（一）四个轮次上思维表征的使用特点

1. 四个轮次上思维表征使用的基本情况及其差异比较

表 5－8 列出了在总体和四个轮次上，各类思维表征的使用频次情况。

表5-8 思维表征的总体及各轮次使用频次一览表

表征类型		总体		第一轮		第二轮		第三轮		第四轮	
		M	*SD*	*M*	*SD*	*M*	*SD*	*M*	*SD*	*M*	*SD*
信息表征	情境信息表征	12.08	10.39	1.83	2.22	3.58	2.85	3.18	3.22	3.15	2.56
	内部信息表征	0.55	0.99	0.15	0.43	0.08	0.27	0.25	0.59	0.08	0.27
	信息联合表征	37.65	18.64	9.75	4.92	9.60	5.61	10.13	6.33	8.18	4.33
问题状态表征	起始状态表征	12.53	10.41	1.98	2.27	3.65	2.90	3.33	3.36	3.25	2.50
	目标状态表征	23.38	9.82	6.48	3.93	5.83	2.64	6.10	3.28	4.90	2.79
	中间状态表征	14.38	12.85	3.28	3.15	3.78	4.08	4.10	4.47	3.28	3.02

用重复测量的方差分析和多重比较对四个轮次上思维表征的使用频次进行差异比较。结果表明，两类思维表征在四个轮次的使用上存在差异。具体来说，信息表征方面，在情境信息表征上，第二、三、四轮高于第一轮；在内部信息表征上，各轮次差异不显著；在信息联合表征上，第一、二、三轮均高于第四轮。问题状态表征方面，在起始状态表征上，第二、三、四轮高于第一轮；在目标状态表征上，第一、三轮高于第四轮；在中间状态表征上，各轮次差异不显著。

2. 四个轮次上的思维表征差异分析

问题表征指个体将外部信息转化为内部信息，形成问题空间的心理过程。本研究对思维表征的分析主要是考察被试如何将外部信息转化为内部信息，以及对问题状态的理解和转换。

信息表征方面，在情境信息表征上，第二、三、四轮高于第一轮。这可能是由于表征的主要作用是促进外部信息向内部信息的转化。在第一轮中，由于情境信息比较少，而且以提供背景材料为主，内容比较简单。因此，个体会较少使用情境信息表征来促进对信息的加工和理解。在信息联合表征上，第一、二、三轮均高于第四轮。信息联合表征涉及对内部信息和情境信息的综合表征。由于在前三轮中，个体已经把大部分需要调动或能够使用的内部信息都用上了，到了第四轮，联合表征就相对减少了。

而问题状态表征方面，在起始状态表征上，第二、三、四轮高于第一轮。一般来说，对问题起始状态的表征与被试对情境的直接加工相关。由于第一轮中提供的情境信息相对较少，对情境信息的加工也比较少，所以在起始状态表征上也就少于其他三轮。在目标状态表征上，第一、三轮高于第四轮。目标状态表征涉及对问题目标状态的构想，在第四轮中，由于情境材料已经全部展示，个体将把主要精力放在对情境起始信息的理解和加工上，对目标设置的关注会相应降低。

（二）动态与一次性信息呈现的思维表征差异

1. 动态与一次性信息呈现的思维表征差异比较

同前面思维操作的比较一样，在这里，思维表征的差异比较不使用表征的原始数据，而是将其除以问题总数量后，考察在每一个问题的提出上思维表征的平均使用频次。用配对样本 t 检验比较在动态信息呈现与一次性信息呈现下，各思维表征使用频次的差异情况，结果见表 5－9。

表 5－9 动态与一次性信息呈现下思维表征使用频次的差异比较

表征类型		动态信息呈现	一次性信息呈现	平均数之差	差值的标准差	t 值	自由度	显著性
信息表征	情境信息表征	0.51	0.75	－0.25	0.47	-3.34^{**}	39	0.002
	内部信息表征	0.02	0.09	－0.06	0.13	-3.13^{**}	39	0.003
	信息联合表征	1.65	1.72	－0.07	0.62	－0.74	39	0.463
问题状态表征	起始状态表征	0.53	0.78	－0.25	0.47	-3.42^{**}	39	0.001
	目标状态表征	1.06	0.13	0.93	0.27	21.56^{***}	39	0.000
	中间状态表征	0.59	1.65	－1.06	0.68	-9.79^{***}	39	0.000

由表 5－9 可知道，在动态信息呈现与一次性信息呈现下，被试使用两类思维表征的比率存在显著差异。具体来看，在信息表征方面，情境信息表征和内部信息表征的平均使用频次上，一次性信息呈现要高于动态信息呈现。在问题状态表征方面，起始状态表征和中间状态表征的使用频次上，一次性信息呈现要高于动态信息呈现；目标状态表征的使用频次上，则是动态信息呈现高于一次性信息呈现。

2. 动态与一次性信息呈现下思维表征的差异分析

在信息表征方面，情境信息表征和内部信息表征的使用频次上，一次性信息呈现要高于动态信息呈现。在一次性信息呈现下，由于信息本身比较丰富，被试可能对情境材料进行直接表征。同时，在需要进一步理解情境材料时，也会主动提取内部信息促进信息的加工，因此对这两类表征使用较多。

问题状态表征方面，在起始状态表征和中间状态表征的使用频次上，一次性信息呈现要高于动态信息呈现；目标状态表征的使用频次上，则是动态信息呈现高于一次性信息呈现。这可能是由于在一次性信息呈现下，被试面临的信息材料是比较多样和全面的，他们拥有丰富的信息基础来展开各种与问题初始状态相关的表征，并对其进行细致加工，充分构想问题的中间状态。而在动态信息呈现下，被试接收的信息相对有限，所以对现状的表征较少，而对目标的表征则相应增加。

三、思维策略的新特点

在策略分析中，将主要针对信息策略、问题策略、修正策略和评价策略这四种策略进行考察。

（一）四个轮次上思维策略的使用特点

1. 四个轮次上思维策略使用的基本情况及其差异比较

表5-10列出了在总体和四个轮次上，各类思维策略的使用频次情况。

表5-10　思维策略的总体及各轮次使用频次一览表

策略类型	总体		第一轮		第二轮		第三轮		第四轮	
	M	*SD*	*M*	*SD*	*M*	*SD*	*M*	*SD*	*M*	*SD*
信息策略	15.15	12.44	2.50	2.67	4.30	3.45	4.13	4.25	3.88	3.16
问题策略	23.03	11.45	6.30	3.29	5.83	3.10	6.03	3.75	4.93	2.70
修正策略	7.93	5.21	2.13	1.90	1.88	1.64	2.15	1.85	1.80	1.83
评价策略	3.93	4.13	0.70	1.09	1.18	1.52	1.30	1.47	0.75	1.19

用重复测量的方差分析和多重比较，对四个轮次上思维策略的使用频次进行差异比较。结果表明，在四个轮次上，思维策略的使用次数有所差异。在信息策略上，第二、三、四轮均高于第一轮；在问题策略上，第一、二、三轮高于第四轮；在修正策略上，轮次差异不显著；在评价策略上，第二、三轮高于第一轮，第三轮还高于第四轮。

2. 四个轮次上的思维策略差异分析

在四个轮次上，被试对思维策略的使用频次存在差异。在信息策略上，第二、三、四轮均高于第一轮。这可能是由于在第一轮中，材料本身没有提供太多有价值的信息点，只是简单介绍了一些相关的背景情况。因此，不需要被试使用很多的信息策略进行加工。这个结果与对形象思维和情境信息表征的考察结果是一致的。

在问题策略上，第一、二、三轮高于第四轮。这可能是由于在前面的轮次中，被试已经把想到的主要问题都提及了。在第四轮中，只是针对新信息对问题进行一些补充和调整。因此，相应对问题策略的使用就比较少一些。

在评价策略上，第二、三轮高于第一轮，第三轮还高于第四轮。总体来说，中间轮次对评价策略的使用，高于前后轮次。这可能是由于评价策略涉及对思维过程的评价、监控和调节，在第一轮信息过于少的情况下，被试的理解和加工都比较浅，还无法有效地运用评价策略来监控自己的思维过程。也就是说，信息的不足可能阻碍了对评价策略的使用。但是，在第四轮信息呈现得比较充分的情况下，由于被试对情境的关注增多，评价策略的使用也会相应被忽略。所以在第二、三轮的中等信息状态下，评价策略的评估与监控作用更容易产生。

（二）动态与一次性信息呈现的思维策略差异

1. 动态与一次性信息呈现的思维策略差异比较

同前面一样，这里对思维策略的比较，不采用原始数据，而是采用在每个问题上思维策略的平均使用频次。分析结果见表5－11。

表5－11　动态与一次性信息呈现下思维策略使用频次的差异比较

策略类型	动态信息呈现	一次性信息呈现	平均数之差	差值的标准差	t 值	自由度	显著性
信息策略	0.65	0.97	－0.32	0.61	-3.31^{**}	39	0.002
问题策略	1.00	1.08	－0.08	0.25	－1.95	39	0.058
修正策略	0.35	0.20	0.15	0.26	3.66^{**}	39	0.001
评价策略	0.17	0.32	－0.16	0.34	-2.90^{**}	39	0.006

由表5－11可知，在动态信息呈现与一次性信息呈现两种情况下，被试使用思维策略的频次存在差异。在信息和评价策略的使用上，一次性信息呈现高于动态信息呈现；在修正策略的使用上，动态信息呈现高于一次性信息呈现；在问题策略的使用上，两类呈现方式差异不显著。

2. 动态与一次性信息呈现下思维策略的差异分析

在信息和评价策略的使用上，一次性信息呈现高于动态信息呈现。正如前面多次提到的，在一次性信息呈现下，被试一开始就接触了大量丰富的信息资源，因此他们对信息本身的关注和加工会比较多，信息策略的使用也相应较多。此外，当信息一次性完整呈现后，被试思考提问之余，也可能会对问题发现过程进行思考与评价，更多运用到评价策略。而在动态信息呈现下，被试每对一部分信息提问完毕后，马上就会接收到新一轮的信息，这些信息直接占用了当前的绝大部分认知资源，使得被试运用评价策略的机会降低。

在修正策略的使用上，动态信息呈现高于一次性信息呈现。动态信息呈现下，被试接收的信息是一轮一轮逐次呈现的，新的信息与原有信息是补充、扩展或转变立场的关系。新信息的出现可能会影响被试对原有信息材料的认识和判断，甚至改变自己以前的观点。所以对问题的修正和调整会增多，修正策略的运用也相应提高。

四、思维阶段的新特点

按照第四章的方法，对本研究中问题所经历的思维阶段进行考察。具体方法是，首先对口语报告资料在思维阶段上进行编码分析；其次按照出现时间的先后顺序，对每一个问题所经历的思维阶段按次序进行记录；再次把这些整理好的思维阶段模式进行归类，记下每一种思维阶段模式所对应的问题数量。结果表明，在动态信息呈现下，大学生所采用的思维阶段模式一共有 68 种，其中有 40 种仅仅被一个问题所使用过。

通过与第四章的结果对比可以发现，在一次性信息呈现下被试一共发现了 341 个问题，其中涉及的思维阶段模式为 65 种。而在本实验的动态信息呈现下，被试一共发现了 924 个问题，涉及的思维阶段模式为 68 种。也就是说，虽然问题总数量增加了近三倍，但思维阶段模式的种类基本保持不变。这说明在问题发现中，大学生的思维阶段模式是相对恒定的。

（一）动态信息呈现下的典型思维阶段模式

表 5 – 12 中，列出了使用次数在 10 次以上，也就是被 10 个以上问题所使用过的思维阶段模式及其相关信息。

表 5 – 12　动态信息呈现下的典型思维阶段模式及其相关情况

阶段模式类别	对应问题数量	累积问题数量	问题所占百分比	累积问题百分比	思维阶段模式
1	293	293	31.71%	31.71%	提出问题
2	194	487	21.00%	52.71%	信息搜寻与表征 → 提出问题
3	128	615	13.85%	66.56%	提出问题 → 评价和修正问题
4	79	694	8.55%	75.11%	信息搜寻与表征 → 提出问题 → 评价和修正问题
5	46	740	4.98%	80.09%	信息搜寻与表征 → 信息搜寻与表征 → 提出问题

（续上表）

阶段模式类别	对应问题数量	累积问题数量	问题所占百分比	累积问题百分比	思维阶段模式
6	25	765	2.71%	82.79%	提出问题 → 评价和修正问题 → 评价和修正问题
7	16	781	1.73%	84.52%	信息搜寻与表征 → 提出问题 → 评价和修正问题 → 评价和修正问题
8	15	796	1.62%	86.15%	信息搜寻与表征 →信息搜寻与表征 → 提出问题 → 评价和修正问题
9	11	807	1.19%	87.34%	目标探索 → 提出问题

由表 5 – 12 可以看出，使用次数在 10 次以上的思维阶段模式一共有 9 种，占模式总数量的 13.25%。但是这 10 种模式对应的问题数量达到了 807 个，占问题总数量的 87.34%。这说明，大学生在思维阶段模式的使用上具有相当高的共性。这与一次性信息呈现下的实验结果是一致的。

（二）动态与一次性信息呈现的典型思维阶段模式对比

表 5 – 13 中，列出了在动态信息呈现与一次性信息呈现两种情况下，被试使用频次最高的五种典型思维阶段模式的对比。

表 5 – 13　动态与一次性信息呈现的典型思维阶段模式对比

使用频次排序	动态信息呈现	一次性信息呈现
1	提出问题	信息搜寻与表征 → 提出问题
2	信息搜寻与表征 → 提出问题	提出问题
3	提出问题 → 评价和修正问题	提出问题 → 评价和修正问题
4	信息搜寻与表征 → 提出问题 → 评价和修正问题	信息搜寻与表征 → 提出问题 → 评价和修正问题
5	信息搜寻与表征 → 信息搜寻与表征 → 提出问题	信息搜寻与表征 → 信息搜寻与表征 → 提出问题

由表 5 – 13 可以看出，在动态与一次性信息呈现两种情况下，被试使用频次最高的五种思维阶段模式是完全相同的，只是在顺序上有所差异。这说明，信息呈现方式对思维阶段模式的使用影响很小。同时也说明，大学生发现问题所经历的思维阶段具有很高的一致性。这五种思维阶段模式所对应的问题数量均占到各

实验中问题总数量的70%以上，它们是问题发现过程最典型的思维阶段模式。

在动态信息呈现下，发现问题最常经历的思维阶段是“提出问题”，其次是“信息搜寻与表征→提出问题”。而在一次性信息呈现下，这两者正好相反。在动态信息呈现下，由于信息相对简单和明确，被试更倾向于直接提出问题。而在一次性信息呈现下，由于信息资源的丰富，被试往往会先对信息进行搜寻和预加工，确定问题的具体目标和范围后再提出问题。

对两种信息呈现方式下思维差异的综合分析和比较可以看出，虽然由于信息数量和性质的不同，在具体思维表现上，两者之间存在一定差异。但是，在体现思维整体状态的典型思维模式和思维阶段模式上，两者具有很高的一致性。这说明在不同呈现方式下，大学生问题发现思维在整体模式上保持一致，但在具体细节方面存在差异。

第四节　新信息呈现对问题发现的影响

一、新信息呈现后对问题的修正情况

下面将从新信息呈现之后，对问题的修正这个角度考察被试对新信息的利用情况，并比较被试的组别差异。

（一）问题修正情况的分类

个体利用新信息的一个直接表现就是他们对问题的修正和调整。在本实验中，我们从问题与问题之间的关系这个角度把新信息呈现后，被试发现的新问题分为五个类型。第一类是全新问题，是指新问题涉及的内容同原有问题完全不同，是不完全相关的问题。第二类是改变方向问题，是指新问题的内容与原有问题之间是对立和相反的关系，比如原来赞成后来反对这类情况。第三类是改变程度问题，是指新问题在观点上与原有问题保持一致，但是对原有问题观点的一个加深或者减弱，也就是在程度上发生了变化，比如原来反对后来更加反对这类情况。第四类是一致性问题，是指新问题在内容的方向和程度上都与原有的问题保持一致。第五类是联系性问题，是指根据原有问题的观点和新信息的内容进行重新加工和整合而得出的问题。

基于上述五个分类，对被试在第一轮之后所发现的每一个问题都进行了评价。在正式评价之前，研究者和一位心理学硕士先就其中一位高分组与一位低分组被试的问题进行了独立评价。两人的评分一致性系数为0.774，达到显著水平。

之后再由研究者一人评价其余所有被试的问题。

（二）新信息呈现后的问题修正情况

对被试在第一轮之后所提出的问题，进行修正情况分析，具体结果见表 5-14。

表 5-14　新信息呈现后对问题的修正情况

问题修正情况	总体		第二轮		第三轮		第四轮	
	M	*SD*	*M*	*SD*	*M*	*SD*	*M*	*SD*
全新问题	13.05	6.90	4.80	2.97	5.00	2.96	3.83	5.49
改变方向问题	0.23	0.53	0.03	0.16	0.15	0.48	0.03	0.16
改变程度问题	1.23	1.35	0.25	0.67	0.43	0.68	0.60	0.84
一致性问题	0.23	0.53	0.13	0.40	0.05	0.22	0.05	0.22
联系性问题	2.30	2.57	0.75	1.35	0.50	0.75	1.13	1.14

由表 5-14 可知，在修正问题方面，最多的是提出全新问题，最少的是改变方向问题和一致性问题。而改变方向、改变程度、一致性与联系性这四类问题均代表了与先前有关联的问题，四类问题的数量占到问题总数量的 23.42%。

用重复测量的方差分析和多重比较对三个轮次上问题的修正情况进行差异比较。结果表明，在改变程度问题上，第四轮高于第二轮；在联系性问题上，第四轮高于第二轮和第三轮。其余各个维度均没有显著差异。

（三）问题修正情况的组别差异比较

用方差分析比较两组被试在第一轮之后的问题修正情况，结果见表 5-15。

表 5-15　问题修正情况的组别差异

变异来源	高分组被试（均值/标准差）	低分组被试（均值/标准差）	自由度（*df*）	均方（*MS*）	*F* 值	显著性（Sig.）
全新问题	15.90/8.27	10.20/3.49	1	324.90	8.06**	0.007
改变方向问题	0.30/0.66	0.15/0.37	1	0.23	0.79	0.378
改变程度问题	1.25/1.48	1.20/1.24	1	0.03	0.01	0.908
一致性问题	0.15/0.49	0.30/0.57	1	0.23	0.79	0.378
联系性问题	3.20/3.02	1.40/1.67	1	32.40	5.45*	0.025

由表 5-15 可知，在发现全新问题和联系性问题上，高分组被试的数量高于

低分组。其余项目上，两类被试之间没有显著性差异。

（四）新信息呈现后的问题修正情况分析

根据新问题与原有问题的关系，我们把问题分类为全新问题、改变方向问题、改变程度问题、一致性问题和联系性问题。后四类问题代表了与先前有关联的问题，这四类问题占到问题总数量的23.42%。这说明在新信息呈现之后，被试有超过1/5的问题都与先前存在关联，这也体现了被试思维的连贯性。在这四类问题中，被试提及最多的是联系性问题，这说明被试会经常把新信息与已经发现的问题联系起来考察，以提出更新的问题。

在各个轮次上，问题的修改情况也存在差异。在改变程度问题上，第四轮高于第二轮。第四轮的问题是基于对信息的全面掌握基础上提出的，此时，被试的观点和立场将达到最清晰的程度，因此在问题程度的描述上可能会最鲜明，变化最大。在联系性问题上，第四轮高于第二轮和第三轮。这可能是由于在第四轮中，被试已经完全接收到信息的所有内容，发现的问题往往涉及对前面所有轮次信息的综合，因此联系性问题的数量增加。

对问题修正情况的组别差异进行分析，结果表明，在发现全新问题和联系性问题上，高分组被试的数量高于低分组。这可能是由于高分组被试发现问题的总数量较多，因此在占总问题比例较大的全新问题和联系性问题上，都高于低分组被试。此外，高分组被试发现的联系性问题更多，这说明他们可能更善于联系前后信息进行综合性思维。

二、被试对新信息影响作用的评价

（一）新信息影响作用分类

在有新信息呈现的每一轮中，都在提问完毕后访谈了被试对于新信息影响作用的看法。在本实验中，把新信息的影响作用分为六个方面。第一类是无影响，指被试认为新信息对自己发现问题没有任何影响。第二类是理解加深，指被试认为新信息促使自己对内容的理解加深。第三类是认识广泛，指被试认为新信息使自己对情境内容的认识更加广泛。第四类是解决疑惑，指被试认为新信息让自己解决了在前面产生的某种疑惑。第五类是发现更多问题，指被试认为新信息帮助自己发现了更多的问题。第六类是原文评价，指被试没有评价新信息的影响作用，只是就新信息本身谈了自己的观点和认识。一段新信息的影响作用可能会涉及上述一个或多个类别。

基于上述六个方面，对新信息影响作用进行分类。在正式评价之前，研究者和一位心理学硕士先就其中一个高分组和一个低分组被试的评价内容进行了独立评分。两人的评分一致性系数为0.734，达到显著水平。之后再由研究者一人对其余所有被试进行评价。

（二）新信息影响作用的基本情况

表5－16中，列出了在总体以及各个轮次上，新信息影响作用的基本情况。

表5－16　新信息影响作用的基本情况

影响情况	总体		第二轮		第三轮		第四轮	
	M	*SD*	*M*	*SD*	*M*	*SD*	*M*	*SD*
无影响	1.23	1.37	0.48	0.60	0.33	0.57	0.43	0.55
理解加深	1.40	1.35	0.40	0.59	0.40	0.59	0.60	0.63
认识广泛	0.85	1.05	0.23	0.48	0.35	0.53	0.28	0.51
解决疑惑	1.03	1.25	0.45	0.68	0.33	0.53	0.25	0.49
发现更多问题	0.88	1.14	0.28	0.51	0.28	0.45	0.33	0.47
原文评价	6.50	5.10	2.18	1.84	2.00	1.69	2.33	1.80

由表5－16可知，在六类影响作用中，被试提及最多的是评价原文，最少的是认识广泛。用重复测量的方差分析和多重比较对三个轮次上新信息的影响作用进行差异比较，结果表明，各个指标上轮次差异均不显著。

（三）新信息影响作用的组别差异

用方差分析比较高低分组被试对新信息影响作用的评价差异，结果见表5－17。

表5－17　新信息影响作用的组别差异

变异来源	高分组被试（均值/标准差）	低分组被试（均值/标准差）	自由度（*df*）	均方（*MS*）	*F*值	显著性（Sig.）
无影响	0.85/1.04	1.60/1.57	1	5.63	3.17	0.083
理解加深	1.15/0.81	1.65/1.73	1	2.50	1.37	0.248
认识广泛	1.00/1.30	0.70/0.73	1	0.90	0.81	0.374
解决疑惑	0.85/1.09	1.20/1.40	1	1.23	0.78	0.383
发现更多问题	1.50/1.24	0.25/0.55	1	15.63	17.09***	0.000
原文评价	7.75/5.21	5.25/4.80	1	62.50	2.49	0.123

由表5－17可知，在发现更多问题方面，高分组被试提及的次数高于低分组被试。而在其余各个方面则差异不显著。

（四）被试对新信息影响作用的评价分析

根据对被试的访谈，我们把被试对新信息影响作用的评价分为六个类别，分别是无影响、理解加深、认识广泛、解决疑惑、发现更多问题和原文评价。研究结果表明，在六类影响作用中，被试提及最多的是原文评价，其次是理解加深，最少的是认识广泛和发现更多问题。这说明，除了原文评价外，大部分被试认为新信息可以帮助他们加深对材料的理解。这从被试在后面轮次中思维水平和问题质量的提高上也可以反映出来。提及认识广泛的被试较少，也可能是由于他们更多关注了材料对加工深度而非广度的促进作用。直接认识到新信息能够促进自己发现问题的被试也很少。这说明被试在评价影响时，更倾向于从认知过程而不是从结果方面进行评价。

影响作用在轮次上没有任何显著差异。这可能是由于被试对材料信息的评价有着惯性思维，也说明信息对个体的影响存在较高的前后一致性。

此外，在发现更多问题方面，高分组被试提及的次数极其显著地高于低分组被试。这说明高分组被试的问题意识更加明确，对问题发现的结果更加关注和留意，因此他们能够更多地意识到新信息对发现问题带来的直接影响和作用。

本章小结

本章提出了问题发现的动态过程观，并采用多轮次信息动态呈现技术考察个体在动态过程中的问题发现思维特点。对问题发现结果与思维特点的分析，既包括动态与静态呈现方式的对比，也包括四个轮次之间的对比。

在问题数量与质量方面，动态呈现在问题总数量、变通性、新颖性上的得分高于静态呈现，静态呈现在矛盾问题击中率上高于动态呈现。轮次差异的趋势是，在问题总数量和变通性上，前面轮次高于后面；在矛盾问题击中率和新颖性上，后面轮次高于前面。

在思维操作方面，在静态呈现下对形象思维和元认知监控思维的使用高于动态呈现。轮次差异的趋势是，在形象思维和系统性思维上，后面轮次高于前面；在发散与创新思维上，前面轮次高于后面。在思维表征方面，在情境和内部信息表征、起始和中间状态表征的使用上，静态呈现高于动态呈现；在目标状态表征上，动态呈现高于静态呈现。轮次差异的趋势是：在情境信息表征和起始状态表征上，后面轮次高于前面；在信息联合表征和目标状态表征上，前面轮次高于后面。在思维策略方面，在信息和评价策略上，静态呈现高于动态呈现；在修正策略上，动态呈现高于静态呈现。轮次差异的趋势是：在信息策略上，后面轮次高于前面；在问题策略上，前面轮次高于后面；在评价策略上，中间轮次高于两端。在思维阶段方面，在动态与静态两种呈现方式下，使用频次最高的五种思维阶段模式完全相同，只是在顺序上有差异。

在修正问题方面，最多的是提出全新问题，最少的是改变方向和一致性问题。23.42%的问题与先前存在关联。在发现全新问题和联系性问题上，高分组被试高于低分组。在新信息影响作用的评价方面，被试提及最多的是原文评价，其次是理解加深，最少的是认识广泛和发现更多问题，影响作用在轮次上不存在差异。在发现更多问题方面，高分组被试提及的次数高于低分组。

第六章 问题发现思维的眼动研究

在第三、四、五章，主要采用出声思维技术对大学生的问题发现思维过程进行了追踪、记录和分析。但出声思维法的科学性、客观性和可靠性一直受到不同程度的质疑。Magliano 和 Graesser（1991）在谈到如何提高口语报告资料的可靠性时提出，可以在分析口语报告数据时，收集其他的行为测量指标，比如时间、眼动数据等。这些数据之间的一致性越高，口语报告就越可靠。① 因此，本章将采用眼动研究的方法细致考察大学生问题发现过程的相关眼动情况，本实验的眼动数据可以作为对前三章出声思维实验的补充与验证。

第一节 问题发现思维的眼动实验

一、实验目的

眼动即眼球的运动，它与注意以及内部信息加工机制之间存在密切关联。作为一种重要的心理学研究方法，眼动研究目前已经被广泛应用于心理学的各种基础和应用研究领域。

邓铸（2005）指出，眼动反映了视觉信息的选择模式，利用眼动技术探索人在不同条件下的信息加工机制是当今心理研究的重要范型。② Knoblich、Ohlsson 和 Raney（2001）用眼动仪考察了火柴棒算式顿悟问题的解决；③ 沃建中、陈婉茹、刘扬与林崇德（2010）④ 比较了创造能力不同学生的分类加工过程差异的眼动特点；周鹏生和周爱保（2011）认为，眼动指标通常能够反映人们对问题的内

---

① Magliano, J. P. & Graesser, A. C. A three-pronged method for studying inference generation in literary text. *Poetics*, 1991, 20: 193 – 232.

② 邓铸．眼动心理学的理论、技术及应用研究．南京师范大学学报（社会科学版），2005（1）：91 ~ 95.

③ Knoblich, G., Ohlsson, S. & Raney, G. E. An eye movement study of insight problem solving. *Memory and Cognition*, 2001, 29 (7): 1000 – 1009.

④ 沃建中，陈婉茹，刘扬，林崇德．创造能力不同学生的分类加工过程差异的眼动特点．心理学报，2010，42：251 ~ 261.

部表征过程，对问题的注视时间、注视次数、瞳孔直径等指标能够在很大程度上体现出对问题的感知和理解过程。① 可见，运用眼动仪对认知加工过程作更客观、更精确的探讨是可行的。借助眼动仪对问题发现思维过程作进一步的深入考察，可以更精确地记录与分析问题发现过程的相关规律和特点，以便清晰把握个体信息加工的发生、发展与变化过程。

本研究将在前面三章实验的基础上，借助眼动仪对问题发现思维过程作进一步的考察和分析。通过对问题发现过程中，被试眼动指标的记录与分析，总结大学生的眼动规律和特点，探讨眼动情况与问题发现思维活动之间的关系。

二、实验方法

（一）被试

从团体实验中得分较高和较低的前后 20% 被试中，随机各挑选出 20 名被试参与眼动研究，男女生各半，被试最大年龄 23 岁，最小年龄 19 岁，平均年龄 21.26 岁。所有被试均视力（或矫正视力）正常，无眼动实验经验。

（二）实验仪器

实验仪器为 EyeLink Ⅱ型眼动仪。该设备由两台计算机组成，通过以太网连接。其中一台计算机呈现实验材料，另一台计算机记录眼动数据。实验材料由 19 英寸显示器呈现，显示器的刷新率为 85Hz，分辨率为 1 024 ×768 像素。眼动仪采样频率为 250Hz。实验材料呈现和数据记录均由眼动仪专用软件完成。此外，还准备了一支录音笔，用来记录被试发现的问题。

（三）实验材料

实验使用的问题情境材料与第三章的实验材料相同。为了控制顺序效应，每组被试中随机抽取一半先参加矛盾式情境实验，另一半则相反。

（四）实验设计

实验采用 2（问题情境）×2（组别）混合设计。其中，问题情境为组内因素，分为矛盾式情境和潜藏式情境两个水平；组别为组间因素，分为高分组和低分组两个水平。因变量为问题的数量与质量，以及问题发现过程中被试的眼动情况，包括注视时间、注视次数、眼跳距离、回视次数、瞳孔直径大小等。

① 周鹏生，周爱保．THOG 推理影响因素的眼动研究．西南大学学报（自然科学版），2011，33（2）：167～172.

(五) 实验程序

实验在隔音和匀光的实验室进行。眼动实验的程序分为以下四个步骤。

第一步，实验前的准备。包括主试向被试介绍实验程序和要求、测试录音效果、被试填写个人资料等内容。

第二步，眼动实验训练程序。目的是训练被试熟悉整个眼动实验过程，并要求被试在实验中大声说出发现的问题。具体程序包括：①被试坐在显示器前面，与显示器中心的距离约为 0.65 米，眼睛正对显示器中心。②戴好眼动仪头盔。③对被试进行眼矫正。④呈现练习材料训练被试。

第三步，正式实验。被试按照顺序依次完成两段材料的实验。每一段材料的实验程序与训练程序相同。整个实验过程大约需要 20 分钟。

第四步，实验结束后的工作。包括给被试纪念品、拷贝录音和眼动实验数据等内容。

需要说明的是，在实验中，我们把实验材料做成图片进行呈现。为了区分被试在阅读材料时的眼动数据和发现问题过程中的眼动数据，把每一张材料的图片都呈现两次。第一次呈现图片的时候，要求被试完整地阅读一次实验材料，读完之后进行报告。在被试报告读完以后，更换第二张图片让被试开始问题发现活动。由于两张图片的内容是完全相同的，因此，被试并不会感觉到有差异。这样，收集到的眼动数据就把阅读数据和问题发现数据区分开了。

三、实验结果

实验结束后，把记录被试问题的录音资料转译为文字材料。在转译时，记下每一个问题的提出时间。

(一) 问题得分的基本情况

本部分列出的指标与第三、四章中列出的指标相同。在表 6－1 中，列出了问题得分的总体情况，以及按照组别和情境因素分类统计的问题在各个主要指标上的得分情况。

表 6－1　问题的总体及分类评分一览表

	总体		组别				问题情境			
			高分组		低分组		矛盾情境		潜藏情境	
	M	*SD*	*M*	*SD*	*M*	*SD*	*M*	*SD*	*M*	*SD*
问题总数量	13.85	9.89	20.40	10.26	7.30	2.27	6.68	4.17	7.18	6.42
矛盾问题击中率	0.55	0.36	0.49	0.35	0.60	0.38	0.55	0.36	—	—
思维产品得分	2.35	0.26	2.32	0.24	2.38	0.28	2.34	0.34	2.35	0.36
思维层次得分	2.21	0.26	2.24	0.27	2.18	0.26	2.25	0.29	2.16	0.37
变通性	4.66	2.20	6.18	2.06	3.15	0.92	4.78	2.08	4.55	2.59
深刻性	2.92	0.24	2.96	0.22	2.89	0.26	2.96	0.30	2.88	0.33
精致性	3.16	0.16	3.18	0.16	3.15	0.16	3.25	0.27	3.08	0.14
新颖性	2.17	0.43	2.33	0.35	2.01	0.46	2.16	0.61	2.19	0.53

（二）在各因素上问题得分的差异比较

用重复测量方差分析考察组别和情境因素对问题得分的影响，结果见表 6－2。

表 6－2　在各因素上问题得分的差异比较

变异来源	问题总数量	矛盾问题击中率	思维产品得分	思维层次得分	变通性	深刻性	精致性	新颖性
组别	31.07***	1.04	0.51	0.49	35.96***	1.01	0.42	6.42*
情境	0.53	—	0.05	1.93	0.75	1.32	15.11***	0.07
组别×情境	1.34	—	2.01	0.46	2.07	0.76	1.75	0.78

由表 6－1 和表 6－2 可知，高分组被试在问题总数量、变通性和新颖性上的得分显著高于低分组。在精致性上，矛盾情境高于潜藏情境。总体来看，在问题数量与质量上，高分组被试优于低分组，这说明团体实验筛选出的被试在问题发现活动中保持了较高的一致性，进一步显示出本研究实验材料的选取是可信的，被试的选择也是可靠的。这与前面各章个别实验的研究结果一致。

第二节　问题发现过程的眼动情况

一、眼动指标的选择和兴趣区的划分

（一）眼动指标的选择

本研究选取以下眼动指标进行分析。

（1）注视时间。注视时间分为两种，总注视时间和平均注视时间。总注视时间指被试在某一兴趣区内所有注视时间的总和。总注视时间越长表示对该区域的加工时间越长。平均注视时间指平均每次注视所需要的时间，即注视点的持续时间。由于材料性质的不同，平均注视时间会存在差异。需要说明的是，在眼动研究中，通常将被试视线在注视目标上停留时间超过100ms、面积不大于1°×1°视角的停留点定义为一个注视点。

（2）注视次数。在阅读材料过程中，被试的眼睛不是连续运动，而是跳跃式前进的，每次跳跃之后都会紧跟一次注视。注视次数即注视点的数量，它是反映阅读理解情况的一个重要指标。

（3）眼跳距离。眼跳距离指从一次注视结束转移到下一次注视之间眼睛跳跃的距离，通常用视角的度数表示，它是反映阅读知觉广度的一个重要指标。在眼跳的时候，眼睛几乎不能获取信息，主要的认知加工是在注视时进行的。眼跳距离大，说明被试一次注视所获得的信息量大。

（4）回视次数。在阅读中，回视是指眼睛的注视点从右向左的运动（不包括从每行行尾到每一行行首的眼动），即眼睛又退回到刚才注视过的内容上。在本实验中，由于对材料作了兴趣区的划分，因此，将回视定义为注视点离开某个兴趣区后，又从后面的兴趣区返回到该区。通常，对重要的、感兴趣的或者难以理解的内容容易产生回视。

（5）瞳孔直径。瞳孔直径大小是指被试注视某一区域时，瞳孔直径变化的平均大小。在加工难度较大的材料时，心理负荷大，瞳孔直径会相应变大；在加工较容易的材料时，心理负荷小，瞳孔直径则不会变化。

（6）眼动轨迹。眼动轨迹指注视点随时间变化的序列，动态反映出个体在认知过程中的眼部活动情况。

（二）兴趣区的划分

为了对问题发现过程进行更精确的考察，在导出眼动数据之前作了兴趣区的划分。本研究选择的实验材料与第三、四章中的材料相同。也就是说，每一段材料都分为四个段落，并且在每一个段落中都有相对独立的含义。

这是事先就设计好的研究思路。由于在实验材料上存在共通性，使得我们可以在结果之间方便地进行相互比较，也便于对思维进行多角度的考察和分析。因此，在本研究中，对兴趣区的划分就是基于这四个段落的。也就是说，一个段落对应一个兴趣区，它代表了一个意义相对独立的认知区域。

二、问题发现过程的眼动指标情况及其差异比较

下面从注视时间、注视次数、眼跳距离、回视次数和瞳孔直径等五个方面对问题发现过程中大学生的眼动情况进行考察。在分析中，将比较四个兴趣区之间的眼动指标差异，以及情境和组别因素对各个眼动指标的影响。

在本研究中，对被试阅读材料的眼动数据和发现问题的眼动数据进行了区分。下面分析的所有数据，都是被试在问题发现过程中的眼动数据，不包含阅读材料中的眼动数据。

（一）注视时间

注视时间分为两类，一类是总注视时间，指被试在某一兴趣区内所有注视时间的总和，注视时间越长表示对该区域的信息加工时间越长。二是平均注视时间，指每次注视所需要的平均时间，即注视点的持续时间。

1．总注视时间和总注视比率

表6－3中，列出了被试在两个情境及其各自包含的四个兴趣区中的总注视时间和总注视比率的基本数据。

表6－3　问题发现过程中的总注视时间和总注视比率一览表

兴趣区	情境	总注视时间（ms）		总注视比率（%）		情境	总注视时间（ms）		总注视比率（%）	
		M	*SD*	*M*	*SD*		*M*	*SD*	*M*	*SD*
总体	矛盾式情境	198 037.30	169 744.44	—	—	潜藏式情境	215 202.30	129 693.31	—	—
第一区		17 071.00	15 443.49	0.09	0.06		23 705.20	25 204.58	0.11	0.09
第二区		61 999.10	58 624.50	0.30	0.08		56 518.20	44 631.26	0.27	0.10
第三区		58 627.90	64 455.58	0.28	0.13		73 902.50	57 513.65	0.32	0.11
第四区		59 487.50	54 311.32	0.32	0.13		59 811.50	45 605.72	0.29	0.14

用重复测量的方差分析和多重比较考察在每一个情境的四个兴趣区之间，总

注视时间的差异情况。结果表明，在各个兴趣区之间，总注视时间存在显著差异。在矛盾式情境中，第二、三、四区均极其显著地高于第一区。在潜藏式情境中，第二、三、四区均极其显著地高于第一区，第三区还要显著高于第二区。在情境和组别因素上，总注视时间的所有主效应和交互作用差异均不显著。

在材料内部的各个兴趣区之间，总注视时间的差异显著，两个情境都是第二、三、四区显著高于第一区。这说明大学生对情境材料的总注视时间与材料的重要性和对材料的关注程度是呈正相关的。从兴趣区的具体内容来看，一般在第一兴趣区都是介绍整个材料的背景资料，提供一个展开内容的大环境。因此，通常只需要对其理解并形成一个大概的认识就可以了，它并不是发现问题的关键区域。大学生对第一区的总注视时间更少，这也说明他们对信息重要性的判断是合理的。

总注视时间是指被试在某一兴趣区内所有注视时间的总和，注视时间越长表示对该区域的加工时间越长。本实验中，总注视时间在组别和情境因素上的主效应和交互作用差异均不显著，说明被试对各个材料整体的总注视时间没有差异。

2. 平均注视时间

表6-4中，列出了被试在两类情境，及其各自包含的四个兴趣区中的平均注视时间。

表6-4　问题发现过程中的平均注视时间一览表

兴趣区	情境	平均注视时间（ms）		情境	平均注视时间（ms）	
		M	*SD*		*M*	*SD*
总体	矛盾式情境	258.52	35.78	潜藏式情境	266.90	40.03
第一区		250.95	39.52		251.46	39.58
第二区		251.87	32.38		260.64	43.09
第三区		258.65	41.85		268.58	43.96
第四区		264.20	39.48		269.44	48.65

用重复测量的方差分析和多重比较考察在四个兴趣区之间平均注视时间的差异情况。结果表明，在每类情境的各个兴趣区之间，平均注视时间存在显著差异。在矛盾式情境中，第四区高于第一、二区，第三区高于第二区；在潜藏式情境中，第四区高于第一区，第三区高于第一、二区。在情境和组别因素上，潜藏式情境在总体和第二、三区的平均注视时间显著高于矛盾式情境［$F(1, 39) = 5.561$，$p = 0.023$；$F(1, 39) = 4.137$，$p = 0.049$；$F(1, 39) = 5.409$，$p = 0.025$］，其余主效应与交互作用均不显著。

对每一个材料的四个兴趣区之间的平均注视时间进行差异比较。结果表明，平均注视时间的总趋势是后面的兴趣区要长于前面的兴趣区。这与材料本身的性质有关。在本研究中，一方面，第二、三、四区的内容比第一区更有难度。另一方面，由于各个区域的材料之间是相互关联的，因此在理解后面兴趣区的内容时，往往还需要结合前面各区的内容进行综合分析，这也进一步增加了理解和加工信息的难度，所以就表现出对后面的兴趣区平均注视时间的加长。

平均注视时间指每一次注视平均所需要的时间，即注视点的持续时间。由于材料的性质不同，平均注视时间会存在差异。一般材料难度越大，平均注视时间越长。在本实验中，平均注视时间在不同情境中存在显著差异，潜藏式情境显著高于矛盾式情境。这与我们的设想以及相关研究的结论是一致的。造成两类情境平均注视时间出现差异的主要原因可能是材料本身的性质与难度。在潜藏情境中，问题本身是不存在的或处于隐含状态的，需要大学生调用更多的内部信息或者外部联想来理解和加工信息，所以在平均注视时间上会更长。这也体现出，任务的难易程度与注视时间的长短之间存在正相关关系。

（二）注视次数

表 6 – 5 中，列出了被试在两个情境及其各自包含的四个兴趣区中的注视次数。

表 6 – 5　问题发现过程中的注视次数一览表

兴趣区	情境	总注视时间（ms）		总注视比率（%）		情境	总注视时间（ms）		总注视比率（%）	
		M	*SD*	*M*	*SD*		*M*	*SD*	*M*	*SD*
总体		782.90	660.59	—	—		815.33	494.25	—	—
第一区	矛盾式情境	67.45	57.96	0.10	0.06	潜藏式情境	91.03	94.19	0.12	0.09
第二区		251.18	230.97	0.31	0.07		219.38	171.63	0.27	0.09
第三区		228.65	247.22	0.28	0.12		279.28	214.62	0.32	0.11
第四区		232.98	216.62	0.31	0.13		221.80	169.72	0.28	0.14

用重复测量的方差分析和多重比较考察在四个兴趣区之间注视次数的差异情况。结果表明，在情境中的各个兴趣区之间，注视次数的差异显著。在矛盾式情境中，第二、三、四区极其显著地高于第一区；在潜藏式情境中，第二、三、四区极其显著地高于第一区，第三区还要显著高于第二区。在情境和组别因素上，注视次数的所有主效应和交互作用均不存在显著性差异。

在材料内部的各个兴趣区之间，注视次数差异显著。总体来看，大学生对第

二、三、四区的注视次数要高于第一区，这与总注视时间的研究结果是一致的。由于对材料的认知加工主要是在注视时进行的，因此相应地，注视次数越多，也就意味着对信息的加工次数越多。在前面阐述过，第一区主要是介绍整个材料的背景信息。相对来说，其内容比较短，难度比较低，理解起来更加容易，第一区也不是发现问题的关键区域。大学生对这一区的注视次数相对较少，说明他们在整体上对材料的认识和理解是合理的。

注视次数即注视点的数量，它是反映阅读理解情况的一个重要指标。在本实验中，注视次数在组别和情境因素上的主效应和交互作用均不存在显著差异，说明两组被试对各个材料的整体阅读和理解过程没有差异。

（三）眼跳距离

表6－6中列出了大学生在问题发现过程中的眼跳距离和眼跳总次数。

表6－6　问题发现过程中的眼跳距离和眼跳总次数

	矛盾式情境		潜藏式情境	
	M	*SD*	*M*	*SD*
眼跳距离（度）	4.32	0.76	4.38	0.75
眼跳总次数	806.13	663.74	851.35	488.06

用重复测量的方差分析考察眼跳距离在情境和组别因素上的差异情况，结果表明，所有主效应与交互作用差异均不显著。

眼跳距离指从一次注视结束转移到下一次注视之间眼睛跳跃的距离，通常用视角的度数表示，它是反映阅读知觉广度的一个重要指标。通常，在眼跳的时候，眼睛几乎不能获取信息，主要的认知加工是在注视时进行的。眼跳距离大，说明被试一次注视所获得的信息量大。在矛盾与潜藏情境中，眼跳距离与总次数均不存在差异，说明大学生在两类情境中的知觉广度是一致的。

（四）回视次数

表6－7中列出了被试在两个情境，及其各自包含的兴趣区中的回视次数。

表 6－7　问题发现过程中的回视次数一览表

兴趣区	情境	回视次数		情境	回视次数	
		M	*SD*		*M*	*SD*
总体	矛盾式情境	39.93	27.55	潜藏式情境	46.03	28.59
第一区		11.18	8.21		12.48	10.51
第二区		15.15	12.31		18.33	15.48
第三区		13.60	12.19		15.23	11.22
第四区		—	—		—	—

用重复测量的方差分析和多重比较考察在四个兴趣区之间回视次数的差异情况。结果表明，在情境中的各个兴趣区之间，回视次数存在差异。在矛盾式情境中，第二区的回视次数高于第一区；在潜藏式情境中，第二区的回视次数高于第一区。在情境和组别因素上，潜藏情境中，高分组回视次数高于低分组［$F(1, 38)=5.933$，$p=0.020$］，其余主效应与交互作用均不显著。

在本实验中，对回视数据收集是直接来自于各兴趣区的回视次数。由于在划分兴趣区时，是按照段落进行区分的，因此四个兴趣区是从上到下依次排列的。这样，依据本研究的定义，在第四个兴趣区实际上是不存在回视的。因此，在回视指标上只有三个兴趣区的数据。从兴趣区的差异上看，在两个情境中，都是第二区回视次数高于第一区。这与前面分析的第一区内容的特殊性有关。也进一步说明，在问题发现过程中，对于被试关注得多的区域，在注视总时间、注视次数、回视次数等指标上，都会表现出数量的增加。

在本实验中，回视是指注视点离开某个兴趣区后，又从后面的兴趣区返回到该区。回视次数是指回视的数量。Rayner 和 Sereno（1994）指出，当材料难度加大时，回视的次数会明显增加。此外，对重要的或者感兴趣的内容也容易产生回视。① 研究结果显示，潜藏情境中，高分组回视次数高于低分组。本研究中被试的任务是从材料中发现问题。在潜藏情境中，问题设置是隐蔽的，被试在发现问题的过程中需要对情境进行更深入的“挖掘”，作更加细致的分析。这可能就需要更多地对材料进行反复加工，经常联系前后文进行推敲和理解。高分组被试回视次数的增加体现了对材料的反复加工过程，这可能也是他们问题发现能力更强的原因。

① Rayner，K. & Sereno，S. C. Eye movements in reading psycholinguistic studies. In Gernsbacher，M. A.（Ed.），*Handbook of Psycholinguistics*. San Diego：Academic Press，1994. 57－81.

（五）瞳孔直径

在表6－8中，列出了被试在两个情境及其各自包含的兴趣区中的瞳孔直径大小。

表6－8　问题发现过程中的瞳孔直径一览表

兴趣区	情境	瞳孔直径		情境	瞳孔直径	
		M	*SD*		*M*	*SD*
总体	矛盾式情境	1 793.80	574.85	潜藏式情境	1 702.00	540.60
第一区		1 707.84	521.80		1678.25	550.83
第二区		1 795.78	565.94		1 720.01	531.28
第三区		1 850.20	603.68		1 763.82	548.04
第四区		1 913.78	663.35		1 792.64	613.99

用重复测量的方差分析和多重比较考察在每一个情境的四个兴趣区之间瞳孔直径的差异情况。结果表明，在矛盾式情境中，第四区高于第一、二、三区，第三区高于第一、二区，第二区高于第一区；在潜藏式情境中，第四区高于第一、二区，第三区高于第一、二区，第二区高于第一区。在情境和组别因素上，情境主效应在总体和第二、三、四区上差异显著，矛盾式情境高于潜藏式情境[$F(1,38)=10.650, p=0.002; F(1,38)=4.830, p=0.035; F(1,38)=8.429, p=0.006; F(1,38)=14.137, p=0.001$]，其余主效应与交互作用均不显著。

瞳孔直径与心理负荷关系的研究表明，瞳孔扩大是心理负荷的敏感指标①。瞳孔直径会随着心理努力的程度而产生变化。在加工难度较大的材料时，心理负荷大，瞳孔直径会相应变大；在加工较容易的材料时，心理负荷小，瞳孔直径则不会变化。此外，在加工感兴趣的材料时，瞳孔直径也会变大。

各个兴趣区之间，瞳孔直径的差异显著。总的来看，后面兴趣区的瞳孔直径通常会高于前面的区域。这可能是由于，随着问题发现过程的推移，被试逐渐投入更多的精力和努力，想到的内容也越来越多，思考的程度也越来越深，因此心理负荷也逐渐增加，所以瞳孔直径也会相应变大。

矛盾情境的瞳孔直径大于潜藏情境。瞳孔直径大，意味着作出的心理努力更大。被试在矛盾情境中瞳孔更大，说明他们在矛盾情境中投入了更多的努力，心理负荷更大。这可能是由于矛盾情境中本身存在矛盾，被试在发现这些矛盾问题的过程中，往往可以自行判断是否找对了目标，从而体会到一种成就感和喜悦

① 吴燕，隋光远．内外源提示下学障儿童注意定向的眼动研究．心理发展与教育，2006（1）：23～28.

感。因此，可能对矛盾情境更感兴趣，并投入更多的精力。而潜藏情境中，没有明确的目标问题作为鼓励，不那么容易激起被试的好奇和兴趣，所以被试就相应投入了较少的努力。

综上所述，在材料整体以及各个兴趣区上，各眼动指标均会随着材料内容和思维活动的变化而发生相应的改变。但是，在考察情境和组别因素对眼动指标的影响时，我们发现，组别差异仅在一个指标的一类情境中呈现显著。也就是说，尽管高低两个组别的被试在最终发现的问题数量和质量上存在差异，但是这一点几乎不能从眼动指标中反映出来。这说明仅仅依靠眼动指标，并不能够很好地体现出被试高级思维活动的准确特点和性质。眼动指标是帮助我们探测人类认知加工活动的一个有效窗口，但是其精确性和敏感性距离反应人类的真实认知加工情况还是有差距的。也许，还需要寻找更好的研究工具来帮助我们精确探测人的复杂认知过程。

第三节　眼动指标与问题发现结果的关系

一、整体眼动指标与问题数量和质量之间的关系

（一）眼动指标与问题数量和质量之间的相关系数

前面两节，单独对问题数量与质量以及眼动指标数据进行了考察。下面就两者之间的相互关系进行分析。为了比较全面地了解两者之间的关系，本研究拟把各个眼动指标与问题的数量和质量求相关。其中，问题数量是指问题总数量，问题质量是指问题总评分，总评分的计算公式是：问题总评分 = $Z_{思维产品得分}$ + $Z_{思维层次得分}$ + $Z_{流畅性(问题总数量)}$ + $Z_{变通性}$ + $Z_{深刻性}$ + $Z_{精致性}$ + $Z_{新颖性}$。各眼动指标与问题数量和问题质量之间的相关系数见表6－9。

表6－9　眼动指标与问题数量和质量之间的相关系数

		总注视时间	平均注视时间	注视次数	眼跳距离	回视次数	瞳孔直径大小
矛盾情境	问题数量	0.465**	－0.167	0.468**	－0.466**	0.433**	－0.146
	问题质量	0.269	－0.090	0.282	－0.205	0.451**	0.036
潜藏情境	问题数量	0.291	－0.040	0.284	－0.238	0.407**	－0.004
	问题质量	0.147	0.151	0.115	－0.090	0.191	－0.030
相关系数求和		1.172	－0.146	1.149	－0.999	1.482	－0.144

从表6-9中，可以看到以下特点：

（1）在矛盾情境中，总注视时间、注视次数、回视次数与问题数量之间正相关显著，眼跳距离与问题数量之间负相关显著；在潜藏情境中，回视次数与问题质量之间正相关显著。

（2）相关显著的项目大部分出现在问题数量与眼动指标的相关上。在问题质量上，仅矛盾情境中，回视次数与问题质量正相关显著。

（3）眼跳距离与问题数量和质量的相关全部是负相关，且负相关系数普遍比较高。

（4）最后一行是两类情境相关系数的求和。从相关系数求和结果的大小比较可以看出，在总注视时间、注视次数、回视次数三个指标上相关系数之和为正且比较高。在平均注视时间和瞳孔直径两个指标上，相关系数之和为负数，且比较低。而在眼跳距离这个指标上，相关系数之和为负数，且比较高。

（二）结果分析

本研究对整体上，各眼动指标与问题数量和质量之间的相关关系进行了考察。这里的问题数量是指被试在一个材料中所发现的问题总数量，而问题质量是指问题的总评分。相关分析的结果显示，在眼动指标与问题数量和问题质量的关系上，存在以下几个特点。

（1）在矛盾情境中，总注视时间、注视次数、回视次数与问题数量之间正相关显著。说明这些指标体现了被试对信息的积极加工，而注视时间、次数和回视等的增加都会促进问题的发现。在矛盾情境中，眼跳距离与问题数量之间负相关显著。眼跳距离的大小反映了被试在一次注视中所获得的信息量大小。这个结果说明，一次获取的信息量太大，反而不利于发现更多的问题。这可能是由于，眼跳距离越小，被试在一次注视中获取的信息量就越少。相应地，就意味着被试在对信息的加工上可能更加精细和深入。尤其当被试在注视关键信息时，为了更精确地理解和分析材料，甚至需要字斟句酌。这时，被试的眼跳距离就会更小，相应的信息加工也就更细致。在潜藏情境，回视次数与问题数量之间正相关显著。回视意味着对信息更多的关注和加工，而潜藏情境由于更需要通过信息之间的关联来促进问题的产生，因此回视促进了更多问题的发现。

（2）出现显著性相关的项目大部分都是问题数量与眼动指标的相关上。在问题质量与眼动指标之间，仅矛盾情境中，回视次数与问题质量正相关显著。这说明眼动指标作为内部信息加工活动的一种外在表现，能够较好地把问题在数量方面的特征体现出来，而在质量方面则难以体现。在反应高级和复杂的信息加工活动上，眼动可能并不是一个很敏感的指标。因此，眼动数据可以反应出问题数量这类，只需要较低层次思维活动的指标，而在问题质量这类需要较高层次思维活动的指标上则难以体现。但回视次数与问题质量的正相关，说明回视对信息加工和发现问题的积极意义。

（3）眼跳距离与问题数量和质量的相关全部都是负相关，且相关系数普遍比较高。这说明，眼跳距离越大，问题的数量和质量反而会越低。在阅读研究中，眼跳距离大通常会被视作一个人阅读能力强的表现。比如韩玉昌、隋雪和任延涛的研究显示，在阅读中随着年级的升高，学生的眼跳距离增大；而学优生的眼跳距离也要大于学困生。① 显然，在问题发现活动中，眼跳的规律是与此相反的。眼跳距离大可能意味着信息加工更粗糙和跳跃。要想发现更多数量和更高质量的问题，需要的是眼跳距离更小而不是更大。

（4）把各个眼动指标中，所有情境的相关系数进行求和，以此可以比较直观地看出哪些指标与问题数量和质量之间的关系更加密切。从相关系数求和的大小可以看出，在总注视时间、注视次数和回视次数三个指标上，相关系数比较高且均为正相关，说明这三个指标是与问题数量和质量关联比较密切的指标。可能要发现较多数量和较高质量的问题，需要对材料内容给予更多的注视和更长时间的加工。以上三个指标均体现了信息加工的时间长度和频率，这说明加工材料的时间和次数与问题的数量和质量之间是呈正相关的。

而在眼跳距离一栏，则存在比较高的负相关系数。也就是说，眼跳距离越大，发现问题的数量越少，质量也越低。眼跳距离越大，说明一次注视的信息范围越广，相应地，加工信息的数量也就越多。这也就说明，一次性加工信息的数量太多，会导致信息加工质量的下降，从而引起问题数量和质量的下降。问题发现需要精细和深入的思维活动，需要对信息进行仔细认真的加工和思考。所以，眼跳距离小，一次性加工的信息少，反而能够促进个体发现更多和更好的问题。

此外，在平均注视时间和瞳孔直径这两个指标上，相关系数之和均比较低，且为负数。说明它们可能是与问题数量和质量联系不太紧密的指标。平均注视时间通常与材料的难度有关系，材料越难，平均注视时间就越长。也就是说，平均注视时间长说明材料理解起来困难，平均注视时间短说明理解材料比较容易。但是它与被试发现问题的数量和质量之间并没有直接联系。瞳孔直径通常反应被试的心理负荷程度，负荷程度增加瞳孔会变大。但是这个指标也与被试发现问题的数量和质量关系很小。一方面，这可能是因为心理负荷的增加并不一定能促使或者阻碍被试发现问题；另一方面，也可能是由于高级的思维活动不太容易在外部指标上敏感地表现出来。

---

① 韩玉昌，隋雪，任延涛．小学学习困难生阅读过程中的眼动特征．心理科学，2005，28（3）：550～553.

二、各兴趣区内眼动指标与问题数量之间的关系

（一）各兴趣区内眼动指标与问题数量之间的相关系数

考察在每一个兴趣区内，眼动指标与问题数量之间的关系。把每一个问题从内容上进行判断，并把它归类为某一个兴趣区的问题。如果一个问题同时涉及两个或两个以上兴趣区的内容，就把问题归为跨区问题，不列入四类兴趣区问题的任何一类。之后，把每一个兴趣区内的问题数量与对应兴趣区的各眼动指标之间进行相关分析。其结果见表6－10。

表6－10　兴趣区内的眼动指标与问题数量之间的相关系数

		总注视时间	平均注视时间	注视次数	回视次数	瞳孔直径大小
矛盾情境	第一区问题	0.306	－0.020	0.303	0.141	0.060
	第二区问题	0.443**	－0.067	0.437**	0.136	0.043
	第三区问题	0.398*	－0.156	0.427**	0.311	－0.072
	第四区问题	0.057	－0.103	0.049	—	－0.183
潜藏情境	第一区问题	0.138	0.266	0.125	0.128	0.360*
	第二区问题	0.262	－0.061	0.268	0.427**	0.009
	第三区问题	0.501***	0.031	0.478**	0.592***	－0.092
	第四区问题	0.092	－0.039	0.077	—	－0.178
相关系数求和		2.197	－0.149	2.164	1.735	－0.053

由表6－10可知，在总注视时间、注视次数和回视次数三个指标上，都有两个以上项目与问题数量之间存在显著相关。此外，从相关系数求和一栏也可以看出，这三个指标上的正相关系数均比较高。说明这三个指标与问题数量之间存在比较密切的联系。而平均注视时间和瞳孔直径大小则与问题数量之间的整体呈现负相关。对各兴趣区的考察与对整体材料的研究，结果是基本一致的。值得注意的是，瞳孔直径大小与问题数量整体为负相关，但在潜藏情境第一区上，却呈现出正相关显著。

（二）结果分析

我们把每一个问题从内容上进行判断，把它归类为某一个兴趣区的问题，这样就把所有的问题进行了分区。之后，把每一个兴趣区内的问题数量与对应兴趣区的各眼动指标之间进行了相关分析。结果显示，总注视时间、注视次数和回视

次数等三个指标都在两个以上项目与问题数量之间存在显著相关。而且，从相关系数求和一栏也可以看出，这三个指标上的正相关系数均比较高。说明这三个指标是反映问题数量的敏感指标。而平均注视时间和瞳孔直径大小与问题数量之间的相关则比较低。这与对材料的整体分析结果基本一致。在潜藏情境第一区上，瞳孔直径大小与问题数量正相关显著。这可能是由于对第一区的瞳孔直径大小体现了被试对材料和任务的感兴趣程度，对材料的积极关注促进了问题的发现。

对眼动指标的总体分析和分兴趣区分析得出了基本一致的结论，这说明本研究的结果是比较可信的。即总注视时间、注视次数和回视次数与问题数量之间存在正相关，它们是反映问题数量的良好指标。而平均注视时间和瞳孔直径则与问题数量之间相关较低，不能作为反映问题数量的有效指标。在所有眼动指标中，仅回视次数与问题质量呈现显著相关，说明回视是体现问题发现能力的一个较有效指标。

总之，从本实验中可以看出，被试在问题发现过程中的眼动规律与在单纯的阅读理解或者知觉中的眼动规律之间有相同的地方，但是也存在差异。比如在问题发现中，眼跳距离大意味着信息加工比较粗略，发现问题的数量和质量也会相对较低。但是在阅读中，眼跳距离大则意味着知觉广度大，阅读效率高，是阅读能力强的一个指标。这也说明，问题发现思维过程的眼动情况有其自身的规律和特点。

第四节　问题发现过程的眼动轨迹

一、典型个案的眼动轨迹图

在两类情境中，分别选择高低分组被试各一名，考察问题发现过程的眼动轨迹，着重分析注视点在四个兴趣区之间的转换特点。为了直观展示眼动进程，对眼动轨迹图的绘制作出以下规定：

（1）把图形的横坐标同时设置注视时间（单位为 ms）和注视次数两个维度，纵坐标为注视点落在的兴趣区。

（2）在每一个相对稳定的注视阶段（本研究定义为注视点在某个兴趣区的连续停留次数在 5 次及以上），都标注上对应的注视区域，如“1、2”等。当在某个阶段，被试的注视点在几个兴趣区之间频繁转换时（本研究定义为注视点在某个兴趣区的连续停留次数在 4 次以下，随后跳到另一个兴趣区），判断为跨区注视，标注为“23 区转换”、“234 区转换”等。此外，在跨区注视中，把相对注视更多的区域写在前面。比如被试在 1、2 两个兴趣区跨区注视，当对 1 区注视更多时，标注为“12 区转换”；当对 2 区注视更多时，标注为“21 区转换”。

（3）根据被试口语报告录音中记录的发现问题的时间点，在图中的对应时间位置和兴趣区标注出问题。如“P4，2 区”，代表这是被试发现的第 4 个问题，问题属于第 2 兴趣区。对于跨区问题标注如“P8，1 ~ 4 区”，代表被试发现的第 8 个问题，问题属于第 1 和第 4 兴趣区的跨区问题。有时注视点和问题落在同一区域，由于要根据注视点画出眼动轨迹图，会优先标注出注视点的位置，即将注视点标在对应区域，问题标在相邻区域。根据上述规则绘制的四个被试的眼动轨迹如下各图所示。

（一）矛盾情境高分组个案的眼动轨迹图

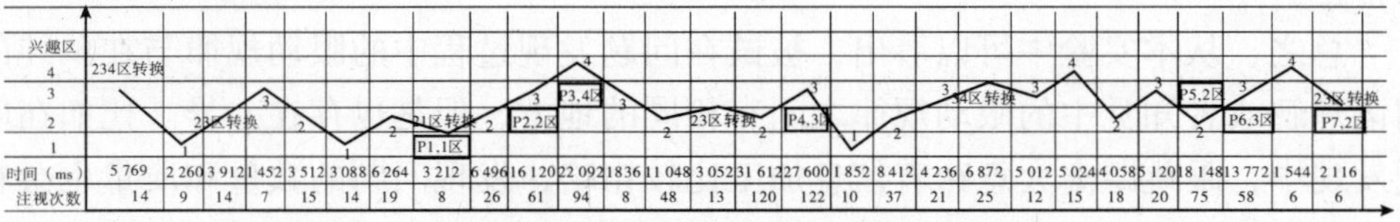

图 6 - 1　矛盾情境高分组个案问题发现过程眼动轨迹

由图 6 - 1 可知，被试在矛盾情境的问题发现中，注视总次数为 895 次，总时间为 225 491ms，共经过 28 个相对稳定的注视阶段，每阶段的平均注视次数 31. 96 次，平均注视时间 8 053. 25ms，发现问题 7 个。

（二）矛盾情境低分组个案的眼动轨迹图

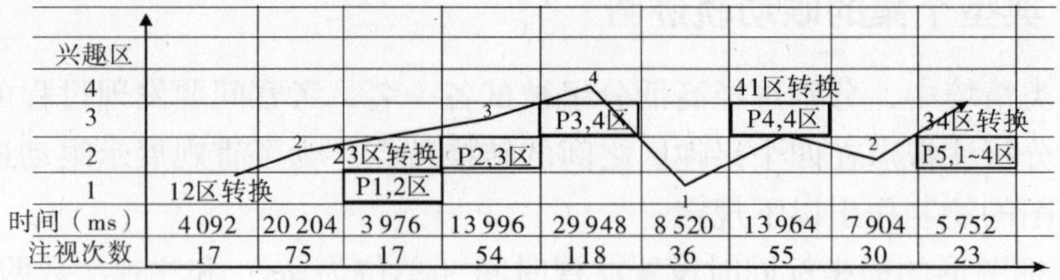

图 6 - 2　矛盾情境低分组个案问题发现过程眼动轨迹

由图 6 - 2 可知，被试在矛盾情境的问题发现中，注视总次数为 425 次，总时间为 108 356 ms，共经过 9 个相对稳定的注视阶段，每阶段的平均注视次数 47. 22 次，平均注视时间 12 039. 56 ms，发现问题 5 个。

（三）潜藏情境高分组个案的眼动轨迹图

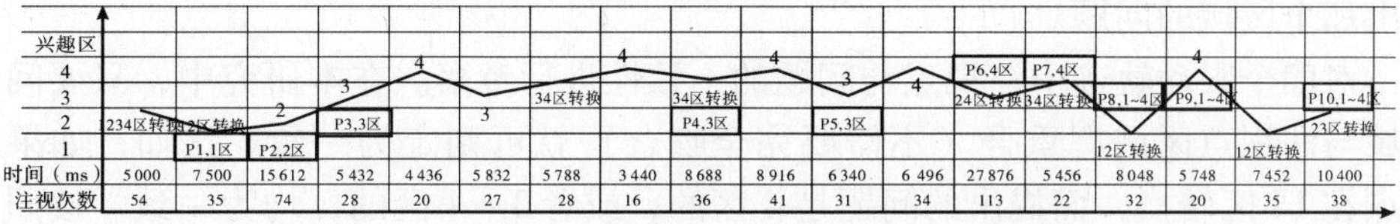

图6－3　潜藏情境高分组个案问题发现过程眼动轨迹

由图6－3可知，被试在潜藏情境的问题发现中，注视总次数为684次，总时间为148 460 ms，共经过18个相对稳定的注视阶段，每一阶段的平均注视次数38次，平均注视时间8 247.78 ms，发现问题10个。

（四）潜藏情境低分组个案的眼动轨迹图

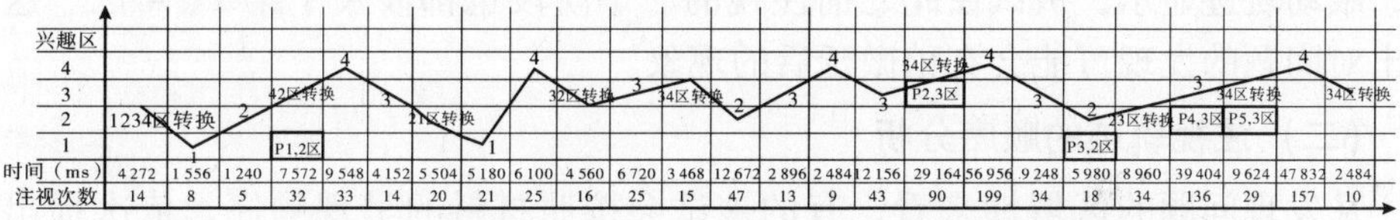

图6－4　潜藏情境低分组个案问题发现过程眼动轨迹

由图6－4可知，被试在矛盾情境的问题发现中，注视总次数为1 046次，总时间为299 568 ms，共经过25个相对稳定的注视阶段，每阶段的平均注视次数41.84次，平均注视时间11 982.72 ms，发现问题5个。

二、对眼动轨迹的分析

眼动轨迹包含了非常丰富的信息。仅对静态的单个眼动指标进行统计分析，得到的结论比较有限，而动态的眼动轨迹分析更有助于对思维模式的解读（陈俊杰，严会霞，相洁，2011）。① 通过对四个被试眼动轨迹的详细记录和分析，本研究考察了以下问题。

（一）注视点与问题一致性的考察

Just和Carpenter（1987）指出，在问题解决中，阅读理解和解题过程与注视

① 陈俊杰，严会霞，相洁．基于SVM的眼动轨迹解读思维状态的研究．计算机工程与应用，2011，(11)：39～42.

之间存在关联，当被试注视某个词时，他就在对其进行心理加工。[①] 在问题发现中，是否也存在这种“眼随心动”现象呢，即眼睛注视到哪一个兴趣区，就会提出那个区域的问题。

对四个眼动轨迹中注视点与问题的一致性进行考察。在本研究中，只要问题区域与注视点区域有重合（不需要完全吻合）就可判定为一致。比如，如果注视点在14区转换，而提出的问题是4区的，或者3~4区的，均为一致。按照这个标准，研究结果显示，全部27个问题中，不一致的问题有2个，四个被试的一致性比例分别为：85.71%、100%、90%、100%。一致性程度均在85%以上，说明在问题发现过程中，也存在着“所思即所看”现象，个体通常会提出与当前注视区域一致的问题。

两个不一致问题分别是，高分组个体在矛盾情境的第2个问题，注视第3区，问题在第2区。但从轨迹上分析，被试在此之前注视的三个阶段都涉及了第2区。高分组个体在潜藏情境的第10个问题，注视第2、3区，问题在第1~4区，眼动轨迹显示，被试在此之前注视的三个阶段也都涉及了第1、4区。这反映出对问题的发现可能会有稍微延后的现象。

（二）注视轨迹的顺序分析

从发现问题的区域性来看，有的被试会按照材料的呈现顺序，依次提出第1、2、3、4区的问题，而有的被试则将四个兴趣区的顺序打乱来提问，还有的被试会大量提出跨区域问题（即问题同时涉及两个以上的兴趣区）。那么，这些被试在问题发现过程中的注视轨迹存在什么相应特点呢?

为此，从这三类被式的眼动轨迹进行考察。由图6-2可知，被试的问题分别在2、3、4、4、1~4区，在其注视轨迹中，可以看出从低区向高区渐次依序移动的趋势，之后注视点重回第1区，再次从低区向高区依序移动。由图6-4可知，被试提出的问题分别在2、3、2、3、3区，可作为问题顺序比较乱的代表，他的注视轨迹相对也没有明显地从低区到高区的渐次移动的顺序，而是在各个区域无序转换。两类被试在高低分组均有出现，这可能反映出被试的认知风格，而非认知水平。也有被试提出跨区问题，如图6-3中的8、9、10题，图6-2中的5题。由轨迹可知，跨区问题大多在眼动的后阶段才会出现，且对应的注视点也多为跨区的。这可能是由于跨区问题涉及对信息的综合加工，它是在信息独立加工基础上才产生的，所以会出现较晚。

---

① Just, M. A., Carpenter, P. A. *The Psychology of Reading and Language Comprehension*. Boston: Allyn and Bacon Inc., 1987. 370-375.

（三）注视区域特点分析

由四个眼动轨迹图可知，被试的第一个和最后一个注视区域，均是跨区的。陈丽君和郑雪（2011）指出，问题发现过程可以划分为现状搜寻与表征、目标探索、提出问题、评价和修正问题等四个阶段。① 首个区域的跨区注视，可能体现出被试对现有信息的搜寻和捕捉过程，而末个区域的跨区注视，则可能反映出被试在问题发现完毕后，在各个区域之间扫视、检查，确保没有遗漏和疏忽的过程。

从注视区域的稳定性来看，高分组两位被试在每一个注视阶段的平均注视时间和注视次数分别是 8 053. 25 ms（31. 96 次）、8 247. 78 ms（38 次）；低分组两位被试分别是 12 039. 56 ms（47. 22 次）、11 982. 72 ms（41. 84 次）。可见，在每一个相对稳定的注视阶段，低分组注视时间更长，注视次数更多。左银舫与杨治良（2006）的研究指出，被试在加工难度大的材料时，平均注视时间会更长。②可能对低分组被试来说，加工情境材料的难度更大，因此需要更多的注视。

在对单个眼动指标的分析中，平均注视时间的组别差异并不显著，但通过动态眼动轨迹对注视阶段进行划分后，却显示出两组被试在注视时间上的差异。这也反映出眼动轨迹在分析中的优势，即对动态眼动轨迹的分析揭示出了单个静态指标不能反映的规律。

本章小结

本章对问题发现过程的眼动情况进行考察，以作为对前面出声思维实验的验证与补充。研究结果显示，总注视时间、注视次数、眼跳距离等指标在情境和组别因素上的主效应和交互作用均不显著。在平均注视时间上，潜藏情境高于矛盾情境；在瞳孔直径大小上，矛盾情境高于潜藏情境；在潜藏情境中，高分组回视次数高于低分组。

在各个兴趣区之间，眼动指标的差异均比较显著。眼动指标差异的整体趋势是，在总注视时间和注视次数上，第二、三、四区均极其显著地高于第一区。在平均注视时间和瞳孔直径上，后面的兴趣区高于前面的兴趣区。在回视次数上，第二区高于第一区。

从眼动指标与问题发现数量之间的关系来看，在矛盾情境中，总注视时间、注视次数、回视次数与问题数量之间正相关显著，眼跳距离与问题数量之间负相

---

① 陈丽君，郑雪. 问题发现过程认知阶段划分的探索性研究. 心理学探新，2011（4）：332 ~ 337.

② 左银舫，杨治良. 不同文化语境与难度下第二语言阅读的眼动追踪研究. 心理科学，2006，29（6）：1346 ~ 1350.

关显著。各个眼动指标在反映问题数量的有效性程度上是不同的，总注视时间、注视次数和回视次数是反映问题数量的良好指标。在问题质量方面，仅在潜藏情境中，回视次数与问题质量之间正相关显著。对兴趣区内问题数量与眼动指标关系的分析，得出了与整体分析完全一致的结果。

第七章　日常生活中的问题发现思维

第二到第六章的五个研究详细考察了问题发现思维在实验室条件下的表现与特点。那么，真实情境中的问题发现思维又如何呢？为了提高思维研究的外部效度，第七、八、九章将考察在真实情境（包括日常生活、科学研究、学校教育等）中，问题发现思维的具体应用情况，作为对实验室研究的补充和验证，并与实验研究的结果进行对比分析，以便更加全面地认识问题发现思维的特点与规律。

第一节　日常生活中的问题发现案例

一、研究方法

（一）被试

日常生活中的问题发现能力表现在对生活事件观察、思考、探究并提出问题的方方面面。在本部分，我们希望能够找到那些在生活中善于发现并提出问题的人，并对其问题发现思维过程进行考察。那么，怎样找到这类生活中的高问题发现能力者呢？

研究者从代表我国大学生自主创新能力的一个典型活动——“挑战杯”竞赛中发掘研究对象，即寻找那些通过日常生活中自主发现新问题去参加比赛并取得成绩的学生。经过对参加“挑战杯”竞赛并获奖学生的初步问答，我们选择了三名自主选题的大学生。

（二）方法

在谈到研究科学家从事科学发现活动的方法时，郑瑛珍提出，可以采用以下三种方法。一是利用特定科学发现的历史资料，研究科学推理的过程；二是访谈有重大发现的科学家，以找出科学发现的心理历程；三是实地观察科学家进行科学发现活动的过程，以揭露科学推理的机制。[①] 郑瑛珍认为，以上的方法可以用来揭示科学发现过程中的思维活动机制，目的是了解科学家如何发现问题。本书将借鉴科学发现活动的第二种研究方法，拟通过深入访谈三位高问题发现能力的大学生，找出真实生活情景中问题发现的思维活动历程。

本书拟以个案研究的方式，采用半结构化深入访谈的方法，探讨在日常生活中大学生问题发现思维活动的全过程。

（三）材料

个案研究的材料包括一支录音笔和两个纸质材料。纸质材料分别是《被试个人信息收集表》和《对高问题发现能力者的半结构化访谈题目》。

由于访谈题目会很大地影响研究资料的搜集，因此在本研究中，采用了半结构化访谈的方法。在设计访谈题目时，查阅了大量个案研究的相关文献，并主要参考了台湾学者郑瑛珍在《物理学家问题发现与问题解决之个案研究》[②] 中的访谈题目设计。此外，在访谈内容的设置上，还结合了本研究的目的和被试的个人特点。

具体来讲，访谈内容包括了以下五个部分：参加比赛的全过程、比赛中的选题思维过程、学习背景、生活背景和日常生活中的其他问题发现行为。其中，第二部分比赛中的选题思维过程，是整个访谈的核心部分。访谈题目的具体设计思路和内容见表 7－1。

表 7－1　半结构化访谈题目的设计思路

访谈主题（题目数量）	具体内容	分析重点
参加比赛的全过程（4）	参加比赛的时间 比赛的前因后果 比赛成果的应用	比赛基本情况，思维产生的背景信息

① 郑瑛珍．物理学家问题发现与问题解决之个案研究．台湾师范大学硕士学位论文，2000.
② 郑瑛珍．物理学家问题发现与问题解决之个案研究．台湾师范大学硕士学位论文，2000.

（续上表）

访谈主题 （题目数量）	具体内容	分析重点
比赛中的 选题思维过程 （22）	参赛的题目 比赛与选题的顺序（先有比赛再选题目，还是先选题目再知道有这个比赛） 接触这个研究问题的机缘 寻找这个研究问题的详细过程（从模糊到清晰到确定），期间有没有考虑换题目 寻找题目中遇到的困难 选题后对结果的预测 遇到困难时的处理态度，有没有考虑其他选题 研究主题与自己的学习情况、生活情况、兴趣爱好或者其他方面的关联性 影响选题的重要人物 影响选题的重要事件	比赛中，问题发现的具体思维过程
学习背景 （5）	描述主要学习经历 在学习生涯中，所取得的最满意的成绩 在学习生涯中，印象最深刻的事件 对专业的态度 评价自己的学习情况	专业学习背景及其对选题思维活动的影响
生活背景 （4）	特殊的生活经验 影响你最深的人物 兴趣爱好	生活背景及其对选题思维活动的影响
日常生活中的其他问题发现行为 （5）	日常生活中的其他问题发现行为 通常在什么情况发现问题 发现之后一般会怎么做 放弃一个想法的时机 处理矛盾和不一致的态度	日常生活中的其他问题发现情况
其他	其他相关事件	分析其他情况

根据对访谈内容的构想，设计了相应的访谈题目。在拟定好访谈题目的初稿后，请三位心理学专家对访谈题目的设计思路和初稿给予指导与建议。根据专家的意见对题目进行了修改，并确定本研究的访谈题目。之后，预访谈了一位在校级科技比赛中获奖且独立进行选题的大学生，确保了访谈题目在实际访谈中的适

用性和有效性。最终形成了用于正式研究的访谈题目 41 个，其中涉及比赛中的选题思维过程的题目有 22 个。

（四）研究程序

在研究中，采用半结构化访谈的方法来搜集资料，并用录音笔录下对被试的访谈内容。

在正式访谈之前，将题目给受访者，让受访者对访谈的内容有一个整体的了解，也使他们有时间回忆、组织和构思自己的思维活动。研究者按照拟订的题目进行访谈。访谈过程比较有弹性，在访谈大方向不变的前提之下，可以根据当时的情境适当调整问题的顺序和具体表述等。同时，也可以对某些方面的内容进行追加提问。每一个个案的访谈时间约为两个半小时。

（五）录音转译工作

在内容分析前，需要把录音材料全部转译为文字材料。在转译中，要求做转译工作的学生必须做到“原封不动”地记录下被试的所有话语。

（六）对分析方法的思考

本研究主要采用质性分析的方法，考察三位个案日常生活中的问题发现思维过程及其相关特点。在对访谈资料进行分析之前，先查阅了大量个案研究的相关文献。然后结合本研究的考察重点和访谈资料的特点，拟定了具体的分析步骤。以下对分析方法与过程作详细介绍。

（1）通读访谈资料。将高问题发现能力者的访谈录音转译为文字资料之后，仔细研读所有的资料 3 ~5 遍。对整个访谈的内容及其重点有初步的认识。

（2）内容编码。为了更客观、更准确地对资料进行分类整理和分析，我们按照内容对访谈资料进行了编码。编码主要涉及以下四个方面的内容。

A. 问题发现过程：包括遇到问题、产生想法、形成研究主题、预测结果、对困难的处理等。

B. 参赛过程：参赛的机缘、目的、动机等，发现问题与参赛之间的关系。

C. 个人特质：包括个人的性格特点、学习和生活经历等。

D. 日常行为：日常与问题发现相关的行为活动特点。

（3）归纳分析。将编码后的资料进行重新归类和排列。把归属于同一大类别的编码内容再次进行对比和细分，并按照研究目的归纳每一个个案在各编码类别上的主要特点。

（4）对比总结。在独立分析了各个个案的特征后，对个案之间的特点进行对比分析，总结其共同特征与规律。

二、生活中问题发现的思维流程图

在对原始访谈资料进行编码和分类后，从问题发现过程、参赛过程、个人特质和日常行为四个方面对高能力大学生的日常问题发现活动进行了梳理与归纳。由于篇幅的限制，不一一罗列对被试访谈材料的整理表格。

为了更直观地认识三位大学生的思维过程，在多次整理访谈材料的基础上，按照大学生思维产生的先后顺序画出问题发现的思维流程图，并基于此总结其思维过程的特点。思维流程图的整理主要基于对访谈材料的 A 类编码。

（一）个案 CL 的基本情况及其思维流程图

1. CL 的基本情况

CL，女，1984 年出生，广东技术师范学院管理学系学生。其作品《城市乞丐生存状态与广州形象报告——关于“禁讨令”实施的社会调查》获得第九届“挑战杯”全国大学生课外学术科技作品竞赛二等奖。

2. CL 的思维流程图

参赛题目：城市乞丐生存状态与广州形象报告——关于“禁讨令”实施的社会调查

由下图 7 - 1 可以看出，CL 同学经历了两段问题发现过程。第一段是发现研究主题“乞丐问题”，第二段则是把这个大的主题细分为四个子问题。其实把大问题细分的过程，也是进一步发现问题的过程。这其中，有两个子问题的发现都与 CL 同学在日常生活中的积累分不开。一个是关于“禁讨令”的历史，另一个是关于“救助站”。因为普通人即使想到乞丐可能也不知道还有这些相关的信息和资料。这与 CL 同学平时注意观察和收集信息是有密切联系的。也因此，她才能够以独特的视角对这个问题展开比较深入的调查研究。而“乞丐分类”这个子问题则是基于已有资料中的不合理和不完善之处而发现的。同时，基于研究的现实意义，考察了乞丐与广州城市形象的关系。也就是说，四个子问题的发现采用了三种不同的思路。

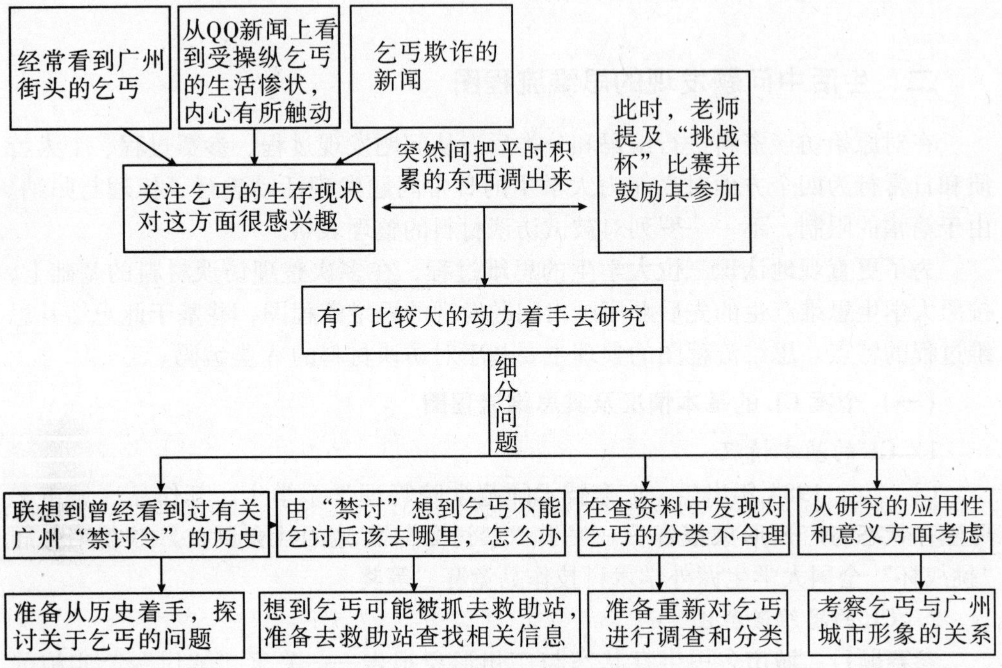

图 7－1　CL 的问题发现思维流程图

（二）个案 CY 的基本情况及其思维流程图

1. CY 的基本情况

CY，男，1984 年出生，暨南大学市场营销专业学生。其所在“生命火”创业团队作品《生命火自加热包装有限责任公司创业计划书》获得第五届“挑战杯”全国大学生创业计划竞赛金奖。

2. CY 的思维流程图

由图 7－2 可以看出，CY 同学想到这个自加热易拉罐的产品创意，是其在创业实验室中所受教育和熏陶的结果。在该实验室中，CY 同学不但学到了很多创业理论知识，积累了创业素材，还学习到挖掘消费者需求的各种方法。他发现这个问题，就是基于在生活中“寻找抱怨”这种方法而联想到的。除了参加比赛的这个创意之外，CY 同学还曾经想到过把电梯的按钮变为广告标识进行宣传，把 mp3 与打火机等结合形成新产品等创意。

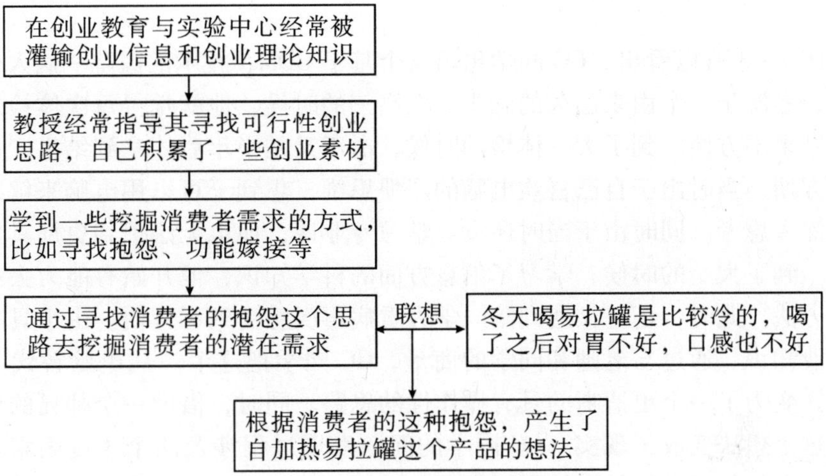

图 7－2　CY 的问题发现思维流程图

（三）个案 CC 的基本情况及其思维流程图

1. CC 的基本情况

CC，男，1983 年出生，暨南大学信息工程专业学生。其作品《基于 CDMA 技术的医院——病人信息交互系统》获得第八届广东省“挑战杯”大学生课外学术科技作品竞赛二等奖。

2. CC 的思维流程图

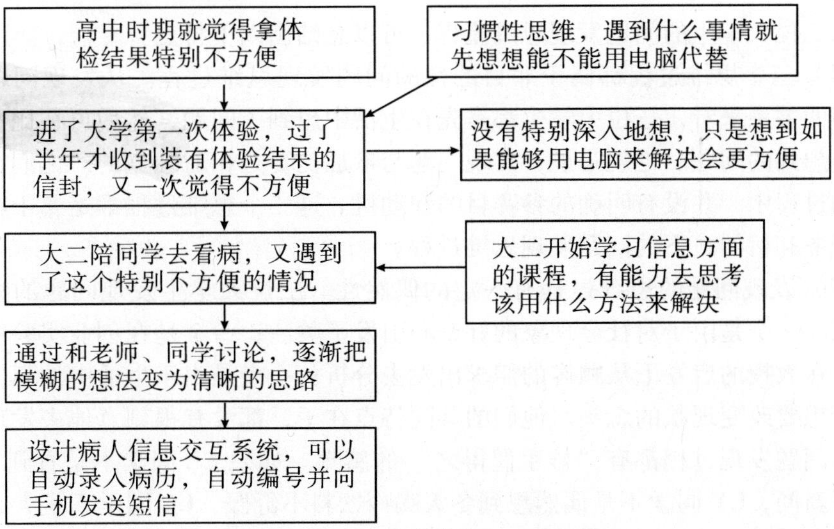

图 7－3　CC 的问题发现思维流程图

由图7－3可以看出，CC同学想出这个基于CDMA技术的医院—病人信息交互系统，是源于一个由来已久的念头。在高三的时候，他就觉得每次体检之后要拿体检结果不方便。到了大一体检的时候，由于又是半年后才拿到结果，再一次觉得不方便，当时出于自己喜欢电脑的习惯思维，想到了可以用电脑来解决，但是没有深入思考。同时由于当时还没有学习专业课，他也无法想到更加具体的可行思路。到了大二的时候，学习了信息方面的科学知识，他开始有能力去考虑更具体的方法。此时，正好又遇到陪同学去看病再次感受到不方便。由于具备了一定的专业知识，通过与老师和同学的商量，CC同学把这个“用电脑替代”的模糊想法，变为了一个更清晰的具有操作性的思路。同时，借助一个师兄的专业知识，把这个想法变成了现实。CC同学的问题发现过程涉及两个关键因素。一个是他善于把任何不方便的事情都联想到能否用电脑代替这种习惯性思维；二是在大二学习了信息方面的专业知识，让他有能力对这个“感觉不方便”的事情想出更具体可行的思路。其中，后一个因素是CC本人认为影响其问题发现最重要的因素。

三、生活中问题发现的思维特点分析

本部分将从问题发现的思维过程（基于A类编码）、个案的相关特点（基于C、D类编码）以及问题发现与比赛的关系（基于B类编码）三个方面进行分析和讨论。

从三位大学生的问题发现思维流程，可以总结出以下特点。

（1）三个思维过程都属于非目的性的问题发现思维过程。从发现问题与参加比赛的关系来看，三位大学生都是先在生活中想到了问题，然后再在比赛中使用已经想到的问题。也就是说，发现问题与参加比赛是相对独立的。他们在发现问题的过程中，并没有明确的参赛目的和动机。这三个思维过程都是属于在没有明确任务和目的之下的问题发现思维过程。

（2）发现问题的思维过程有一定的偶然性。三位大学生发现问题的途径各不相同。一个是由于对社会现象的好奇心引发了关注；一个是在创业实验室学习期间，在教授的启发下从顾客的需求出发去分析；一个是由于生活中的不方便而产生了想要改变现状的念头。他们的共同特点在于，都没有很刻意地去发现这个问题，问题发现过程都有“妙手偶得之”的感觉。如果CL同学不是看到QQ上的乞丐新闻，CY同学不是偶然想到冬天喝冷饮料不舒服，CC同学不是大二陪同学去医院看病，他们可能都不会去特别关注和研究这些问题。也就是说，生活中问题发现的偶然性比较大，运用直觉性思维比分析性思维更多。

（3）在偶然发现的结果下，存在着必然的因果联系。虽然发现具体问题的过程存在偶然性，但是对三位大学生来说，这个偶然的结果下，都存在着必然的因果关系。也就是说，这种偶然并不是凭空产生的，而是一个逐渐累积的过程。三位受访者在日常生活中都是善于观察和思考的人，即使不发现参加比赛的这个问题，他们也曾经发现过其他一些有价值的问题。比如CL同学在每一个时间段都会有自己特别关注的问题，关注乞丐事件恰恰是与“挑战杯”比赛出现的时间吻合。否则，她就可以去探讨自己感兴趣的其他问题了。而CY同学也想到过要在电梯按钮上做广告，把mp3与打火机结合成新东西等创意。CC同学则是在高中时期就有了自己的发明专利，高一就想到了要把防盗网改装成救生楼梯。这些都说明，他们发现这个具体问题可能是巧合，但是在日常生活中，他们本身就是善于观察和发现的“有心人”。

（4）在最初的思维萌芽阶段，问题发现以无意识思维为主。但其后的思维转变主要取决于个体自身的具体情况。在问题发现思维的初期，只是有一个模糊的意识存在于头脑中。此时，如果不要求大学生把该想法描述出来的话，最初这个模糊的思维萌芽也许很快就会被忘记，或者消失了。但是，如果有某个事件的发生让这个模糊的印象得以维持的话，这个无意识思维就可以一直保持下去，甚至清晰化。

在经历了最初模糊的思维萌芽之后，三位同学对思维的保持有三种不同的经历。CL同学谈到，自己在每一段时间都会关注一个事件，但是如果没有外部的推动（比如参加比赛）让自己把这段关注过程清晰化的话，也许很快就会忘记曾经动过的这些念头。CL同学对此作了一段形象的描述：“（对关注的事件）都是好像很隐隐约约的样子，譬如说我现在，我前几天又在弄那些鬼故事的事吧，我可能又弄出一个神鬼观念出来。但是，如果你现在不问我的话，我不告诉你我现在在关注鬼故事，那可能过一段时间我就忘了，到底前一段时间在弄什么。但是如果你现在跟我说，你可以去参加‘挑战杯’的话，也许我写出来就是一些神鬼观念的东西。”CY同学自加热易拉罐的想法则没有那么容易消失。因为这个想法本身就是其所处的创业实验室通过各种思维方法，从生活中“寻找（消费者）抱怨”这个角度发现的好点子。而且CY同学平时也在有意识地积累创业素材。他谈到：“对我来说可能是先有创业题材后才有比赛，然后根据比赛的要求，再去从这个现有的题材当中去选择。”他还说：“要去参加比赛的时候，我才把它（指问题）从我的资源库当中抽取出来，然后赋予它新的使命和含义。”这说明，CY同学平时就有收集好创意，积累创业素材的习惯。而CC同学也经历了从高三的模糊意识到大二学习专业知识后把模糊想法变为清晰思维的历程。这期间，他之所以没有把最初的思维萌芽忘记，是因为“去医院（就会）看到这些东西很不方便”。这个不方便时刻强化了CC同学的记忆。所以，可以这么说，问题发现思维最初的萌芽虽然是无意识的，但是之后这个无意识思维会怎么转变，主要取决于个体当时的具体状况。

（5）问题发现都有一个从模糊到逐渐清晰的过程，而且思维逐渐清晰的过程需要一个契机。根据三位大学生的描述，他们发现生活问题的过程都是刚开始只有一个模糊的想法，之后随着时间的推移和认识的加深，特别是由于参加“挑战杯”比赛的契机，才使得他们有了把模糊想法清晰化，甚至现实化的机会。

CL同学就很形象地描述为“有点像是积累之后突然间把这个东西调出来用”。在具体实施的过程中，CL同学还把研究问题分成四个子问题进行考察。这些子问题也都是她平时没有很清楚地意识到的，只是在需要的时候把曾经有过的模糊印象提取了出来，再进一步通过查资料等手段去全面认识和了解。CL同学描述到“（对禁讨令的印象）可能那时候就模模糊糊这样子，但是我就再去找回那些资料”。CY同学也提到“当时的想法只是非常朦胧的一个概念性产品，而没有考虑到太多的细节”。而把这个朦胧的概念性产品清晰化的过程，正是其参加“挑战杯”创业比赛的过程。CC同学也把自己的思维过程描述为“开始有一个模糊的印象、模糊的想法，然后再跟很多人接触、聊天之后才逐渐地形成一种思路”。所以说，把模糊变为清晰，意识变为现实的过程，是需要一个契机和平台的。而“挑战杯”比赛正是这样一个契机。CL同学的话最好地说明了这一点“如果我本身没有这个平台（指参加比赛），我可能就没有动力去做”。

（6）有一定的方法可以促进问题发现思维。虽然，在三位同学中，只有CY同学因为得到创业实验室老师的指导，曾经专门学习过一些发现问题、发现商机的方法，但是其他两位同学也使用了一些好的思维方法，只是他们自己没有很好地总结出来。

在发现问题的方法上，CY同学可以说是既接受过理论的训练，又有丰富的实践经验。他自己就提到过三种发现商机的常用方法“挖掘消费者抱怨”、“挖掘消费者最觉得无奈的，或者最（需要）等待的（事件）”、“功能与功能之间的嫁接”。此外，还有一些他自己的独特思维习惯，“就像我刚刚说的，我会主动去挖掘一些事情，没事去考虑考虑。就像牛反刍一样，把问题先塞到自己胃里，没事就去琢磨一点，琢磨一点，消化一点”。CY同学对于问题的意义也有自己的独特观点，“我觉得任何问题进行延展都可能产生一些比较有趣的问题，比较有价值的问题，就看你延展的方向”。CL同学的特点是“比较喜欢看一些社会里面一种比较奇怪的东西，或者是用别人比较奇怪的角度去看这个社会的东西，就比较不喜欢一般的那些东西”。对于自己感兴趣的东西，他则是“自己想去知道的时候还是会拼了命去想要知道”。这说明 CL 同学擅长从奇特的角度去思考问题，并且有追根究底的精神。而 CC 同学认为“我们，就是学信息工程的人，对这种电脑化的操作，天生就很敏感，想到什么事情都首先想能不能用电脑来代替，如果能，要怎么代替，这是一种惯性思维”。此外，“在日常生活中看到有什么不方便的东西就想想有什么办法可以解决，然后再加上，就是反正……信息化”。这些都说明，三位同学在日常生活中都有自己比较独特的思维方法。

（7）问题发现思维过程与平时的知识积累有关。三位大学生发现的问题都与其平时的知识积累有密切联系。在谈到对自己发现问题影响最大的事情时，CY 和 CC 同学都提到了自己的专业学习。CY 同学的描述是“我觉得最主要的因素可能是因为我是学市场营销的，所以我就比较注重消费者的需求。如果我不是学市场营销的话，我不会对市场这么感兴趣”。而 CC 同学的描述是“大二开始学信息方面的课程，然后学到一定程度的时候（就产生了这个想法）”。CL 同学虽然没有提到专业的学习，但是提到了知识积累方面。CL 同学把影响自己问题发现最大的事情描述为“就是看到那篇报道之后比较触动，对 QQ 那篇报道，心里面很触动，从那之后，我见到乞丐的时候就会特别留意”。而且，在 CL 同学的研究中，曾经探讨了“禁讨令”、“救助站”等子问题。如果不是她的日常积累，可能根本不会想到有这些方面的内容。所以，能否发现问题，会发现哪些方面的问题，都不是偶然的，这与个人平时的信息积累有密切的关系。

（8）问题发现思维过程需要时间的酝酿。三位大学生的问题发现过程都不是一朝一夕完成的。虽然最初的思维萌芽也许是一瞬间，但是真正清楚地意识到这个问题（不包括动手解决）都经历了较长时间的酝酿。CL 同学大一从潮州来到广州就开始关注乞丐问题，直到大二知道有“挑战杯”比赛，准备研究这方面的问题，之间经历了一年多的时间。CY 同学的自加热易拉罐是从其素材库中提取的模糊想法，这个想法的清晰化也经历了很长的时间。而 CC 同学从高三就觉察到医院的不方便，直到大二学习专业知识才想通了这个问题，经历的时间就更长一些。也就是说，问题发现思维过程需要时间的酝酿，它并不是突然的过程。

四、个案的相关特点分析

前面主要从思维过程这个角度，分析了大学生的问题发现过程。下面将从思维之外的其他方面分析和阐述三位大学生的共同特点。通过这样的分析，可以帮助我们进一步了解生活中高问题发现能力大学生的其他特点。

（1）高问题发现能力大学生都善于主动观察与思考。在日常生活中，三位大学生都善于主动观察与思考。比如CL同学描述“我就是很喜欢看那些千奇百怪的东西，什么社会奇态，我也说不清楚，反正就是喜欢看一些奇奇怪怪的信息”以及“每一段时间都有一个关注点，有一个触动点的话我就会把那些东西调动出来”。这说明她平时就很关注各个方面的信息，尤其是一些稀奇古怪的事情。比如对于她研究的乞丐问题，她就讲到“我在给他（乞丐）钱的时候我就不仅仅是给他钱，我也会想想为什么他会沦落到这种状况”。这也看出，对于平常的人与事物，她会比别人想得更多一些。CY同学则是非常有意识地对生活中的各种现象和细节，尤其是与商业有关的现象和细节进行观察和思考。“我们也在强调一种时刻学习的思维方式，像我们在坐公车的时候会去注意有没有人在抱怨。我们在洗澡的时候会去观察有哪些地方让自己不满意。天天都嘟着嘴，但是我希望嘟着嘴的时候也是创造力，也是创造商机。”CC同学也是一个善于思考的人。比如面对日常生活中常见的防盗网，他就想出了把它拆装成救生楼梯的主意。“（火灾时）就是因为有防盗网，结果活活被烧死。如果说防盗网平时能当成防盗网来使用，外人进不来，但是里面出去的时候，就把它拆成比如说楼梯，那不是更好。”三位大学生的共同特点是，在日常生活中都善于主动去观察和思考。对于一些看似很普通的现象，他们往往能够想到与别人不同的东西。而且这种思考过程通常并不是刻意为之，而是已经形成了一种生活习惯。

（2）不会轻易放弃一个想法。有了一个好的想法和思路，一般都不会轻易放弃。CL同学提出“没有想过要放弃，就算想了一下也只是一闪而过的念头”；CC同学就认为“当困难实在是很大，大到感觉已经不能控制了（才会放弃一个想法）”。而CY同学更表示“我觉得我永远不会放弃任何的想法。有时候我在某段时间内不会去考虑它，但是如果在其他时候有一个特殊的因素去激发我又回想起这个问题的时候，我又可以把它完完全全地梳理，重新拿出来用”。这说明，三位同学都很珍惜自己已有的想法，当心里产生一个新的思路时，即使不会马上去着手实施，也不会轻易放弃它。更多的时候，是把想法放到一边，等到有需要的时候才提取出来使用。

（3）问题发现可以出现在任何时间和地点。三位同学都认为，问题往往是在很随意的时候就出现了。并不是说你非得要坐得很端正，刻意地去思考，或者有意识地去讨论。而是不经意间可能就会产生一个好的想法。CL同学描述为“然后有一些好像是很奇怪的想法突然间蹦出来了”；CY同学认为“很随意的一个时候都可以产生（问题）”；而CC同学就表示“随时都有可能发现问题，比如坐公车、交谈的过程中”。这说明，对于这种非目的性的问题发现思维过程而言，通过日常生活的观察与积累，随时都可能会触发新的想法和思路。所以，在任何时间和地点都可能会产生好的问题。

（4）高问题发现能力者的个人特质。在进行自我描述的时候，CL 说“我就是很喜欢看那些千奇百怪的东西”；“觉得想东西的时候会很奇怪”；“在学一些学校里面课本上的东西的时候，我觉得我的想法还是蛮叛逆的”；“心里面还是觉得自己好像也挺多疑问的”；“自己想去知道的时候还是会拼了命去想要知道，但是自己觉得不想理的那些东西就一点兴趣也没有，完全不去理会”。CY 描述自己“兴趣很多，很广泛。我也是一个比较爱冒险的人。”“我觉得我自己是很个人的一个人，只顾着自己，我觉得这点不是特别好。”“我个人比较喜欢与人打交道”；“我对自己的期望蛮高的”；“我很讨厌去发现或者去解决一些没有价值的问题，我觉得那是在浪费时间”；“我觉得我永远不会放弃任何的想法”。CC 则认为“从小就觉得一定要把事情都做好”；“我一般会对很多事情感兴趣，我现在的习惯就是我喜欢对不懂的东西都去研究透彻”；“而且我偏科……反正，要背的东西我就差一点”；“讲到兴趣就是最喜欢看电影，其次是电脑，就是喜欢去捣鼓那些程序设计”。

三位同学的个人特质看似大相径庭，但仔细分析也有共通之处。首先他们都有着比较广泛的兴趣爱好，喜欢探索新东西。其次，对于自己感兴趣的东西都有刨根问底的精神，对于自己不喜欢的东西则不怎么愿意去理会。再次，三位同学都比较喜欢与人打交道，CY 同学直接这样描述自己，而 CL 和 CC 同学都曾经做过学生会主席的工作。三人的学习成绩都在中等偏上的水平。此外，两个男生都对自己有较高的期望。

第二节　大学生问题发现内隐观的调查研究

内隐观是指人们日常生活中形成的，以某种形式保留在头脑中的关于某个概念或事物的认识。Sternberg（1985）曾经将创造性的内隐观定义为人们在日常生活或工作中形成的，以某种形式存储在个体头脑中的关于人类创造力及其发展的看法，并指出了内隐观研究的重要性。[①] 根据这个观点，可将问题发现的内隐观定义为人们在日常生活中形成的，以某种形式存储在头脑中的关于人类问题发现能力的认识。基于内隐观的界定，本节运用这种有社会效度的方法，对大学生问题发现内隐观进行调查研究，以期了解在日常生活中人们对问题发现能力的认识和看法。

① Sternberg，R. J. Implicit theories of Intelligence，creativity，and wisdom. *Journal of Personality and Social Psychology*，1989，49：607 –627.

一、研究方法

（一）被试

从中山大学、华南师范大学、广东技术师范学院三所高校抽取大学本科生436名参与调查。被试中女生243名，男生193名，平均年龄20.43岁。

（二）研究材料

采用开放式问卷施测，要求大学生根据自己的理解，对有关问题发现的5个问题进行回答。这5个问题分别涉及问题发现的界定、具体事例、高能力者特征等方面。依次为：①你认为“问题发现能力”指的是什么？请按照自己的理解作出详细描述。②提到“问题发现”，你会联想到哪些词语？请按照想到的先后顺序，列出十个词语。③请详细描述出自己在学习、生活等活动中的最典型的“问题发现”的事例，至少三个。④请详细描述出你认为他人最典型的“问题发现”事例，至少三个。⑤请尽可能多地列举出高问题发现能力者（即问题发现能力强的人）的特征。

（三）分析方法

调查问卷回收后，对大学生每一题目的答案进行分析、归类、整理，总结其普遍特征。

二、大学生问题发现内隐观调查结果与分析

（一）问题发现界定的内隐观

1. 问题发现的界定

在第1题中，大学生对问题发现作出了各种各样的定义。其中，不乏一些很精彩的描述。比如“问题发现能力是指个人以自身知识经验对某一问题的存在察觉到的能力”；“指发现问题是否存在，存在于何处，属于何种性质等能力（最好能找到解决办法）”；“指某特定人群中善于用逻辑去解释所遇到的事物和人，发觉用所学的知识或逻辑方法不能解释新现象，继而提出疑问的能力”。

为了能够对问题发现的界定进行更准确的分析，我们借鉴吉尔福特在三维智力结构模型中的分类标准，将每一个界定分别从“内容”、“操作”和“结果”三个维度进行考察。其中，“内容”是指个体认为问题发现过程涉及的具体对象；“操作”是指问题发现中需要运用到的各类认知活动或程序；“结果”是指进行问题发现操作后得到的产物。以“问题发现能力是指个人以自身知识经验对某一问题的存在察觉到的能力”为例进行说明，“内容”是“自身知识经验”；

“操作”是“察觉”；“结果”是“某一问题的存在”。通过对436个定义的详细分析，我们得到大学生对问题发现概念在“内容”、“操作”和“结果”三个方面的认识。

表7-2　问题发现界定之内容维度的调查结果

问题发现的内容	提及频次	百分比	累计百分比
事件	205	36.48%	36.48%
问题	131	23.31%	59.79%
生活	60	10.68%	70.46%
学习	37	6.58%	77.05%
错误	28	4.98%	82.03%
细节	25	4.45%	86.48%
未知	22	3.91%	90.39%
环境	21	3.74%	94.13%
人	19	3.38%	97.51%
其他	14	2.49%	100.00%

由表7-2可知，在问题发现的内容方面，大学生提到涉及了事件、问题、生活、学习、错误、细节、未知、环境、人和其他十个方面的项目共562次。其中，事件和问题是被提及得最多的两个方面，两者占了总频次的一半以上。

表7-3　问题发现界定之操作维度的调查结果

问题发现的操作	提及频次	百分比	累计百分比
发现	329	29.14%	29.14%
思考	92	8.15%	37.29%
找出	80	7.09%	44.38%
解决	66	5.85%	50.22%
观察	65	5.76%	55.98%
洞察	64	5.67%	61.65%
质疑	62	5.49%	67.14%
探索	51	4.52%	71.66%
分析	48	4.25%	75.91%
创新	44	3.90%	79.81%
认识	35	3.10%	82.91%
理解	34	3.01%	85.92%

（续上表）

问题发现的操作	提及频次	百分比	累计百分比
总结	25	2.21%	88.13%
预测	20	1.77%	89.90%
元认知	15	1.33%	91.23%
判断	14	1.24%	92.47%
想象	12	1.06%	93.53%
其他	73	6.47%	100.00%

由表7－3可知，在问题发现的操作方面，大学生提到了涉及发现、思考、找出、解决、观察、洞察、质疑、探索、分析、创新、认识、理解、总结、预测、元认知、判断、想象和其他18个方面的项目共1 129次。其中，发现、思考、找出和解决是被提及得最多的四个方面，四者占了总频次的一半以上。值得注意的是，很多大学生把“解决”也列为问题发现的操作，占到总频次的5.85%。

表7－4　问题发现界定之结果维度的调查结果

问题发现的结果	提及频次	百分比	累计百分比
发现问题	221	28.55%	28.55%
理解问题	95	12.27%	40.83%
解决问题	78	10.08%	50.90%
发现独特	63	8.14%	59.04%
发现错误	53	6.85%	65.89%
发现隐藏	52	6.72%	72.61%
提出质疑	31	4.01%	76.61%
获得经验	31	4.01%	80.62%
预测问题	30	3.88%	84.50%
发现本质	29	3.75%	88.24%
发现原因	22	2.84%	91.09%
发现未知	19	2.45%	93.54%
整合问题	10	1.29%	94.83%
其他	40	5.17%	100.00%

由表7－4可知，在问题发现的结果方面，大学生提到了涉及发现问题、理解问题、解决问题、发现独特、发现错误、发现隐藏、提出质疑、获得经验、预

测问题、发现本质、发现原因、发现未知、整合问题和其他 14 个方面的项目共 774 次。其中，发现问题、理解问题和解决问题是被提及得最多的三个方面，三者占了总频次的一半以上。值得注意的是，很多大学生把“解决问题”也列为问题发现的结果，占到总频次的 10.08%。

2. 问题发现的相关词语联想

提到“问题发现”，你会联想到哪些词语？这个问题的答案反映出大学生对问题发现的看法，即它与哪些东西相关。大学生一共写出了 4 062 个词汇，内容五花八门，涉及范围很广。原始词汇中，提及最多的前十个词汇及其对应次数依次为：思考（138）、解决（91）、观察（85）、创新（79）、探索（74）、分析（68）、发现（61）、研究（50）、为什么（42）、细心（40）。为了便于分析，我们将全部词汇分为 9 类，分别是：①行为操作类，指词汇涉及与问题发现过程的相关操作与行动，如思考、观察、分析、总结、辨别等；②结果类，指词汇涉及问题发现的结果，如错误、答案、成果、结果、恍然大悟等；③能力类，指词汇涉及与问题发现相关的能力，如 IQ、创造力、洞察力、发散思维、联想力等；④方法类，指词汇涉及与问题发现的方法等，如对策、方案、途径、先易后难等；⑤性格类，指词汇涉及问题发现者的个性、性格等，如大胆、细心、好奇、孤独、谨慎等；⑥态度类，指词汇涉及与问题发现相关的情感、态度等，如懊悔、惊讶、狂喜、用心、手足无措等；⑦事物类，指词汇涉及与问题发现相关的事件或物品等，如地壳、UFO、课本、篮球、历史谜案等；⑧人物类，指词汇涉及与问题发现相关的人物，如福尔摩斯、柯南、牛顿、侦探等；⑨其他，指上述类别之外的词汇。表 7－5 中，列出了各类词汇被提及的频次与比例。

表 7－5　问题发现相关词语联想的调查结果

词汇的类别	提及频次	百分比	累计百分比
行为操作类	2 003	49.31%	49.31%
结果类	736	18.12%	67.43%
事物类	385	9.48%	76.91%
性格类	348	8.57%	85.48%
态度类	229	5.64%	91.11%
能力类	190	4.68%	95.79%
人物类	93	2.29%	98.08%
方法类	63	1.55%	99.63%
其他	15	0.37%	100.00%

由表7－5可知，在问题发现相关词语联想方面，大学生提到的词汇主要涉及9类。其中，行为操作类词汇被提及得最多，占到总频次的接近一半，其后依次是结果类、事物类、性格类、态度类、能力类、人物类、方法类和其他。这说明，大学生普遍认为，问题发现是一种操作、一种活动，是一个涉及行动的概念。

（二）代表问题发现能力的典型事例

1．与自身有关的问题发现事例

在问题3中，要求大学生列举在自己身上出现的问题发现行为。这主要用来考察在大学生心目中，哪些事情可以称为“问题发现”。这个部分，大学生一共列举了1 089个事例。对这些事例进行分析、归类、整理，具体结果见表7－6。

表7－6　代表自身问题发现行为的典型事例

问题事件类别	频次	百分比	典型事件举例
发现事实	325	29.84%	当要找衣服更换时，发现衣服原来还没洗
			在篮球比赛时，发现自己应扮演的角色是什么
发现不足	145	13.31%	在平时交往中，发现自己口才、交往能力很差
			发现自己的学习能力并不是那样强，存在很多不足
发现规律	133	12.21%	近来我天天跑步，晚上入睡很快，发现跑步有利于睡眠
			发现每个人在掩饰某些心理时都有些无意识的动作
反思	113	10.38%	近来精神不好，仔细反省，晚上沉迷电脑，休息不规律
			发现自己有时得罪人其实是太以自我为中心了
发现错误	99	9.09%	看电影或电视剧时，发现其中相互矛盾的情节、道具等
			发现大街上某些广告出现的错字、错词、错句
质疑	84	7.71%	为什么当前我国对英语重视度高于汉语？
			为什么天气变化越来越古怪？
发现隐藏	60	5.51%	通过留意一些人和物，发现平时不为人注意的点滴
			安排一系列任务时，别人发现我未发现的问题
发现原因	41	3.76%	发现电脑耳机突然没声音的原因
			发现湖水日益发臭的原因
发现潜力	28	2.57%	实验过程中，能从现象寻找本质的问题
创新性发现	24	2.20%	利用废纸、废箱子、废瓶子可以做出很多实用的东西
发现解决方法	16	1.47%	遇到不懂的题，经过研究终于知道怎么样做了
其他	21	1.93%	涉及其他方面的问题发现

由表7-6可知，大学生列举的代表问题发现行为的典型事件包括发现事实、发现不足、发现规律、反思、发现错误、质疑、发现隐藏、发现原因、发现潜力、创新性发现、发现解决方法和其他12个类别，其中发现事实所占比例最高，接近30%。值得注意的是，在对问题发现的界定中，很多大学生都提及“问题解决”（在问题发现操作中占5.85%，在问题发现结果中占10.08%），但在实际举例中，将解决问题列为问题发现行为的比例则大大降低，仅有0.99%。

2. 与他人有关的问题发现事例

在问题4中，要求大学生列举他人身上出现的问题发现行为。这个部分，大学生一共列举了1 205个事例。对这些事例进行分析、归类、整理，具体结果见表7-7。

表7-7　代表他人问题发现行为的典型事例

问题事件类别	频次	百分比	典型事件举例
创新性发现	811	67.30%	牛顿由苹果掉下而引起的引力思考
			鲁班从有齿的草中发明了锯子
发现隐藏	162	13.44%	福尔摩斯破案
			日本人推测出大庆油田的地理位置与规模
发现事实	125	10.37%	半夜我妈妈发现有人要进屋偷东西
			《皇帝的新衣》里一个小孩指出了皇帝没有穿衣服
发现规律	47	3.90%	阿姨发现用啤酒擦树叶可以使树叶常青
			发现喜欢思考的人，特别多想法的人，身体都比较虚弱
发现错误	37	3.07%	同学经常会看出书本上的错误以及发现老师讲错的地方
			一些同学误入传销后，发现这是骗人骗己，危害社会的
发现原因	8	0.66%	发现电脑死机是由接地线引起的
发现解决方法	6	0.50%	司马光砸缸救小伙伴
其他	9	0.75%	涉及其他方面的问题发现

由表7-7可知，大学生列举的代表问题发现能力的典型事件包括创新性发现、发现隐藏、发现事实、发现规律、发现错误、发现原因、发现解决方法和其他8个类别，其中创新性发现所占比例最高，超过60%。值得注意的是，这个比例在有关自己的问题发现行为中仅占2.20%。这说明，大部分人都把创新性视作

问题发现的典型特点，只是由于现实中自己可能不具备这样的能力，所以没有举出这方面的事例来。

（三）高问题发现能力者的典型特征

在问题5中，要求大学生尽可能多地列举出高问题发现能力者的特征。对大学生的特征描述进行分析、分类、整理，结果显示，大学生描述的特征一共涉及1 826个项目。进一步对这些特征归类发现，特征主要涉及能力类、性格类和其他三类。其中，能力类主要描述了高问题发现者的能力特征，如思维能力、观察能力、创新能力、分析能力等；性格类描述了个性性格方面的特征，如细心、灵活、敏感、好奇等；其他类主要包含外貌特征描述（如长相特别、戴眼镜、衣着古怪等）以及直接提及某个具体人物（如爱因斯坦、牛顿等）。需要说明的是，如果某种特征被提及的总频次在20次以下，它将被归属到其他类别中，不再单独列出。表7－8中，列出了高能力者的典型特征词汇被提及的频次与比例。

表7－8 高问题发现能力者的典型特征及其比率

类 别	具体特征	提及频次	百分比	累计百分比
能力类	思维能力	253	13.86%	13.86%
	观察能力	194	10.62%	24.48%
	知识经验	107	5.86%	30.34%
	聪明	68	3.72%	34.06%
	善问	53	2.90%	36.97%
	创新能力	38	2.08%	39.05%
	刨根问底	37	2.03%	41.07%
	分析能力	35	1.92%	42.99%
	推理能力	32	1.75%	44.74%
	多角度思考	25	1.37%	46.11%
	交际沟通能力	24	1.31%	47.43%
	其他能力	110	6.02%	53.45%
性格类	细心	126	6.90%	60.35%
	灵活	71	3.89%	64.24%
	敏感	66	3.61%	67.85%
	好奇	59	3.23%	71.08%
	独特	54	2.96%	74.04%
	认真	47	2.57%	76.62%
	坚持	40	2.19%	78.81%
	冷静	38	2.08%	80.89%
	开朗	30	1.64%	82.53%

（续上表）

类　别	具体特征	提及频次	百分比	累计百分比
性格类	关注周围	29	1.59%	84.12%
	热情	29	1.59%	85.71%
	耐心	25	1.37%	87.08%
	专注	24	1.31%	88.39%
	敢于怀疑	22	1.20%	89.59%
	自信	20	1.10%	90.69%
	其他性格特点	97	5.31%	96.00%
其他	外貌特征	46	2.52%	98.52%
	具体人物	27	1.48%	100.00%

由表7－8可知，在高问题发现能力者的特征方面，大学生提到最多的是能力类的特征，占53.45%，其中，思维能力被提及最多，占13.86%。这也从侧面反映出本书以思维作为切入点考察问题发现能力，是具有社会效度的。其次是性格类特征占42.54%，其中，细心被提及最多，占6.90%。外貌类特征被提及较少，仅占2.52%。在高能力者特征中，能力与性格两类特征的总和占到了96.00%，说明大学生主要从这两个方面去判断和识别高问题发现能力者。

本章小结

日常生活领域是问题发现最普遍的应用领域。本章列举了三个日常生活中的典型问题发现案例，绘制其思维流程图并分析相关特点。结果显示，日常问题发现思维过程有一定的偶然性，但也存在其必然性。在问题发现初期，以无意识思维为主，但其后的思维转变取决于个体自身的具体情况。问题发现有一个从模糊到逐渐清晰的过程，而且思维的清晰化需要一个契机。问题发现思维与平时的知识积累有关，也需要时间的酝酿。三位擅长问题发现的个体在个人特质上有共同之处，包括善于主动观察与思考、兴趣爱好广泛、有追根究底的精神、不轻言放弃等。

对大学生问题发现的内隐观进行调查，内容涉及问题发现的界定、典型事例和高能力者的特征。对问题发现的界定从内容、操作和结果三方面进行分析。在内容方面，大学生主要提及了事件、问题、生活、学习等10个方面；在操作方面，提及了发现、思考、找出、解决等18个方面；在结果方面，提及了发现问题、理解问题、解决问题、发现独特等14个方面。在相关词语联想中，大学生提到了行为操作类、结果类、能力类、方法类等9类，其中行为操作类词语占一半以上。

大学生认为，代表自身问题发现能力的典型事例主要包括发现事实、发现不足、发现规律、反思等12类，其中发现事实最多，约占30%；代表他人问题发现能力的典型事例包括创新性发现、发现隐藏、发现事实、发现规律等8类，其中创新性发现最多，超过60%。高问题发现能力者的特征主要包括能力与性格两方面，两者占总特征的96%。能力特征中，提及最多的是思维能力、观察能力和知识经验；性格特征中，提及最多的是细心、灵活和敏感。

第八章　科学研究中的问题发现思维

科学领域是问题发现思维最重要的应用领域之一。对从事科学研究的工作者来说，发现问题不仅是研究的开端和起点，更是决定研究价值和水平的关键要素。本章将采用纵向过程研究的方法，通过对问题发现思维日记的追踪和分析，考察硕士研究生在学位论文选题中的思维全过程，分析科学研究中问题发现思维的特征和规律，并与日常生活中的问题发现思维活动进行对比。

第一节　硕士生学位论文选题思维过程

采用纵向研究的方法，以写思维日记的方式考察个体在学位论文选题中的思维过程。选择硕士生的学位论文选题过程作为考察对象，主要是基于以下考虑。首先，硕士生在学位论文中的选题，是一次典型的科学研究领域的问题发现过程。它与上一章生活中的问题发现过程一起可以构成真实情境问题发现过程的两类典型代表。其次，硕士研究生在科学研究方面受到过比较专业的训练，其选题更能够体现出明确的目的性以及比较系统、完整的科学问题发现思维过程。再次，学位论文的选题时间相对固定，便于使用纵向研究的方法对其过程进行追踪考察。

一、选题对学位论文的意义

撰写学位论文是研究生教育中最具综合性、实践性和创造性的环节，是检验学生在校期间学习成果的重要方式。学位论文的撰写可以帮助学生巩固和扩展所学的理论知识，提高发现问题、分析问题和解决问题的能力，培养严谨求实、独立思考、敢于质疑的学习精神。

撰写学位论文大体要经过选题、确定论文大纲、搜集资料、实践研究、写作、修改和定稿等几个阶段。其中，选题是撰写论文的首要环节，也是决定论文成败的关键。所谓选题，就是发现、选择和确定论文的论题。科学研究是从问题开始的。爱因斯坦指出，提出一个问题往往比解决一个问题更重要。科学学奠基人贝尔纳认为，“课题的形成和选择，无论作为外部的经济要求，抑或作为科学本身的要求，都是研究工作中最复杂的一个阶段，一般来说，提出课题比解决课题更困难”①。南京大学的谈哲敏在谈到做学位论文的成功因素时指出，选题是最为重要的，有了一个好的选题就意味着论文成功了一半。② 选题决定了论文的研究目标、方向和内容，并在一定程度上规定了研究所采用的方法与途径。适当的选题有助于推动研究的发展，促进论文的顺利完成。而不当的选题则会造成人力物力方面的极大浪费，让人丧失对研究的信心和兴趣，使论文撰写陷入困境。

现阶段，我国高校对学位论文选题的重视还相当不够。学生在论文选题中存在很多问题和困难。王庆海和王瑛（1998）认为，选题不当是硕士论文写作中存在的主要问题之一，其主要表现为：题目不新颖；题目不具重要性、学术价值不高；题目缺乏适合性等。③ 行龙（2001）谈到，大学生选题存在宽泛性、局限性、趋时性、脱离现实性等问题。④ 卢贵忠、余继文和王清元（2004）指出，由于选题的不恰当，有的学位论文在通过答辩后就“变成一堆废纸”。⑤ 赵旦峰和李刚（2006）的研究指出，选题环节出现的不足包括，选题过于陈旧、题目范围过窄或太大、存在较多假题目、中途随意改换题目等。⑥ 徐金平和韩延伦（2006）指出，当前硕士论文选题存在的问题包括，选题盲目求“大”，盲目求“新”求“异”，以及选题过于平淡。⑦ 黄春梅（2007）的调查显示，在“论文撰写的影响因素”方面，41.3%的学生提及了“选题比较困难”这个因素。在“教师认为毕业论文中存在的问题”方面，33.3%的教师认为“选题过大过难或陈旧”是论文写作中出现最多的问题。⑧

针对论文选题的已有研究，大多集中在现象描述和理论思辨方面，涉及选题的意义、原则、方法、现状、存在问题和影响因素等内容，较少从思维的角度进行考察。即使有，也多作理论探讨，缺乏对思维过程的实证分析。这致使很多选

① 赵佩华．论创造性与科学性的冲突和消解——从库恩的科学发展模式看科研选题原则．云南社会科学，2005（1）：22～25.

② 陈丙纯，王豪．做研究写论文选题最重要．中国研究生，2003（5）：13.

③ 王庆海，王瑛．从审阅硕士学位论文看研究生在写作中存在的问题及解决办法．学位与研究生教育，1998（5）：27～31.

④ 行龙．谈历史学硕士学位论文的选题．学位与研究生教育，2001（9）：5～7.

⑤ 卢贵忠，余继文，王清元．毕业设计的选题要求．农机化研究，2004（2）：260～261.

⑥ 赵旦峰，李刚．论科学选题在本科生毕业设计中的重要性．黑龙江高教研究，2006（10）：109～110.

⑦ 徐金平，韩延伦．当前硕士研究生学位论文选题存在的问题及建议．学位与研究生教育，2006（1）：42～45.

⑧ 黄春梅．本科毕业论文不宜取消——对武汉四所高校本科毕业论文撰写现状的调查．株洲师范高等专科学校学报，2007（1）：80～83.

题建议模糊而笼统，缺乏操作性和实际指导作用。因此，本章拟从思维活动的角度，对硕士生学位论文的选题过程进行研究，深入分析科学领域问题发现的思维流程、思维特点和思维模式。

二、研究方法

硕士生在学位论文中的自主选题活动，是问题发现思维的重要体现，并且是科学领域问题发现思维过程的典型代表。学位论文的选题过程，是以专业知识为基础，运用各种思维方法去发现问题（发现一个研究课题）的过程。在选题中，学生会投入相当多的时间和精力，系统地就某些问题进行考察，这是问题发现能力的一次集中体现。因此，考察大学生如何发现一个能够深入研究的问题（选题）的完整过程，可以帮助我们详细探索科学领域的问题发现思维特征。

（一）被试

选择心理学专业的硕士研究生作为纵向研究的对象。主要是考虑到思维日记的内容对于研究者来说最好是熟悉并便于分析的，因此选择了心理学专业的学生。15 位心理学专业的硕士研究生被选为被试，其中女生 10 名，男生 5 名，平均年龄 24.1 岁。要求他们采用写思维日记的方法，记录在学位论文选题过程中发生的重要事件，以及其中的思维发展变化过程。

（二）研究材料

研究的材料是一个 . xls 电子表格，里面提供了硕士生撰写思维日记的基本格式。表格先由研究者进行设计，之后就其内容征求了两位心理学专家的意见，并对表格进行了适当的调整与修改。

表格中，列出了被试在思维日记中需要记录的各项内容，包括：时间、情绪状况、发生的事件（既可以是具体事件，也可以是抽象的思考性事件）、事件中的重要人物（可用代号表示）、对事件的思考、该事件对选题的影响、其他等。其中，“对事件的思考”是记录的核心部分。为了便于理解，研究事先举了一个例子作为记录事件的参考。

（三）研究程序

采用纵向研究的方法，追踪在数个月中硕士生个案进行学位论文选题的思维过程。具体来说，就是要求学生以写思维日记的方式，详细记录在学位论文选题中发生的重要事件及其思维活动过程，尤其是思维的产生、发展和变化过程。

在正式记录之前，向参与研究的学生详细说明写思维日记的具体要求。

(1) 介绍整个研究的背景，以及写思维日记对于研究的意义，强调了对被试信息的保密问题。

（2）思维日记的题目叫做“学位论文选题的思维过程”。在影响选题事件发生的当天，要求被试详细记录该事件及其相关的思维活动过程。如果当天没有影响选题的事件发生，则不需要记录。

（3）为了反映真实的思维过程，研究者特别嘱咐被试，对于已经记录下来的内容，即使后来觉得它非常不合理，也不要再更改。

（4）提供一个 . xls 格式的文档作为模板进行记录。在没有条件使用电脑的情况下，可以先在纸上记录，再输入电脑。

对于硕士生来说，一年级下学期到二年级上学期是进行学位论文选题的关键时间。在一年级下学期，召集 15 位同学讲解了思维日记的记录目的和方法。但随后的情况显示，学生都是在二年级上学期才开始正式思考并记录选题过程的。在个案记录思维日记期间，研究者不定期地追踪并了解他们的进度情况。在此过程中，每一个个案都很积极地思考选题的事情，并及时记录下了自己的想法。被试记录思维日记的实际时间跨度为 4 个半月。

（四）对日记进行分析的方法

对硕士生的选题思维日记，采用质性分析的方法进行考察。具体分析过程包括以下六个步骤：

（1）通读思维日记。在收回思维日记之后，仔细研读所有的日记 3 ~ 5 遍。全面地了解思维日记的整体情况。

（2）内容分析。仔细分析每一位被试的思维日记内容，尤其是其中“对事件的思考”部分。

（3）画出思维流程图。根据每一位被试的思维过程，画出思维流程图。

（4）对比总结。归纳每一位被试的思维特点，并进行被试之间的对比分析，总结其共同特征与规律。

（5）与生活领域的问题发现思维进行对比分析，考察其共同点和差异。

（6）与问题发现实验研究的结果进行对比分析，考察其共同点和差异。

三、科学问题发现的思维流程图

（一）思维流程图的绘制方法

本章着重考察硕士生在学位论文选题中的思维过程。为了更直观地展示被试的问题发现思维过程，我们对思维日记进行了整理和归纳，并按照其思维产生的时间先后顺序画出问题发现思维流程图。本研究将在此基础上总结大学生学位论文选题的思维过程特点。

在绘制学位论文选题思维流程图时，所采用的方法与第七章画流程图的方法有所不同。第七章是属于生活领域的问题发现过程，期间对问题的思考大多是靠直觉性思维，相对来说比较简单和直接。而本章是属于科学领域的问题发现过程，对问题的发现更多地采用了分析性与推理性的思维方式。期间存在多次推敲、反复斟酌的情况，思维过程也更加复杂和曲折。因此，用第七章的作图方法不能很好地展示这种复杂性思维过程。

本章将借鉴在第四章中所使用的问题行为图技术来绘制思维流程图。但其中有一个最根本的区别，即第四章的问题行为图是严格按照思维流程，即思维出现的时间先后顺序来作图的。而本章所涉及的思维内容十分分散，时间跨度太长，为了更直观地展示思维内容之间的相互关联，清楚地看出个案每一个思维活动的来龙去脉，将以思维内容作为画图的主要依据。同时，在每一个内容旁边都标识上时间的顺序号，以便于了解其思维产生的先后关系。

在作图前，首先对思维操作本身和思维的内容作了区分。为了更好地说明思维流程，我们把学位论文选题中的思维操作按照其对应内容的关系区分为横向思维和纵向思维。

在进行思维判断时，首先判断横向思维关系是否存在。如果一个内容与其前面的内容之间是并列和平行的关系，那么就属于横向思维。如果横向思维之间在内容上没有交互关联，涉及两个完全独立的内容，那么就属于独立横向思维。在标识独立横向思维的内容时，需要把它标识在与其他类别内容的最上端所平行的位置。如果横向思维之间在内容上存在关联，就属于关联横向思维。其内容与哪一个思维内容存在关联，就把它标识在与该内容平行的位置。在流程图中，独立横向思维之间用虚线横向箭头联系，关联横向思维之间用实线横向箭头联系。

如果不存在横向思维关系，再具体判断纵向思维关系的情况。如果一个内容与其前面的内容之间属于上下位的包含或者隶属关系，那么它们之间的思维联系就属于纵向思维。纵向思维用实线的纵向箭头表示。如果一个内容的内涵和概括程度高于另一个内容，就是属于上位关系，那么就把概括程度高的上位内容画在下位内容的上方。反之，下位的内容就画在上位内容的下方。

此外，在画思维流程图的过程中，主要遵循以下原则：

（1）思维流程的整体时间走向按照从上到下、从左到右的顺序排列。

（2）为了直观地展示思维内容之间的相互关联，在呈现思维内容的位置时，并不完全按照时间走向排列，而是以具体内容作为主要的排列依据。也就是说，该思维的内容涉及哪个部分，就把它列入那部分内容所在的区域。

（3）在每一个新思维内容出现时，都需要与其前面的所有内容进行关系判断，以便把它放在一个最准确的位置。

（4）在每一个内容框的右上方都标志上了时间顺序号，如【1】、【2】等，便于认知其出现时间的先后顺序。

（5）方框表示思考的内容，带箭头的线段表示各种思维操作，所有箭头的指向均表示思维的前进方向。

（6）在选题过程中，如果被试经过思考后准备直接否定掉某一个想法，就在该思维箭头上打“×”。

由于篇幅限制，下面只展示四个有代表性的典型问题发现思维流程图，其余个案的思维流程图与此类似。

（二）四个典型问题发现思维流程图

1. PC 的学位论文选题思维流程图

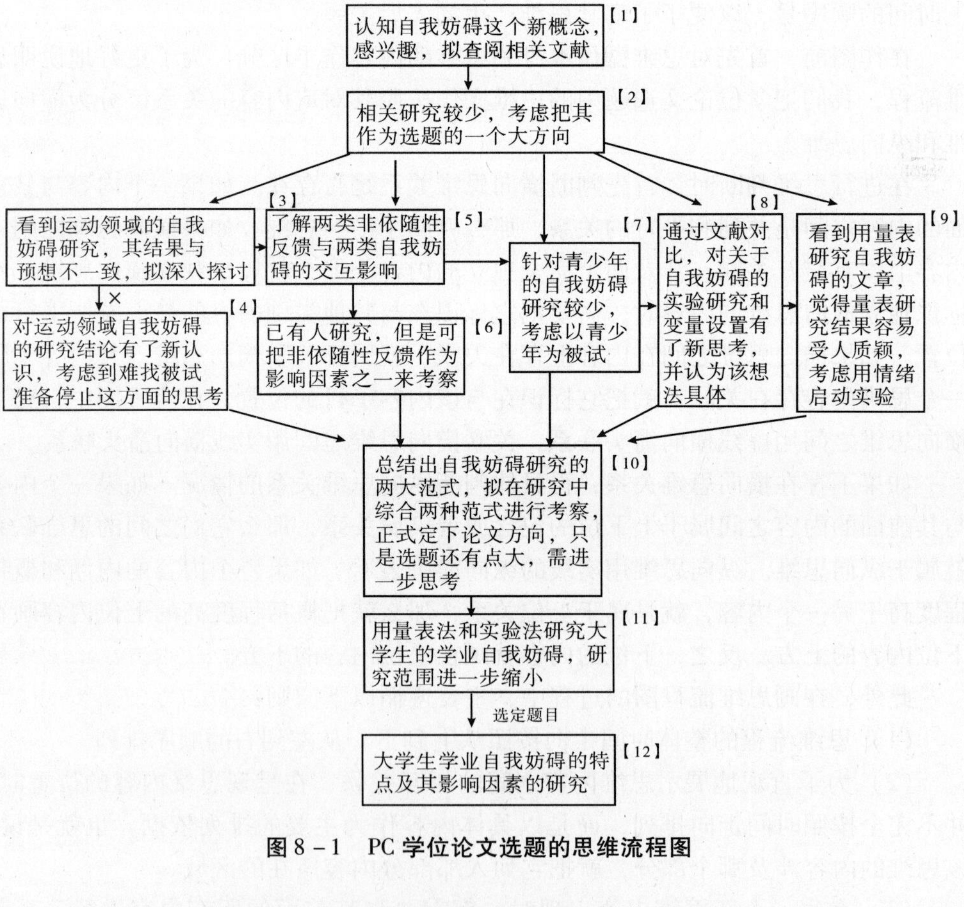

图 8－1　PC 学位论文选题的思维流程图

从图 8－1 可以看出，PC 的问题发现过程有一个明显的“总—分—总”的思维关系。先是发现了一个感兴趣的概念“自我妨碍”，准备把其作为选题的一个大方向（总，【1】—【2】）；之后就着手查阅各种相关文献，从多个方面了解该领域的研究现状并作了自己的理解和思考（分，【3】—【9】）；在积累了较多的文献和理解逐步加深后，总结出该领域研究方法上的两大范式，并进一步明确和缩小了自己的研究范围（总，【10】—【12】）。可以说，她的思路是非常清晰的。此外，在 PC 整个选题的过程中，在大的方向上没有作过任何改动，始终围绕着“自我妨碍”这个中心进行选择和思考。所以，最终发现的题目也是其深入思考后得出的一个合理结果。

2. PJ 的学位论文选题思维流程图

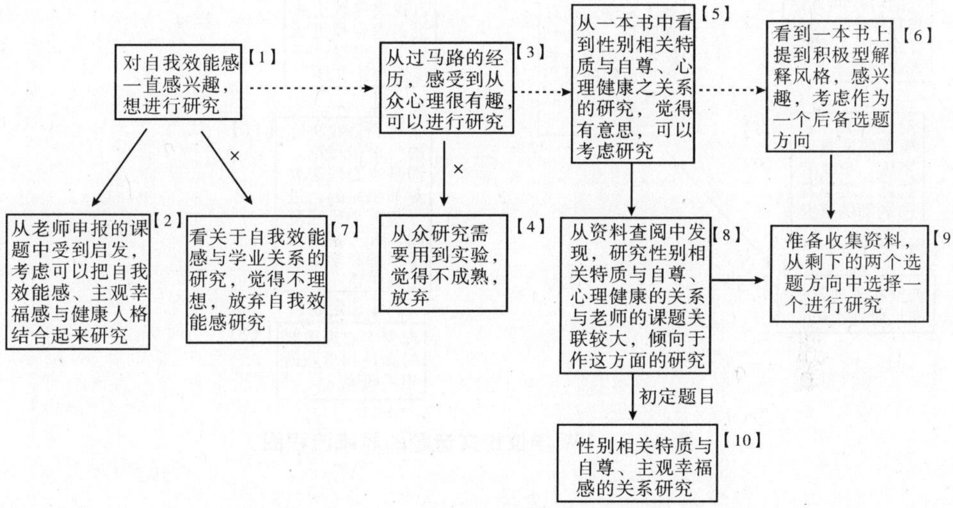

图 8-2　PJ 学位论文选题的思维流程图

在图 8-2 中，展示了个案 PJ 学位论文选题的思维流程图。从图中可以看出，在 PJ 同学的选题过程中，出现过四个备选的大方向，其中有两个已经被其否定掉。她最终在剩下的两个方向中，选择了其中一个。PJ 同学对各个领域的思考都没有很深入（纵向思维最高达到三层）。不过，在她的思维过程中，出现了明显的元认知监控思维（见【9】）。

3. PW的学位论文选题思维流程图

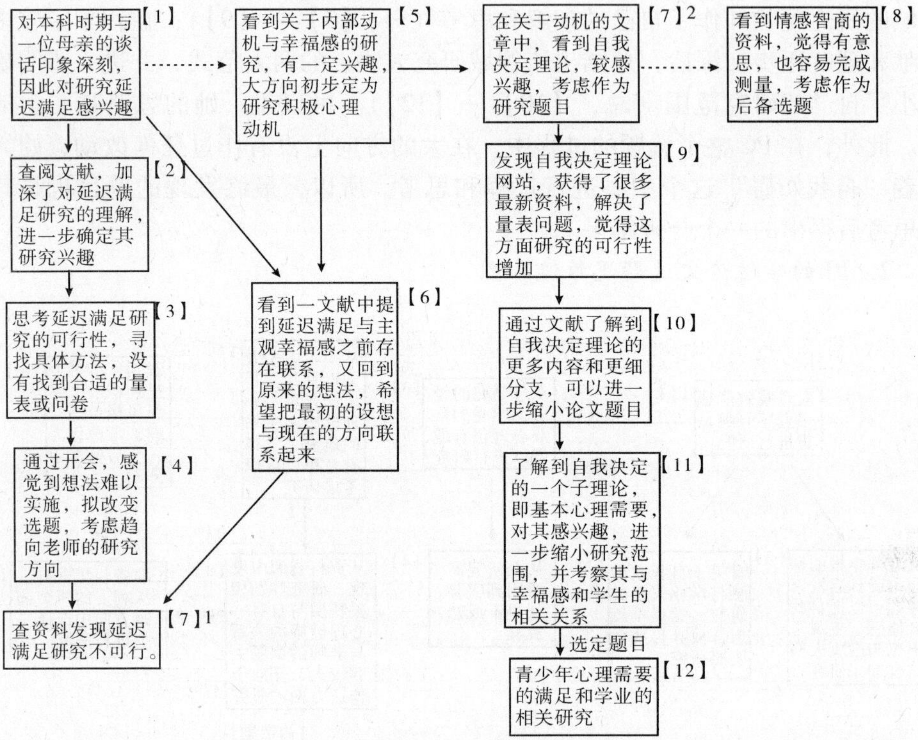

图8-3　PW学位论文选题的思维流程图

由图8-3可以看出，在PW同学的选题过程中，出现过四个备选的大方向，其中有两个方向都考虑得比较多，也比较深入。在这两个考虑得比较多的方向中，其中一个由于研究方法的不可行已经基本被否定掉。而对另外一个问题的认识则逐渐加深，收集了更多的资料，并缩小了研究范围。因此，她最终的选题方向是非常明确的，可以说是比较顺理成章地定下了这个题目。

4. PH 的学位论文选题思维流程图

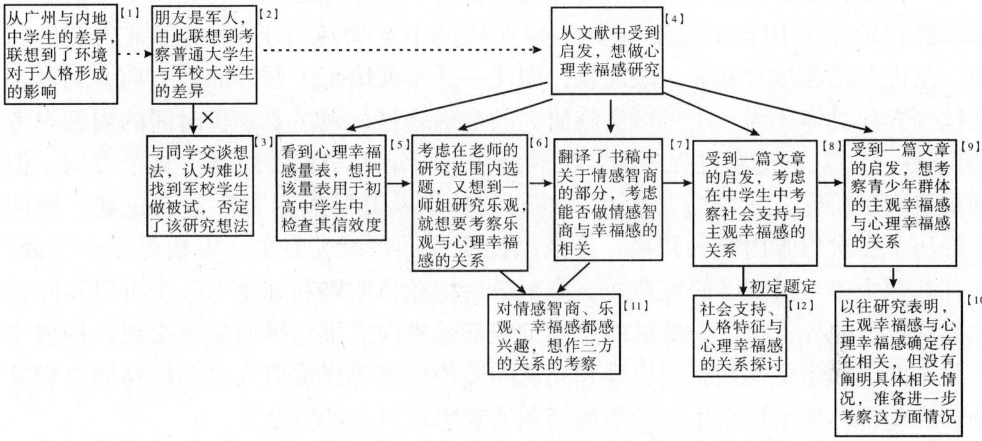

图 8－4　PH 学位论文选题的思维流程图

由图 8－4 可以看出，PH 同学在问题发现过程中，综合运用了纵向思维和横向思维。只是在纵向思维的深度上还有所欠缺，没有特别对某个内容进行比较深入的考察。在 PH 同学备选的三个大方向中，第一个方向基本没有怎么考虑，第二个方向已经被否决，所以她的思维主要集中在第三个方向上。但是由于深度思维的欠缺，在问题的具体细节方面，还没有非常明确。最终，PH 同学从第三个大方向上，挑选了其中的一个子问题作为其初定的题目。

第二节　科学问题发现思维过程的分析与启示

在整理好 15 位硕士生的思维流程图之后，我们把流程图反馈给硕士生本人，请其对流程图的准确程度进行评价。所有的硕士生都认为，流程图比较准确地反映了真实的思维过程。下面将对硕士生的选题思维过程进行分析，并探讨其思维特点对于科学领域问题发现活动的启示。

一、学位论文选题思维特点

通过考察个案硕士生在学位论文选题上的思维流程图，本节从以下六个方面总结了思维过程的特点。

（一）思维内容的复杂性

硕士生在学位论文选题中需要经历比较复杂的思维过程。所有硕士生的思维总步骤数量都在 10 步以上，也就是说在选题中至少经历了 10 次思维内容的转换。这说明选题过程并非一蹴而就，即使一开始就确定了题目的大方向，到真正把这个方向具体化为一个可以实施研究的准确题目，也需要较长时间的周密思考和论证。以 PC 的选题过程为例，虽然最初就拟定了“自我妨碍”这个方向，但到最终确定研究“大学生学业自我妨碍的特点及其影响因素”这个论题，期间也经历了多次思维内容的转换，涉及以往研究的领域、对象、方法等多个方面，并在选题中逐步梳理了研究范式，直至最后把题目明确和细化为一个可以实际操作的内容。此外，每一个被试的思维过程都是横向思维与纵向思维交织，构成错综复杂的关联系统，而否定思维和元认知监控思维等思维形式也多次穿插出现其中，这些都体现了硕士生科学领域问题发现思维过程的复杂性。

（二）思维过程的反复性

在思维流程图中，我们对每一个思维内容都按照其出现的先后顺序进行了时间编码。从编码的大小就可以看出思维发展和变化的流程。在思维过程中，如果时间编码连续则表明思维是顺向依次发展的，没有出现倒退和返回的情况。反之，如果时间编码在箭头的走向上不连续，就说明思维出现回退和反复。这里的回退就是指，又返回去重新思考原先考虑过的内容，回退体现了思维的反复性。比如 PW 在选题中最初考虑过“延迟满足”这个方向，其后又思考了“主观幸福感”、“自我决定理论”等内容，之后，又再回过头去重新考虑“延迟满足”现象，这就是一个典型的思维反复性的例子。

思维流程图中，时间编码不连续的次数，表明了一个被试思维反复的次数。思维的反复性是选题过程中的一个常见现象。在 15 名硕士生中，11 人都出现过思维的反复现象。反复性的产生是思维出现酝酿效应的一种体现，即把思路放在一边，过段时间再回头去看，也许就会有新的理解和启发。思维的反复性，体现了被试在思维过程中的一种风格，而并不代表其思维能力的高低。也就是说，思维反复的次数并不是越多越好，或者越少越好，它代表的只是一种认知风格。如果一个人的思维完全没有反复现象，既可能说明他之前的思维都非常完善和成熟，后期不需要再加工和改进了；同时也可能说明他以前的思路完全没有价值，不值得再去考虑。

（三）思维的广度与深度

横向思维指思维在广度空间上的搜索和扩展，体现了思维的发散性；纵向思维指思维在深度空间上的深化和延伸，体现了思维的聚合性。横向思维的使用可以帮助个体通过各种途径广泛搜寻各种潜在的可能问题，避免信息的遗漏；而纵向思维则可以针对其中的某个具体问题展开深入详细的分析和考察，对题目的科学性、价值性和可行性作出判断。两种思维的综合使用和融会贯通可以确保选题的适当性。本研究表明，所有硕士生的思维过程都同时运用了横向和纵向两种思维模式，两者相互交织，构成错综复杂的思维网络。因此可以说，选题过程就是在广度和深度这两维空间上同时对思维内容进行搜寻的过程。

从思维流程图中横向和纵向箭头的最大值上，可以直观地看出被试在选题中的思维广度和深度。横向箭头越多代表使用横向思维的次数也就越多，思维的广度和发散程度就越高。位于第一层的横向箭头还代表了在大方向上，也就不同领域上的思维转变。而非第一层的横向箭头则代表，在某一个领域内部的横向思维。所有硕士生在问题发现中都运用了横向思维，思维广度最少是四个（三个横向箭头连接），最多是六个（五个横向箭头连接）。

纵向箭头数量的多少则体现了纵向思维的运用次数，从中可以看出思维的深度和聚合程度。如果在同一层上，出现了多个纵向箭头，也只算作一层。在选题过程中，所有硕士生都运用了纵向思维，思维深度最少为三层（两个纵向箭头连接），最多则为七层（六个纵向箭头连接）。

（四）思维结果的清晰性

清晰性代表了硕士生在问题发现思维过程中思路的明确和清楚程度。与此相反的就是思维的混乱或者叫做“一团乱麻”似的思维。需要说明的是，思维的反复性并不代表思维混乱。

从思维流程图的走向上看，所有个案的思维过程基本上都是清晰的。但是在本研究中，对思维清晰性的考察有一个比较客观的指标。该指标就是，在经历了四个半月的思考后，被试是否能够发现一个“理所当然”或者说“顺理成章”的研究问题。如果不看被试自己最终发现的研究题目，仅仅通过对其思维流程图其他部分的分析，就可以比较准确地判断出被试的题目，那么说明被试的这个题目是顺理成章的，思维结果是清晰的。但是，如果通过对思维流程图其他部分的分析，无法推理出被试的问题，或者可以推理出两个以上的问题，这就说明被试最终的题目并不是一种理所当然的思维结果，而是存在着可变性，即选题思路还不够清晰。通过上述分析的结果显示，只有三分之一的硕士生选题思维是清晰的。

进一步分析发现，思维清晰的硕士生在纵向思维的深度上明显优于其他人，其思维深度均在五层以上，而清晰性较差硕士生的思维深度大多为三层。这说明，思维清晰性在很大程度上依赖于思维的深度。要使某一思维过程变得更清晰，就需要多进行纵向的有深度的思考。

（五）否决思维与元认知思维的运用

在选题思维过程中，还存在着两种特殊的思维类型。其一为否决思维，在流程图中，用箭头旁边的“×”表示。在本研究中，如果硕士生非常明确地表示要放弃或者停止思考某个方面，我们就视为一个否决思维，表示被试不会再对这方面进行考虑了。但是如果被试只是作了否定性的判断，则并不视作否决思维。在15名硕士生中，有10名都使用了否决思维。在选题思维过程中，否决思维的使用对于维持思维的清晰性与条理性是非常必要的。但是，否决思维需要谨慎运用，否则可能会把一个好的思路给否定掉了。

其二为元认知思维。元认知是指对认知过程本身的认知，即个体在进行认知活动的全过程中，将自己正在进行的认知活动作为意识对象，不断地对其进行积极、自觉地监视、控制和调节。选题过程中，12名硕士生都使用了元认知思维来计划、监控和调节自己的思维活动。比如PC的评价“论文的基本方向已经定下了，可是选题还是有点大，有待进一步的思考”、PJ表示“决定搜集资料，从剩下的两个选题方向中确定一个进行研究”、PW谈到“又回到原来的想法，还是希望能够把最初的想法和现在的方向联系起来”等，都是被试元认知思维的体现。元认知思维的使用可以使个体的思维随时处于一种被监控的状态，避免思维的偏离，这对于保持思路的有效性和适切性，提高选题的效率是有益的。

（六）局部思维模式

从思维流程图中，可以总结出硕士生在问题发现过程中的几类典型局部思维模式。由于本章中被试的整体思维模式都非常错综复杂，要想进行像在前面研究中那样的整体性分析不太可行。因此，本研究将针对各个相对独立的局部思维模式进行分析。

硕士生在选题过程中主要使用了五种典型的局部思维模式。一是“发散型”，比如PC流程图中的【2】与【3】、【5】、【7】、【8】、【9】的关系，它的特点是从一个思维发散出多个更小的思维方向。二是“聚合型”，比如PH流程图中【6】、【7】与【11】的关系，它的特点是把多个属于同一大类的思维进行归纳和总结。三是“平行型”，比如PW流程图的第一层，它的特点是思维之间是并列和平行的关系。四是“纵向型”，比如PW流程图的第一和第三列，它的特点是思维沿着纵向发展，逐渐深入。五是“关联型”，比如PW流程图中的【6】。它的特点是把两个不同的思维方向关联起来进行综合思考。

在这些局部思维模式之间，可以自由地进行各种组合，以形成更加复杂的综合性模式。比如“总—分—总型”模式（见PC的整个流程图），可以看作是“发散型”和“聚合型”模式的组合。它的特点是，先确立一个总体的思维方向，之后再运用发散性思维对其各个相关方面分别进行考察，最后把考察结果进行汇总。而“纵横交错型”（见 PW 的整个流程图），可以看作是“平行型”和“纵向型”模式的组合。总之，各个局部思维模式的多次相互组合，还可以构成更多的综合性思维模式，这里不再一一举例说明。

由以上分析可以看出，思维活动在科研选题中起到至关重要的作用。它对于题目的搜寻、选择、判断、细化、明确等是不可或缺的。符合逻辑的、清晰的思维过程可以帮助个体理清选题思路，找出可进一步研究的空间，作出科学合理的可行性和价值性判断，从而顺利完成选题任务。

二、提高科研论文选题质量的几点建议

优质的选题离不开积极的、高水平的思维活动。基于对 15 名硕士生学位论文选题思维过程的考察，本部分从思维的角度提出以下提高科研论文选题质量的对策性建议。

（一）记录选题思维日记

选题是一个漫长的过程，短则数月，长则一年，甚至有学生在开题之后依然需要对题目进行重新调整。在这个过程中，个体基于文献资料的查阅和梳理，生产实践的观察和调研，个人的兴趣和特长，导师的研究方向和指导等途径，会发现不少的备选题目。有的题目可能只是灵光一现就消失了，有的题目可能当时认为不合适就丢弃了，有的题目单独看可能没有什么意义，但在这些良莠混杂的题目和线索中也许会存在有价值的选题方向。为了避免好的想法被遗漏或过早放弃，可以采用思维日记的形式，把选题中的各种思路记录下来。不定期地对这些思路进行再考察，有利于新想法的出现和酝酿效应的产生。

（二）绘制思维流程图

绘制思维流程图是基于思维日记的记录，把日记的内容进行梳理、直观化和图像化的过程。思维流程图的绘制可以帮助个体进一步理清选题思路，提高思维的逻辑性和清晰性。思维流程图可以清楚、准确地显示出各类主题之间的相互关系，有利于对各种思路进行对比分析、综合考察和融会贯通，促进创新思维的产生。此外，通过思维流程图的整理，个体可以全面了解自己在选题中的思维发展和转变过程，这对于深入理解题目的外延和内涵，明确和细化选题空间大有裨益。

（三）关注纵向思维的发展

本章研究发现，纵向思维的深度与质量同思维结果的清晰性和选题的优劣密切相关。因此在选题过程中，应该关注并重视对纵向思维的使用。选择一个理想

的论题，必然需要对该题目进行深入考察。纵向思维的使用不但可以缩小研究范围，明确研究的实际空间，还能够加深对研究内容的理解和认识，提高判断的有效性。因此，当通过横向搜索确定了几个备选方向后，就需要利用纵向思维对这几个方向进行深入分析和考察，以进一步判断其价值性与可行性，作出有效的取舍。

（四）运用元认知思维

元认知思维的运用能够帮助个体对整个选题思维过程进行计划、监控和调节，这种监控作用可以贯穿整个选题甚至做论文的全过程。元认知思维的作用体现在以下三个方面。①计划。在选题之前，设置论文目标、预计选题结果；考虑需要采用的策略、方法和途径并预估其有效性；规划选题的时间安排等。②监控。在选题过程中，根据进展情况及时评价、反馈选题活动的结果与不足；正确估计自己达到目标的程度和水平；评价各种选题途径与策略的效果。③调节。根据对选题内容的结果检查，采取相应的补救措施；根据对选题策略的效果检查，及时修正、调整选题的方法和途径。比如，如果发现题目范围过大，可以通过查阅文献和纵向思维活动等进一步缩小问题的范围。

相对于学位论文的写作而言，选题看似是一项简单和容易的工作，但其中涉及了复杂的思维活动。题目的选择不但体现了硕士生专业知识的广度与深度，也显示了其思维水平的高低。当个体基于必要和充分的思维活动而选定了一个题目之后，他必定已经对该论题的价值性和可行性作了全面考量，在文献资料的收集、研究内容的明确、研究方法的选择、论文整体的布局、重点和难点的所在等方面也做了充分准备。因此，在论文写作的后面各个环节中会进展得更加从容和顺利。总之，思维活动在学位论文选题过程中起到举足轻重的作用，需要引起高度重视。

第三节　生活与科学领域问题发现活动的对比

在对真实情境中的问题发现个案进行分析时，我们考察了两个典型领域：一是日常生活领域大学生的问题发现活动；二是科学领域硕士生学位论文的选题过程。在两个领域中，个体的问题发现思维过程存在着共同点，但是也有比较明显的差异。

一、两个领域问题发现的共同点

生活和科学领域的问题发现活动，存在以下共同之处。

（一）积极的思维活动

在选题过程中，思维活动起到重要作用。Runco（1994）指出，思维，尤其是创造性思维是发现问题的核心要素。[①] 就其本质而言，选题就是利用横向与纵向思维，在广度和深度空间进行潜在问题的搜索和筛选过程。比如大学生 PW 在选题中，先利用横向的发散性思维搜索到"延迟满足"、"积极心理动机"、"自我决定理论"、"情感智商"四个大方向的问题，之后再利用纵向的聚合性思维对四类问题的科学性、可行性和研究空间进行考察，最后筛选出"自我决定理论"方向的一个题目。就整个选题过程来看，从问题意识的初步形成，到问题的确认和定义，再到题目的判断与评价都离不开思维活动的积极参与。

（二）有效的思维策略

在选题中，大学生都有意无意地运用了一定的策略。策略的使用体现了大学生对整个选题活动的认识和掌控能力。比如使用元认知策略对自己的思维过程进行计划、监控、评价和调节。谢居盛（2003）的研究结果显示，如果学生的元认知能力低，则其问题提出的能力也低。[②] 俞国良、侯瑞鹤（2004）指出，元认知是影响学生问题发现的重要因素之一。[③] 在大学生 CY 的选题中，就经常对自己的思维活动过程进行反思，他描述到"我会主动去挖掘一些事情，没事去考虑考虑。就像牛反刍一样，把问题先塞到自己胃里，没事就去琢磨一点，消化一点"。策略的使用可以调节思维的进度和方向，提高选题的有效性和价值性。

（三）知识基础

Mumford，Roni 和 Redmond（1994）认为，问题形成与个体的知识基础密切关联。[④] 许育彰（1999）的研究指出，学科知识对于预测学生的选题能力有重要作用。[⑤] 在生活和科学两个领域的选题活动中，思维的产生都离不开相应的知识

---

① Runco，M. A. *Problem Finding*，*Problem Solving*，*and Creativity*. NJ：Ablex Publishing Corporation，1994. 271 - 290.

② 谢居盛．从后设认知探讨学童创意科学问题提出之能力．台湾屏东师范学院硕士学位论文，2003.

③ 俞国良，侯瑞鹤．问题提出、认知风格与学校教育中的创造力培养．教育科学，2004（4）：54 ~ 58.

④ Mumford，M. D.，Roni-R. & Redmond，M. R. Problem construction and cognition applying problem representations in ill-defined domains. In Runco，M. A.（Ed.），*Problem Finding*，*Problem Solving*，*and Creativity*. NJ：Ablex Publishing Corporation，1994. 3 - 39.

⑤ 许育彰，探讨高中生从力学情境中发现问题的能力之研究．台湾师范大学博士学位论文，1999.

基础。在谈到选题的影响因素时，在生活领域发现问题的大学生大多提到知识是最重要的因素。而在学位论文选题中，对硕士生在“发生的事件”一栏中所做的记录进行考察发现，绝大部分事件都涉及了查阅文献资料。可见，知识和信息的积累在选题中是举足轻重的。如果没有相关的知识基础，就不可能对一个领域展开深入的思考，更不可能发现有价值的问题。

（四）时间酝酿

问题的产生不是一蹴而就的。在学位论文的选题中，每一位硕士生都经历了长达四个半月的选题时间，有的学生甚至还要更长一些。即使如此，他们也只是初步定下了题目，将来可能还会对题目进行调整。而生活领域的选题中，虽然问题意识的最初萌芽产生于一瞬间，但是从朦胧的意识到真正清楚地明确和定义问题（不包括着手解决），最短都经历了半年的时间，最长的甚至达到了两年。这说明选题过程需要较长时间的积累和酝酿。

二、两个领域问题发现的差异

由于动机、目标、环境、时间等方面的差异，在科学和生活两个领域的问题发现活动也存在截然不同之处。

（一）选题意识：目的性对随意性

本研究发现，硕士生在做学位论文的过程中由始至终都具备明确的问题意识，目的性很强，他们很清楚地认识到，为了顺利完成论文必须努力寻找和选择研究题目。由于学位论文有严格的时间限制和任务要求，学生在选题中会承受一定的压力，而且不管质量如何，他们最终都必须选定一个研究问题。而生活领域的选题活动则没有强制的任务要求和时间规定，学生通常都没有清晰的目的性，甚至对于选题过程本身都是无意识的。因此，很多选题都经过了长时间的酝酿（最长的达两年）才慢慢浮现出来。这说明，在生活领域和科学领域，由于目的性的不同，选题意识有明显差异。

两类问题意识在选题中各有优缺点。一方面，明确的选题意识有助于学生有目的地系统搜寻和积累选题素材，克服知难而退的惰性，充分发挥主观能动性去发掘一个好的科学研究题目。但同时，外部的选题压力也可能会局限学生的思维，使他们不敢大胆尝试有难度或创新性的问题。另一方面，没有清晰目的性的选题能够让学生在无压力的氛围中自由探索其擅长和感兴趣的问题，但却难以避免选题中的随意性与盲目性行为，以致在好的问题出现时可能无法辨识和把握，或在选题遇到挫折时会轻易放弃。如果把两者的优点整合起来，将能够促进选题效果的提高。

（二）选题范围：局限于专业对自由开放

科学领域中，所有学生的学位论文选题都与所学专业，甚至方向密切联系。而生活领域的选题则与专业之间没有必然关联，因而在内容上更自由、更丰富、更贴近生活实际。比如一个管理专业的学生选择了“乞丐问题”作为问题对象，一个学市场营销的学生则选择了“自加热易拉罐”作为问题对象。科研活动受到教学任务与学科内容的约束，选题领域往往比较狭窄，选题的时间限制又进一步局限了选题范围。而生活领域的问题发现活动则不受专业、领域和时间的局限，学生可以充分发挥自己的特长和优势，任意挑选自己喜欢和感兴趣的题目；问题的来源更加广泛和丰富，也更能调动大学生的思维积极性与创造性。

生活领域选题的自由、开放，不受时间与空间限制的特点大大扩展了学生的选题范围和机会，这一点正好弥补了课内科研选题多方面受限的不足。因此，生活中的选题可以作为课内科研选题的有益支持与补充。在生活中的问题发现活动对于培养大学生的问题意识、积累选题素材、提高科研素养、调动研究热情是大有裨益的。

（三）选题过程：复杂对简洁

从第七与第八两章所列的选题思维流程图的对比可以看出，科学领域选题在步骤和过程上都比生活中的选题要繁杂很多。由于有明确的要求和严格的标准，科研选题过程往往需要经历多个严密的思维程序，学生会主动通过查阅文献资料、交流讨论、对比分析、实地考察等，努力寻找一个有价值的题目。选题过程往往比较复杂和曲折，思维具有较宽的广度与较高的深度。而生活中的选题过程往往是简洁、直接、跳跃式前进的，没有烦琐的思维发展和变化过程。此外，由于生活领域的选题活动没有压力，往往也就缺少了动力，学生不愿意投入过多的精力和时间对选题过程作深入、复杂的思考，选题活动容易半途而废。

在科研选题中，学生会付出更多的时间和精力，教师也会作系统培训和指导，因此选题过程更加科学、规范和有效。为了提高学生的科技创新意识和能力，学校可以在各个年级对学生开展专门的科研指导与训练，提高学生的科研意识和问题意识，避免选题中的盲目性和随意性。

（四）选题思维：分析性思维对直觉性思维

科学与生活领域的选题活动使用的思维类型存在很大差异。学生在学位论文选题中会运用分析、综合、推理、比较和判断等理性的分析性思维。思维步骤是一环扣一环的，有严密的逻辑性和系统性，在思维过程与结果之间存在着明显的因果关系。而在生活领域的选题中，学生则多使用直觉、联想、顿悟等感性的直觉性思维，在思维过程与结果之间没有严密的逻辑关联，问题的出现大多是靠

“灵机一动”的顿悟。

在选题中，直觉的跳跃性思维有助于学生发现创新性、非常规的问题，这对于选题初期搜寻问题线索非常重要。而逻辑的分析性思维则在选题中、后期对于厘清各类关系，促进问题的明朗化，对问题的价值性和可行性作理性判断等非常有效。两者的结合将有助于学生发现有新意、高质量的好问题。

（五）选题策略：有意运用对无意运用

选题策略的差异主要体现在运用策略的意识性和策略类别的差异性两个方面。科研选题中策略的使用通常是有意识、有目的的，以推理性与反思性策略为主。比如，在学生论文选题中，硕士生会有意识地使用横向思维策略在广度空间搜寻各种可能的问题线索，采用纵向思维策略对某些具体线索进行深入分析和考察，运用元认知策略以评价、监控、调节自己的选题内容和进程。而在生活领域的选题中，大学生对策略的运用往往是无意识的，他们更多地使用直觉、顿悟等跳跃性思维策略。

科研选题中，学生运用策略的意识性更强，类型也更丰富。多种策略的综合运用使选题过程更加严谨、深入，问题的价值性和可行性得到保障。而生活中的选题思维策略则相对欠缺和薄弱。教师可以鼓励学生在生活领域的问题发现活动中也增强对策略，尤其是推理性策略的运用，以促进问题的产生和清晰化。

（六）选题结果：必然性对偶然性

在生活领域的选题中，问题出现的随意性和偶然性比较大。而学位论文选题则都是比较严密的逻辑思考或反复论证后的必然结果。由于生活中的问题发现活动对题目没有提出明确、严格的标准，学生很少会深入分析题目本身的价值与现状，这直接导致问题存在缺乏意义、没有可行性、重复和泛滥、范围太大或太小等不足，但同时也可能会出现特别有新意的好题目。而科研选题中由于有学生的严谨思维和教师的严格把关，问题的质量往往能够得到保障，但学生也可能会为了完成任务而被迫选择一些自己不感兴趣或者缺乏实践性的问题。

严格的要求难以激励学生的积极性与创造性，过于宽松的环境又会使问题的质量无法保证。因此，如何把握限制的“度”的问题是其中的关键。教学中，教师可以在生活选题中，有意识地引导学生作深入思考；在科研选题中适当放宽对问题的限制，鼓励学生广泛联系实际，探索自己擅长和感兴趣的问题，促进两个领域选题的优势互补。

三、领域对比对问题发现活动的启示

生活与科学领域的选题既有共同点，又有鲜明的区别。两者的对比，对于我们开展问题发现活动，有以下启示。

（一）重视选题在科研活动中的作用

在科研活动中，选题是第一步，也是最关键的一步。对题目的选择包含了从发现问题到确立课题的整个过程，其间需要综合运用横向的发散性思维和纵向的聚合性思维，做资料收集、信息处理、方案构想、反思评价等环节的工作。也就是说，选题过程不仅仅是选择一个题目，还包括对研究资料的收集和整理，对研究方向、目的、对象、材料、方法的全面设想以及对研究结果的预测，是整个研究工作的起点。时间、经费、设备、人员、知识等多方面条件的限制，决定了学生的科研活动不容易作深入的系统性研究。但是一个有新意、有价值的选题可以弥补多方面的不足，能提高研究的技术含量和应用价值，是一个优秀研究的起点。因此，需要高度重视选题工作在学生科研活动中的重要地位。

（二）促进两类选题的互补与互惠

在大学学习生涯中，相当一部分学生都是在最后一年做毕业论文时才正式接触到科学研究任务。这对于科研能力的训练和科研素质的培养是相当不利的。把科学和生活两类选题活动结合起来，使其相互补充和相互促进，是提高选题质量的有效方法。一方面，大学生应该充分利用生活实践、社会调查、校园文化活动、学术社团活动、科技创新竞赛等生活和课外活动的机会，培养自己的问题意识和能力，同时为选题积累经验和素材。在生活领域的问题发现活动中，学生可以在没有压力的情况下，充分体验各种社会生活和生产实践，选择自己感兴趣、有经验的，与实际生活生产密切联系，又对将来的职业发展有帮助的题目。这不但可以调动学生从事科学研究的主动性、持续性和创造性，变“要我研究”为“我要研究”；也可以提高课题的实践性和应用价值。另一方面，在科学领域的课程论文和学位论文选题中，可以把感兴趣，又有一定学术价值的课外题目进行拓展、延续和深入，把学校理论知识的学习、相关课题的研究与将来的职业和社会发展需要相结合，加强课题的实用性。

（三）掌握选题规律

从两类科研选题的对比分析来看，思维、知识和时间是其中最为重要的三个因素。首先，问题的出现和辨识、问题从模糊到清晰的转化过程、对问题的价值性和可行性判断等都离不开思维活动的参与。同时，研究角度的确定、目标的定位、切入点的选择、程序的设计、方法的构想、结果的预测等也需要比较、推理、分析、综合等思维活动。因此，要重视思维活动在选题中的主导作用。其次，知识的学习和信息的积累可以促进创新性思维的产生。要作出好的选题，必须重视在日常学习和生活中对各类信息、资料、经验等素材的收集、整理和积累。再次，选题过程不是一朝一夕的。从问题思维的萌芽，到理顺其中的各种要素和关系，再到清楚意识到课题的准确内涵，需要经历较长时间的酝酿。如果不重视课外选题素材和相关资料的长期积累，仅仅在研究前夕才匆忙选题，将达不到理想的效果。

（四）运用选题策略

运用适当的策略可以促进问题的发现和选择。其中，主要包括三类策略。一是思维策略。在选题中，包含了“问题搜寻→问题筛选→初步确立选题→初步构想研究方案→可行性论证→确立课题”等环节。需要有意识地运用发散性、聚合性等思维在广度和深度空间进行潜在问题的搜索与选择。而采用记录选题思维日记、绘制思维流程图等策略可以提高思维的清晰性和逻辑性，有效促进问题的产生和明确。二是判断策略。在初步选定题目后，对其科学性、价值性和可行性等方面作出综合性判断，进一步明确题目的外延和内涵，细化问题空间。三是元认知策略。元认知策略的运用能够帮助大学生对整个选题过程进行计划、监控和调节。包括在选题之前，设置研究目标、规划时间安排、预计选题结果等；在选题过程中，监控、评价、反馈选题活动的方法和内容；根据反馈情况，及时调整选题策略和途径。

总之，生活与科学领域选题的交叉与互补可以促进学生问题发现能力的提高，有助于探究性活动的顺利开展。

本章小结

科学研究是问题发现思维的重要应用领域之一。本章采用纵向研究的方法，追踪15位硕士生在四个半月中进行学位论文选题的思维过程。要求学生以写思维日记的方式，详细记录在学位论文选题中发生的重要事件及其思维活动过程，尤其是思维的产生、发展和变化过程。

研究结果显示，硕士生学位论文选题的思维特点表现为思维内容的复杂性、思维过程的反复性、思维的广度与深度、思维结果清晰性、否决与元认知思维的使用、局部思维模式的使用等方面。在学位论文选题中，存在以下五种比较常见的局部思维模式：发散型、聚合型、平行型、纵向型和关联型。这五种局部思维模式可以相互组合，构成更加复杂的综合性思维模式。基于此，提出可以通过记录选题思维日记、绘制思维流程图、关注纵向思维的发展、运用元认知思维等途径，提高科研论文的选题质量。

科学研究与日常生活中的问题发现思维在以下方面存在差异：选题意识的目的性对随意性、选题范围的局限于专业对自由开放、选题过程的复杂对简洁、选题思维的分析性对直觉性、运用策略的有意识性对无意识性、选题结果的必然性对偶然性等。而两者的共同点在于，问题的发现都需要积极的思维活动、有效的思维策略、相关的知识基础以及时间的酝酿。科学与生活领域问题发现思维的对比，启示我们需要重视选题在科研活动中的作用，有意识地促进两类选题的互补与互惠，掌握选题规律并运用选题策略。

第九章　学校教育中的问题发现思维

在学校，问题发现活动主要以“提问”的形式表现出来。教育中的提问既包括学生的提问，也包括教师的提问。学生自主提问，可以促进其思维和创新能力的发展，帮助他们更好地理解和掌握学习内容，提高课堂参与度和学习主动性。教师通过提问，则可以更好地组织教学，调动学生的学习积极性，明确学习的方向性，使课堂教学更顺利、有效地开展。本书的第一章对问题发现在教育领域的意义进行了论述。本章主要从学生与教师两方面，探讨提问活动在教育中的运用。

第一节　学生问题发现能力培养的现状与分析

在教育中，问题发现的重要性早就引起了学者们的关注。苏联教育家苏霍姆林斯基说，“提出一个问题，胜于解答十个问题”。科学家波利来也说过：“学习知识的最佳途径是自己去发现，因为这种发现理解最深，也最容易掌握其中的规律、性质和联系。”波兹曼则指出：“一旦你学会了如何问问题，你就学会了如何学习。”①

一、学生问题发现能力现状

在学校，学生发现问题、提出问题的能力究竟如何呢？很多学者针对学校中，学生的问题发现能力状况开展了调查研究。Edwards 和 Bowman（1996）发现，教师提出的问题以及教育指导方式会影响学生提问的频率和质量。② Christine 和 David（2000）对美国某中学 102 名 8 年级学生的学习情况作了详尽的研究，分析了优、差生在物理学习策略的掌握和应用上的差异。结果发现，优、差

① 甘民．欧美课堂提问主体的演变．比较教育研究，2005（1）：19～22.

② Edwards, S. & Bowman, M. A. Promoting student learning through questioning: a study of classroom questions. *Journal on Excellence in College Teaching*, 1996, 7（2）：3－24.

学生在学习策略的运用上有明显的不同，其中，发现和提出问题能力的差异是学习策略差异的重要表现之一。[①] Christine 和 Kayalvizhi（2002）通过调查 39 名小学六年级学生，考察了学生发现开放性科学问题的类型，以及教师如何帮助学生发现并确认问题。结果发现，只有 11.7% 的学生能够按照要求发现问题，大部分问题是基于总体性知识和宽泛性主题提出的。[②] 此外，给学生展示问题的实例，可以促进问题数量的显著增长。Christine 和 Li-Gek Chia（2004）[③] 通过观察、活动录像、学生记录日志、学生作业分析、访谈等方法，调查 9 年级生物班学生的问题发现行为，包括学生自我发现问题的灵感、单独和合作时发现问题的类型、问题对知识建构的指导作用等。结果显示，学生的问题灵感来源于文化信仰、民族传统知识、广告和媒体信息、个人经历和学校课程等多个方面。单独发现问题适合于对普遍信仰、错误概念、基本信息、揭示和想象场景的确认，合作发现问题的意愿受到学习课程的驱动。问题是否“正确”，以及是否能够得到回答，是维持提问兴趣的重要因素。

我国学者也对此进行了研究。王凯虹（1999）考察了高中生在语文阅读中的质疑能力。她对北京市 700 多名高中生上课时的动脑思考情况、问题来源情况、发现问题情况以及解决问题的途径等方面进行了问卷调查。结果显示，经常独立发现问题的学生仅占 10.51%。[④] 李耀俊（2001）指出，发现和提出问题能够激发学生的学习动机，促进学生进行有意义的学习。问题发现水平显示了学生的思考过程和性质以及对概念的理解水平，低水平的提问和解释能力同学生取得的较低的学业成绩有关。提问的类型和数量受学生的年龄、经验、先决知识和技能、对教师的态度以及教学方法、问题性质、奖惩制度、课题评估环境、社交类型等方面的影响。[⑤] 朱学思（2003）将学生在课堂中提出的问题分为设想性、疑难性和怀疑性三类，并指出通过让学生明确问什么，明确问谁，明确怎样问等方式可以提高学生的提问技能。[⑥] 郁小萍（2003）对 53 名中国留学生和 57 名欧洲学生的问卷调查显示，与欧洲学生相比，中国学生较少在课堂上向教师提出疑问，较多在课后单独向教师提问，这可能源自东西方文化、教育等方面的差异。[⑦] 陈明

---

① Christine, Chin. & David, E. B. Learning in science: A comparison of deep and surface approaches. *Journal of Research in Science Teaching*, 2000, 37 (2): 109 - 138.

② Christine, Chin. ,& Kayalvizhi, G. Posing problems for open investigations: What questions do pupils ask? *Research in Science & Technological Education*, 2002, 20 (1): 269.

③ Christine, Chin. & Li-Gek Chia. Problem-based learning: Using students' questions to drive knowledge construction. *Science Education*, 2004, 88 (5): 707.

④ 王凯虹．谈高中生语文阅读中质疑能力的培养．民族教育研究，1999 (1): 73 ~ 75.

⑤ 李耀俊．优、差生物理学习策略研究．教育实践与研究，2001 (8): 50 ~ 51.

⑥ 朱思学．关于学生提问的研究．当代教育科学，2003 (5): 20 ~ 23.

⑦ 郁小萍．中西方学生课堂提问对比分析．江西社会科学，2003 (5): 222 ~ 225.

其、雷启华、陈明伦（2004）用实验法研究了情景教学法与提出问题能力的关系，结果发现，情景问题教学模式符合学生的认知心理和特征，有助于提高学生独立思考和发现问题的能力，提高学生的创新能力。① 韩琴和胡卫平（2005）对小学生创造性文学问题提出能力进行了发展研究。研究通过呈现童话故事来创设问题情景，诱发学生按照“要是……会怎样”的句型提出问题，并从流畅性、灵活性、独创性方面对问题进行评分。结果表明，小学生创造性文学问题提出能力整体呈现持续上升的趋势；四五年级是小学生创造性文学问题提出能力的关键期。② 杨小洋、申继亮和崔艳丽（2006）用问卷法调查了北京市某中学169 名初一到高二学生，考察了对文章的提问能力与阅读理解能力之间的关系。结果显示，学生提问频次由多到少依次为推论性、评价性和事实性问题。其中，评价性问题总数对推论性和评价性阅读理解能力有显著预测作用。③ 郑青义（2009）指出随着年龄的增长，学生越来越不愿意积极主动提问。通过“读—找—构—比—悟”五字秘诀，以及指导学生在何处提问、从何角度提问等方法，可以帮助学生提出问题。④ 李井亮（2010）在化学教学中对实验班学生进行提问能力的培养，其主要途径包括创设问题情景、将提问自主权交给学生、每节课留出3～5分钟让学生自由提问、对提问学生及时反馈、鼓励学生在发现问题时及时提问等。经过一学期的教学试验显示，实验班课堂上提问的人数和质量均优于对照班。⑤

综合以上研究可知，学生发现和提出问题，可以提高他们对学习策略的运用、激发学习动机、促进概念理解、培养独立思维、提高创新能力等。但学校中，学生主动提出问题的比例很低。通过改变教育指导方式、展示问题实例、明确课程学习任务、反馈问题答案、采用情境教学模式等途径，可以提高学生的问题提出能力。

二、学校教育对学生问题发现能力培养的不足

在一般情况下，教育不会为学生的问题发现行为主动提供方便。Getzel（1964）认为：“对于问题发现的教育过程，我们知道得最少，不管是从学习或者

---

① 陈明其，雷启华，陈明伦．情景教学法与提出问题能力教学模式研究．贵州教育学院学报（自然科学），2004（2）：30～31.

② 韩琴，胡卫平．小学生创造性文学问题提出能力的发展研究．心理发展与教育，2005（3）：83～88.

③ 杨小洋，申继亮，崔艳丽．学生提问与语文阅读理解能力的关系研究．心理科学，2006，29（4）：806～810.

④ 郑青义．让学生学会提问——以历史与社会课教学为例．教学月刊，2009（7）：35～37.

⑤ 李井亮．通过促进学生自主提问来提高化学课堂教学实效性的实践研究．化学教育，2010 年增刊 2，261～264.

是教学的角度。”① 在一个阅读理解教育的经典观察研究中，Durkin（1979）发现，在她所观察的4 469分钟4年级阅读教学中，教师只花了20分钟来引导学生发现问题，而几乎所有的教学时间都用来询问和解答问题。② Dillon（1982）认为，美国的大部分高等教育机构只训练研究生如何开展研究，却忽视了对学生选择和形成问题的训练与指导。③ Frederiksen（1984）指出，虽然在真实世界中所遇到的大部分问题都是结构不良的，但是教育环境给学生提供的却都是结构良好的问题，学生很少有主动发现问题的机会。④

我国学者对此也有相同的见解。李政道就曾指出：“中国历来是讲究做‘学问’，但现在的学生只是作‘学答’。”欧阳文（1999）考察了学生无问题意识的原因以及问题意识的培养。⑤ 他指出，问题意识在思维活动乃至人的认知活动中占有重要地位，但在提问这一行为上，师生的课堂参与机会严重不公，教师没有着意培养学生主动的问题意识，这势必影响教学效果的最优发挥。宋振韶（2003）指出，在课堂中，学生提问是比回答问题、参与讨论等更高层次的认知卷入形式，但教师却没有给学生提问留出应有的空间。⑥ 他还指出，提问对于促进学生思维，帮助学生更好地理解和掌握学习内容有积极作用。但教学中通常都是教师问学生，学生在提问中处于被动地位。⑦ 李改萍（2004）认为，当前的教学现状以“教师提问—学生回答”的活动形式为主，“学生提问—学生和教师回答”的形式很少甚至没有。⑧ 朱郁华（2005）对七年级的10节语文课和科学课进行专题调查后指出，课堂中教师提问太多，而学生提问太少。教师每节课的平均提问次数高达26次，学生主动提问的次数则非常少。⑨ 张颖（2006）指出，在小学课堂上，教师不太注重学生的问题意识和对提问能力的培养，学生不敢提问、不会提问的现象比较普遍，提出的问题也少有价值。她认为采用“问题—假说—

---

① Getzels, J. W. Creative thinking, problem-solving, and instruction. In Hilgard, E. R. (Ed.), *Theories of Learning and Instruction*, *The sixty-third Year Book of the National Society for the Study of Education.* Chicago: University of Chicago Press, 1964, 240 - 267.

② Durkin, D. What classroom observations reveal about reading comprehension. *Reading Research Quarterly*, 1979 (14): 518 - 544.

③ Dillon, J. T. Problem finding and solving. *Journal of Creative Behavior*, 1982 (16): 98 - 111.

④ Frederiksen, N. Implications of cognitive theory for instruction in problem solving. *Review of Educational Research*, 1984, 54 (3): 363 - 407.

⑤ 欧阳文．学生无问题意识的原因与问题意识的培养．湘潭大学社会科学学报，1999（1）：128 ~ 131.

⑥ 宋振韶．课堂提问基本模式以及学生提问的研究现状（上）．学科教育，2003（1）：22 ~ 25.

⑦ 宋振韶．课堂提问基本模式以及学生提问的研究现状（下）．学科教育，2003（2）：21 ~ 27.

⑧ 李改萍．培养学生提问题就是在培养学生的创新能力．教育理论与实践，2004（4）：59 ~ 60.

⑨ 朱郁华．课堂提问：调查与诊断．中小学管理，2005（3）：38 ~ 39.

验证—问题”的教学模式，可以促进学生问题意识和提问水平的提高。① 魏韧（2007）指出，问题是数学的心脏，数学教师应着力培养学生提出问题、分析问题和解决问题的能力。② 但是，在数学教学中，教师对学生提问能力的培养却不够重视。卢正芝和洪松舟（2010）指出，在我国的教学中，教师掌控着课堂提问话语权，很少甚至从未自觉思考过如何使学生敢问、愿问、善问，学生的问题意识得不到培养。③

由此可见，不管是在国外还是国内，学者们普遍认为，学校教育对学生问题发现能力的培养是非常不足的。

三、原因分析

为什么对学生问题发现能力的培养会如此缺乏呢？影响学生问题发现的因素很多，包括学生本人、教师、教育观念等多个方面。

（一）学生方面的原因

欧阳文（1999）指出，阻碍学生提问的原因主要有五个方面：观念障碍、信息障碍、教师权威障碍、教学方法障碍和技能障碍。④ Dori 和 Herscovitz（1999）提出，学生自身的能力会影响学生提问的质与量。⑤ Christine 和 Li-Gek Chia（2004）也谈到，问题是否“正确”，以及是否能够得到回答，是维持学生提问兴趣的重要因素。⑥ 方均斌（2005）分析了中学生的数学提问意识与能力，认为学生在提问方面面临的主要问题是：不愿提、不会提和不敢提。他同时指出，可以从“问欲、问法、问胆”三方面培养学生的提问意识和能力。⑦ 赖敏（2007）表明，教师障碍、环境障碍、心理障碍、思维障碍是阻碍学生提问的四个主要因素。⑧ 魏兆波（2008）认为，学生课堂提问能力的不足主要来自问题意识缺乏、自信心不够、主体意识缺失等内部原因，以及中国传统文化价值观的消极影响、传统课堂教学模式的限制、课堂教育评价的不合理等外部原因。⑨ 李淑梅

① 张颖．培养学生问题意识 提高学生提问能力．中国教育学刊，2006（3）：59～60.

② 魏韧．数学教学中培养学生提问能力的探索．中国教育学刊，2007（4）：70～71.

③ 卢正芝，洪松舟．课堂提问主体转向学生的教学论意义．中国教育学刊，2010（8）：43～45，56.

④ 欧阳文．学生无问题意识的原因与问题意识的培养．湘潭大学社会科学学报，1999（1）：128～131.

⑤ 宋振韶．课堂提问基本模式以及学生提问的研究现状（下）．学科教育，2003（2）：21～27.

⑥ Christine，Chin. & Li-Gek chia. Problem-based learning：Using students' questions to drive knowleadge construction. *Science Education*，2004，88（55）：707.

⑦ 方均斌．中学生数学提问意识与能力现状分析及思考．数学通报，2005（8）：24～27.

⑧ 赖敏．关于学生问题意识培养的思考．传承，2007（7）：109～111.

⑨ 魏兆波．学生课堂提问存在问题的原因分析及优化对策．科教文汇，2008（7）：48.

（2009）认为，学生课堂提问障碍包括：思想认识障碍、权威崇拜障碍、信息摄取障碍、提问技能障碍等①。王文军（2009）指出，学生的身心发展现状、已有生活经验经历是培养其提问能力的前提与起点。②

从自身的角度来说，学生提问受到主观因素，如身心发展状况（尤其是思维发展状况）、已有知识经验、观念和思想认识因素、提问技能、自身惰性等方面的影响，也受到了客观因素，如对问题"正确"性的判断、问题是否得到回答等的影响。笔者在教学中对此也深有体会。我国的学生已经养成了"听"课的习惯，不愿意积极回答教师的提问，更别说自己主动提出问题。在一节有一定探究性和开放性的课程中，笔者讲完基本内容后，问学生："对于这部分内容，大家有什么其他问题吗？有的话可以提出来我们一起探讨。"绝大部分学生一听到这句话，马上低下头去看书，生怕老师点到他回答。结果，在留出的5分钟时间里，学生一个问题也没有提出。

（二）教师方面的原因

教师的心态会影响学生的问题发现意识与能力。Moore（1994）指出，教师在提问方面其实面临着与学生同样的困境，教师在教学中被各种教材、课程指导书和学校管理者所提供的各类定义良好的问题所束缚。他认为，通过培养和激活教师的问题发现技巧，可以使教师更好地帮助学生发现问题。③ 王坤（1998）认为，教师的心理负担，包括怕误事、怕冷场、怕难堪等，是阻碍教师鼓励学生提问的主要因素。④ 宋振韶（2003）指出，教师可能会出于维护权威性地位和教学计划顺利实施的需要，不主动给学生留出提问空间。⑤

从某种程度上来说，让学生"提问"的确会给教师带来很多不必要的麻烦。简单来说，就是减低了教师对课堂教学的控制度，增加了教学的难度。尤其当一位教师处理意外状况的课堂教学技巧还不够娴熟时，随意让学生发问甚至可能引发课堂的紧张和混乱。所以，教师并不喜欢爱提问的学生，甚至会有意、无意地回避让学生提问的环节。Bachtold（1974）的研究也证实了这一点。他对学生印象中老师喜欢的"理想学生"形象进行考察后发现，学生在报告中指出，老师喜欢学生"顺从"，不喜欢学生"总爱问问题"和"自以为是"。⑥

---

① 李淑梅．学生课堂提问的障碍分析及培养对策．生物学教学，2009，34（8）：42~43.

② 王文军．培养学生提问能力的策略．教学月刊，2009（12）：40~42.

③ Moore，M. T. The ecology of problem finding and teaching. In Runco，M. A.（Ed.），*Problem Finding，Problem Solving，and Creativity*，NJ：Ablex，1994. 174－187.

④ 王坤．鼓励学生自己提问题．学科教育，1998（7）：14~16.

⑤ 宋振韶．课堂提问基本模式以及学生提问的研究现状（上）．学科教育，2003（1）：22~25.

⑥ Bachtold，L. The creative personality and ideal pupil revisited. *Journal of Creative Behavior*，1974（8）：47－54.

甚至，即使老师口头声称他们喜欢学生提问，事实也可能并非如此。以下有关创造力的研究能够间接说明这个问题。在美国，三个跨度30年的纵向研究表明，虽然教师在自我报告中声称他们喜欢在课堂上有创造力的学生，但实际上他们并不鼓励那些具有典型创造性特征，诸如不墨守成规、冲动、自由自在等的学生。美国著名心理学家吉尔福特（1950）曾经讲述了一个教师鼓励学生创造性发挥的故事。教师告诉学生期末考试的成绩将取决于他们在期末测验中表现出的创造性。一个学生特别希望在考试中得到高分，便把老师的笔记一字不差地记下来。在测验中他原封不动地照搬了教师的笔记。结果这份试卷从头到尾都贯穿了老师本人的“新奇想法”。最后，这份试卷不仅得了“A”，而且老师还加了一句评语“这是我所读过的最具创造性的试卷”。① 也许，这个例子能很好地反映出，教师在鼓励学生积极提问中的矛盾心态和行为。

（三）教育观念方面的原因

学生问题意识的缺乏，也可能是受到传统教育观念与教育模式的潜移默化和根深蒂固的影响。传统教学模式，归根结底就是由教师提出问题，学生进行解答的模式。这种教学模式和教学观念贯穿于整个教学过程中，从教师教学到学生学习再到教学效果的评价和检验，都是采用“一问一答”的方式。久而久之，教师们就形成了一个观念，教学的过程就是通过知识的传授和能力的培养，让学生学会解决问题的过程。而学生们也形成了一个观念，学习的过程和最终目的就是解决问题，包括平时练习和正式考试中的各种问题。这样，整个教学活动都是围绕着“问题解决”来开展的。教师关心的是怎样教会学生解决问题，学生关心的则是如何去解决问题。那么这些问题本身又是从哪里来的呢？大部分是从教材、教学参考书的编写者那里得来的，少部分是由老师自己提出来的。学生只专注于怎样解决老师布置和安排的问题，至于问题是从哪里来的，为什么会问这些问题，则不在他们的注意和思考范围之内。

这样，在传统教育观念的影响下，发现和提出问题成了教师和编书者的专利。整个教学只要有目的、有组织、有计划地按照教师和教材编写者事先设计好的问题及任务一个个地进行讲解与解决，学生就可以理解和掌握知识，顺利通过各类测验和考试，人才培养的目的也就达到了。大部分教师缺乏对问题发现重要性的认识，大部分学生也缺乏主动发现和提出问题的意识。

此外，不但课堂中的绝大部分问题都是由教师提出的，而且，教师所提出的绝大部分都是结构良好、条件充分的问题。在这种培养模式下，有的学生渐渐只习惯去解决非常刻板的良好结构的问题，一旦遇到结构不良的开放式问题就显得

---

① Guilford，J. P. Creativity. *American Psychologist*，1950（5）：444～454.

无所适从，更不用说自己去主动发现新问题。比如一次测验，教师在一个题目中故意给出了一个无用的多余条件，许多学生虽然正确解答了这个题目，但是却感到很不安，他们怀疑自己的做法是错误的，因为“题目中的每一个条件都必须被用上”是他们在长期学习中形成的固有思维习惯。正是受到这种结构良好问题的解题思维的束缚，使得学生们不敢大胆地创造性地解决问题，也就更谈不上主动去发现问题了。实际上，在现实情景中，我们所遇到的绝大部分问题都是结构不良的，甚至问题本身都是模糊的、潜在的、需要被发现的。如果学生只能够解决别人已经提出来的结构良好、条件完备的问题，那么在遇到这些不良问题情境时，他们将会显得无所适从。

这也就可以从另一个角度解释为什么有的学生考试成绩优异，但在面对实际情景时，问题处理能力却很差。所谓“高分低能”就可能是由此产生的。因为学生取得的高分仅仅是他们在解决结构良好的封闭式问题中取得的好成绩，但是在真正考验实际运用能力时，面对的却是复杂的、结构不良的、开放的、需要自己去发现的问题情境，这两种情境本身是截然不同的。因此，仅仅培养学生解决问题，尤其是解决结构良好问题的能力，对于我们的教育来说是片面的。要能够使学生真正做到学以致用、“高分高能”，还需要大力培养学生主动发现问题的意识与能力。这一点，值得整个教育界深思。

第二节　提高学生问题发现能力的途径

在学校教育中，提高学生的问题发现能力，既需要教师的着力培养，也需要学生充分发挥主观能动性。另外，一些特殊的技法训练，也有助于问题发现思维能力的提升。

一、学生基本素质的培养

学生的基本素质，决定了他们发现问题的过程和结果。培养问题发现能力，首先要从学生自身着手。

（一）克服观念障碍

在培养问题发现能力方面，与其说重要的是方法，不如说重要的是观念。在教育中，很多教师缺乏培养学生问题发现能力的意识。这种观念的障碍来自于两个方面，一方面是没有认识到问题发现的重要性；另一方面则是认为问题发现是天才的事情，与普通学生没有关系。

有的教师认为，问题发现能力是属于科学天才的任务，只能在天才学生中被训练，作为普通学生只要能解决问题就足够了，因此，问题发现能力的培养不需要针对普通学生。正是这种观念上的障碍，导致了学校教育对培养学生发现问题能力的忽视。

实际上，研究表明绝大部分学生都具备问题发现的潜能。谭少班（2001）利用三个数学问题情境作为调查素材，对初二年级116名学生进行测试，以考察他们发现和构造数学问题的能力。结果表明，学生具有一定的通过问题信息提出数学问题的能力，大部分学生对“发现问题”这种具有发散性的思维活动感兴趣。①

每个学生都具有一定的发现和提出问题的能力，如果教师有意识地进行培养和训练，学生的问题发现可以达到一定的深度和难度，体现一定的水平。在教学中，教师应该充分相信学生的问题发现潜能，有意识地培养学生的问题发现意识和行为习惯。

（二）树立问题意识

笔者对大学生的研究表明，能够通过自主选题取得科研成就的学生都具备良好的问题意识，都善于观察和思考生活事件，主动提出各类问题。比如有的学生曾想到过在电梯按钮上做广告，以及把mp3与打火机结合成新产品等创意；有的学生在高一就产生了把防盗网改装成救生楼梯的想法，并为此申请了专利。学生的良好问题意识表现在三个方面：首先当有价值的问题线索出现时，能够准确识别并抓住它；其次能够主动发掘各类潜在问题事件；再次珍惜自己的原创性想法，不轻易放弃任何一个好的思路。要提高问题意识就需要学生做“有心人”，热爱生活、善于观察、乐于思考，积极促进新问题的产生。

（三）提高知识积累

要培养和提高学生的问题发现能力，教师必须在丰富学生的知识积累上下工夫。虽然问题发现能力是以思维的形式来体现的，发现的重要基础却是扎实的知识。没有知识作基础，发现的问题只会是空泛的、不着边际的。对此，申克—丹齐格阐明了一个值得注意的观点，即信息量和创造积极性之间的关联。她认为，创造力可以在最小信息量的前提下产生，也能在信息完备的充分条件下产生。但是，信息规模越大，对信息进行创造性加工所依据的现实性范围也就越大，而那些对文化和社会具有罕见与突出意义的创造力的最高形式，则只有在拥有最大限度的信息时才能达到。可见，信息和知识的积累是创造的基础，也是问题发现的基础。发展中的学生虽然不可能具有最大的信息量，达到创造力的最高形式，但

---

① 谭少班．“提出问题”能力的调查测试分析与思考．柳州师专学报，2001（3）：63～66.

问题意识产生的可能性是完全存在的。

在笔者对小学三、五年级儿童问题发现能力的实验研究中，也发现类似的规律。笔者研究考察了科学领域和生活领域儿童问题发现能力的差异，结果表明，儿童在不同领域发现问题的数量与质量都有非常显著的差异。对一个领域越熟悉，就越可能提出更多的问题，而提出高质量的问题则要求对该领域有足够深刻的认识和理解。可见，知识的积累是高水平问题发现的前提和基础。①

教师应该帮助学生构建广阔的、有组织的知识系统。尤其是在帮助学生提高知识数量的同时，要注重知识质量——即知识的组织结构与体系的提高。要有意识地帮助学生发展围绕某个统一主题的知识基础，而不仅仅是对独立知识的积累。在知识积累中，还应该注重不同学科之间知识的横向联系，使知识信息处于一种结构良好、有序和谐的存储状态。

（四）塑造积极人格

善于发现问题的学生都具有广泛的兴趣爱好、坚持不懈的精神和不畏困难的勇气等人格特质，这是问题发现活动得以顺利完成的保障。良好的人格特质可以帮助学生克服种种困难和障碍。对问题发现而言，最重要的性格是好奇心和坚持性。问题总是隐藏在各个角落的，时时保持热情和好奇的心态，才能主动发现并思考那些平时被忽略的线索。正如无数次苹果落地，但只有牛顿从中发现了万有引力；无数人在浴缸中洗澡，只有阿基米德发现了浮力规律。此外，在问题发现中常常会遇到很多挫折和挑战，需要极大的恒心、毅力和坚持性，才能克服困难，勇敢前行并取得最终的胜利。值得注意的是，这些良好的性格品质并不是一朝一夕就能够形成的，需要长期的磨炼和培养，教师在其中将起到潜移默化的推动作用。

（五）借助团队力量

问题来源于个体的思索，也需要团队的支持。任何人都难免存在思维与知识上的盲点，通过他人的协助和补充能够促进认知的完善，引发更多更好的问题出现。一些创造技法，如头脑风暴法等，也必须依靠团队的力量才能完成。对于学生而言，依靠团队力量提高问题发现能力是必要的，而且是可行的。通过学术社团、主题沙龙、第二课堂等团队交流活动，学生可以接触更广泛的信息和资讯，开阔思维和眼界。此外，鼓励教师与学生组成团队，让学生作为教师的助手参与到教学和科研工作中，将有助于学生问题意识和科技创新能力的培养。担任助手工作可以让学生尽早投入到科技创新活动中，学习科研的程序和方法，收集问题

---

① 陈丽君．论知识对发现问题的影响——从不同领域问题发现能力的差异谈起．赣南师范学院学报，2006（4）：25～28.

素材，开阔学术视野，积累研究经验。这种科研合作使教师与学生的成长紧密结合，有助于学生向教师充分学习，在日常交流中逐渐培养科研素养，提高问题发现能力。

二、教师的科学引导

教师对学生的问题发现能力培养责无旁贷，并起着举足轻重的作用。以下行为的科学引导，有助于提高学生的问题发现能力。

（一）作出示范

问题发现既是一种思维方式，也可以看作一种技能和行为习惯，可以通过有意识、有目的地训练来培养和提高。在教学中，我们发现，有的学生对一些理论和现象能够提出自己的看法与问题，但由于他们缺乏问题提出的技巧，想提问却不知道该怎么问，提的问题要么抓不住要领，要么词不达意，与自己的思想不吻合。此时，教师可以通过为学生作示范，使学生由模仿而逐渐形成独立的问题发现技巧。比如，教师可以设置一些问题场景，引导学生从中找出重要线索，一步步发现关键性问题。通过这种示范，学生可以逐渐学会一些问题发现的技巧。

以“问题教学法”为例，一般的教学模式是由教师设计和提出各种问题，学生在课堂上围绕这些问题进行思考和讨论，以问题为切入点来完成知识学习。其实，教师还可以考虑的一种方式是，在教学前期，由教师本人提出问题，学生解答；在教学后期，经过教师的诱导、启发和示范，逐渐转向由学生自己发现和提出问题，自己解答。这样能够更加充分地发挥学生的主动性和参与性。

（二）提供反馈

教师可以通过适当的反馈来培养学生的问题发现习惯，帮助他们计划、监控和评价问题发现过程，激励问题发现行为。良好的反馈可以起到促进学生进一步发现问题的推动作用。一个积极的引导、点头、微笑或者口头肯定一个正确反应，都可以鼓励学生的问题发现行为。比如在学生提出一个问题之后，教师可以对学生说，“好的，那么下一步该怎么做呢”或者“好的，这么做还需要哪些条件呢”又或者“好的，你认为这么做需要花多少时间呢”等等。这类鼓励性的反馈就可以把问题返回给学生本人，帮助他们进一步寻找和建构自己的问题思路。

但如果教师的反馈是另一种情景，比如，一名学生可能发现了一个与众不同的新奇问题并希望试试，他对老师说“我可以……吗”？此时教师的反应是“可以……但是……”然后跟随着一系列关于为什么这么做并不合适的理性解释。此时，学生提出问题的兴趣可能会因此降低。实际上，学生很多好的想法和问题发现的冲动就是在教师的这种“合理”反馈中消失的。如果学生的新思路和问题被一再延迟，即使是出于非常合理的原因，学生都可能会对此丧失部分兴趣，或者产生更少的新想法。可见，良好的反馈可以帮助学生建立问题发现的信心，巩固问题发现的行为习惯，避免伤害到学生的积极性和主动性。

（三）营造环境和氛围

和谐的、支持性的氛围，相互尊重的态度和真诚的赞赏可以为鼓励学生探索和发现问题提供一个自由与安全的环境。苏霍姆林斯基说过，任何一种教育现象，孩子们越少感到教育者的意图，它的教育效果就越大。要使学生产生发现问题的意识和行为，教师应充分利用语言、设备、环境、活动等各种手段，营造一种符合需要的情境。

在教学中，教师应该采取平等、开放、诚恳的态度，珍惜和保护学生发现问题的积极性，给学生创造自由、宽松、没有威胁性的问题探究环境，鼓励学生向教师以及已有的结论、成果等提出疑问。而对于学生发现和提出的每一个问题，教师都应该认真听完，哪怕是与自己的观念有分歧的想法或者一些看似十分幼稚、荒谬的陈述，也不要打断，更不要轻易否定。要首先肯定学生敢于独立思考、提出问题的勇气，有意识地调节学生的心理状态，而后诚恳地因势利导，提供必要的条件或情境，指导学生进行分析和探究，逐步把问题引向深入。

教师还可以有意识地设置一些问题情境，使学生形成认知冲突，激发学生发现问题的兴趣。陈明其等人研究了教学情景设置对问题发现的影响。[①] 他们根据课本的内容，设置了一些物理情景，以引导、教会学生在物理情景中提出有质量、有层次的问题，提高学生发现问题的能力。研究表明，良好的情景设置有助于提高学生独立思考问题的能力。在为学生营造适当问题环境的时候，可以考虑两个方面。一是环境的设置最好围绕学生的兴趣来展开，这样更容易激发学生的参与热情；二是设置的环境不要太难，也不能太容易，最好难度适中，落在学生的“最近发展区”内。

（四）留出思考余地

很少有问题是可以被迅速发现和解决的，即使是成年人也需要充分的时间来思考问题、发展和酝酿思想。因此，不被打扰地进行探索和思考是培养学生问题发现潜力的必要条件。在教学中，教师要为学生的问题发现留出足够的时间和余地。

一方面，教师可以通过延缓评价给学生留出充分的思考余地。一个思维的产

① 陈明其，雷启华，陈明伦．情景教学法与提出问题能力教学模式研究．贵州教育学院学报（自然科学），2004（2）：30～31.

生、发展与成熟需要充足的时间来酝酿。等待时间是指教师在给出参考答案或者提出其他问题之前，等待学生作出反应的时间。在提出任务后，教师要留出足够的等待时间，给学生进行充分思考。此外，由于思维的发展总有一个从不成熟到成熟的过程，因此，对于学生发现问题，尤其是在初期发现的一些看起来“幼稚”、“荒唐”、“无聊”的问题，不要轻易地给予评价，尤其是否定评价。教师要充分尊重学生的提问，延迟作出好坏判断，不能把自己的思想和偏好强加给学生。

另一方面，教师在给学生提出问题和解答问题的时候，不需要每一次都讲解得非常全面和周详。过于细致周全的讲解可能会使学生失去进一步思考和产生问题的空间，间接中止了学生的探究行为。久而久之，学生会养成思想的依赖和惰性，抹去了他们的好奇心和探索精神。教师要注意给学生留出继续思考的余地，该学生自己思索的，只需适当加以指点和引导，让学生自己去思考和发现，尽量不要越俎代庖。特别是对一些比较重大或者有争议的问题，更要着意引导学生在明了旧问题的基础上继续思考新的、更深层次的问题，以培养学生寻根问底、创新求异的精神。有时，教师甚至可以故意在课堂中“出错”，给学生创造“发现问题”的机会。

（五）改变评价方式

有什么样的考核就有什么样的教学。学校对问题发现能力培养的缺乏，归根结底是由教学评价方式造成的。目前对教师教学质量和学生学习情况的评价都是采用“问题—答案”的方式，也就是由教师提出问题，学生解决问题的评价方式，这是一种纯粹的“问题解决式”评价。正是由于评价方式的单一，导致了教师在教学中对学生问题发现能力培养的缺乏。要使教师能够有意识有动力地培养学生的问题发现能力，就要从源头上开始改革，改变传统的以问题解决式来评价学生的单一模式。

只有改变评价方式才能促使教师教学手段和重心的转变。可以考虑的方法是，在对学生的培养目标和评价方式中，加入一些问题发现式的目标和评价任务。给学生提供一些结构不良的，完全开放式的任务，让他们自己去发现问题，进而进行解决。

当然，要做出这样的改变，不是一蹴而就的事情，需要从教学观念和培养目标着手，进行一整套的详细规划和布置。但不管怎么说，作为当今教育非常缺乏的一个培养领域，问题发现能力的培养将会越来越受到广大教育工作者的重视。教师在教学中要充分重视问题发现能力的培养，逐步提高学生的问题发现意识、能力和行为习惯。

三、特殊技巧的训练

采取适当的教学模式，借鉴有效的创造技法，合理运用思维导图等，均可以促进学生的问题发现行为。

（一）促进学生提问的教学模式

1. ReQuest 教学模式

ReQuest 教学模式是 Manzo 在 1969 年提出用于训练学生提问技术的教学模式。[①] ReQuest 是 Reciprocal Questioning（交互提问）的简称。在训练过程中，教师和学生同时默读一篇文章，然后针对文章的主题相互轮流询问对方。训练规定，在提出问题时可以看文章，但回答问题时却不能够看文章。教师鼓励学生提出开放性结局问题和发散性问题。为了提高提问效果，ReQuest 模式规定，在学生正式提出不同类别问题之前，必须分小组工作，完成对样例问题的分类练习和找出关键词等任务。在提问过程中，教师需要帮学生回顾和总结其问题类型，必要时可以进行提问的示范，以免学生仅就一些琐碎细节提问。ReQuest 程序的教学有助于训练学生针对一个主题提出问题，并进行回答。

2. InQuest 教学模式

InQuest 教学模式是 Shoop 在 1986 年开发的，用于训练学生听力、阅读以及听读综合能力的提问程序。[②] InQuest 是 Investigative Questioning Procedure（研究性提问程序）的简称。该模式的基本步骤是，在教学过程中，让学生朗读或者默读一篇叙述文，教师择机在多处进行中断，并就当前主题召开“临时新闻发布会”（a spontaneous news conference），由学生和教师轮流扮演记者和受访对象，交替进行即兴提问和回答。通过这种模式的训练，培养了学生的问题提出能力、临场应变能力和元认知能力。

3. K－W－L 教学模式

K－W－L 教学模式是由 Carr 和 Ogle 于 1987 年提出的一种训练学生提问能力的模式。[③] K（know）代表已经知道的，W（want to know）代表想要知道的，L（learned）代表（学习到的）。该教学模式由三个相互关联的问题构成：“关于这个主题，我已经知道了什么？我想要知道什么？通过学习活动我学习到了什么？”在教学过程中，教师通过工作表的方式，给学生展示学生问题任务（如表

---

① Manzo，A. V. The ReQuest procedure. *Journal of Reading*，1969（13）：123－126.

② Shoop，M. InQuest：a listening and reading strategy. *Reading Teacher*，1986，39（7）：670－675.

③ Carr，E. & Ogle，D. K－W－L plus：A strategy for comprehension and summarization. *Journal of Reading*，1987，30．629.

9－1)，引导学生进行三个方面的思考。实际应用中，K－W－L教学模式首先由教师向学生作出完整的示范，之后，学生在学习过程中进行反复练习并逐渐熟练掌握这种策略。

表9－1　K－W－L教学模式工作表

时间	问题单	回答要点	途径
学习之前	K：我已经知道了什么？	已经了解的知识、观点	自主思考、自由讨论
	W：我想要知道什么？	想要知道的新知识、观点	头脑风暴法、小组讨论
学习之后	L：我学习到了什么？	学习到的新知识、观点	查阅资料、课堂学习、小组讨论、师生交流

4. QUILT教学模式

QUILT是Questioning and Understanding to Improve Learning and Thinking（通过提问和理解促进学习和思考）的简称。QUILT模式是由阿巴拉契亚教育实验室（Appalachia Educational Laboratory）于1995年提出的教学模式①，其本身的初衷并非是提高学生的提问能力，而是想以提问作为手段促进学生的学习与思考，但在运用中，也间接达到了促进提问的目的。QUILT模式将提问视作一个以教师关键时刻的行动为主导的复杂而动态的过程。在运用中包括五个步骤：准备问题、呈现问题、鼓励学生回答、对回答给予反馈、评价提问效果。在使用中，还需要广泛收集和分析数据、评价学生的知识和学习态度、考核课堂行为（主要是师生提出问题的数量、用于等待问题的时间、问题的认知层次、教师对问题的反馈等）等。在实践中的运用结果显示，QUILT模式可以促进学生课堂提问数量和质量的提升。

5.“问欲、问法、问胆”教学模式

方均斌（2005）认为，学生在提问方面面临的主要问题是：不愿提、不会提和不敢提。② 针对这三个方面的不足，他指出，可以从“问欲、问法、问胆”等三个层面培养学生的提问意识和能力。具体来说，一是创设“欲问”情境，培养学生的提问欲望。包括设置一些“诊问”，对学生进行“问诊”；设置一些“海问”，引诱学生“点问”；指定学生提问，发现学生问题。二是教师采用不同方法提问让学生学会问法。包括依据现成的疑问条件进行多向生疑；对问题的条

① Appalachia Educational Laboratory. *Questioning Understanding Improves Learning and Thinking*（*QUILT*）: *A Facilitator's Guide*. Appalachia Mountains：Author，1995. 1－28.

② 方均斌．中学生数学提问意识与能力现状分析及思考．数学通报，2005（8）：24～27.

件和结论进行整合而提出新问题；让学生学会用归纳、类比、猜想等方法提出新问题。三是激励学生提问，提高学生提问的胆量。

6．“问题—假说—验证—问题”教学模式

“问题—假说—验证—问题”模式是由张颖（2006）[①] 提出，并在实践教学中检验为有效的教学模式。该模式通过教师创设问题情境、鼓励学生探索问题、学生对假说进行验证并得出结论、激发产生新的疑问四个环节提高学生的提问能力。张颖还指出，该模式并不是僵化的，教师可以根据学生和课程的特点，对模式进行发展和创新。比如，根据低年级儿童感知、动手操作能力强的特点，在低年级教学中运用“操作—观察—发现—提问”模式；针对高年级学生抽象思维能力发展的特点，对高年级学生提出“观察—比较—概括—问题”模式；在语文教学中，使用“提问—对比—筛选—归纳”模式；在科学课教学中又可以采用“问题—假设—实验—结论”模式。

7．“读—找—构—比—悟”五字策略

“读—找—构—比—悟”五字策略是由郑青义（2009）提出，用以提高学生问题发现能力的“秘诀”。他解释到，“读”就是读材料，边思边读；“找”就是找重点句和关键词；“构”就是用文字把想提的问题清晰表达出来；“比”就是对同一材料下不同学生提出的问题进行对比，看谁的问题问得准确、恰当，评出等级；“悟”就是让学生通过比较，从中感悟出提问的方法和模式，从而提高学生的提问能力。[②] 郑青义还以“三国鼎立”的教学为例，在实践中对该五字策略进行了效果检验，发现对促进学生开阔思路、提出问题有帮助。

（二）借鉴创造技法

虽然提问不一定包括创造过程，但通过提高学生思维的创造性，可以促进问题的产生。创造技法是创造学家根据创新思维的发展规律总结出来的原理、技巧和方法，它可以启发创造性思维，提高个体的创造力。常见的创造技法包括头脑风暴法、检核表法、综摄法、列举法、移植法、逆思法、组合法等。在问题发现中，可以借鉴创造技法的原理和技巧，促进创新性问题的产生。下面以其中的头脑风暴法、检核表法和逆向思维法三种方法为例进行说明。

1．头脑风暴法

由美国创造学家 A. F. 奥斯本于 1939 年创立的头脑风暴法，其核心思想是利用集体的智慧，通过无限制的自由联想和讨论，使个体的思维活动兴奋和活跃起来，激发新观念的涌现。该方法认为，人们的想象力将受到他人所表达思想的刺

---

① 张颖．培养学生问题意识 提高学生提问能力．中国教育学刊，2006（3）：59 ~ 60.

② 郑青义．让学生学会提问——以历史与社会课教学为例．教学月刊，2009（7）：35 ~ 37.

激，在集体讨论过程中，每提出一个新观念都能激励和引发他人的联想，相继产生一连串的新观念并产生连锁反应，进而形成新观念群，这就为创新思维的出现提供了更大的可能性。在问题发现中，当思维受到阻滞时，就可以借鉴这种方法，在多名同学组成的团队中，通过各种思想和认知的相互碰撞与激发，产生更多的问题线索。而自由畅谈、延迟评判、以量求质、结合改善这四个原则，可以保障该方法取得成效。虽然头脑风暴法通常是用于群体，但个体也可以使用。当个体试图找到一系列问题解决或问题发现的行为和方法，并对该过程进行延迟判断和评价直到它相对完善，这也叫做头脑风暴。

2. *检核表法*

检核表法是由奥斯本在 1941 年创立的，被誉为“创造技法之母”的方法。该方法通过对检核表中的每一项内容逐个进行思考和检查，以期开阔思路、启迪想象，获得新的设想和新的方案。检核表主要针对 9 个大项目进行检核：有无其他用途、能否借用、能否改变、能否扩大、能否缩小、能否代用、能否调整、能否颠倒、能否组合。由于大部分人总是不自觉地按照长期形成的固定思维模式来看待事物，对问题不敏感，因而难以有所创新。检核表法通过表单促进多向思维，用多条线索引导个体进行发散性、具体化的思考，强迫人们扩展思路，突破不善提问的心理障碍，开拓创新的构想。这种多向性的检核也可以用在发现问题的思考活动中，促进个体从新的角度和方向提出新的问题。

3. *逆向思维法*

正向思维是指沿着个体习惯化的路线去思维，而逆向思维则是指背逆着个性的常规路线去思维。当用正向常规思维无法发现问题或需要进行创新时，就可以使用逆向思维法帮助我们冲破思维的困境。逆向思维法分为反转型、转换型和缺点逆用型三类，分别是指从相反的方向、转换的角度和变缺点为优点三种途径去进行反逆的思考。比如，在圆珠笔的发明史上就有一个运用逆向思维的经典案例。圆珠笔使用方便、书写流畅很受欢迎，但由于圆珠笔的笔尖是用金属小球做成的，很不耐磨，书写时间一长就会由于小球的磨损导致漏墨现象。这个缺点极大地制约了圆珠笔的推广。大家都在寻找一种更耐磨的材料，最后发现只有钻石才可以达到高度耐磨的标准，但钻石太过昂贵，显然不适宜。怎么办呢？这时，有个发明家采用逆向思维法，不是从最明显的问题笔尖着手，而是换一个角度，从油墨入手去思维。他发现，圆珠笔书写到两万多字时，就开始漏油。于是，通过控制油墨总量，即把墨水量控制在书写两万字以内，从而达到了不漏油的目的。在发现问题的常规思维受到阻滞时，换一种方向和角度去思考，也许会带来柳暗花明的效果。

其他创造技法的借鉴和运用与上述过程类似。教师可以通过向学生介绍和示范各类创造性技法，帮助他们拓展问题发现思维。

（三）思维导图训练

1. 思维导图概述

问题发现是一项复杂的认知活动，其间会涉及大量零碎、散乱的知识片段和问题线索。如果没有一个有效的手段把这些问题线索整合、融汇起来，这些线索就可能会被湮没，难以得到有效运用。而由英国教育学家东尼·博赞提出的思维导图①正是整合零散问题线索，促进思维高效运作的有效工具。用传统的信息记录方式，如纸笔记录、电子表格记录等，只能呈现独立的思维片段，无法体现思维之间的相互关联。因此，记录的问题信息是零散而繁杂的，缺乏逻辑性、层次性和系统性。采用思维导图的记录方式可以在两个方面改进传统思维表达的不足。一方面，思维导图能够以层级图的方式方便灵活地把各类信息之间的隶属与相关关系表现出来，有利于学生对各种问题发现思维进行对比分析和融会贯通，提高思维的逻辑性、清晰性和整合性；另一方面，借由色彩、图像和符号的使用，思维导图能充分调动起左右脑的机能，增进大脑的记忆力与组织力，促进创新思维的产生。现今，已有许多专门的电脑软件，如 imindmap、Mindmanager、xmind 等可以用来完成思维导图的绘制，便于对导图进行存储、修改和使用。教师可以向学生推荐类似的思维整合工具，帮助他们把大脑中的问题线索通过层级与发射状图形的引导，准确高效地表达出来，促进问题的明朗化。

2. 思维导图的使用误区

思维导图是促进思维表达、梳理与整合的有效工具，但使用中的简单化、形式化与静态化等倾向会极大地局限其功能的发挥。

（1）简单化。

在思维导图的运用中，一些看似细小的环节往往被忽略和简化，致使很多命名为“思维导图”的图形丧失了思维导图的核心和精华成分。这些被简化的细节主要包括图形和色彩两个方面。一方面，有的学生由于难以找到匹配图形或受到绘画技术的局限，在导图中完全省略了图形，仅用文字表达。殊不知图文并茂，词汇和图形相互配合与补充，是思维导图调动左右脑机能的关键。博赞甚至提出一个图形相当于 1 000 个词汇，图形在思维导图中的重要地位可见一斑。另一方面。有的学生为了省事，把原应缤纷的色彩用黑白两色代替，极大削弱了思维导图的认知效果。彩色符合大脑的认知加工方式，如果没有色彩，视觉刺激将受到弱化，认知需要付出更多的资源代价。此外，诸如字体大小、线条粗细、分

---

① ［英］东尼·博赞．思维导图．叶刚译．北京：中信出版社，2009. 1 – 16.

支数量、排列顺序等细节都可能影响思维导图的使用效果。思维导图是一种利用大脑自身语言展开思维活动的工具，图形、颜色等细节给思维导图提供了强大的激活功能，是促进大脑联想与创造的基本动力，在使用中不应为了省事而简化这些程序。

（2）形式化。

绘制思维导图的目的是为了运用，利用它使思维清晰化、逻辑化、系统化，并促进记忆、思维、想象和创新能力的发挥，进而带动问题发现能力的提高。在运用中，应该多关注其使用效果，而不是表面形式。比如在制作中，不必因为图画得不美或者不像就把图形省略掉，或者花费大量时间在图形细节的描绘上。图形的功用是刺激视觉，激发形象思维，因此图像只要能够被自己识别、激活即可，不必刻意美化其外观。更无需因为自主绘制的思维导图不够美观，就模仿甚至直接使用别人现成的图形。思维导图激发记忆与思维的关键就在于它完全吻合个体自身的大脑思维习惯和风格，他人的图无论多么完美都不会与自己的思维完全匹配，也就起不到这种强烈的刺激作用。因此，思维导图是极具个性和排他性的，它不需要是外表完美的艺术品，能够促进个体的思维活动才最重要的。

（3）静态化。

思维导图与其说是一幅静态的图形，不如说是一个动态的绘制过程。绘制导图是促进思维视觉化和结构化的手段，因此不但要重视绘制的结果，更需要重视绘制的过程和绘制之后的运用。思维导图并不是画好就结束了，相反，画好只是运用的第一步。在导图绘制完毕后，需要经常拿出来琢磨和复习，进一步完成信息的梳理、记忆和联想等认知过程。如果有必要，还可以对同一主题进行反复多次的绘制，使思维导图逐渐充实与完善，有利于更深刻地理解和运用导图。所以，有效的思维导图不是一次性的，而是过程性的，是一个反复绘制、不断更新的动态过程。

3. 通过精加工提升思维导图的使用效果

由上述分析可知，使用中常见的简单化、形式化和静态化等倾向会阻碍思维导图功能的充分发挥。在学习中，深刻理解、精致加工和准确运用思维导图，对于提高认知效率非常必要。认知心理学在信息加工中的一个基本理念是，对信息加工得越精致、越深入，理解与记忆效果就越好，也更有利于信息的迁移与运用。基于思维导图在认知原理上的独特性与优势，笔者提出了以下有助于提高问题发现能力的精加工策略。

（1）自主绘制。

要使思维导图发挥作用，必须由学生自主绘制图形，教师不能包办代替。思维导图表达的是个体独特的思维过程和知识结构，具有强烈的个人风格。由于每个学生的知识结构和思维特点不同，对同一主题必然产生不同的认知模式，生成不同的思维导图。只有自主绘制才能够完全匹配和吻合自身大脑的认知加工习惯，达到思维视觉化的效果。在教学中，教师应该而且必须让学生自主绘制思维导图。对于绘制中的不足，可以给予指导和点拨，也可以让学生之间互相学习与交流，但切忌越俎代庖。此外，在自主绘制导图的过程中，学生会不断有新的发现和新的认识，这种新鲜的体验也能够激发学生的兴趣和热情，有助于新问题的产生。

（2）重复绘制。

如果绘制完成一张思维导图就把它放到一边，将起不到巩固思维、促进联想与记忆的作用。思维导图的绘制并非一蹴而就，而是具有过程性与反复性的。尤其是以加深理解、梳理思路为目的的思维导图，更需要在重复绘制中不断地修改和完善。因为绘制过程本身就是再一次加工信息的过程，每绘制一次就能够加深一次认知的体验，促使思维更加清晰和系统。此外，知识的学习存在酝酿效应，所谓温故而知新。在一个知识单元的学习结束后，对该单元的理解可能存在不足，随着更多更深入单元的学习，以及学习之后的消化和沉淀，可能会对旧知识存在许多新的感悟和体验，获得新的理解与认知。重复绘制可以把这些新内容和新感受进一步融入导图，或者对旧信息重新进行梳理和整合，促进图形逐步完善和新思维的产生。总之，对同一主题思维导图的重复绘制，不会花很多时间，却能起到事半功倍的作用。

（3）口语叙述。

对学生来说，把绘制好的思维导图口头叙述出来并不是一件容易的事情。对图形的叙述需要建立在对知识的熟练掌握和对思维线索的清晰认知基础上。其作用表现在四个方面。①充分调动多种感知觉器官参与认知活动。如果说在思维导图的绘制过程中视觉、触觉、动觉得到了运用，那么通过叙述，则可以使得听觉和发声器官也得到参与，心、手、眼、嘴、耳并用，扩充了认知活动的感官通道与线索。②理清思维，促进联想。在绘制过程中，大脑遵循自由联想的机制展开各个思维分支，这个过程具有相当的即时性与创造性，由此形成的认知结构也并不牢固。而口语讲述可以使灵感性的思维更加深刻，把部分隐性知识转化为显性知识，促进对思维的进一步理解、组织和结构化。③完成知识管理的循环过程。在知识管理中，提倡把厚书读薄，再把薄书读厚。把书本知识通过思维导图的提炼抽象为图形，再把图形通过口头叙述还原为内容丰富、充满细节的知识的过程，就完成了“厚—薄—厚”的循环转化。④增强语言表达能力。思维导图的讲解过程，可以使学生的语言组织能力和表达能力得到强化训练，提高了语言对逻辑思维的表现力。

（4）细节运用。

在思维导图的绘制中，细节决定成败。诸如图形、颜色、关键词选用、分支顺序等细节问题，如果处理好了，将显著提高思维的认知加工效率，使思维导图的运用更加轻松、高效。

首先是图形的使用。笔者发现，有的思维导图在运用中已经被简化为纯文字，完全不见图形的踪影。图形是思维导图的核心概念，具有激活右脑、刺激联想、促进形象思维的重要作用。对于思维的分支结点，应该而且必须用图文结合而非纯文字的方式来表达。在图形运用中，是否具备纯熟的绘画技巧，图画美不美，像不像，都不是障碍，只要图像能够表达自己心中的想法，激发大脑的思维和想象即可。

其次是色彩问题。色彩是给大脑带来强烈视觉冲击的重要元素，颜色能够为思维导图增添跳跃感和生命力，为创造性问题发现思维提供巨大的能量。在色彩运用中，应多用强烈的纯色，如红、黄、蓝、绿、紫等。每个一级分支下的所有连线与文字均使用同一种颜色，可以使得整个图形看起来结构更清晰、更易辨识、更具美感。此外，对于一些特殊的思维结点，比如异于常规的特殊信息点，可以用一种特殊的色彩表达，使其更加突出。但无论如何，思维导图都应该是彩色而非黑白的。

再次是关键词的选择。在思维导图的绘制中，需要在连线上标注与结点图形匹配的关键词，以达到图文互补的目的。这些关键词的串联组合便于学生把握思维的精粹与主干，集中精力于真正重要的主题，促进对思维过程的认知。关键词具有易记录、易识别、易激活、易联想、易记忆、灵活性强、信息容量大等优点，因此不要把大段的文字写在分支连线上，应尽量使用简洁的关键词，而非复杂的句子。有时同一个内容可以用多个关键词来表达，这时就需要反复斟酌，选择一个更适当、更能激活思维的词语。

最后是分支的数量与顺序问题。思维导图的绘制需要由中心主题发散出数个分支。各分支又可以成为一个新的主题，再向外发散出子级分支。一般来说，由各级主题引出的分支数量需控制在 5 ~ 9 个左右，这比较符合大脑的工作记忆容量，便于加工和识记。此外，分支最好围绕主题以一个方位为基点，按照逻辑关系作顺时针顺序排列。每次重复绘制或复习时都以相对固定的顺序进行回忆，将更有利于提高记忆效果和理顺逻辑关系。

总之，思维导图既是一种工具、一种技术，更是一种思想和观念。这种图形化和结构化的放射状思维方式，能够有效提高个体的思维能力，进而促进新思想的产生和问题的发现。而上述的精加工策略，将帮助学生进一步把握思维导图的精华，在运用中不拘泥于形式，更加灵活高效地发挥思维导图的强大功能。

第三节　促进教师课堂提问的技巧

不但学生需要发现问题，教师也需要发现和提出问题。课堂提问是教师组织和开展教学活动的重要手段，也是推进课堂教学进程的重要动力。在课堂教学中，教师通过恰当的提问，能够唤起学生的自主意识，促进学生的思维能力，使师生不断处于和谐的信息交流中，从而提高课堂教学效率。许多教师都意识到了提问的重要性，但是在实际教学中，有些教师提出的问题却往往不能达到理想的效果。虽然问题经过了事先的精心设计和安排，而且在提问中对问题的目的、内容、类型、难度等都给予了重视和考虑，但为什么提问难以达到预期的效果呢？

其实，除了问题的目的、内容等主要因素之外，还有一些细节因素会影响课堂提问的质量和效果。这里，我们列举了几个在课堂提问中容易被忽略的因素，教师如果能够把握好以下这些因素，在提问中将收到事半功倍的效果。

一、提问的形式

很多老师在提问中，都非常看重并精心设计问题的内容，但是对于内容的载体，即问题的形式却往往不太留意。有的教师认为，内容是问题的核心，只要内容抓住了要点，提问的形式怎么样或者说以什么样的方式来表达这些内容并不重要。殊不知，任何内容都要以一定的形式为载体来传递，同样内容的问题用不同的形式表达出来，对学生产生的作用和效果是完全不同的。

心理学上有一个著名的四卡实验，说明了问题形式的重要性。在这个实验中，心理学家首先给学生展示了四张卡片，上面分别印有“E、K、4、7”四个字母或数字，并询问学生，“要证明‘如果一张卡片的正面印有一个元音字母则在背面印有一个偶数’这个命题是否有效，应该翻看哪几张卡片”？结果只有4%的学生正确回答了这个问题。但是，当把这个问题用具体的材料来呈现，即把四张卡片问题换成信封问题的时候，学生对问题的回答效果就截然不同。在第二次实验中，研究者给学生呈现了四个信封。其中两个呈现信封的正面，分别贴有50分和80分的邮票；另外两个呈现信封的反面，分别可以看到信封是开口和封口的。然后问学生“要检验‘如果信封封口了，则它上面应贴有50分的邮票’这一规定是否正确，应该翻看哪几个信封”？这一次，学生的正确率提高到了87.5%。这两个问题的核心内容完全相同，只是在表达形式上存在差异，却导致了回答结果的大相径庭。该实验说明，问题的形式会影响学生对问题的理解和回答。

一个好的问题，如果能够以恰当的形式表达出来，可以激发学生的思维积极性。相反，好的问题也可能会由于表达形式的不适当而使得学生难以领会和理解问题任务，造成问题的无效。在提问中，教师要充分重视问题的表达形式，根据教学内容与学生情况适时地选择和设计恰当的形式来表现问题，使提问收到理想的效果。

二、提问的对象

问题有了好的形式还不够，如果问题的对象不恰当，同样会影响提问的效果。有的教师认为，提问的对象不就是学生吗，这还有什么好考虑的？其实不然，根据不同的情况和目的，不同的问题可能需要针对不同的学生。问题对象的不同会造成提问效果的很大差异。有的教师在提问时，对问题的对象并没有明确的意识，往往是看到哪个学生或者突然想起哪个学生就叫他起来回答。这样随意设置和安排的问题对象会使得问题效果大打折扣。有的时候，问题应该是针对全体学生的；有的时候是针对一个或者几个学生的；有的时候是针对成绩优良的学生的；有的时候又是针对成绩稍差的学生的；有的时候是针对开小差的学生的；有的时候是针对认真听讲的学生的……总之，不同的问题，在不同的时候需要根据不同的目的来选择不同的对象。教师在提问之前就应该对问题的对象做到心中有数。一个问题是让全体学生齐答，或是让部分学生回答，还是让哪一个学生来回答，一定要对象明确，否则学生难以同教师相互配合，课堂气氛活跃不起来。比如一位教师对着全班同学提出了一个问题之后，说："这个问题谁会答呀?"虽然也许大部分同学都会回答这个问题，但是由于教师的提问没有清晰明确的对象，使得很可能没有一个学生"回应"教师的问题。这就是由于问题对象的不明确性而造成了问题的无效。

这里，以一个教师检查学生课后作业的例子来说明问题对象的重要性。有经验的教师在检查课后作业时，会就作业的内容询问全班同学，要求全体同学齐声回答。这时，教师就可以根据回答声音的大小、整齐程度、内容等判断学生作业的完成情况，了解学生对知识的掌握程度。而没有经验的教师在检查课后作业时，往往会抽问其中一个同学，如果他回答对了，就检查下一题，回答错了，就抽另一个学生再回答该问题。对比两种提问的对象，我们可以发现，前一种问题对象显然是高效率的，能够帮助教师迅速准确地了解全班学生的整体作业情况；而后一种提问，由于对象设置不科学，致使检查作业既耽误了时间，又无法全面地了解学生的整体情况，造成低效率。可见，问题对象的差异是提问中不可忽略的重要因素。

还要说明的一点是，虽然我们提出了问题对象的差别，但这里的对象差异主要是指教师在具体抽问以及某些特殊时候（如有学生在下面讲小话）的对象差异。在绝大部分时候，教师的提问还是要具有普遍性，面向全体学生，这样才能促使所有的学生都积极参与思维活动，营造良好的课堂氛围。面向全体学生也不是指“一刀切”，而是面向每一个有差异的个体，因材施教，针对不同学生的不同认识水平，设计不同层次的问题，以调动每个学生思考问题的积极性。

三、提问的类型

在课堂中，不同类型的提问可以用来达到不同的教学目的。任京民（2009）介绍了美国社会科课堂提问的情况，① 他指出，美国学者泽文（Zevin）根据布卢姆的提问和回答分类体系，将社会科的教学分为三个范畴：教导范畴、思考范畴和情感范畴。在课堂提问时，记忆和理解类问题适合于教导范畴，应用和分析类问题适合于思考范畴，综合和判断问题适合于情感范畴。② 郑友富（2009）通过课堂观察、音像分析和访谈等方法，比较了 12 名专家型教师和 12 名新手教师的课堂提问。结果显示，专家型教师的提问中，分析、综合、评价等高层级开放型问题占课堂总提问的 45%，知识、理解、应用等低层级封闭型提问，主要用于组织教学、复习旧知识、调节情绪和营造氛围等；而在新手教师的提问中，高层级开放型问题仅占总提问的 11.3%，低层级问题却占总问题的 88.7% 。③ 这说明专家型教师更注重对学生评价、综合、分析等高级思维能力的培养。白改平和韩龙淑（2011）对数学课教师提问情况的研究表明，专家型教师倾向于使用探究型或解释型的提问，而熟手型教师则多使用记忆型和解释型提问。④ 探究型提问可以促进学生积极参与到教学活动中，获得数学活动经验，建构对知识的理解；而记忆型提问则主要用于帮助学生加深对知识的记忆，或向学生提供知识的合理解释。上述研究表明，课堂教学中，不同的提问类型针对不同的培养目标，而成为专家型教师则需要更明确问题的针对性和目的性，提高高层次问题的提出比例。

---

① 任京民．美国社会科课堂提问评析．外国中小学教育，2009（8）：52～55，65.

② Zevin，J. *Social Studies for the Twenty-First Century*. Mahwah：Lawrence Erlbaum Associates，2000. 75－90.

③ 郑友富．专家型教师与新手教师课堂提问的比较研究．教育科学研究，2009（11）：57～60.

④ 白改平，韩龙淑．专家型—熟手型数学教师课堂提问能力的个案比较研究．数学教育学报，2011（4）：16～19.

四、提问的密度

许多老师都重视课堂问题的难度，却往往忽略了问题的密度因素。虽然提问可以提高学生的注意力，调动学习的积极性，活跃课堂气氛，但是并不意味着课堂中的问题越多越好。如果一个老师一节课用大量问题对学生进行“狂轰滥炸”，一个问题接一个问题地提问，一定收不到理想的效果。因为过多过滥的问题可能会使学生的思维由兴奋转向抑制，让学生感到疲惫不堪，甚至对问题产生冷漠、厌恶的情绪。此外，过多的问题也会占用大量宝贵的课堂教学时间，在一定程度上降低教学效率。反之，如果问题太少，甚至一节课一个问题都没有，也无法激发和调动学生的参与性和主动性。

因此，提问密度也是教师应该注意的重要因素。在课堂教学中，问题数量的安排应该是少而精的，一般三个左右有启发性的问题对一节课程来说比较合适。对于密度安排，教师还要注意的一个问题是，每次提问之后应该留出足够的时间给学生思考，而不是在问题提出后就匆匆给出答案。

五、提问的时机

恰当的问题在一个恰当的时机出现，会收到事半功倍的效果。相反，很好的问题在一个不合适的时间出现，也许会收效甚微。由于教学活动是教师和学生共同参与的双边活动，师生在教学活动中存在着大量的知识信息和情感意向的交流，因此，在提出问题的时候，不单要考虑问题本身，还要考虑到问题提出时学生和课堂的具体情况。

比如在学生精神状态不佳、昏昏欲睡的时候，一个生动有趣的问题能让学生重新打起精神；而在学生思维出现偏差时，一个导向性的问题可以及时扭转学生的思维活动，控制教学方向；在学生思维停滞的时候，一个启发性的问题能够调动思维，引发进一步的思考；在一节课结束之前，一个充满悬疑的问题可以引发学生对下一节课的积极期待。反之，如果问题时机不恰当，比如在大部分同学昏昏欲睡的时候，提出一个有难度的问题，学生可能一时无法从暂时停滞的思维中反应过来，难以对问题作出有效的思考和回应，还可能对教学内容产生紧张、焦虑等不良情绪。

六、提问的反馈

提问的反馈既包括学生对教师所提问题的反应，也包括教师对学生回答的进一步反馈。也就是说，对于一个问题，反馈可能是多次、反复地在师生之间进行信息交流的过程。有的教师很重视对学生的提问，但是对于问题提出之后的反馈情况和过程却没有给予足够的关注。其实，教师提问的目的除了调动学生的积极性之外，另一个重要的目的就是通过恰当提问，迅速获得学生的反馈信息，了解学生对知识的理解和掌握程度，并据此及时对教学进程和内容作出相应的调整、修正和补充。因此，问题的反馈是提问过程中一个不可或缺的重要环节。

在教学中，教师首先要对问题的反馈过程有清晰明确的认识。提出问题不是一个单向传递信息的过程，而是通过师生对问题的不断相互反馈，反复交流信息和思想的过程。在多次的反馈交流中，激发思维的火花，真正达到通过问题调动学生思考，了解学生情况的目的。在提问过程中，教师对问题的反馈主要体现在两个方面。一是要重视学生对问题的反应，从中及时了解学生的思维过程和知识掌握情况；二是要对学生的回答给予及时的反馈和评价，或肯定、追问，或否定、引导，或启发、激励。心理学研究表明，只有对问题有明确、及时和针对性的反馈，才能够激发学生的思考热情。

七、提问的态度

提问态度也会影响学生对问题的思考。比如一个学生在课上开小差，老师发现后，就提出一个问题要他回答。这时，如果老师以一种讽刺、责骂的语气对待学生，他就会产生紧张和挫败感，自尊心受到伤害，失去对问题进一步思考的勇气和积极性；但如果这时老师以一种和蔼、亲切的态度提出问题，不但可以消除学生的紧张心理，达到引导学生注意力的目的，而且会让学生体会到一种安全的感觉，激发他们思考的热情和信心。此外，在学生回答问题出现错误的时候，老师也不应过分严厉地责备和惩罚，因为批评和指责不但可能会让学生对回答问题产生心理障碍，而且也给班里其他学生造成压力，影响学生对问题反应的积极性。

在提问态度上，笔者也有亲身的体会。在一次课堂上，我抽问学生，该学生支支吾吾回答了一通，却完全没有抓住问题的核心。当时，我以为是自己在提问时没有表述清楚，就对那个学生说："刚才那个问题，可能是我没有表达清楚，我再讲述一遍。"后来，在一次交谈中，该同学提到了这件事情。她说，其实自己当时是在下面看课外书，根本没有听讲，所以回答不上问题，但是老师并没有批评她，反而为她找原因。这件事情，让她觉得很内疚，从此就很专心地听讲了。从这件事情中我认识到，自己无意中的一个宽容举动，就可能改变学生的听课态度。可见，提问的态度也是影响问题效果的重要因素。

对于学生认真思考后得出的答案，不管正确与否，教师都应该给予鼓励，使他们享受到动脑筋思考的乐趣。如果教师对学生的回答采取积极接纳的宽容态度，学生就能够更加大胆、更有自信地思考问题。反之，就可能会对问题产生畏缩、逃避的情绪。此外，教师在提问时还可以根据学生的不同程度和特点，让他们回答不同难度、不同角度的问题，使每个学生都有表现的机会，都享受到成功的愉悦。

总之，细节决定成败，在课堂提问中也是如此。教师在提问时，不但要考虑到问题内容、目的、难度等主要特征，还要对一些容易被忽略的因素，如问题的形式、对象、密度、时机、反馈、态度等加以重视。也许正是这些容易被忽略的细节因素最终决定了问题的质量和效果。

本章小结

考察学校中学生问题发现能力的现状，以及教师对学生问题发现能力的培养情况。指出当前我国教育领域对问题发现能力的重视程度较低，缺乏明确的培养目标和有效的培养手段。其中，既有学生和教师方面的原因，也有教育观念方面的因素。

通过以下三方面的措施可以促进学生问题发现能力的提高。其一，学生基本素养的培养，包括克服观念障碍、树立问题意识、提高知识积累、塑造积极人格、借助团队力量等；其二，教师的科学引导，包括作出示范、提供反馈、营造环境和氛围、留出思考余地和改变评价方式等；其三，特殊技巧训练，包括采用促进学生提问的教学模式，如 ReQuest 教学模式、InQuest 教学模式、K－W－L 教学模式、QUILT 教学模式、“问欲、问法、问胆”教学模式、“问题—假说—验证—问题”教学模式、“读—找—构—比—悟”五字策略等；借鉴创造技法，如头脑风暴法、检核表法、逆向思维法等；以及思维导图训练。

探讨了教师在课堂教学中的提问行为，从提问的形式、对象、类型、密度、时机、反馈和态度等方面阐述了如何提高教师的课堂提问效果。

第十章　问题发现思维的影响因素

哪些因素会影响问题发现思维呢？Subotnik（1988）① 对西屋科学天才研究奖获奖者的研究显示，影响选题的最重要因素是语义暗示的聚合性思维。Jay 和 Perkins（1997）② 指出，上下文、认知能力、认知过程和心理倾向等会影响问题发现。许育彰（1999）③ 将问题发现影响因素分为问题情境、认知结构、思维能力、元认知技能和非认知因素五类。俞国良和侯瑞鹤（2004）④ 则指出动机、智力和元认知等对问题发现活动有影响。由此可见，问题发现的影响因素众多。下面，将着重从知识基础、问题参数设置、材料呈现方式、线索提示、人格特质五个方面进行详细探讨。

第一节　知识基础对问题发现的影响

为探讨知识基础对问题发现的影响，本节拟从领域方面对以往研究进行扩展，考察在不同知识领域中，个体问题发现能力的差异。

一、不同知识领域问题发现能力差异的实验研究

（一）实验方法

选取科学和生活两个领域探讨问题发现能力的知识基础差异。实验采用2×2因素的混合设计，组内因素为问题领域（科学领域、生活领域），组间因素为年

① Subotnik, R. F. Factors from the structure of intellect model associated with gifted adolescents' problem finding in science: research with Westinghouse science talent search winners. *Journal of Creative Behavior*, 1988, 22 (1): 42 – 54.

② Jay, E. S. & Perkins, D. N. Problem finding the search for mechanism. In Runco M. A. (Ed.), *The Creativity Research Handbook*. NY: Hampton Press, 1997. 258 – 260.

③ 许育彰．探讨高中生从力学情境中发现问题的能力之研究．台湾师范大学博士学位论文，1999.

④ 俞国良，侯瑞鹤．问题提出、认知风格与学校教育中的创造力培养　教育科学，2004（4）：54～58.

级（低年级、高年级）。在科学领域以“地球”为发现问题的对象，生活领域以“电视”为对象。来自重庆市北碚区实验小学、西南师范大学附小三年级和五年级的262名小学生参与了问题发现的实验研究，其中女生135人，男生127人；学生的最小年龄7岁，最大年龄12岁，平均年龄为9.84岁。

研究采用个别测试，在实验中，要求小学生分别针对“地球”和“电视”这两个物体，口头说出他们所发现的各种问题，并告诉儿童“问题提得越多越好，越有新意越好”，主试用纸笔准确记录儿童发现的问题。

（二）问题的评价标准

从数量和质量两个方面对问题进行评价。对问题数量的评价是指在两个领域各自的问题总数量。问题质量的评价包括七个指标，分别是：①变通性，指问题的类别数；②相对变通性，指对一位被试而言，问题类别数除以问题总数量的商；③新颖性，指问题的新奇性、独创性，与问题出现频率有关；④深刻性，指问题的概括性和抽象程度；⑤精致性，指对问题的描述是否准确、详尽、到位；⑥科学性，指科学概念和术语在问题中的使用情况以及问题的科学技术含量；⑦改进性，指问题是否具有应用价值，是否对事物的现有状况提出了改进意见和措施。

鉴于人力和时间的限制，从被试的所有答卷中随机抽取了80名被试的答卷，进行问题质量的评价。“变通性”可以通过分类统计进行客观量化，而对后五个指标则制定了详细的评分标准，然后由两位评分者用5分制进行打分，分数越高代表问题的质量越好。两位评分者的一致性信度达到0.78（$P<0.01$）。这表明，评分标准比较客观、明确，具有较好的一致性。

（三）实验结果

儿童发现问题的基本情况及其领域差异见表10－1。

表10－1　儿童问题发现的基本情况及其领域差异

	总数量		变通性		相对变通性		新颖性		深刻性		精致性		科学性		改进性	
	M	*SD*	*M*	*SD*	*M*	*SD*	*M*	*SD*	*M*	*SD*	*M*	*SD*	*M*	*SD*	*M*	*SD*
生活领域	13.14	11.26	4.17	1.75	0.43	0.21	3.32	0.48	2.82	0.36	3.09	0.50	3.03	0.43	2.90	0.44
科学领域	14.89	12.61	4.10	1.57	0.37	0.18	3.06	0.47	2.61	0.33	2.83	0.45	2.76	0.37	2.19	0.79
平均数之差	−1.75		0.08		0.06		0.26		0.21		0.26		0.27		0.71	
差值的标准差	0.76		0.12		0.01		0.05		0.05		0.05		0.06		0.09	
自由度	261		261		261		79		79		79		79		79	
*t*值	−2.29*		0.67		4.62***		5.18***		4.09***		4.74***		4.69***		8.26***	

从表 10－1 可知，在不同知识领域，儿童发现问题的数量与质量都有非常显著的差异。在问题数量上，科学领域显著多于生活领域；在问题质量上，除了变通性没有差异外，在其余六个指标上，生活领域都明显高于科学领域。

（四）实验结果的分析与讨论

儿童在不同领域的问题发现差异可能是由于他们对不同领域的知识积累、认知和理解程度的不同。就科学领域来说，一方面“地球”是儿童比较熟悉的事物，学生们热爱它也渴望了解它。而且，由于地球本身涵盖的内容十分丰富与庞大，它所涉及的问题是林林总总、方方面面的，比较容易想得到，因此儿童发现有关地球问题的数量更多。但另一方面，地球所涉及的科学知识内涵是相当复杂而深奥的，学生们受到自身知识基础、思维深度、阅历和经验等方面的限制，对地球缺乏足够的科学上的深刻认识和理解，这使得他们发现的问题比较肤浅、简单，在问题的质量上比较差。而就生活领域来说，“电视”是儿童平时接触得非常多的事物，相对于地球而言，电视的构造、属性、功能、用途等要简单、浅显很多，儿童能够更深刻、更全面地认识电视。

不同领域发现问题的数量与质量的显著差异表明，对一个领域越熟悉，就越可能提出更多的问题，而提出高质量的问题则要求对该领域有足够深刻的认识和理解。也就是说，对一个领域的了解越多，就越可能发现更多数量的问题；而对一个领域的认识深刻，才能够发现更高质量的问题。

二、教育启示

发现问题不是简单的无中生有、随心所欲的过程，只有对一个领域有充分和深刻的认识，具备相当扎实的知识基础，才能发现有价值有意义的问题。知识的积累是高水平问题发现的前提和基础。但是，知识学习又不是一个简单的数量增加过程，更需要在知识的质量方面下工夫。在知识层面，影响问题发现的因素主要涉及以下六个方面。而这些也只是教师在知识传授中需要重视的方面。

（一）知识的数量

虽然诸如问题发现、问题解决、创造性等能力都是以思维的形式来体现，但是，思维产生的重要基础却是丰富而深入的知识。没有扎实的知识做基础，发现的问题只会是表面、空泛、不着边际的。对此，申克—丹齐格阐明了一个重要的观点，即知识数量与创造积极性之间的关联。她认为，创造力可以在最小知识量的背景下产生，也能够在知识完备的充分条件下产生。但是，知识的规模越大，对知识进行创造性加工所依据的现实性范围也就越大，而那些对文化和社会具有罕见与突出意义的创造力的最高形式，则只有在拥有最大限度的知识数量时才能够达到。①

可见，知识的积累是创造的基础，也是问题发现的基础。要提高问题发现的质量就必须重视个体知识的积累情况。但是这种知识的积累又不等同于知识的堆砌，在提高知识数量的同时，更要注重提高知识的质量。这就是下面要谈到的知识结构、维度、灵活性、激活点以及知识学习的过程等问题。

（二）知识的结构

如果把知识在头脑中的存储结构形象化，那么良好的知识是整齐、有序、类目清晰的层次网络结构式的存储，这类知识可以高效地进行提取和运用；而结构不良的知识就像一盘胡乱堆放的散沙，不但难以分辨、识别，更难以有效利用。也就是说，同样数量的知识，结构体系的不同将导致知识质量和知识运用上的差异。有的人能够运用到存储知识的80%以上，而有的人就连10%也用不上，知识结构的差异是主要原因之一。

在教育中，教师在帮助学生提高知识数量的同时，还要注重知识的组织结构与体系的提高。任何知识点都是既作为个体独立存在，又与周围的知识点相联系的，知识点之间的相互关联构成了一个纵横沟通的知识结构体系。知识系统的整体功能，除了决定于各知识点的独立功能之外，更取决于知识结构产生的联合功能作用。因此，教师不但要注重学生单个、独立知识的积累，更要把握好知识点之间的联系，帮助学生理清知识之间的层次脉络关系。此外，教师还可以鼓励学生主动寻找各知识点之间的联系，从整体上把握知识的结构层次。如果学生在知识结构上“只见树木，不见森林”，那么在知识运用中可能就会表现为，对单项知识的掌握比较牢固，但是一遇到综合性、创新性的问题就感到力不从心。

知识在头脑中的结构和存储方式，就好像是书籍在图书馆中的储存。如果每一本书都经过科学的分类和编码，存放在适当的位置，形成良好的结构体系，就可以方便读者查找和借阅。反之，如果图书不加整理地随处乱放，比如把计算机的书籍放在外语类，那么即使书本数量很多，读者也很难找到他想要的书籍，就会大大降低了书本的利用率。同理，结构不良的知识体系将降低知识使用的效率。所以，教师们不但要帮助学生积累知识，更要帮助他们有意识地对知识体系进行良好的建构，使知识处于一种结构良好、有序和谐的存储状态。

（三）知识的维度

单一维度的知识不容易激发新的想法，不利于促进新问题的发现。而多维度跨领域的知识则有利于新思想的产生。有时，一个领域的知识可以直接运用于另一个领域而导致新的发现。一个典型的例子是一位工程师对生理研究的促进作

---

① 冯喜英．高等师范院校学生问题意识状况的调查与思考．教学研究，2008（3）：22～25.

用。多年来，生理学家一直不明白肾管中长长的环状物的功能，认为它是肾脏进化中的遗留物。而一位工程师对这些环状物进行仔细观察后，立即意识到它们可能是逆流增生组织的一部分，是增加液体浓缩度的装置，从而解决了这个长期困扰生理学家的难题。①

可见，利用跨领域跨学科知识之间的相互交叉和融合，可以促进新思路和新想法的产生。教师要注重从多个领域、多个学科、多个角度帮助学生积累知识，尤其是注重不同学科知识之间的交互影响，注重知识之间的横向和纵向联系等。比如在教学中，可以让学生充分利用视觉、听觉、味觉、触觉、嗅觉等多种感觉系统来接受信息，或者对于同一个知识点，从不同学科的不同角度加以分析和讲解。通过这种多维度、多领域知识的交叉渗透有利于产生新的思想。

（四）知识的灵活性

知识学习的最终目的是运用。读书的目的，就是要把书中的知识当作工具，去发现和解决各种问题。如果知识学而不用，学到的知识就变得呆板、僵化，大脑也就变成了一个简单的存储工具；如果在知识运用中只是按照书中的条款生搬硬套，就难以解决那些复杂、综合的问题，更谈不上主动发现新问题。我国宋代哲学家朱熹说过，死读书不如无书。教师要引导学生把书读活，避免“死读书”和“读死书”。在学习中灵活运用知识，不仅能加深对知识的理解和记忆，还能促进能力的发展，激发学生的创造性。

练习是提高知识灵活性的有效手段。教师可以通过一系列逐渐加深的问题进行层层深入，用适当、高效的练习对学生的知识运用能力进行培养。比如，设置“知识的理解任务→知识的近迁移运用，单个知识的运用任务→知识的远迁移运用，综合知识的运用任务→举一反三任务→创新性运用任务”等逐渐深入的练习任务培养起灵活运用知识的习惯和能力。

（五）知识的激活点

每个知识点在知识结构中都有一定的位置。有些知识与周围的知识联系紧密，处于核心地位；而有些知识则处于比较边缘的状态。有些知识是经常被用到的，属于活跃的知识；而有些知识则很少能使用到，属于沉寂的知识。此外，任何学生都有自己擅长的优势领域，也有相对不擅长的劣势领域。这样，那些在知识结构中核心的、活跃的、擅长的知识就成为学生思维中的易激活点。新的想法和思路就最可能从这些易激活点中产生。

教师要有意识地帮助学生找出他们思维和知识基础中的易激活点，或者着意培养起这种激活点。以这些易激活点为切入口，学生可以发展自己的核心知识系

---

① 朱新秤．论知识与创造．教育研究与实验，2003（2）：14—17.

统，抓住自己的擅长领域，有利于产生新的发现和创新的行为。培养激活点的一个重要方法是提高知识之间的关联度，即让头脑中的知识尽可能多地相互关联，而不是相互孤立。以一个知识点为例，它与周围的知识点联系得越多，就意味着有更多的线索可以通达它，提取和利用这段知识的可能性就越高。在记忆研究中，有一种线索依赖性遗忘现象就谈到，即使记忆内容没有遗忘，但是失去了提取记忆内容的线索也会导致提取失败。同样的道理，在问题发现过程中，知识，尤其是核心知识与周围知识关联的线索越多，就越能够灵活运用，促进创造性思维和新问题的产生。

（六）知识习得的过程

教师不但要重视学生知识学习的结果，还要注重知识学习的过程。因为学习过程也会影响知识积累的效果。在一个国外的研究中，研究者向两组大学生传授有关注意的知识。告诉一组学生所学的是关于注意的实验方法，告诉另一组学生所学的是如何在课堂上控制自己的注意、克服注意力分散。学习后的测验表明，两组都学得很好。但两天后问学生在后来的日常学习中是否经常想到所学的注意知识时，第一组很少有人报告再想到它，而第二组报告经常想到它。这表明，不同的学习过程将产生不同的知识积累和运用效果。①

在教学中，教师要重视学生对知识产生、发展的探索过程。由于科学概念的形成、原理的推导、理论的构建等，都是科学家们长期进行观察、比较、分析、综合、创造的结果，了解知识形成的过程，有助于培养学生的科学思维和探究意识。反之，如果忽略了知识的探索过程，学生往往只会对概念、原理等进行死记硬背、机械模仿，难以发挥他们的创造才能。

学生在学习中了解了这些知识的来源和创建过程，不但可以帮助他们理解和巩固知识，更对他们自己发现新问题、发挥创新精神有指导作用。这种对知识形成的探索过程可以让学生根据自己的体验，用自己的思维方式重新构建知识，不仅给学生以启迪，更能激发学生的学习兴趣，使其在探索过程中学会发现真理的方法，得到创造的体验，增强自信心、积极性和主动性。因此，教师在教学中要尽量把思维发展、知识产生的全过程展示给学生看，通过思维的探索、发现，使学生主动获取知识的能力得到培养，参与意识得到加强，创新精神和创造性思维能力得到体现。

此外，还要注意对知识的多线索精制性加工。即在知识习得过程中，尽可能从更多的角度去认识与同化知识，对知识加工程度越深，就越有助于理解、记忆、迁移与创新知识。比如对一个英文学得很好的学生介绍一种有效的单词记忆

---

① 张庆林，［美］Robert J. Sternberg. 创造性研究手册 . 成都：四川教育出版社，2002，262 ~ 263.

方法，即在记忆一个单词时，要求自己联想到20个以上的相关英文词汇（刚开始会很不适用，但习惯后就越用越自如）。这样，表面看记忆单词的时间更长了，但养成这个好习惯后，不但通过记忆线索的增加大大提高了记忆效果，而且有效提高了单词的使用率和关联度，促进了语言的习得和灵活运用。

总之，儿童在不同知识领域问题发现能力的差异启发我们，在教学中，知识是创新的基础，教师要注重学生的知识积累，帮助他们灵活地、创造性地运用知识。

第二节　问题参数设置对问题发现的影响

一、限制与创造性

教学中，许多教师都曾经为他们没有给学生足够的创造自由而感到内疚和不安。同时，一些学生也抱怨，教师对任务的种种规定和限制极大地抑制了他们创造性思维的发挥与个性的表达。教师的内疚和学生的抱怨都是适当而合理的吗？如果真的给予学生完全的自由，这些曾经抱怨受限制太多的学生会表现出更高的创造性吗？还是会出现相反的情境：他们会对创造性任务完全不知所措，无从下手呢？

在外部限制对创造过程的影响方面，研究者们的观点也莫衷一是。Amabile和Gitomer（1984）认为，对内部动机的外部限制会直接阻碍创造行为。[①] 而Nachmanovitch（1990）则赞成外部限制会增强创造行为，他指出，问题参数的设置能够集中创造者的意图，教师所制定的一系列规则和限制条件，不管是永久的还是暂时的，都可能增强学生的创造努力。[②] 在《鼓励创造》一书中，May（1975）提出，有创造潜力的人对限制和规定有着非常明确的需要。他指出，“在人类生活中，限制不但是不可避免的，也是有价值的……创造本身需要限制”[③]。May认为，创造不是完全不受限制的、没有边界、不断扩张的过程。任何创造行为都要依赖于特殊的环境，以及物理的或者概念上的适当限制来形成和规定。Runco和Okuda Sakamoto（1993）也宣称，完全让学生自主不一定能够激

① Amabile, T. & Gitomer, J. Children's artistic creativity: effects of choice in task materials. *Personality and Social Psychology Bulletin*, 1984, 10 (2): 209－215.

② Nachmanovitch, S. *Free Play: Improvisation in Life and Art*. Los Angeles: Jeremy P. Tarcher, 1990. 77－82.

③ May, R. *The Courage to Create*. NY: Bantam, 1975. 87－95.

励创造活动和提高发现问题的能力。① 那么，问题参数的设置与学生创造性问题发现过程之间的关系究竟怎样？什么程度的参数水平最能够促进学生问题发现能力的发挥呢？

二、问题参数

通俗地讲，问题参数就是对问题的规定和限制。比如在一节美术课上，教师要求学生画一幅画，规定画的对象是静物，画应该是彩色的、写实的等。那么，诸如“静物”、“彩色”、“写实”这些限制条件就是教师为学生的绘画任务所设置的各种参数。

在教学中，教师对参数的设置是为了给学生的创造活动一定的限制和约束。Isaksen 和 Treffinger（1985）② 指出，问题参数的设置可以帮助学生在一个特殊的环境或者概念范围内集中注意力和精力，这可以促进他们收集信息，并形成对问题的明确陈述，有利于学生发现问题，产生创造性思维。Sapp（1995）③ 则进一步提出，在创造活动中，存在一个探索问题参数的阶段。最初形成的参数可能是泛化、模糊和不完全的，但是通过对概念和信息的认知与筛选之后，问题参数就会逐渐变得明确而具体。最后，学生会把创造精力集中于参数所限定的区域内。

在创造性问题发现过程中，问题参数的设置和传递大多是由教师来完成的，学生则需要对教师设置的参数作出各种反应。那么，参数究竟是怎样设置、传递和执行的？它又对问题发现过程有着怎样的影响呢？下面介绍 Sapp 提出的问题参数效应模型，并作进一步的探讨。

三、问题参数效应模型

Sapp（1997）提出了问题参数效应模型，并通过 3 类形象的图形来说明在教

---

① Runco, M. A. & Okuda, S. S. Reaching Creatively Gifted Students through their learning styles. In Milgram, R. M., Dunn, R., & Price, G. E. (Eds.), *Teaching and Counseling Gifted and Talented Adolescents: An International Learning Style Perspective.* NY: Praeger, 1993. 103－115.

② Isaksen, S. G. & Treffinger, D. J. *Creative Problem Solving: The Basic Course.* Buffalo, NY: Bearly Limited, 1985. 69－90.

③ Sapp, D. D. Creative problem-solving in arta model for idea inception and image development. *The Journal of Creative Behavior*, 1995, 29 (3): 173－185.

育中，教师对问题参数的设置与学生的创造潜力和创造过程之间的关系。[①] 下面，将结合一节作文课中的具体例子，说明在创造性问题发现活动中，教师对问题参数的设置、传递和学生对参数的反馈等过程。

图 10－1 是关于问题参数［图 10－1（x）］与学生的创造过程［图 10－1（y）］的交互作用模型。Sapp 认为，在教学中，问题参数由教师设置并传递给学生，学生的创造过程受到问题参数的影响。参数是由学科素材、教学内容和环境因素等各种限制条件所组成的。参数设置不能够随心所欲，它的目的是为了方便学生达到学习目标，完成学习任务。

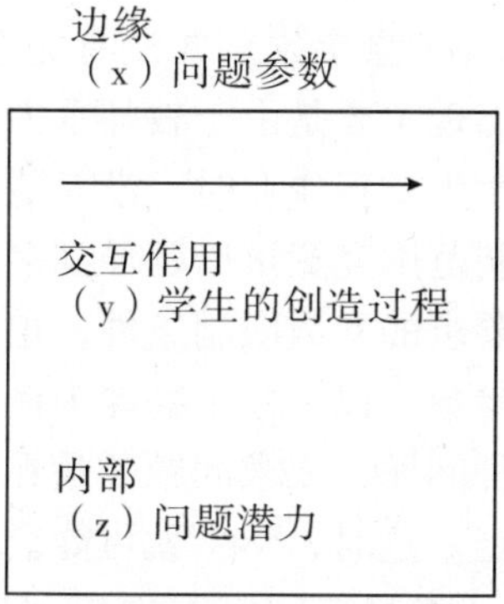

图 10－1　问题参数与学生创造过程的交互作用

图 10－1 展示了教学中参数设置和传递的理想情况。在这种情况下，学生为发挥创造性，会主动检验和探索教师提供的各种参数限制条件，并对问题参数作出积极的反应。因此，适当的参数限制既可以集中学生的创造能力又不会阻碍他们的主动性和努力行为。但是，在实际课堂教学中，往往难以实现图 10－1 所示的理想状态，这主要归咎于教师对参数设置和传递的不恰当以及学生对参数反应情况的不如预期。

（一）教师的参数设置类型

Sapp 指出，在教学中，教师对问题参数的设置主要有四种类型（见图 10－2）。图中，箭头表示学生的创造空间，方框表示教师设置的问题参数。

---

① Sapp, D. D. Problem parameters and problem finding in art education. *Journal of Creative Behavior*, 1997, 31 (4): 282－298.

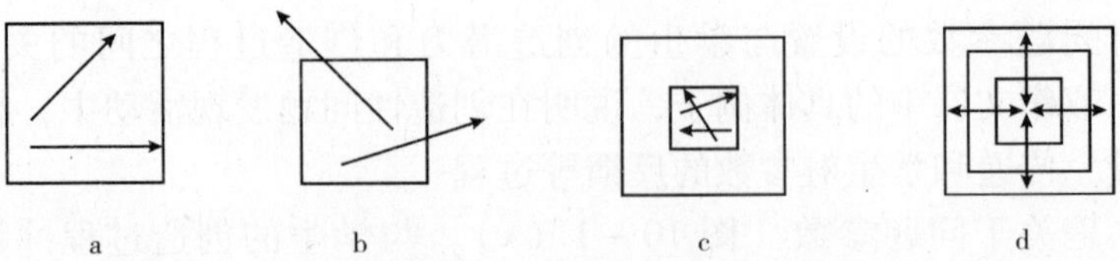

不完全参数　过分限制的参数　不够限制的参数　增加和压缩的参数

图 10－2　教育中参数的呈现类型

1. 不完全参数

“不完全参数”是指教师对参数的限定条件设置得不全面、不明确。如图 10－2（a）所示，方框（表示问题参数）并没有完全包围箭头（问题空间）所涵盖的区域。不完全参数的出现主要是由于教师本人对问题参数的内容和特征还不太明确，或者是教师在向学生布置作业时，没有清楚地告诉学生究竟应该怎样运用这些参数以及参数的限制范围究竟可以延伸到多远。这时，有些学生也许会给自己附加一些老师并没有要求的参数限制条件，也有的学生可能会利用对参数限定的不完善去扩展和超越参数。以一堂生物课为例，教师要求学生去公园观察植物，并提出有关植物的各种问题，要求问题数量在五个以上，却没有对问题的范围、提问的时间等作出规定。这时，学生就可能会由于参数限制的不明确，而给自己增加额外的限制条件（如只能问书本中提到过的植物）或者超越参数条件（迟迟不交作业）。

2. 过分限制和不够限制的参数

“过分限制的参数”是指教师给学生的参数限制设置得太多，如图 10－2（b）所示，本来学生的创造性探索空间很大（箭头所指范围），但是方框却把范围限制得很小。与此相反，“不够限制的参数”是指教师给学生的参数限制设置得太少，也就是约束范围太大，如图 10－2（c）所示，参数的设置远远超出了创造性探索空间的范围。对教师来说，如果为学生设置太多的参数，就可能会限制学生进行创造探索的机会。相反，如果给予学生太多的自由或者设置太少的参数，学生可能会难以集中自己的创造精力。尤其是当参数限制太过宽泛时，学生会对怎样开始作业和采取什么步骤来完成问题发现任务感到迷惘。同样以生物课为例，教师如果给学生设置过多的限制条件，比如在对数量、植物种类、内容、交问题的时间等方面作出限制之外，还规定学生必须在提问中用到上节课学习的知识、提问，并且只能围绕眼前所见的植物而不能提与生物学无关的问题，诸如此类的限定条件。这时学生的创作空间就会大大受到限制。反之，如果教师给学生提供太少的限制条件，比如，只要求学生去公园观察后提出所发现的问题，再无其他要求，这时学生会对这个问题发现任务感到茫然和无从下手。

3. 增加和压缩的参数

"增加和压缩的参数"是指在参数设置过程中，教师不停地改变参数的要求，造成限制条件的起伏，如图 10－2（d）所示。在增加和压缩参数的情境中，教师先给学生设置了一定的问题参数，在学生完成作业的过程中，教师不断地判断和检查参数的设置是否合理，会不会太多或者太少。然后，根据判断的结果不断增加或压缩参数。参数起伏的发生是由于教师对教学缺少计划。这种参数设置标准的不一致不仅会引起学生的茫然和混乱，还会逐渐给学生一种无助和失控感，阻碍学生创造潜力的发挥，同时也对学习过程产生不良影响。比如，教师在规定好问题发现任务的限制条件之后，有学生抱怨要求发现的问题数量太多了，教师考虑了一下，认为学生说得有道理，就把问题数量限制由五个减少到了三个。教师这种对问题参数限制的随意修改，不但会影响其在学生心中的威信，而且也会使得学生难以把握教师真正的标准和要求，造成对任务的茫然和无措。

（二）学生对参数的反应

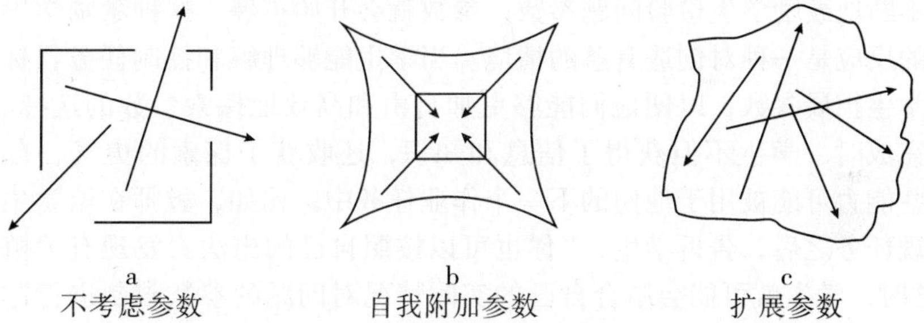

图 10－3 学生对参数的反应

当教师布置有特殊参数限制的作业给学生时，学生会对参数作出各种各样的反应。Sapp 探讨了学生的三种普遍反应（见图 10－3）。图中，箭头表示学生的反应，方框等外周的曲线表示问题参数的限制范围。

1. 不考虑参数

"不考虑参数"的情况是指，学生在完成问题发现任务的过程中，完全不考虑教师的参数限制。如图10－3（a）所示，箭头穿越了参数所限制的方框。有时，学生会出于不感兴趣或者反叛而完全不考虑甚至故意破坏教师设置的问题参数；也有的学生可能在表面上迎合教师的要求，实际上并没有注意教师的参数设置；还有的学生有意识地把教师限定的部分参数和自我附加的参数结合在一起。如果学生不考虑教师的参数限制，同时自己又缺乏明确的创造目标，这对问题发现过程将是不利的。对参数的不考虑可能会使学生失去进一步深入思考的有用线索和信息。比如，教师要求学生发现有关“公园里的植物”问题，学生却故意针对看到的动物或人进行提问。

2．自我附加参数

“自我附加参数”的情况是指，学生在完成问题发现任务的过程中，在教师设置的参数限制之外，又自我附加了一些额外的限制条件。如图 10－3（b）所示，箭头向内收缩，造成自我限制。学生的问题发现过程可能会由于他们错误地假设有更多的参数限制存在而受到阻碍。还是以生物课为例，教师可能只是要求学生提出关于“公园里的植物”的问题，并没有对植物的类别、问题的字数等作出明确限制，学生却自己给自己施加了诸如“只能问书本中提到的植物”，“问题字数必须达到 100 字”等额外的限制条件。

3．扩展参数

“扩展参数”的情况是指，学生在完成问题发现任务的过程中，对教师设置的参数限制进行检验和调整，使得限制条件在一定范围内发生了变化。如图10－3（c）所示，学生自我扩展了某些参数（图中有的边界向外扩张）。教学中，如果教师不断地鼓励学生检验问题参数，参数就会开始扩展。这种激励学生进行参数检验的反应是一种对创造有益的情境。当学生能够理解和控制任务目标时，教师鼓励学生扩展参数，以便他们能够更加自由和高效地探索参数的选择。这样，当作业完成时，学生不但获得了信息和知识，还收获了探索的勇气、自信和经验，这些能力可能被用于他们的下一个作业任务中。比如，教师在给学生布置了问题发现任务之后，告诉学生，“你也可以按照自己的想法去发现有关植物的问题”，这时，学生就可能会结合自己的实际情况对问题的参数限制进行进一步的修订和探索，扩展某些条件要求。

（三）对模型的评价

Sapp 提出的问题参数效应模型详细地阐述了在教师指导学生完成创造性问题发现任务的过程中，问题参数的地位、作用、呈现类型、传递方式以及学生对参数的反应和执行过程。这对于我们深入、详尽地探讨问题参数对创造性问题发现过程的影响提供了一种有益的思路。

虽然，该模型不能完全描述和阐明参数设置影响创造过程的复杂性、动态性以及作用机制。但是，模型的提出是我们探索问题参数的一个重要开端。该模型可以帮助教师更加明确问题参数的设置、传递与学生对参数的反应之间的关系，明确参数在问题发现活动中的使用过程和意义，并帮助教师更有效地运用参数设置来鼓励学生的创造行为。从这个模型中我们可以看出，对问题参数进行检验、反思和讨论可以为问题发现能力的培养提供有价值的信息。

四、模型对教育的启示

问题参数效应模型提醒我们，对于问题发现能力的培养来说，参数设置起着以下三方面的作用。①参数设置可以帮助学生明确任务。模糊的要求和任务非但不会让学生感到自由自在，反而可能会使他们感到茫然和不安。比如在课堂上，当教师要求学生提出问题，却不给予任何条件限制，这时，学生会感到自由吗?不会，他们感到的也许只是茫然无措，会非常需要教师对问题提出一些限制条件。实际上，任何问题发现过程都是指向特定任务的，参数限制正是用来明确任务的重要方式。②参数设置可以集中学生的思维方向，提高思维的深度和目的性。问题发现活动本身就是指向一定的目标的，外部的条件限制可以使学生把创造的精力和能量充分而高效地集中在问题发现任务本身，让学生的努力有明确的方向性和目的性。这样可以使思维活动更加深入和集中，提高思考的深度。反之，如果缺乏外部限制，学生可能不知道自己的努力应该指向何处，出现有力没有用武之地的局面。③参数设置可以提高思维的适切性。任何的问题发现活动都不是漫无边际的，都会受到各种内部和外部条件的约束。因此，无限制的创造性思维往往是不切实际的。一定的外部限制可以使得问题发现活动更加符合现实状况的要求，从而提高思维的适切性和可行性。

所以，完全的自由并不利于问题发现能力的发挥。对问题发现任务给予恰当的外部限制，不但不会抑制创造性的发挥，反而能够帮助学生进一步明确问题并集中创造性思维过程。因此，在教学中，教师可以并且需要通过明确设置参数限制条件和鼓励学生对限制因素进行充分的探索来培养他们的问题发现能力。

（一）学生的问题发现活动需要参数限制

在传统创造性与问题发现教育中存在一个普遍误区，即认为是教师的限制和约束阻碍了学生创造性的发挥，于是有学者提倡在教育中应给予学生充分的自由。其实，问题发现是需要限制的，完全的自由并不利于问题发现能力的发挥。相反，过分的自由可能会让学生感到无所适从。

传统观念中所认为的外部限制（即设置的问题参数）对问题发现的阻碍，可能是由于参数设置的不适合所造成的。如果对问题的参数设置合理、恰当，不但不会抑制学生的创造性思维，反而能够有效地帮助学生进一步明确问题、激发思维并集中问题发现过程。因此，阻碍学生创造性问题发现能力发挥的并不是问题参数本身，而是不恰当的参数设置。在问题发现过程中，学生需要明确的参数限制来集中他们的创造能力和努力行为。

（二）合理设置问题参数

既然阻碍创造过程的是不恰当的参数设置，那么该如何设置适当而合理的参数就是教师要考虑的主要问题。

1. 参数的设置有一个最佳水平问题

在课堂中，学生需要并且希望有参数来明确和限制他们的问题发现任务。当问题参数被用来集中学生的创造力时，它是有价值的。但是，当参数的使用仅仅是为了满足教师控制课堂的需要或者在使用时缺乏灵活性，参数就会阻碍和削弱学生问题发现思维的发挥。

如果课堂作业中包含太少或者是根本就没有问题参数的限制，学生必然会出现茫然无措或者喧闹的现象。比如教师要求学生去公园观察植物后提问，却没有对问题的内容、范围、数量、交作业的时间等方面作出任何的规定和限制，此时，学生的反应是可想而知的。但是，如果教师给学生的作业任务设置过多的参数，又会限制和阻碍学生的问题发现过程。这就涉及一个能够促进学生问题发现能力发挥的最佳参数水平问题。在教学中，如何为学生确立一个合适的参数，使它既能够集中学生的问题发现能力，不至于让学生漫无目的地盲目探索，又不会因为参数的限制而阻碍了学生创造性的发挥，这是一个值得教师思考的问题。

2. 鼓励学生参与参数的设置

在教师的参数设置与学生对参数的反应之间，最理想的关系是不完全参数与扩展参数的结合。在不完全参数的情况下，如果教师故意使参数保持不良定义，并让学生知道参数的不完全，那么，学生就会因此获得一个独立完成参数探索和设置的机会。当学生参与了参数设置后，他们在问题发现过程中将受到更多的内部激励，对问题任务有更多的认知和感情上的投入，也更有可能通过进一步的问题发现和问题解决来扩展参数。

因此，课堂的理想目标是把设置问题参数的任务交给学生。因为现实中的大部分问题都是发现式和创造式的不良定义问题而不是呈现式的定义良好的问题，都需要学生独立对问题参数进行探索和设置。在教学中，教师可以通过向学生传递参数和指导他们怎样设置参数，使学生把注意力集中到问题发现活动上。

（三）注意参数的传递过程

教师为一个创造任务设置好参数之后，就需要通过一定的方式把参数传递给学生。有时，一个很好的参数也可能会由于传递过程中的误差或者传递方式的不恰当而达不到理想的效果。比如教师为学生的问题发现任务设置好了各种限制条件并告之学生后，却又多次修改问题的要求，造成参数传递后的起伏现象。此时，参数的执行效果，将因受到教师这种“出尔反尔”行为的影响而大打折扣。这就是由于参数传递中的不恰当行为而造成的不良后果。因此，在教学中，教师对参数的传递要比较适当。教师不但要重视对参数的设置，还需要重视参数的传递过程，以确保参数运用的效果。

（四）重视学生对参数的反应

问题参数对创造活动产生影响的过程，既包含教师对参数的设置与传递，也包括学生对参数的理解与反应。也就是说，并不是参数传递完成，教师的任务就完结了，还需要进一步检查学生对参数的反应和执行情况。参数设置得再好，学生不执行也是没有用的。

由问题参数效应模型我们可以看出，学生对参数的反应主要有不考虑参数、自我附加参数和扩展参数三种情况。其中，适当的扩展参数可以体现学生在问题发现过程中的积极性和主动探索精神，是一种有益的反应模式。教师可以通过鼓励学生参与参数设置和探索参数边界等行为，提高学生对参数的认识和理解，使他们更好地投入问题发现活动中。比如，教师可以鼓励学生灵活地对待参数，激励学生在老师设置的参数条件下灵活地运用“适当的自由”来进行创造活动，这可能对培养和实现学生的创造潜力更加有益。有时，学生或许并不知道在问题参数中存在选择的自由，他们会很刻板地遵从教师设置的问题参数，这种顺从可能会阻碍学生问题发现能力的发挥。如果教师让学生知道问题参数的无限可能性，鼓励学生灵活地对待问题参数，就能够促进学生的创造性探索。

（五）灵活运用参数

教师在设置和向学生传递问题参数的过程中需要具有灵活性。在教学中，阻碍学生创造潜力的往往就是教师在呈现问题参数时的刻板性。

参数的灵活运用主要体现在两个方面。其一，在不同的学习阶段给予学生不同的参数。当学生处于学习基础知识和基本概念阶段时，他们可能需要良好设置的参数。而当学生进入更高一级的学习阶段，开始独立发现和探索问题时，就可以适当地减少参数的控制，或者设置一些比较开放的参数。其二，给不同的学生设置不同的参数。课堂中，学生在认知水平、认知风格、创造能力和对参数的反应等方面存在巨大差异，因此，一个参数“尺寸”不可能适合所有的学生。那些“独立型”的学生可能需要较少的参数限制，而“顺从型”的学生则可能希望能够得到更多的参数来限制和引导他们的思考与认知方向。

总之，问题发现是需要限制的。为学生提供理想的问题发现环境，并不意味着对学生的完全放纵，而是要有所限制和约束。在教学中，适当地设置问题参数可以鼓励和促进学生创造性的发挥。参数设置既需要较高的技巧，也需要学生的理解和配合。Sapp 的问题参数效应模型对我们更好地理解参数限制与创造性问题发现过程的关系，更有效地开展问题发现教育是一个有益的启示。

第三节　呈现方式对问题发现的影响

问题的发现产生于某个特定的情境中，那么以不同方式呈现的情境对问题发现会产生相同的效果吗？直观的情境呈现与抽象的情境呈现对问题发现的影响存在差异吗？本节拟考察情境材料的呈现方式（实物呈现和言语呈现）对问题发现活动的影响。研究选取科学领域中儿童比较熟悉的“地球”作为问题发现对象，同时考察不同年级儿童对材料呈现方式的反应差异。由于实物呈现比言语呈现更直观、形象、生动，我们设想儿童在实物呈现时所发现的问题数量更多，质量更高。

一、材料呈现方式对儿童问题发现的影响研究

（一）实验方法

实验采用2×2因素的组间设计，两个因素分别为呈现方式（言语呈现、实物呈现）和年级（低年级、高年级）。262名小学三年级和五年级学生参与实验（被试同本章第一节被试）。两个年级的学生各随机分配一半参加言语呈现组（直接用于语言告诉学生对“地球”提问），一半参加实物呈现组（给学生呈现地球仪，要求其对“地球”提问）。实验的具体程序以及问题的评分标准与本章第一节相同。

（二）实验结果

1. 问题数量与质量的基本情况

按照不同的呈现方式和年级，对问题的数量与质量进行分类统计，结果见表10－2。

表10－2　问题数量与质量的分类统计

问题的属性	呈现方式				年级			
	言语呈现		实物呈现		三年级		五年级	
	M	*SD*	*M*	*SD*	*M*	*SD*	*M*	*SD*
问题总数量	14.49	13.20	15.28	12.02	13.98	10.56	15.70	14.19
变通性	4.23	1.48	3.88	1.91	3.80	1.54	4.30	1.84
相对变通性	0.33	0.18	0.32	0.17	0.35	0.20	0.30	0.14

（续上表）

问题的属性	呈现方式				年级			
	言语呈现		实物呈现		三年级		五年级	
	M	*SD*	*M*	*SD*	*M*	*SD*	*M*	*SD*
新颖性	3.11	0.46	3.02	0.49	2.92	0.41	3.20	0.50
深刻性	2.71	0.30	2.52	0.34	2.55	0.30	2.68	0.36
精致性	2.80	0.44	2.87	0.46	2.82	0.44	2.85	0.47
科学性	2.89	0.36	2.63	0.34	2.66	0.36	2.86	0.36
改进性	2.24	0.76	2.15	0.83	1.77	0.47	2.61	0.83

2. 呈现方式对问题数量与质量的影响

考察呈现方式对问题数量与质量的影响，多元方差分析结果见表10－3。

表10－3　呈现方式和年级对问题数量与质量的影响

变异来源	问题总数量	变通性	相对变通性	新颖性	深刻性	精致性	科学性	改进性
呈现方式	0.26	0.84	0.06	0.97	7.57**	0.43	12.51**	0.32
年级	1.12	1.71	2.39	8.32**	3.22	0.05	7.51**	29.44**
呈现×年级	1.23	1.24	0.60	0.46	1.73	3.57	2.67	0.23

（三）实验结果的分析与讨论

1. 呈现方式对问题发现的影响

实验前我们设想，相对言语呈现来说，实物呈现更加直观、生动、形象，对于具体形象思维占优势的小学生来说，实物呈现的效果肯定会更好。但实验结果表明，就问题数量而言，两种呈现方式的效果没有显著差异。可见，实物呈现不一定优于言语呈现。一方面，两种呈现方式可能各有优点。言语呈现组的儿童由于不能看到实物，就容易结合自己日常对地球的一些表象、回忆和想象来进行思考，比如表象出生活在地球上的各种生物等，而这类认知活动对发现问题是有利的。在实物呈现组，学生直观地看到了一个实物（地球仪），这可以激发他们的视觉类形象思维，但同时他们往往也就只针对自己眼前所见到的具体形象事物进行思考，思维反而容易受到实物的局限和束缚。另一方面，也可能是由于地球仪本来就不能代表真实的地球，它只是地球的一个缩小和简单化了的模型。因此，它的呈现没有产生积极效果。

就问题质量而言，言语呈现组的学生在深刻性、科学性方面显著好于实物呈现组，其余方面没有显著差异。也就是说实物呈现组在问题质量上没有一个方面优于言语呈现组。这就进一步显示了呈现实物对儿童的思维和想象的阻碍。当儿童把大部分精力都集中到对实物形象的观察和思考上时，他们就难以跳出现实事物的局限和束缚，进行进一步深入探索和大胆想象的能力也就受到了阻碍。尤其是由于地球仪本身并不代表地球的真实面貌，因此，地球仪的呈现就更加限制和固化了学生的思维，使得学生把注意力过多地拘泥于表面化、模型化的东西，忽视了地球本身的博大性和深刻性。相反，言语这种抽象的呈现方式，虽然不直观、形象，却留给了学生更大的想象空间和进行发散性思考的余地，有利于学生超越具体事物本身的限制，展开更广阔更深入的联想，发现更高质量的问题。

2. 不同年级学生问题发现的差异

五年级学生在发现问题的新颖性、科学性和改进性三个方面均优于三年级学生，其余问题数量与质量方面年级差异不显著。林崇德认为，小学期间儿童的思维逐步由具体形象思维向抽象逻辑思维过渡，而小学四年级（约10~11岁）是过渡的“关键年龄”。[①] 本研究中，小学五年级儿童发现问题的质量比三年级儿童更高。这说明，在这个思维发展的关键期，儿童发现问题的能力也相应地得到了迅速发展，小学三年级到五年级可能也正是儿童发现问题能力发展的关键时期。

二、教育启示

在教育中，教师们有一个倾向，就是认为给学生展示的材料，越生动形象、越直观具体就越有利于学生的学习和发展。尤其是随着多媒体技术在教育中的广泛应用，具体生动形象已经是教师们在授课中追求的目标之一。不可否认，具体形象的展示的确可以使学习更容易理解教学内容，但是它是否有利于学生对知识的应用和迁移，有利于学生思维能力的发展呢？我们认为，这不能一概而论。

多媒体教学的一个突出优点是能够减轻学生的认知负担，降低学习难度。但其降低难度的本质在于降低了学生在学习中所需要的认知层次。认知活动的层次有高低之分，由低级到高级依次包含了感觉、知觉、表象、记忆、思维、想象等过程。多媒体教学通过呈现与传递丰富的感知觉刺激，把原有的抽象文字和言语信息转化为形象的图像、动画、音频、视频等信息，改变了认知材料的加工属性，降低了在学习过程中所需要的认知层次。

比如教师为了讲述的方便，可能把一个用言语描述的物理知识转化为图形或动画的方式来呈现。这样做虽然方便了学生的理解，但其本质却是教师替代学生

① 林崇德. 发展心理学. 北京：人民教育出版社，1995. 289.

完成了一部分认知程序，并把加工材料所需的抽象思维降低为形象思维。多媒体教学中常常会出现把表象、想象降低为感知觉，把抽象思维降低为形象思维，把以语言文字描述的抽象符号加工降低为以声音图片为载体的具体形象加工的现象。这种认知层次的降低缩减了理解新知识所需要的时间，减轻了认知负荷，降低了学习难度，提高了学生学习的成就感和积极性。正是这种良好的教学效果给很多教师带来了欣喜，误认为是多媒体优越性的体现，却忽略了该过程的认知本质和潜在危害。

长期以来，教学内容的主要呈现方式是言语。因此，认知过程主要是以言语作为加工材料。多媒体的应用扩展了教学内容的呈现途径，图像、声音和视频的引入使得认知材料大大丰富和拓展。但同时，也把原本以言语为主的认知过程转化为以图像为主，降低了学习所需要的认知层次，也降低了学习难度。大脑对形象事物的认知和加工比抽象符号更加容易，但这种简化后的学习过程对学生思维、想象、创造等认知能力的培养却不一定有帮助。直观形象的材料与概括抽象的材料相比，并不一定能够促进思维的产生和发展，即使对形象思维占优势的小学生也是如此。

从本研究可以看出，在对学生思维进行启发时，并不是越生动形象就越好。实物的具体形象带来的可能是阻碍和局限学生的思维。相反，言语呈现却能使学生的思维突破具体实物的束缚，上升到一个更抽象更广阔更深入的程度。教师们在教学中除了考虑呈现方式的差异，还有一个不可忽视的问题就是实物材料对对象的代表程度。很多时候，由于要展示的对象无法在课堂中进行实物展示，教师们往往就会用模型、图片等来代替，但这种被教师认为是理所当然的代替方式可能会对学生的学习造成一些误解。因此，在教学中当呈现的物体不是实物本身，而是模型等代替品时，教师应该给学生作出充分的说明。

总之，在教学中，一切都不应该是想当然的，而是需要有科学且充分的依据。呈现方式产生的不同效果启发了教育工作者，即使对小学生的教育也不是越直观形象就越好，要更加切实地考察呈现方式的适用性和适当性。

第四节　线索提示对问题发现的影响

当教师启发学生去发现问题，但学生又“启而不发”时，教师会怎么做呢？绝大部分情况下，是给予一定的线索提示。可以说，提示是问题发现教育中，最常用到的策略之一。那么，提示对问题发现有何影响呢？通过提示，真的能够促进和启发学生的问题发现思维吗？

一、线索提示对儿童问题发现的影响研究

（一）实验方法

实验采用2×2因素的组间设计，两个因素分别为线索提示（提示组、非提示组）和年级（低年级、高年级）。262名小学三年级和五年级学生参与实验（被试同本章第一节被试）。两个年级的学生各随机分配一半参加提示组实验，另一半参加非提示组实验。

研究采用个别测试，要求学生针对“地球”这个具体的物体，口头说出他们所发现的各种问题。实验中，对提示组和非提示组儿童分别给予不同的指导语。对于提示组儿童，主试会给他们举一些简单的例子作为提示。提示组的指导语中包含：“比如你可以去发现‘地球是由什么构成的’，‘地球上有什么东西’，‘地球是怎样形成的’，‘地球外面是什么’，‘我们为什么要保护地球’以及‘怎样保护地球?’等方面的问题。”而非提示组的指导语则没有该内容。此外，还告诉儿童“问题提得越多越好，越有新意越好”，研究者用纸笔准确记录儿童发现的问题。实验的具体程序以及问题的评分标准与本章第一节相同。

（二）实验结果

为了对问题进行深入的统计和分析，把问题进行了详细分类，包括以下十个类别：地球的物理属性类、起源类、功能类、自然属性类、环境保护类、天体类、社会属性类、空间关系类、地球仪类和拟人类，这十类问题包含了所有问题的99.96%。提示对儿童问题发现数量与质量的影响见表10－4与表10－5。

表10－4　提示对儿童发现问题数量的影响

	总数量		物理属性类		起源类		功能类		自然属性类		环境保护类	
	M	*SD*	*M*	*SD*	*M*	*SD*	*M*	*SD*	*M*	*SD*	*M*	*SD*
提示组	15.91	13.45	6.90	5.68	0.68	1.48	0.25	0.87	1.48	2.21	0.36	0.73
非提示组	13.88	11.68	6.64	5.70	0.68	1.02	0.09	0.34	1.02	1.38	0.11	0.36
t 值	1.68		0.14		0.00		3.98*		4.33*		13.51***	
	天体类		社会属性类		空间关系类		地球仪类		拟人类		其他问题	
	M	*SD*	*M*	*SD*	*M*	*SD*	*M*	*SD*	*M*	*SD*	*M*	*SD*
提示组	1.95	2.46	3.18	4.58	0.09	0.36	0.51	1.91	0.48	1.48	0.01	0.09
非提示组	1.64	1.91	2.84	4.88	0.06	0.24	0.51	1.59	0.29	0.79	0.00	0.00
t 值	1.24		0.35		0.75		0.00		1.79		1.02	

表 10-5 提示对儿童发现问题质量的影响

	变通性		相对变通性		新颖性		深刻性		精致性		科学性		改进性	
	M	*SD*	*M*	*SD*	*M*	*SD*	*M*	*SD*	*M*	*SD*	*M*	*SD*	*M*	*SD*
提示组	4.30	1.81	0.31	0.16	3.08	0.43	2.64	0.26	2.81	0.40	2.79	0.34	2.20	0.83
非提示组	3.80	1.57	0.34	0.19	3.05	0.51	2.58	0.40	2.85	0.50	2.73	0.41	2.18	0.76
t 值	1.60		0.77		0.06		0.58		0.14		0.50		0.01	

表 10-4 和表 10-5 显示，在问题数量方面，提示组在地球功能、自然属性和环境保护等方面的成绩均显著地好于非提示组。而在问题质量的七个指标上，提示组和非提示组没有任何显著差异。

（三）实验结果的分析与讨论

1. 对提示影响作用的分析

在本实验中，提示对儿童问题发现的影响是双重的。一方面，提示作为思维的参考线索可以引导和集中儿童的思维，使儿童把注意力集中在提示过的几个方面，这可能会增加他们对问题的思考数量和深度，因此对于在指导语中提及的方面，提示可能是有促进作用的。但是，另一方面，当儿童把注意力集中到某些特定方面后，可能会限制儿童思维的广度和发散程度，使儿童在没有受到提示的方面表现得比非提示组要差一些，从这个意义上讲，提示可能会起到阻碍和限制的作用。

2. 提示对问题发现的影响

由实验结果知，提示组在地球功能、自然属性和环境保护等方面的成绩均显著地好于非提示组。对比指导语可以看出，以上这几个方面都是在指导语中提到了的，可见，是提示使得儿童发现问题的数量有了增加。这说明提示的确能集中和引导儿童的思考方向与思考范围，增加儿童发现问题的数量。这与我们最初的设想是一致的。

此外，通过指导语和实验结果的对比还可以发现，在地球的物理属性和起源等方面虽然有指导语进行提示，但提示组与非提示组的数量差异不显著。差异不显著可能是由于以下原因造成的：①有些方面的提示（如物理属性）是儿童本来就非常熟悉的，提不提示他们都会很容易想得到，因此提示的影响并不显著。②有些方面的提示（如地球起源）与儿童的抽象思维能力、想象力和专业知识联系比较紧密，要想在这些方面的问题上有突破性提高，不是笼统地给出一个简单提示就行了的。儿童在这些方面虽然得到了提示，但由于受到自身能力的限制，提示并不能使他们发现问题的数量显著增长。可见，提示对问题数量的影响是相当复杂的，不能一概而论。

在问题质量的各个方面，提示组与非提示组之间没有任何显著性差异。对小学儿童而言，外部线索的提示仅仅集中了思考范围，但对发现问题的质量没有任何影响，这说明，提示线索的设置没有能够增强儿童的思维深度。儿童受到自身思维发展水平（具体形象思维占优势）、知识水平、经验和问题性质等方面的局限，无法在深层次上对外界线索进行有效利用和加工。

二、教育启示

在教学中，为了启发学生的思维，教师往往会通过举例子等方式给学生以提示。本研究考察了提示对问题发现的影响作用，它给我们的教育工作者几点启示。

（一）认识提示的两面性

在教学中，提示可以起到集中学生的注意力，启迪学生思维，纠正某些思维误区，引导思维的偏差和指导学生掌握技能等作用。合理运用提示，可以提高课堂教学效率，收到事半功倍的效果。

但是，并不是所有的提示都能够起到积极的效果。在教学中，教师应该认识到提示作用的两面性。提示不仅仅是对学生思维的有益启发和引导，同时也是在局限学生的思路。提示可能会使学生的思维都朝着教师期望和暗示的方向发展，使思维失去了自主性和创造性，还可能造成学生的依赖心理。因此，在运用提示的时候，并不能够随心所欲，要在必要的时候，恰到好处地合理运用提示，才能收到既启发思维，又不局限思路的积极作用。

有时，提示还会造成学生思维上的“先入为主”，使思维限定在一个框框内，极大地限制了学生积极性和主动性的充分发挥。比如有些语文教材上的“预习提示”部分，把本应该由学生在阅读过程中自己去揣摩领悟的东西，嚼烂咬碎了告诉学生，一开始就给文章定下了基调和方向。这种越俎代庖的提示方式将会造成学生思维上的惰性和局限性，从某种角度上说是阻碍了学生对文章内容、语言、结构等方面的独立理解和思考活动。

（二）明确提示目的

在运用提示前，首先要明确的一件事情就是提示的目的。毫无目的地随意使用提示不但起不到效果，甚至会弄巧成拙，造成提示还不如不提示的反效果。在课堂教学中，提示的目的是多种多样的，不同的时候使用，目的不同，效果也不同。

比如在一个学习内容之前的课前提示，可能包含学习材料的背景知识介绍、内容分析、重点难点、学习方法指导等。这些提示可以帮助学生克服学习前的畏难情绪，鼓舞学习信心，调动学习兴趣，形成良好的学习准备。尤其是在一些难度较大的学习材料前的提示，可以帮助学生完成新旧知识之间的联系和过渡，起到先行组织者的桥梁作用。而在课程学习过程中，恰当的提示可以起到引导思维偏差，激发学习动机，启发和活跃思维的作用。比如当学生对一个问题冥思苦想很久却没有任何突破时，教师可以用一个思维的切入点作为提示来引导学生的进一步深入思考。一个教学内容完结之后的课后提示，可以起到指导复习、提高认识和深化理解的作用。而一个单元后的"单元复习提示"还可以帮助学生实现教学过程的整体优化，把单元知识串起来，进一步拓展和深化知识。

提示可以作为课堂教学的重要补充。好的提示就像"指南针"，对提高学习效率大有裨益。不同的提示有不同的目的，教师在对学生进行提示时，首先要明确提示目的，做到有的放矢。

此外，从实验结果中我们可以看出，提示只是提高了儿童问题发现的数量，而不是质量。真正有价值的提示，应该可以引发深度的思考，增强思维深度，而不仅仅是数量。教师在设计提示时，要在引发思维深度上下工夫，而不应局限于提示的广度方面。

(三) 谨慎运用提示

在设置提示线索时要慎重而恰当，要充分考虑到学生的反应和接受情况。如果随意地给出各种提示，可能对学生来说有些提示是多余的，有些提示让人难以理解和认同等，这就会造成教师的提示可能达不到预期的效果。

以某年全国高考作文试题为例。题目是要求阅读一段材料，然后根据要求写作文。材料如下：

在一次鼓励创新的报告会上，有位学者出了一道题：四个图形符号中，哪一个与其他三个不同？有人说圆形，因为圆形是唯一没有角的图形；也有人说三角形，它是唯一由直线构成的；又有人说半圆形也正确，它是唯一由直线和曲线构成的；最后有人说，第四个图形也可以，因为它是唯一非对称性的图形。看来，由于标准和角度的不同，这四个图形都可以作为正确答案。

的确，世界是千变万化的，疑问是层出不穷的，答案是丰富多彩的。在生活中，看问题的角度、对问题的理解、解决问题的方法以及问题的答案不止一个的事例很多。你有这样的经历、体验、见闻和认识吗？

请以"答案是丰富多彩的"为话题写一篇文章。

作文要求：[注意]①这个话题的范围是很宽泛的，只要与学者的这道题引发的思想感受有关，都符合要求。②文体不限。可以记叙经历，编述故事，抒发感情，发表议论，展开想象等等。③题目自拟。④不少于800字。

这本来是一段让学生可以自由发挥和创作的好材料，却由于出题者一些画蛇添足的提示而束缚了学生的思维。材料的第二段内容“的确……和认识吗”本来应该是由学生在看完第一段材料后自己进行思索、审题的过程，出题者却以材料内容的形式把这个思考过程非常直白地“提示”了出来，这不但降低审题难度，而且把本来宽广的写作空间变得非常狭小。而“[注意]”中的第二条，“文体不限”后面的内容本来也应该是学生在审题基础上自行思考的内容，出题者也越俎代庖地把它直接提示出来了。这样，一个丰富的开放题材，却由于多余的提示，把作文的范围、角度、中心思想、写作思路等都说得清楚明白，使得考生只需要按图索骥就行，写出的文章千篇一律，没有新意。这种向学生直陈材料重点和要点的提示，从本质上讲是在提前告诉学生结论，是在代替学生思考，剥夺了学生的创作机会。

可见，多余的提示不但不能启发思维，反而会约束和阻碍学生创造性的发挥。因此，教师在运用提示时要谨慎，点到为止就行。太多太细的提示反而会降低提示的启发作用。

此外，在运用提示时还需要考虑到学生的差异。不同的学生对提示线索的依赖程度、接受程度和加工深度会有所不同。教师在提示线索的设置和对提示效果的预期上都应该充分考虑到这种个体差异，比如独立型和顺从型的学生对提示的依赖不同。教师要根据学生特点、教学内容和教学阶段的特点等，有目的、有意识地运用提示，才能使提示真正起到促进学习、激发思维、提高学习效率的作用。

（四）警惕“潜提示”的负面影响

“潜提示”是指教师并不是有意识地要提示学生，却在无意中造成了对学生思维的引导和局限，造成了负面提示的效果。有时候，教师在教学中一些无意的话语会通过“潜提示”的方式引导和限制学生的思维。比如，教师在启发学生对“孔融让梨”的行为进行思考时，提问学生：“从孔融让梨的行为中我们可以学习到什么呢?”这就无意中传递给学生一种暗示，即孔融让梨是一个值得学习和肯定的好行为。而如果直接问：“孔融为什么要让梨呢?”就可以避免这种思维的提示性。

不仅是语言，有时教师的行为、态度等也可能成为提示线索。比如教师在问学生“孔融为什么要让梨呢”这个问题之后，有学生回答“因为孔融大方、谦让”，老师赞许地点了点头；有同学回答“因为他先想到别人再想到自己”，老师微笑着表示赞同；而一个学生却说“因为大梨被虫蛀了”，老师狠狠地瞪了该同学一眼。教师这种态度上的差异就提示了学生教师的偏好，后面的学生们在回答这个问题时，为了得到教师的肯定，就会有意无意地朝着教师潜提示的方向去回答。这就造成了“潜提示”对思维的局限作用。

教学中，教师要让学生充分发挥创造性，大胆自由地思考，就要避免这种语言和态度中的“潜提示”作用。美国创造学家奥斯本在提出可以激发创造性思维的“头脑风暴法”时，专门指出其中一个重要原则是“暂缓评价”，就是通过暂时的不评价、不表示偏好，来避免对思维方向进行“潜提示”，以促进各种创造性思维的产生。

总之，实验研究发现，在提示作用下，儿童发现问题的数量有所进步，但是在质量上却没有变化。这个结果告诉我们，提示线索的设置既可能有积极作用又可能会导致无效，甚至产生消极的影响。在教学中，教师要谨慎、合理地运用提示来激发学生的问题发现活动。

第五节　人格特质对问题发现的影响

问题发现思维是一种极其复杂的心理过程，其中各种心理因素是互相联系、互相诱发、互相促进的。可以说，问题发现思维是一个多层次、多维度、多因素的动态心理系统。大量研究指出，一定水平的智力是发现创新问题的必要条件，但并非充分条件，这是因为善于提出好问题的人不仅需要较高的智力，还需要有良好的人格特质。

在人类的发明创造史上，发现重大问题并取得了开创性成就的人除了拥有较高的智力水平和丰富的专业知识外，还都拥有“七心”：勇于开拓的信心、充满好奇的童心、完全忘我的痴心、明察秋毫的细心、坚持不懈的恒心、劳逸结合的闲心和不耻下问的虚心。这“七心”往往是决定一个人发现创新性问题的关键。下面，我们就以这“七心”为线索，谈一谈这几种人格特质对问题发现能力的影响。

一、信心

发现问题，尤其是有价值、有创新性的好问题的核心就是一个“新”字。因此，问题发现的道路必然是充满坎坷和挫折的。要在前人没有走过的道路上开拓前进，必然要冒着极大的风险，要有吃苦耐劳的准备和不达目的不罢休的精神。如果对自己的能力没有充分的信心，是不可能去积极主动探索新问题的。

其实，我们有充分的理由对自己的能力充满信心。美国心理学家推孟，曾用纵向追踪观察的方法研究早慧儿童的才能发展。结果表明，成年人的能力高低与儿童时期的智力高低关系并不大，有才能、有成就的人并不总是那些老师和家长认为聪明的人，而是那些长年精益求精、锲而不舍的人。在问题发现才能的人才中，后天的因素起着至关重要的作用，甚至是最终的决定作用。而后天的因素是我们能够控制和把握的，所以我们完全有理由对自己充满信心。

当然，有信心并不等于盲目自信，因为自信与自负之间的界限是很模糊的。过分自信就会陷入夜郎自大、固步自封、刚愎自用。认为自己“想做什么就能做到什么”这种想法是天真的，并且对于问题发现能力的发挥可能是有害的，认识到这一点非常重要。在创造性问题发现活动中有信心的人主要表现在以下几方面：

（一）敢冒风险

只有对自己的才能充满信心的人才敢于冒风险，才会在问题发现过程中表现出大胆探索的精神，敢想敢做、敢于怀疑、敢于反传统、敢于出错，富有开拓精神，不因循守旧。这样的人不受习俗的限制和约束，不把自己束缚于一个领域、一门学科或一个题材之中，不怕自己的见解同大多数人不同。他们富有想象，勇于尝试，敢于冲破旧思想的框框，甚至可以完全推翻和否定自己的观点。而那些认为墨守成规比冒风险强的人，是从来都不敢，也不愿去主动寻求和发现新问题的。

（二）拒绝害羞

害羞对问题发现能力的发挥是绝对有害的。害羞往往是由于害怕失败、缺乏自信造成的。对失败的恐惧，对暴露自己不足的恐惧，对被嘲笑的恐惧都会阻碍问题的发现，至少会阻碍个人在公共场合对问题发现思想的表达。任何新的观点，特别是有违习俗规范的新观点在产生之初，都会遭到很多批驳，只有充满自信心才能坚守住自己的立场，坚持真理不为他人所动摇。

（三）积极乐观

发现问题本身是一种高层次、开放性的思维活动，在这个过程中受到挫折、失败是难免的。在挫折面前灰心丧气、一蹶不振是常有的。缺乏自信的人往往在失败之后焦虑不安、悲观失望，在有了一点成功后又沾沾自喜、得意洋洋，这种大喜大悲的情绪波动必然有碍于问题发现活动的进行。只有充满自信的人才能积极乐观地、坦然地面对失败，甚至在遭受无数次打击之后仍然能不骄不躁，脚踏实地地干下去。

二、童心

好问是儿童的天性。在科学家里面，儿童似的纯真的态度是常有的。爱因斯坦甚至把相对论的提出部分地归功于他经常问自己一些只有小孩子才会问的关于时间和空间的问题。可见，孩子似的童心对于问题发现能力的发挥是很重要的。在问题发现中要保持一颗童心，也就是说要保持孩子般的好奇心，不盲从，不迷信权威，凡事都要刨根问底。童心在问题发现活动中主要表现为：

（一）凡事充满好奇心

通往问题的第一步就是好奇心。能够激发起创造性思维的好奇心往往表现在不愿意把任何事物的发生看作是理所当然，非常渴望解释各种现象，以及对别人的观点持怀疑态度等方面。Csikszentmihalyi（1996）认为“通往创造性生活的第一步就是好奇心和兴趣的培养，即在对事情本身上的注意分配”。①

（二）不迷信权威

对权威的迷信，会束缚人的思想，扼杀人的智慧，更不用说主动发现新问题了。对待权威不应该采取盲从、迷信的态度。原因有两方面。①从横向上看，任何人的知识都是有限的，所谓权威只在他所专长的领域能胜人一筹，并不可能在每一个方面都在行。即使在他们擅长的领域，权威也不能保证不犯错误。②从纵向上看，事物总是发展变化的，真理都是相对的。权威只是某个阶段，某一时期的权威。

任何权威都有时间和空间的局限，即他们只能是某段时期，某个领域的权威。因此，在对待权威方面，要有孩子般的初生牛犊不怕虎的精神，要采取批判的态度，敢于向权威挑战。如果对权威的一切观点深信不疑，全盘接受，看起来是对权威的尊重，其实是迷信。而迷信同科学是完全对立的，是问题发现的大敌。

（三）模糊容忍力高

模糊容忍力指个体在面对不确定、不熟悉或全新的问题情境下，表现出的态度，是一种稳定的人格倾向。高模糊容忍力者不排斥和抗拒模糊环境，他们能够坦然接受不确定性的存在，在其中主动探索，积极寻求机遇，并及时作出应对反应。而低模糊容忍力者则偏好在清晰、明确的环境下工作，厌恶、抵制和逃避不确定氛围，在模糊环境中无法有效工作和发挥能力。由于问题大多来自模糊、不

---

① Csikszentmihalyi, M. *Creativity: Flow and The Psychology of Discovery and Invention.* NY: Harper Collins, 1996. 382－388.

确定、不清晰的情境，因此高问题发现能力者需要对模糊有较高的容忍力，像儿童一样热爱和追逐那些不确定、不可预期、难以捉摸的变化性环境，而不是排斥和抵制它。

（四）对问题发现活动有极大兴趣

兴趣是人们力求接近和探索有关事物的一种认知倾向，它带有强烈的情感色彩，激励着人们不断学习新知识，开拓新领域，执著地进行问题发现活动。对未知领域的兴趣，可以使人产生强烈的动机和无私的奉献精神，从而奋力拼搏，积极探索未知世界的奥秘。

三、痴心

这里的痴心是指在问题方向和领域的选择上要专一。大凡成功的人，都有自己的优势和专长。而那种见异思迁，什么都想做的人往往什么都做不好。重点突破的治学方式，与漫无目的的泛泛涉猎，其成效是大不一样的。在这个信息爆炸的时代，知识门类繁多，资讯浩如烟海，纵使穷尽毕生精力，也不可能达到全部了解，更不要说精通。作为兴趣爱好，广泛涉猎是很好的，但作为一项需要长期从事的专业工作，专一则更加重要。美国著名作家马克·吐温说过："人的思维是了不起的，只要专注于某一项事业，就会作出令自己感到吃惊的成就来。"

（一）方向专一的重要性

没有专一目标的努力犹如蜻蜓点水，只能东涉西猎，朝秦暮楚，是不会有什么大成就的。历史上一些人，一辈子读书很多，知识也很渊博，但由于终生没有专业，成绩平淡无奇，这是非常可惜的。爱因斯坦的朋友贝索不仅思维敏捷，而且具有广博的知识和精准的鉴赏能力，对狭义相对论的形成，起过"助产士"的作用。爱因斯坦曾说："在整个欧洲，我找不到一个比他更好的知音。"但正是这样一位非凡的学者，在科学上却没有自己的独特建树，这与他的杰出才能以及在技术和纯科学领域中异常丰富的知识不相匹配。造成这种结果的原因很多，而缺乏明确、专一的目标，可能是关键因素。

只有找准自己所擅长的领域，并朝着这个方向作出长期不懈的努力才有可能成功。因为任何人都不会是全才，必然有某些方面的能力要强于另外一些方面。有的人虽然聪明能干、知识丰富，但由于选择的方向不对，终生不能成功。相反，有的人才智并不出众，由于方向选对了，反而成绩斐然。

（二）怎样选择研究方向

在决定为某一项事业"献身"之前，找准这个事业是非常必要和重要的。

选择研究方向的核心内容就是找准自己的优势。只有找准了优势，才能扬长避短，找不准自己的优势，就谈不上发挥优势。

认识自己的优势，绝非易事。有的人自幼爱好某一行业，对它有特殊兴趣，优势就自然形成了；有的人可能由于某次偶然的机会而发现了自己的特长所在；有的人在寻找研究方向的途中会走许多弯路，在长期的摸索中，逐渐发现自己的长处。

总的说来，优势的寻找和目标的选择是一个较长期的过程。有人对20世纪80年代以来我国受到表彰的四百多名科技人才进行统计，结果表明从开始定向到真正明确自己的最终方向平均需要八年时间。[①] 明确方向虽然会花去较长的时间，然而正确、明晰的问题定向却为个人赢得了更多的专注时间。

四、细心

凡是取得过重大成就，擅长发现非凡问题的人无一不是非常细心的。特别是在科学实验中，更是对每一个微小细节都不放过。因为重大的突破往往就是孕育于这些细微之处。达尔文说："我超过常人的地方在于，我能够察觉那些容易被忽视的事物，我还对它们进行细致的观察。"机遇的偶然性使得某些现象往往在人们意料之外出现，有时甚至是转瞬即逝的。如果不具备敏锐的观察力，就很难抓住机遇。

英国细菌学家弗莱明在培养葡萄球菌时，意外地发现其中一个培养皿里长了一些绿菌，而周围的葡萄球菌竟然溶化了。他没有忽视这一现象，及时抓住了这个关键问题并进行了深入研究。结果发现绿菌可以杀葡萄球菌，从而发明了青霉素。在他之前，斯科特也发现了这种绿菌，但他却把它看成令人讨厌的毒物。弗莱明正是抓住了一个契机，取得了科学技术上的重大突破。而斯科特虽然也碰到了机会却没有抓住它，最终与成功擦肩而过。由此可见，细心观察，不放过任何一个细微环节，是抓住机遇、发现创新性问题的一个重要环节。

五、恒心

创造性问题发现之路是充满艰辛的。没有几十年如一日的持之以恒的努力是不可能有所成就的。任何一个成功者在取得最后的胜利之前都经历过钻研—失败—再钻研—再失败……这样一个漫长的过程。

---

① 胡学海．创造力的自我开发．南京：江苏人民出版社，1987. 136～138.

一个人不论他的天资有多高，如果缺乏坚持、恒心和毅力，就很难有创造性发现。数学家高斯把他的天才成就归功于他坚定不移的数学思维。他曾宣称如果其他人在数学上也像他一样思考得如此深入、持久，也会取得同样的成就。历史上取得过杰出的创造性成就的人，都拥有锲而不舍的恒心，正是这种百折不挠的意志和奋斗不息的精神使他们取得了成功。可以说，恒心是产生创造性问题发现思维的有力保障。

六、闲心

无休止的工作对于问题发现思维的产生未必是一件好事。因为灵感除了发生在注意力高度集中、思维极为活跃的情况下，有时也会发生在其他休闲状态，如在床上躺着的时候，在路上散步的时候，在上厕所的时候，甚至是在半睡眠的朦胧状态下。[①] 发现问题不同于一般的常规工作，不是付出得越多收获就越大。因为创新性问题的产生是没有特定规律可循的。不懈的工作固然重要，偶尔的轻松、闲适也不可或缺。会工作也会休息，特别是在一件任务进行到无法再推进的停滞期时，放下它，做做别的事情说不定就会有所突破。

创造过程一般有四个时期，分别是准备期、酝酿期、豁朗期和验证期。而休闲活动正是对应着创造性思维的酝酿期。也就是不靠努力而等待有价值的想法和问题自然酝酿成熟，这个放松的酝酿期是摆脱了精神紧张之后的经验再加工阶段。[②]

七、虚心

问题发现思维的出现既需要有独立性，能坚持自己的见解，又不能刚愎自用，完全忽视了他人的建议。保守、封闭、不与他人交流是问题发现活动的大敌。在与他人的交流中可以吸收别人的长处和优点，共同分享知识和经验，了解不同的观点和方法，开拓自己的视野，扩展自己的思维。很多时候，旁人无关紧要的一句话，往往就能成为你的灵感源泉。在现代信息社会里，善于发现问题的人不再像过去那样被看成孤独的奋斗者，而是善于与人合作的开放型的人。

此外，只有虚心才能与他人建立良好的合作关系。问题发现活动是复杂的社会实践活动，需要具备各种各样的知识和才能，但一个人不可能样样都懂。俗话说：三个臭皮匠，赛过诸葛亮。通过合作，把团队的智慧集中起来，就能开拓思

① 赵光武．思维科学研究．北京：中国人民大学出版社，1999.

② 黄希庭．心理学导论（第2版）．北京：人民教育出版社，2007. 413～415.

路，个人的智慧和才能得到充分的弥补，最大限度地发挥思维潜力。

现代科学技术的发展，已经使从事各门科学研究的科学家们自动联合起来，进行广泛的横向联系和有组织的合作，仅仅靠个人奋斗而在科学上有重大发展和突破的时代已经过去了。据美国社会学家朱克曼统计，1901 年至 1972 年间，一共有 286 位科学家获得诺贝尔奖金，其中，185 人是与别人合作进行研究的。在诺贝尔奖金设立后的头 25 年，合作研究获奖的人数占 41%，在第二个 25 年，这个比例升至 65%，而在第三个 25 年，这个比例已达到了 79%。[①] 当前我国高校正在实施的“2011 计划”，也正是鼓励学校广泛地与政府、工厂、企业、社会机构等开展合作，打破校际壁垒，通过跨界联动方式，促进协同创新。

总之，问题发现活动所要求的人格因素即上述这七种心，它们或多或少地表现在高问题发现能力个体身上。但这些因素并不是简单地相加，而是处在一种复杂多变的联系之中，融合成为有机的整体，使个体表现出鲜明的个性特征。它们对个体问题发现才能的发挥起着重要的作用。

本章小结

本章在问题发现能力的诸多影响因素中，抽取知识基础、问题参数设置、呈现方式、线索提示、人格特质五个典型方面进行考察。

问题不能凭空产生，任何问题发现都是以对该领域知识的充分理解和掌握为基础的。在教育中，教师要注重提高学生基础知识的数量，同时关注学生的知识结构、维度、灵活性、激活点以及知识学习的过程。

问题参数是对问题的规定和限制，参数设置出现在问题发现和定义阶段，处于问题解决之前。良好的参数设置可以帮助学生明确问题任务并集中创造过程，但不恰当的参数设置则对问题发现有阻碍。在教育中，教师可鼓励学生参与参数设置，并关注参数的传递和学生对参数的反应，灵活运用问题参数促进问题的发现。

材料呈现方式会影响问题发现的数量与质量。与抽象材料相比，具体形象的材料呈现并不一定有助于问题发现。该结果启示我们，即使对小学生的教育和引导也不是越直观形象就越好，要更加切实地考察呈现方式的适用性和恰当性。

线索提示可以集中个体的思考范围，对发现问题的数量有一定的促进作用，但提示对发现问题的质量方面并没有积极影响。该结果启示我们，在教学中应该重视对提示的合理运用，包括认识提示的两面性、明确提示目的、谨慎运用提示和警惕“潜提示”的负面影响等。

---

① 胡学海．创造力的自我开发．南京：江苏人民出版社，1987．142～145．

提高问题发现能力者的人格特质主要表现在勇于开拓的信心、充满好奇的童心、完全忘我的痴心、明察秋毫的细心、坚持不懈的恒心、劳逸结合的闲心和不耻下问的虚心。多种人格因素的有机整合有助于发现高质量的问题。

第十一章　总结与展望

本书对问题发现研究的文献资料作了全面梳理，在前人研究成果的启发下，以思维为切入点对问题发现过程进行系统探索。在理论研究部分，把大学生问题发现思维研究细分为思维操作、思维表征、思维策略、元认知思维、思维阶段和问题行为图等具体方面进行考察。在应用研究部分，则关注了问题发现思维活动在日常生活、科学研究、学校教育等领域的运用，以及影响问题发现的相关因素。其间，综合运用了出声思维、过程研究、眼动研究、半结构化访谈、纵向研究、建构认知模型等多种方法。下面，总结全书的研究，并对问题发现领域的未来研究方向作出展望。

第一节　实验与真实情境问题发现思维的对比

本书的第二到第六章从理论研究的角度在实验情境中探讨了问题发现活动的思维特点，本书的第七到第十章则从应用研究的角度探讨了在真实情境中的问题发现思维过程。本节将对实验和真实情境中的问题发现思维特点进行对比分析，以对问题发现思维形成一个概括性认识，并提高整个研究的外部效度。因此，本节讨论是整合所有理论与应用研究的综合性讨论，有助于我们进一步认识问题发现思维的全貌。

下面从问题质量、思维操作、思维表征、思维策略、思维阶段五个方面对实验情境与真实情境的问题发现思维进行对比分析和综合讨论。

一、问题质量

在实验情境中，对问题质量的判断是依据本书制定的各项评分标准，主要是从思维的使用情况进行评价的。在真实情境中，对问题质量的高低则有外部的判断标准。比如在参加比赛的选题上，如果该问题能够较好地探讨下去，有相当的价值，并得到专家的认可，这可能就是一个高质量的问题。或者在学位论文的选题上，如果题目可以帮助个体展开深入的研究，有较好的理论或者应用方面的价值，这也可以作为一个好的问题。因此，实验和真实情境对问题质量的评价标准是不同的。前者更注重思维的使用情况，后者则以实际效果为判断标准。但是，通过对学生思维使用情况的分析，可以间接地推测和判断其问题发现能力的高低。也就是说，实验研究的结果可以在一定程度上预测其真实情境中的表现。

在实验中，有的学生在看到一段材料时，可以从多个角度、多个层次对材料进行深入分析，并发现很多问题。研究者特别清楚地记得，在某个个别实验结束之后，一位主试非常感慨地说到某被试（本科生）“他太能够发现问题了，而且分析得非常全面、深刻”！之后，研究者专门查阅了该学生的一些资料，发现他曾经获得过“××市科技比赛的第三名”，还写过与专业相关的科技论文数篇。虽然这只是一个个案，但是也间接地反映出，如果一个人在实验中能够运用较强的思维能力去发现很多问题，那么在真实情境中，他很可能也是一个善于发现问题的人。相反，在个别实验中，也有这样的被试。他看到情境材料就表示自己发现不了任何问题，也不喜欢发现问题。即使经过主试的反复开导，比如“你不必顾及问题的好坏对错，想到什么都可以问”，该被试仍然只能说出个别质量较低的问题。对于这一类被试，我们可以推测，他在真实生活中可能也是不善于主动发现问题的，而且也缺乏良好的思维和能力去发现问题。所以，虽然两类情境的问题质量评价标准不同，但是实验结果可以在一定程度上反映出被试在真实情境中的问题发现思维能力。

二、思维操作

在实验中，根据专家调查结果从形象思维、聚合与逻辑思维、发散与创新思维、系统性思维和元认知监控思维五个方面对被试的问题发现思维能力进行了考察。结果发现，聚合与逻辑思维是最常用的思维，其次是形象思维、发散与创新思维和元认知监控思维，系统性思维运用得最少。

在真实情境中，被试所使用的思维方式也可以用上述五类思维进行概括。但是，在使用的频率上却有所差异。在日常生活的问题发现中，形象思维和发散与创新思维的使用比率明显增加，甚至超过了聚合与逻辑思维。而在科学领域的问题发现中，比较突出的特点是系统性思维和元认知监控思维的使用比率增加。

下面以一个例子进行具体分析。需要说明的是，为了更准确地反映被试的思维状况，在解释每一类思维特征时，我们都将直接引用被试在访谈或者思维日记中的原话，在后面的举例中也都是这样。在真实情境的问题发现中，以第七章的CL为例说明思维操作的使用情况。在访谈中，CL谈到：“我家是潮州那边的嘛，来广州之后你就会发现就是说无论是在汽车站啊、火车站啊，或者是繁华的地带都会有乞丐的身影。”这属于形象思维。“因为要做这个调查，肯定会看很多资料，那么我看这些资料的途中我发现他们的（乞丐）分类都不是我想要的那些。”这属于聚合与逻辑思维。“会去联想这个乞丐他的背景怎样，家里面有些什么人，他在哪里睡觉。”这属于发散与创新思维。“就看到乞丐的时候你会想起北京那条什么信息啊，哪里你又想过什么信息啊，那你就想那我只要搞起来譬如说真实乞丐的又怎样，职业乞丐的又怎样，他们的生存状态啊怎样怎样，就会想把这个东西把它弄出来这样子。”这属于系统性思维。“可能有些同学会说，你做这个题这样子就应该不是很热门，应该很冷门那样子，但是那时候我就不会去管别人的看法，我就一心想着应该怎样把这个东西做好，那时候就是这样子。”这是属于元认知监控思维。由此可见，实验情境中的五种典型思维操作同样适用于真实情境，只是在使用的频次上可能会存在差别。

也就是说，在不同情境下，个体在问题发现活动中使用的思维操作是基本相同的。但是根据具体的情境和目的，各类思维在使用比率上会发生变化。比如，在日常生活的问题发现中，由于发现问题的偶然性和随意性，对聚合与逻辑思维和系统性思维都较少使用，较常使用形象思维和发散与创新思维。而在目的性与专业性较强的科学类问题发现中，情况正好相反，发散与创新思维使用得少，但是聚合与逻辑思维和系统性思维的使用比率会增大。也就是说，思维操作的使用情况与问题发现在特殊环境下的特定性质有关。

三、思维表征

在实验研究中，从信息表征和问题状态表征两个维度对思维表征进行了考察。在问题发现过程中，大学生使用各种思维表征的频率是不同的。在信息表征中，使用频率从高到低分别是信息联合表征、情境信息表征和内部信息表征；在问题状态表征中，使用频率从高到低依次是中间状态表征、起始状态表征和目标状态表征。

在真实情境的问题发现过程中，虽然没有专门针对大学生的思维表征进行量化考察，但是通过对访谈资料和思维日记的分析可以发现，大学生同样使用了这些类型的表征形式。

现列举第七章中，个案 CC 同学的思维过程，说明各类思维表征在真实情境中的使用情况。首先从信息表征的角度看，CC 对情境信息的表征就是他在医院遇到的不方便，他描述为“反正到医院以后发现这个，很多方面，每次抽血，第二天还要去，那如果说我住得远呢，那我回去就很麻烦”。内部信息表征是在大二所学到的专业知识，“到大二的时候，接触的人和学到的知识有一定的积累以后，就会有一些基本的观点、概念和知识体系。开始形成的时候，我才有能力去思考应该用什么样的方式去解决”。而信息联合表征则是把专业知识运用于对不方便现状的改善上，“我们所有的病历啊，或者什么东西都用电脑来储存，然后网络化……那如果我现在用电脑的话，我有一个编号，然后我的编号跟你的手机是绑定的。那么体检完之后，结果直接发到你手机上，这样你就不用再回来了。”

从问题状态表征的角度看，上述情境信息表征也可以代表问题的起始状态表征，是一种不理想的状态；目标状态表征则是CC对问题理想状态的描述，“如果说可以用短信的方式有结果，用短信的方式通知病人，你的结果很正常，那么就行了。那如果是有问题，那就请你在什么什么时候再回来医院复诊。这样就可以方便病人、方便医院，都行的”。中间状态表征是对如何将两个状态联系起来的思考，“反正在日常生活中看到有什么不方便的东西就想想有什么办法可以解决……就是学信息工程的人，对这种电脑化的操作，天生就很敏感，想到什么事情都首先想能不能用电脑来代替，如果能，要怎么代替”。

其他个案的思维表征情况与上述CC同学的类似。从对CC同学思维活动过程的分析可以看出，用于实验研究的两类思维表征，同样也可以用于真实情境，两者是相通的。只是各类思维表征的使用频次，可能会随着情境的改变而发生相应的变化。

四、思维策略

在实验研究中，我们对16种思维算子在问题发现过程中的使用情况进行了考察。结果表明，使用频次最高的三个算子依次是：质疑、搜索信息和设置目标；使用频次最低的三个算子依次是：逆向思维、顿悟和总结。在真实情境中，被试在算子的使用上大致还是可以归属于上述类别。但比较明显的区别是，在算子的具体使用频次上与实验情境存在差异。在日常生活情境中，由于更多的是一种偶然性和直觉性的问题发现，对“顿悟”的使用次数显著增加；而在科学研究中，需要通过分析性思维对收集的资料进行整理和归纳，因此对“总结”的使用次数更多。也就是说，在实验情境中，运用得最少的算子，在真实情境中会使用得更多一些。

此外，实验研究还从内容上对16种算子进行了分析和整理，把它们归纳为四类策略，分别是信息策略、问题策略、修正策略和评价策略。在真实情境中，同样可以使用这些策略对问题发现思维过程进行分析。比如以第八章PW同学在学位论文选题中的策略使用情况为例进行说明。“开始阅读积极心理学最初的一些文章”、“看到一篇外文文献”、“网上搜索到更多资源”等都属于信息策略；而“看到情感智商的文章，觉得很有意思，更容易完成测量，可以作为后备选题”则属于问题策略；“开会时越来越觉得想法难以实施……考虑改变选题”、“了解 SDT（自我决定）的更多内容，更细的分支……可以缩小论文的题目”等都属于修正策略；“又回到原来的想法，还是希望能够把最初的想法和现在的方向联系起来”则是属于评价策略。

在实验研究中，还从策略类别复杂性这个角度进行了策略分类。按照使用策略的种类数量，由少到多，分别是单一策略、二维策略、三维策略和四维策略。在真实情境中，同样可以按照个人在问题发现过程中对上述四种策略的使用情况进行策略复杂性的分类和判断。比如按照这个标准分析，上面列举的 PW 同学就使用了四维策略。这说明，本研究在实验情境中所作的策略分类是适当的，可以迁移到真实情境中进行分析。

五、思维阶段

在实验研究中，把问题发现的思维过程分为了现状搜寻与表征阶段、目标探索阶段、提出问题阶段、评价和修正问题阶段四个阶段。不是所有问题在发现过程中都必须经历完整的四个阶段，有的问题可能只会经历其中的某几个阶段。在真实情境中，问题发现也会经历上述的阶段。但是各个阶段的出现情况与实验情境中会有所差异。在科学研究的问题发现情境中，由于问题发现过程的复杂程度更高，经历的思维阶段也会更多、更复杂，有的阶段可能会反复多次出现。而在日常生活的问题发现情境中，由于经常运用直觉和顿悟思维来发现问题，因此思维阶段可能会显得更加简洁、直接。

比如以第八章 PC 同学的思维日记为例进行说明。“看与自我妨碍相关的文献”、“看运动领域自我妨碍相关的文献”、“国内对自我妨碍的相关研究还很少，存在很多空白点，可以对其进行更深入的研究”等，属于现状搜寻与表征阶段。“青少年是自我意识发展高峰期，那么对青少年自我妨碍发展特点、影响因素等各方面的研究就是非常有必要的了。考虑将青少年作为研究的被试群体”“对有关情绪启动的知识了解得比较少，要把该选题作为论文的题目，首先应该了解情绪启动”等，属于目标探索阶段。“基本确定题目，大学生学业自我妨碍的特点及其影响因素的研究”，属于提出问题阶段。“停止对这方面的研究”“论文的基本方向已经定下了，可是选题还是有点大，有待进一步的思考”等，属于评价和修正问题阶段。需要说明的是，这里只是例举了各个阶段的典型代表，并没有对 PC 同学整个思维过程的阶段性进行全面考察。

同理，也可以对其他个案在真实情境中的问题发现思维阶段进行分析。也就是说，在实验情境中的思维阶段同样适用于真实情境。只是由于每一个情境本身性质的差异，在思维阶段的具体表现上会有所不同。

综上所述，在问题质量、思维操作、思维表征、思维策略和思维阶段等五个方面，实验情境对思维的评价标准同样适用于真实情境。这说明本研究在思维指标的分类上具有较高的外部效度。同时，由于情境之间具体情况的差异，实验情境与真实情境之间，真实情境中的日常生活类问题发现与科学研究类问题发现之间，在各思维维度的具体表现上存在比较大的差异。这说明，问题发现思维在不同情境下会表现出不同的特征，在分析和运用中是不能一概而论的。

第二节　问题发现思维模型的建构

综合理论和应用研究的结果，本书尝试从静态与动态两个角度，建构问题发现思维模型。静态角度主要从问题发现的思维维度进行阐述，而动态角度则从问题发现思维过程的认知机制进行说明。

一、问题发现思维维度模型

对问题发现过程的思维特征分析，主要可以从思维操作、思维表征、思维策略和思维阶段四个维度进行评价，这就构成了问题发现的思维维度模型，见图 11－1。

基于对本书所有研究的分析和总结，我们认为，个体问题发现思维主要是由以下四个维度构成的。

（1）思维操作：指问题发现中的具体思维操作类型。包括形象思维、聚合与逻辑思维、发散与创新思维、系统性思维和元认知监控思维。

（2）思维表征：指将外部信息转化为内部信息，并对问题状态进行理解和转换，形成问题空间的心理过程，包括信息表征和问题状态表征两个方面。依据表征信息的不同，可以分类为情境信息表征、内部信息表征和信息联合表征。依据表征问题状态的差异，可以分为起始状态表征、目标状态表征和中间状态表征。

（3）思维策略：指用来促进问题发现的思维方法和手段。主要包含信息策略、问题策略、修正策略和评价策略四个类型。

（4）思维阶段：指问题发现过程中，需要经历的思维过程和思维步骤。包含现状搜寻与表征、目标探索、提出问题、评价和修正问题四个阶段。

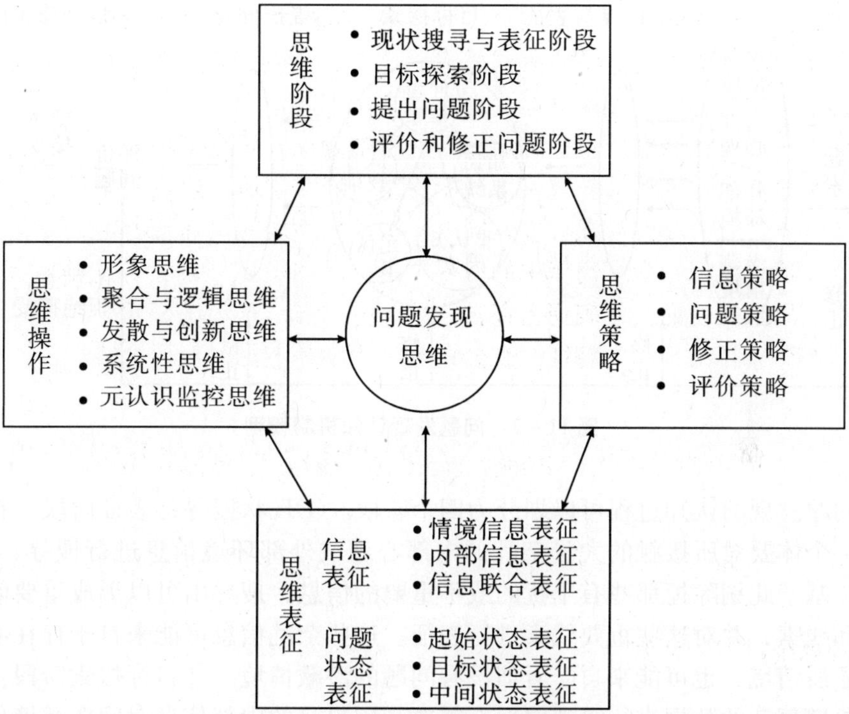

图 11－1　问题发现思维维度模型

以上四个维度是我们衡量与评价个体问题发现思维能力的主要方面。本书也通过多个实验研究证实了上述思维维度及其分类的存在性和合理性。这四个维度之间并非彼此独立，而是密切联系、相互影响的。操作、表征、策略和阶段，各自反映了问题发现思维的一个侧面，共同构成了完整的思维结构。比如当个体进行情境信息表征的时候，通常会涉及形象思维，使用到信息策略，处于思维的现状搜寻与表征阶段；而当运用到元认知监控思维时，往往采用了评价策略，处于问题发现过程的评价和修正问题阶段。

二、问题发现认知机制模型

基于问题发现思维过程性的特点，本研究从动态的角度尝试建构了问题发现认知机制模型，见图 11－2。

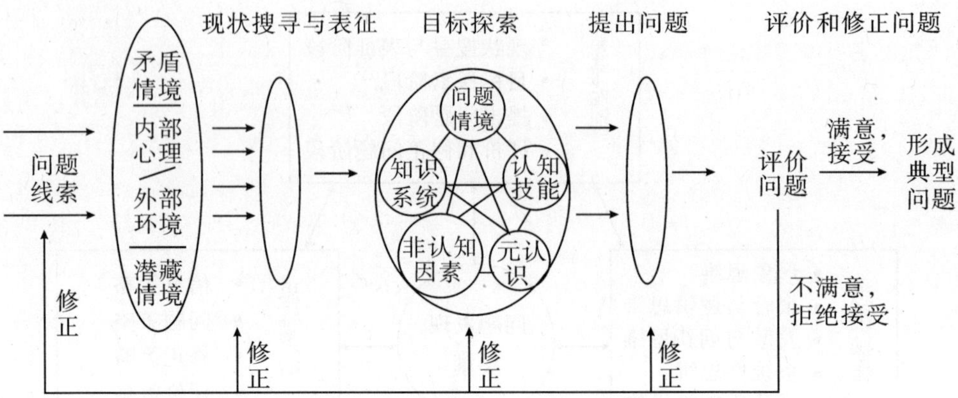

图 11－2　问题发现认知机制模型

问题发现的认知过程可以划分为四个阶段。①现状搜寻与表征阶段。在这个阶段，个体要对所接触的大量杂乱的内部心理或外部环境信息进行搜寻、观察、识别，基于此剔除掉那些有干扰的或不重要的信息，搜寻出可以形成重要问题的机会和线索，并对这些重要线索进行表征。这些杂乱信息可能来自于存在明显问题的矛盾情境，也可能来自于看似没有问题的潜藏情境。②目标探索阶段。个体在对纷繁复杂的数据进行筛选之后，需要利用自身的内部信息对问题情境信息进行理解、加工与重构，由此寻求和探索出与问题现有状态不同的，相对更加理想的目标状态。由信息分歧而产生的信息重构是形成问题目标状态的关键。③提出问题阶段。个体初步提出跟情境刺激相关的问题，问题可以是一个或者多个。最初提出的问题，是良莠混杂的。④评价和修正问题阶段。对所提出的各个问题进行评价，如果评价为满意或达到一个可接受的阈限水平，则问题发现过程结束，形成一个待解决的典型问题。如果评价为不满意或低于可接受水平，则需要进行修正。修正包括调整现有问题，重新探索目标，甚至可能需要回到第一阶段对杂乱的信息和环境条件进行重新搜寻与表征。评价和修正过程会循环往复多次，直到发现一个令人满意的问题为止。

影响个体问题发现认知过程的心理成分包括四个，知识系统、认知技能、非认知因素和元认知策略。它们参与到对问题情境的认知加工过程中，对问题的产生、发展、变化和评估起直接作用。其中，知识系统涉及与特殊领域相关的知识基础和结构，已有知识与新的刺激信息之间的分歧与差异所带来的心理失衡感是产生问题的心理基础。认知技能主要包含个体的各种认知活动能力。对内外情境刺激的感知觉、注意、记忆、思维、想象等认知活动将直接参与到问题发现过程中，其中思维能力，如分析、演绎、类比、归纳、重组、评价等尤为重要。非认知因素包括兴趣、态度、动机、认知风格（如场独立—场依存性、聚合—发散性等)、对模糊的容忍力等，它们虽然不直接参与问题发现活动，但对问题发现的过程和结果均有重要影响。此外，用以计划、监控、评价和调节信息的产生、组织与利用的元认知策略也是影响问题发现的重要因素。为了便于呈现，在图11-2中，我们把这四个心理成分与问题情境一起，放在图形中部的目标探索阶段，实际上，它们是贯穿和影响整个问题发现过程的。

第三节　本书的贡献与不足

全书以思维为切入点，对问题发现过程开展了比较系统、深入的研究，在多个方面有所创新和突破。但限于作者水平和研究条件，本书也存在一些不足之处。

一、贡献

本书基于对问题发现研究的全面梳理和分析，从理论和应用两个层面对问题发现思维活动进行了系统研究。研究的贡献主要包括以下三个方面。

（一）理论的创新

本书在理论上的创新，包括以下三个方面。

（1）对问题发现概念界定的创新。提出了问题发现的动态过程观，将问题发现视作一个多次反复的动态过程，而非传统一次性结束的静态过程，并设计多轮次信息动态呈现的实验来进行模拟和检验。将问题发现视为一个循环往复的动态过程，甚至可以在问题解决过程中再次重新界定问题，这就将问题发现放在了一个更广阔的空间中去认识，有助于我们更真切地探索它的规律和实质。

（2）从多个思维维度同时进行考量，并建构了问题发现思维维度模型。超越以往的单一考核模式，从多个思维维度对问题发现的结果和过程作全面评价。基于思维产品、思维层次、思维品质等维度评价问题发现结果；从思维操作、思维模式、思维表征、思维策略、思维阶段等维度系统分析内部认知过程。这使得对问题发现思维的分析摆脱了片面性和孤立性，呈现出立体化、综合性的思维模式特点。

（3）基于秩次聚类分析技术对问题发现思维阶段的分解和量化考察，提出了问题发现认知机制模型。从动态过程的角度，描述了问题发现的层次与顺序。与以往模型相比，该模型具有三个特点。首先是模型的建立有具体的实验数据作为支撑，提出的四个阶段均在实验中得到了验证。其次，强调了对问题的评价和其后的修正阶段，使得问题发现过程具有动态性。再次，将影响问题发现的心理因素，如个体的知识系统、认知技能、非认知因素、元认知策略等，也融入模型中，丰富了模型的内涵。

（二）研究方法的创新

采用多种研究方法对问题发现思维过程进行了系统探讨。在实验研究中，使用了纸笔测验、出声思维、问卷调查、动态过程研究、秩次聚类分析、问题行为图、眼动研究等方法。在个案研究中，采用了半结构化访谈、纵向研究等方法。最后采用建构认知模型的方法对所有研究进行了综合考察。

在这些方法中，既包含了心理学研究中普遍使用的基础研究方法，如问卷调查法、纵向研究法；也借鉴了其他研究领域常用的方法，如思维研究中常用的出声思维法、阅读研究中常用的眼动研究方法、认知研究中常用的建构认知模型法等；同时还包含了问题发现研究中特有的研究方法，如动态过程研究法。其中，秩次聚类分析法的运用，有效地抽取出了问题发现的四个思维阶段，并对阶段的顺序性和前后间隔用量化的方式进行了直观展现。而问题行为图技术也对问题发现过程的知识状态和思维操作转换进行了有效区分，使得对思维过程的分析更加精细、准确。动态信息呈现技术的使用，首次将问题发现活动放在一个开放的多轮次情景中去完成，更加真实地模拟了现实。这些方法的使用在问题发现领域均具有创新性。

在以往的研究中，通常都是采用比较单一和简单的方法对问题发现过程进行考察。本书则综合运用了多种方法进行系统研究。这些方法之间并非各自为政，而是互相补充、彼此印证的。借助多种研究方法的综合使用，本书从多个角度对问题发现思维进行了系统性的考察，同时也使得结果更加丰富和可靠。

（三）研究内容的创新

在研究内容的设置上，本书特别注重各个研究之间的逻辑关系。九个章节的研究是密切关联、层层递进、相互补充的，它们各自代表了一个主要的考察方面，使得研究具有系统性。

第二到第六章是实验理论研究。第二章通过团体实验考察大学生问题发现思维的整体特点，编制问题发现测评材料，确定了从思维角度对问题进行评价的标准，并为后面个别实验的被试筛选奠定基础。第三章从思维模式的角度考察了大学生在思维操作、思维表征、思维策略、元认知思维等方面的表现。第四章从思维过程的角度分析了问题发现的思维阶段和问题行为图特征。第五章则考察了在多轮次动态信息呈现下，问题发现数量与质量，以及各思维维度的变化情况。第六章采用眼动研究进一步探讨了大学生在问题发现过程中的眼动情况，并基于此分析了问题与思维的相关变化。以上五章环环相扣，逐步递进和深入。就其作用而言，第二章是前提和基础，第三、第四章是精细化和深入，第五章是扩展，第六章是补充。此外，在实验材料的设置上，第三章到第六章的个别实验中采用了通用的实验材料，这使得实验结果之间可以更好地进行对比、融合和互补。

第七到第十章是实践应用研究，探讨在真实情境中的问题发现思维表现，作为对实验研究的应用、验证和补充。第七章考察了日常生活中的问题发现思维，第八章分析了科学研究中的问题发现思维，第九章探讨了学校教育中的问题发现思维，以上三章代表了问题发现最典型的三个应用领域。第十章考察了问题发现思维的影响因素。对不同领域（日常生活、科学研究）问题发现思维的对比，以及实验室研究和真实情境研究的对比都是本书的创新。

二、不足

限于笔者的阅历和能力，以及实验条件，本书还存在以下方面的不足，这些也是将来需要作进一步探索的方向。

（一）研究方法

虽然本书尝试采用多种方法从多个角度对问题发现思维进行考察，但是相对来说，这些方法还是不能够非常准确和深入地研究问题发现过程。基于口语报告的编码过程和问题行为图的分析等难度大，费时费力，并且容易加入研究者的主观意见。因此，要找到更加有效和客观的思维模型测量与评估方法，还有许多工作要做。

（二）研究工具

除了外部行为研究，本书尝试采用眼动的方法考察问题发现思维过程，结果显示，眼动指标只能在一定程度上反映问题的数量情况，而问题质量的高低则难以在眼动上体现出来。也就是说，在反映高层次的复杂思维活动上，眼动并不是一个很敏感的指标。因此，需要考虑使用更有效的研究工具来探测人的内部心理活动。

（三）实验的外部效度

基于理论构想建构的思维编码方案虽然在实验室情境和真实情境的研究中都同样适用，但是在考察中我们也发现，在两种情境中，各思维的具体表现存在较大差异。如何改进实验设计，使其能够更好地模拟真实问题发现情境，进一步提高实验的外部效度，让实验研究的结果可以更有效地用于对现实行为的预测和控制，也是需要努力的方向。

（四）思维模型建构

本书基于对已有研究的全面梳理和相互关联的系列实验，提出了问题发现的思维维度模型和认知机制模型。但这两个模型只是比较概括地反映了问题发现在思维成分与思维过程方面的特征，在对问题发现活动的抽象、解释和评估上还不够准确和有效，有待进一步完善。

第四节　问题发现研究的困境与展望

学术界对问题发现能力的研究是非常缺乏的。问题发现活动本身的特点与规律，给研究的深入开展带来了困境。

一、问题发现研究的困境

作为一种复杂且具创造性的思维活动，问题发现能力的重要性得到了学术界的广泛认同和多层面探索。但比起一些与问题发现联系密切的概念如“创造性”、“问题解决”等，该领域的研究明显滞后。既有研究无论在范式上、理论上，还是在深度上、创新上都存在不足，主要表现在理论建构缺乏、实证研究不足、研究方法单一、研究深度欠缺和应用性较弱等方面。问题发现活动本身的特点，给研究的拓展和深入带来了巨大的挑战。

（一）过程的复杂性

问题发现是一项综合性认知活动，有着独特的过程和特点。其复杂性主要表现在：①隐蔽性。问题发现过程虽然会经历必要的步骤和进程，但这些过程在发生期间并非像问题解决等思维活动一样清晰和稳定，而是具有较强的隐蔽性。也就是说，个体往往不会非常清楚地认知到自己的问题发现全过程，而等意识到时，这个过程可能已经接近尾声了。②潜伏性。问题的产生通常具有潜伏期，一个新形成的问题也许在很久之前就已经埋下了伏笔和线索，需要很长的酝酿期和适当的契机来激活。③偶然性。与问题解决不同的是，很多问题的发现对相关情境刺激的黏滞性和依赖度较高，问题的清晰化也具有偶然性和顿悟性的特征。④反复性。问题发现往往不是一蹴而就的，一个问题初步出现后，需要根据各类主客观情境进行反复的调整、修正与重构，直至形成一个具有可解性的有效问题。上述特征使得问题发现过程往往非常繁杂、散乱、零碎，难以准确地观测和捕捉。

（二）结果的开放性

与问题解决、创造性等活动不同的是，问题发现的结果往往是开放、模糊的，既没有一个明确的终点，也没有标准或正确答案。这种开放性与创造性活动追求结果发散与新颖的开放性又有所区别。问题发现的结束往往意味着问题解决的开始，它有着明确的目标和指向，即为下一个阶段的问题解决服务，使问题的解决过程具有价值性和可行性。针对一个主题，个体可能发现多个问题，对于问题发现的当事人和研究者来说，如何判断这些问题的有效性，以及何时可以终止问题发现都难以有明确的标准。此外，结果开放性还体现在问题发现与问题解决过程的交织和缠绕。Jay 和 Perkins（1997）曾指出，问题发现与问题解决之间存在互动和反复现象，两者可能相互渗透。① 这种交互状态进一步为问题发现结果的明确带来了难度。

（三）评价的主观性

已有研究对问题发现的评价大多从数量、思维品质、某种特征的体现或创造性等维度进行判断，而非问题本身的价值。这类主观性评价存在两个方面的不足。①对问题发现的结果来讲，问题本身的价值性才是最重要的。仅从数量或思维的角度对问题作出判断，会使得评价有本末倒置之嫌。但是问题的价值性往往必须在实践活动中进行检验，很难由研究者作出主观判定。②由专家主观评分的信度和效度容易受到质疑，在解释现象和原理时缺乏足够的说服力，研究难以得到重复验证。问题发现的过程和结果必须要有一个具有公信力的评价标准，才能对其作出更有效的实验模拟，而对策略训练、能力培养等方面的考察则更依赖于评价标准的有效性。因此，找到更客观、更有效的问题发现评价指标也是研究需要突破的难点。

（四）实验模拟的难度

过程的复杂性和结果的开放性给问题发现的实验模拟与抽象带来了难度。①时间跨度长。一个有价值的真实问题发现过程需要经历信息获取、积累、加工到目标状态的形成和清晰化等复杂过程，时间跨度较长。但在实验室模拟中，却很难为被试提供足够的时长，这使得问题发现的实验模拟往往不够充分，难以具有代表性。②分析过程烦琐。对问题发现的研究，过程（如捕捉问题线索、与知识体系的结合和加工、新信息资源的整合、问题的产生等）比结果更加重要。但对过程的分析，不管是借助艺术表现的外部行为分析，还是使用出声思维法的内部思维研究，工作量都非常大。以本书第五章的研究为例，仅 40 名被试出声思维报告的文字材料就高达 30 多万字，涉及把语音转译为文字、制定编码方案、编码、统计分析等多个烦琐的过程，工作量非常大。这也为研究的多角度尝试带来困难。③难以捕捉关键环节。很多时候，新问题的产生仅仅来自于一瞬间的顿悟和灵感，这个过程往往是偶然的、非理性的，很难通过逻辑思维分析去考察和

① Jay, E. S. & Perkins, D. N. Problem finding the search for mechanism. In Runco, M. A. (Ed.), *The Creativity Research Handbook*. NY: Hampton Press, 1997. 258 - 260.

把握其中的规律。因此在实验模拟中，难以抓住其中的关键点，更难以有效抽取出相关特征与规律。④对研究终点的把握。已有的模拟实验通常截至被试对当前情境发现问题的结束，但这个结束点可能只是问题发现的一个阶段或一个局部的结束，与真正的问题终点并不相符。现实中的问题发现通常会由于新信息的出现或酝酿效应，而重新审视并发现更新、更好的问题。因此，如何判断真正的结束点作为实验模拟的终止，也是一个难题。

二、未来研究展望

问题发现过程本身的特点，给研究的深入带来了巨大挑战。基于上述分析，笔者认为，未来研究可能在以下方面作出扩展与深入，以促进问题发现领域的研究新进展。

（一）几个重要关系的澄清

长期以来，对几个与问题发现相关的重要概念的认识一直局限和困扰着我们的研究理念，澄清这些概念之间的相互关系对问题发现研究的突破大有裨益。①明确问题发现与创造性之间的关系。由于科学中的重大突破往往是从发现问题开始的，这使我们很容易把问题发现能力与创造性思维能力联系在一起。回顾以往的问题发现研究，绝大部分都与创造性研究存在或多或少的关联，没有走出创造性研究的思维框架和一般模式。这些研究模式传达了一个思想，只有发现有创造性的、与众不同的问题，才能够称为“问题发现”。这就把问题发现的范围人为地缩小化了，同时也局限了研究的思路和方法。实际上，问题发现是一种广泛存在的思维活动，它并不总是意味着要发现有创造性的问题，也包括发现那些需要被解决的问题，甚至仅仅是发现一个普通的问题。在问题发现与创造性之间并不存在直接的必然关联。②理清问题发现与开放式问题空间的关系。有学者把问题发现与开放式问题空间联系在一起，把问题发现和问题解决看作是两个极端，完全对立起来。认为既然问题解决是针对结构和定义良好的问题，那么与之相对应的问题发现就应该是针对结构和定义不良的问题。因此，很多研究都采用全开放式的不良问题空间来构建问题发现平台。在这样的问题发现平台上，被试只能漫无目的地提出一些发散的、零乱的问题，却没有进行进一步深入思考和探索的机会。这与真实的问题发现情况是不符合的，在现实中人们所进行的问题发现往往是需要指向明确目标的。因此，仅以全开放式空间来建构问题发现平台的模式不利于深入分析问题发现的思维过程。尝试跳出“开放式空间”和“创造性”研究思路的局限去探索问题发现过程，可能会给研究带来新的突破。③区分不同类别问题发现间的关系。矛盾式和潜藏式问题代表了现实中最典型的两类问题发现活动，前者的主要任务是找出情境中已经存在的矛盾、错误、缺陷等问题，直接为后一阶段的问题解决服务；后者则需要在原本完好的情境中去发现和挖掘潜藏的问题事件，展望将来可能出现的问题，具有更高的创新性。两类情境可能涉及不同的认知机制，有必要分别考察和研究。

（二）理论建构的发展

理论建构是实验研究得以深入发展的基础。未来对理论的建构可能从以下方面得到突破。①问题发现动态过程观。突破当前仅从静态、一次性过程对问题发现活动进行阐述的观点，从更宏观处着手，探讨动态、反复性过程中问题发现的特点与规律。②问题发现与问题解决过程关联的系统理论。目前对问题发现与问题解决的研究往往是割裂开的，但两者存在相互依赖和相互影响的关系，因此，将两个过程关联起来作系统性的考察和分析，也许能够为问题发现研究带来新的思路。③问题发现信息加工过程的量化观。在对问题发现内部认知机制的研究中，从只关注信息加工内容与质量，到关注更加数量化和精细化的考核指标，将对信息加工过程的研究更加精制化。比如，以往对问题发现结果的评价，一般分两类：满意，中止问题发现；不满意，拒绝结果重新开始。没有更深入地考察个体在接受与否决之间更精确的阈限范围或接受程度问题。而信息加工量化观则可以使对认知过程的研究更深入、细致。

（三）方法与范式的创新

对问题发现的研究不能照搬问题解决或者创造性的研究方法。以下几种方法的综合尝试可能会给已有研究带来新的思路。①局部模拟。对问题发现过程从整体模拟到抽取出阶段进行局部模拟。比如只针对其中的部分阶段，如线索搜寻阶段、现状表征阶段、问题评价阶段等，作单独模拟，逐个考察和探索其内部机制，从而对具体阶段作更加准确的分析。而对于其中的部分阶段，比如线索搜寻阶段，可以借助认知神经科学中先进的技术，如 ERP、FMRI 等技术，更精确地探索这些活动中的内部认知机制。②动态过程研究。为了更真实地反映问题发现的复杂过程，可尝试建构问题发现的动态模型，采用过程研究的范式，基于新信息的加入和结果的反馈，让被试动态性地完成问题发现任务，同时可以追踪问题在不同时期、不同阶段的发现、发展和演变过程。这种动态过程，更接近真实问题发现任务，能够提高研究结果的外部效度。③构建封闭式研究平台。以全开放式空间来建构问题发现平台缺乏明确的指向性和目的性，随意性和发散性太大，不能充分展示被试问题发现的思维深度和思维演变过程，对问题发现的结果难以作客观评价。由于问题发现需要直接指向问题解决这个明确的目标，因此可以尝试以一个相对封闭的问题空间来建构问题发现平台，让被试从中去发现问题，以使得问题发现任务有明确的目标和方向，体现思维纵向延伸的过程和深度，也可以使评价问题的指标更加客观、更具可操作性。④追踪真实状态。对现实中的高质量问题发现过程进行追踪观察、记录与分析，提取典型行为模式。这类研究可以与实验室研究相结合，相互补充和印证，提高实验模拟的效果。

（四）多个应用领域的综合探索

应用领域的研究以及理论研究在实际领域的应用可以提高研究的外部价值，促使更多的学者关注问题发现领域。问题发现能力的运用主要涉及科学、技术、艺术、教育和生活等领域。在科技与艺术领域，未来的研究可能涉及如何更有效、更敏锐地发现问题线索，如何提炼和整合出高质量的问题，提高研究和创作的新颖性与价值性；在教育领域，倡导关注与培养学生发现问题的意识与能力，鼓励学生积极探索和发掘问题，提高自主性与主动性；在生活领域则注重通过及时发现问题来弥补和解决已有的困境，增强处理突发事件的能力，提高生活质量。应用领域的拓展既可以反映理论研究的结果，又可以通过对日常研究的摸索，进一步验证、补充或改进理论研究模式，两者起到相辅相成的互补作用。

作为人类认识世界和探索未知世界的重要活动，问题发现与日常生活息息相关，并在科学、技术、教育、文学、艺术等领域有着广泛的运用。从发现问题到形成真正可进行验证问题的全过程，成就了今天的文明世界。在国家高度重视科学技术，强调创新思维的今天，问题发现的重要意义应该得到进一步的肯定和重视，并在理论研究与实践运用领域有更长足和深入的发展。

本书在问题发现领域作出了一些新的尝试和探索，但这些还远远不够。希望本书的出版能够引起社会和各专业领域工作者重新关注问题发现领域，进行更深、更精的研究，促进有助于各领域发展的新问题的发现。

本章小结

本章对全书涉及的所有研究进行了概述与评价，尝试建构了问题发现的思维维度模型和认知机制模型，指出了本研究的贡献与存在的不足，此外也分析了研究的困境，并对未来的研究方向作出展望。

从问题质量、思维操作、思维表征、思维策略、思维阶段五个方面，对问题发现的实验室研究和真实情景研究进行对比。结果显示，实验情境对思维的评价标准同样适用于真实情境，但在各思维维度的具体表现上存在较大差异。

建构问题发现思维维度模型，包括思维操作、思维表征、思维策略、思维阶段，这四个思维维度之间密切关联、相互影响。建构问题发现认知机制模型，主要涉及现状搜寻与表征、目标探索、提出问题、评价和修正问题等阶段，其间，个体的知识系统、认知技能、非认知因素和元认知策略等参与到认知过程中，对问题的产生、发展、变化和评估起直接作用。

本书以思维为突破口，综合运用纸笔测验、出声思维、问卷调查、动态过程研究、问题行为图、眼动研究、半结构化访谈、纵向研究等方法对问题发现过程进行了系统性探讨，在理论、方法和研究内容上均有所创新。但在研究方法、工具、实验外部效度、思维模型建构等方面还存在不足。

问题发现过程的复杂性、结果的开放性、评价的主观性、实验模拟的难度等给研究的深入带来了巨大挑战。在未来的研究中，需要澄清几个重要概念间的关系、进一步加强理论建构、创新方法与范式，并对多个应用领域进行综合探索。

参考文献

中文部分

［1］［德］韦特海默．创造性思维．林宗基译．北京：教育科学出版社，1987.

［2］［美］Dennis Coon，John O. Mitterer. 心理学导论——思想与行为的认识之路（第11版）．郑钢等译．北京：中国轻工业出版社，2007.

［3］［美］Jackie Acree Walsh，Beth Dankert Sattes. 优质提问教学法：让每个学生都参与其中．刘彦译．北京：中国轻工业出版社，2009.

［4］［美］M. Neil. Browne，Stuart. M. Keeley. 学会提问——批判性思维指南（第7版）．赵玉芳，向晋辉等译．北京：中国轻工业出版社，2006.

［5］［美］Marylou Dantonio，Paul C. Beisenherz. 课堂提问的艺术：发展教师的有效提问技能．宋玲译．北京：中国轻工业出版社，2006.

［6］［美］霍华德·加德纳．艺术·心理·创造力．齐东海等译．北京：中国人民大学出版社，2008.

［7］［美］吉尔福德．创造性才能．施良方，沈剑平，唐晓杰译．北京：人民教育出版社，2006.

［8］［美］杰拉尔德·纳德勒，威廉·J. 钱登．提问的艺术．魏青江译．北京：高等教育出版社，2005.

［9］［美］罗伯特·J. 斯滕博格．创造力手册．施建农等译．北京：北京理工大学出版社，2005.

［10］［美］罗杰·霍克．改变心理学的40项研究．白学军等译．北京：人民邮电出版社，2010.

［11］［美］米哈伊·奇凯岑特米哈伊．创造性——发现和发明的心理学．夏镇平译．上海：上海译文出版社，2001.

［12］［英］伊恩·麦凯．如何提问．姜涛译．上海：上海人民出版社，2006.

［13］陈丽君．大学生问题发现思维模型的建构．华南师范大学博士学位论文，2007.

［14］陈丽君．小学三、五年级儿童问题发现特点的实验研究．西南师范大学硕士学位论文，2002.

［15］陈龙安．创造性思维与教学．北京：中国轻工业出版社，1999.

［16］代天恩．科学问题发现中的原型启发效应．西南大学硕士学位论文，2011.

［17］龚明玉．大学生发现并提出问题能力培养的理论与实践研究．湖南师范大学硕士学位论文，2006.

［18］郭有遹．创造心理学（第3版）．北京：教育科学出版社，2002.

［19］洪燕云，何庆．创造性．北京：清华大学出版社，2009.

［20］李亦菲，朱新明，张侃．广告设计的思维过程及其影响因素．心理学报，1996（1）．

［21］林心怡．科学创造过程模式之探讨——师院生与小学生的个案诠释．台湾屏东师范学院硕士学位论文，2000.

［22］林沂升．“科学问题发现”之思考模式诠释研究——以研究生与小学生的个案为例．台湾屏东师范学院硕士学位论文，2003.

［23］林育秀．国二学生批判思考、认知策略与问题发现能力之研究．台湾高雄师范大学硕士学位论文，2004.

［24］潘漫漫．高中专家—新手型物理教师课堂提问的比较研究．西南大学硕士学位论文，2009.

［25］邵惠靖．扩散性思考、数学问题发现与学业成就的关系．台湾政治大学硕士学位论文，2001.

［26］宋广文，邢洪军，马玉花．提问水平与结构训练对文章标记效应的影响．心理科学，2011（3）．

［27］宋振韶．小学4－6年级学生课堂提问的类型特点及其影响因素的研究．北京师范大学博士学位论文，2002.

［28］孙俊才，卢家楣．问题发现研究及其心理成分．上海教育科研，2007（3）．

［29］文明．大学生提问能力与创造性思维的关系研究．苏州大学硕士学位论文，2009.

［30］肖浩宇，张庆林，史慧颖．小学儿童提问能力的发展．心理发展与教育，2006（1）．

［31］谢居盛．从后设认知探讨学童创意科学问题提出之能力．台湾屏东师范学院硕士学位论文．2003.

［32］许育彰．探讨高中生从力学情境中发现问题的能力之研究．台湾师范大学博士学位论文，1999.

［33］阎国利．眼动分析法在心理学研究中的应用．天津：天津教育出版

社，2004.

［34］严永金．让学生的思维活起来：名师最激发潜能的课堂提问艺术．重庆：西南师范大学出版社，2008.

［35］杨千慧．当代女性地球科学家科学探索历程．台湾师范大学硕士学位论文，2002.

［36］杨小洋．中学生提问能力发展及与其阅读理解能力关系的研究．北京师范大学硕士学位论文，2003.

［37］张庆林，［美］Robert J. Sternberg. 创造性研究手册．成都：四川教育出版社，2002.

［38］张文新，谷传华．创造力发展心理学．合肥：安徽教育出版社，2004.

［39］郑瑛珍．物理学家问题发现与问题解决之个案研究．台湾师范大学硕士学位论文，2000.

［40］朱新秤．论知识与创造．教育研究与实验，2003（2）.

英文部分

［1］Arlin，P. K. Piagetian operations in problem finding. *Developmental Psychology*，1971，13（3）.

［2］Brinkman，D. J. Problem finding，creativity style and the musical compositions of high school students，*Journal of Creative Behavior*，1999.

［3］Brugman，G. M. The discovery and formulation of problems. *European Education*，1995，27（1）.

［4］Christine，Chin.，& Kayalvizhi，G. Posing problems for open investigations：What questions do pupils ask？*Research in Science & Technological Education*，2002，20（1）.

［5］Christine，Chin.，& Li-Gek，Chia. Problem-based learning：Using students'questions to drive knowledge construction. *Science Education*，2004，88（5）.

［6］David，K. C.，& Runco，M. A. Creative problem solving and problem finding in young adults：interconnections with stress，hassles，and coping abilities. *Journal of Creative Behavior*，1999，33（3）.

［7］Dillon，J. T. Problem finding and solving. *Journal of Creative Behavior*，1982（16）.

［8］Dori，Y. J.，& Herscovitz，O. Question-posing capability as an alternative evaluation method：Analysis of an environmental case study. *Journal of Research in Sci-*

ence Teaching, 1999, 36.

[9] Getzels, J. W. Problem finding and the inventiveness of solutions. *Journal of Creative Behavior*, 1975, 9 (1).

[10] Getzels, J. W. ,& Csikszentmihalyi, M. *The creative vision: A longitudinal study of problem finding in art*, NY: Wiley, 1976.

[11] Harper, K. A. ,Etkina, E. ,& Lin, Y. Encouraging and analyzing student questions in a large physics course: meaningful patterns for instructors. *Journal of Research in Science Teaching*, 2003 (40).

[12] Hoover, S. M. ,& Feldhusen, J. F. The scientific hypothesis formulation ability of gifted ninth-grade students. *Journal of Educational Psychology*, 1990, 82.

[13] Hu Weiping, Quan Zhen Shi, Qin Han, Xingqi Wang & Philip Adey. Creative scientific problem finding and its developmental trend. *Creativity Research Journal*. 2010, 22 (1).

[14] Hyejoo, Lee. ,& Younsoon, Cho. Factors affecting problem finding depending on degree of structure of problem situation. *The Journal of Educational Research*, 2007, 101 (2).

[15] Ivonne, Chand. ,& Runco, M. A. Problem finding skills as components in the creative process. *Personality and Individual Differences*, 1993, 14 (1).

[16] Kaufman, J. C. ,& Beghetto, R. A. Beyond big and little: The four C model of creativity. *Review of General Psychology*, 2009, 13 (1).

[17] Kaufman, J. C. ,& Sternberg, R. J. *The International Handbook of Creativity*. NY: Cambridge University Press, 2006.

[18] Kay, S. The figural problem solving and problem finding of professional and semiprofessional artists and nonartists. *Creativity Research Journal*, 1991, 4 (3).

[19] Kousoulas, F. The interplay of creative behavior, divergent thinking, and knowledge base in students' creative expression during learning activity. *Creativity Research Journal*, 2010, 22 (4).

[20] Lubart, T. I. Models of the creative process: past, present and future. *Creativity Research Journal*, 2000, 13.

[21] Moore, M. T. , & Murdock, M. C. On problems in problem-finding research. *Creativity Research Journal*, 1991, 4 (3).

[22] Ramirez, VE. Finding the right problem. *Asia Pacific Education Review*, 2002, 3 (1).

[23] Reiter-Palmon, R. ,&Robinson, E. J. Problem identification and construc-

tion: What do we know, what is the future? *Psychology of Aesthetics, Creativity, and the Arts*, 2009, 3 (1).

[24] Runco, M. A. Creativity. *Annual Review of Psychology*, 2004, 55.

[25] Runco, M. A. *Problem Finding, Problem Solving, and Creativity*. NJ: Ablex Publishing Corporation, 1994.

[26] Runco, M. A., & Nemiro, J. Problem finding, creativity, and giftedness. *Roeper Review*, 1994, 16 (4).

[27] Sapp, D. D. Problem parameters and problem finding in art education. *Journal of creative behavior*, 1997, 31 (4).

[28] Sternberg, R. J., Amabile, T. M., & Lubart, T. I. *Handbook of Creativity*. NY: Cambridge University Press, 1999.

[29] Tierney, P., & Farmer, S. M. Creative self-efficacy development and creative performance over time. *Journal of Applied Psychology*, 2011, 96.

[30] Wakefield, J. F. Towards creativity: problem finding in a divergent-thinking exercise. *Child Study Journal*, 1985, 15.

后　记

在本书稿付梓之前，责编苏彩桃老师提醒我，是不是要补充一个后记，算是对本书写作心路历程的回顾。这一提醒，那些前尘往事扑面而来。

一本不厚的书，我却用了整整 13 年的时间。

对问题发现领域的关注，开始于读硕士研究生的第一年。1999 年的那段时间，在西南师范大学的研究生中，流行玩一个现在看来已经很俗套的游戏："一个人手握半根火柴死在沙漠里，他是怎么死的?"玩家需要通过不断提出问题的方式来猜测出答案。游戏很简单，但只有投入玩过的人才能体验它的魅力。这个游戏让我第一次觉得发现并提出问题是一件有趣而又考验思维的事情。

接着到了研二，要为硕士论文选题了。导师张庆林先生的意见是，我们都自主选题。然后，不知为什么，这个游戏马上就浮现在我眼前。当我向张老师提出做"问题发现"研究时，他马上赞成。然后我很快就设计出一个实验方案，但文献却让人头疼。那个年代，网络搜索还不普及，文献都是我们去图书馆一本本翻的。研二暑假，我和同学杨柳一起专门去北京的国家图书馆泡了半个月，把能搜到的文献全部复印打包带回来。之后，就是硕士论文的实验、写作、答辩。2002 年，我的硕士论文被评为优秀论文，这算是第一次鼓励。

2004 年，考入华南师范大学，跟着郑雪先生念博士。当时，郑老师的主要研究方向是人格。至今还清楚地记得当初在论文选题时询问老师，是不是需要做人格方向的题目。郑老师说，不用，只要你自己感兴趣，做什么都可以。我反复思考了很久，终于决定还是继续做自己硕士研究生时没有做完的问题发现思维研究。郑老师说，好呀，你就好好干吧。至此，就开始了漫长的构思过程。期间设想过很多研究思路，报废过很多预备实验。基本上每一次有比较大的思路改动时，都会和郑老师商量。这时，老师只是笑笑，说，好，继续做吧。后来随着想法的深入，再回过头去看起初的构想时，觉得非常幼稚可笑。如果当时郑老师稍稍给我一点"打击"，我还能不能那么坚定地把这个题目做下去呢?

2005 年，我以博士论文的一个部分申报了广东省哲学社会科学规划课题"问题发现过程模型的建立及其实验研究"，获得了一笔经费资助，这算是第二次鼓励。博士论文的写作是一个漫长而痛苦的过程，为此我几乎是不眠不休地闭关了半年。为了更细致地考察被试的问题发现思维过程，我在实验中用了出声思维法，在个案研究中又采用了半结构化访谈的方式。这两种方法直接导致记录研究结果的录音很长。我请了七位本科生来协助完成录音转译为文字的工作，最终记录问题发现思维过程的文字竟超过了 50 万字。而对这堆数量巨大文字进行断句、分段、编码、评分，以及后期对数据进行录入、整理、统计、分析等工作，直接导致我在做完论文之后要长期戴着眼镜。2007 年博士论文盲审，两位盲审教授分别给了我 88 分和 90 分，这算是第三次鼓励。

博士毕业之后，我就一直筹划着，想把论文整理出版。但由于生活琐事和自身的惰性，书籍的撰写和修改断断续续地进行着。除此之外，也陆续把博士论文的研究内容梳理出一篇篇的学术论文。在 2007 年和 2010 年，分别以“问题发现思维研究系列论文”和论文“大学生问题发现过程的表征层次研究”两次获得广东技术师范学院优秀科研成果一等奖。这算是第四次鼓励。直到 2011 年初，总算把初稿弄好了。当时，我工作的广东技术师范学院刘合群教授给我推荐了暨南大学出版社的苏彩桃老师。我与苏老师联系。看了初稿后，苏老师说，这本书太过于理论，建议加上一些应用的部分，提高书籍的可读性和实践性。于是，我重新整理了写作思路，在理论研究后面增加了应用研究的四个章节内容。这样，又陆续写了一年。2012 年初，书稿终于基本成型了。正当这时，另一个好消息传来，书稿获得了广东省哲学社会科学“十二五”规划 2011 年度后期资助项目立项，这算是第五次鼓励。回想这个艰辛的写作历程，我想到了天道酬勤。

写一本书真难。这是本书完成后，我最大的感慨。如果不是有那么多人的支持，那么多次的鼓励，很难想象，我能够坚持到今天。从来不需要想起，因为从来也不曾忘记。以下提到的人，也许你一直是我生命中的贵人，也许我们已经不常联系了，也许你已经忘记我了，但我会永远记得并感激你曾经给予我的关怀、帮助和鼓励。

在本书的写作过程中，要特别感谢我的硕士生导师张庆林教授。在博士论文撰写期间，从最初的思维萌芽到最终完成，张老师见证并指导了每一个环节。记得在第一次构想了完整的研究思路之后，我就发了一封电子邮件给张老师。张老师并不是我的博士生导师，当时我也只是想听听老师的意见，甚至并不抱着老师一定会回答我的希望。没有想到第二天就收到了老师的回信，给我指出了不足。从此，我就开始了漫长的询问之路，几乎每想到一个新思路，都会写信给张老师。每一封信张老师都是在第二天准时回复给我的，而且每一次都会给出非常明确的指导。今天，特意去查了那个现在已经基本不用的邮箱，仅从 2006 年 3 月 14 日到 2007 年 4 月 11 日，张老师回复我的关于论文构思与撰写的邮件竟多达 27 封。最后一封关于论文的邮件写于 2007 年 6 月 18 日，我告诉张老师博士论文答辩通过了。在博士毕业几年后的某一天，遇到西南师范大学的博士师兄，他偶然提及给张老师的邮件老师很少回复。我这才惊觉张老师对我是何等的优待。张老师的悉心指教，学生永远感佩于心！

此外，还要特别感谢我的大学和硕士生同学冯廷勇，他也见证了本书从构思到完成的全过程。在本书撰写过程中，冯廷勇同学不管在思路、技术还是统计方面，都给了我大量的帮助。不管有多忙，只要我有问题请教，他一定先帮我解决问题。能在大学遇到这位同学，真是我的幸运。

本书的出版得到了广东省哲学社会科学“十二五”规划 2011 年度后期资助项目（编号：GD11HXL01）以及广东技术师范学院的经费支持。在此，也衷心感谢广东省哲学社会科学规划办和广东技术师范学院的相关领导与老师。

感谢郑雪教授在读博期间和毕业之后对我的谆谆教诲与无私关怀，郑老师对学生的无条件信任与支持是我们今天依然在学术界前行的动力。感谢师母王玲教授给予我学习和生活上的指导和帮助。

衷心感谢西南大学的黄希庭教授、张进辅教授、李红教授、郑涌教授、程昌伦教授、陈红教授，华南师范大学的莫雷教授、张积家教授、郑希付教授、金志成教授、刘鸣教授、申荷永教授、张敏强教授、温忠麟教授、张卫教授、陈哲教授、李宁教授对我学业的教导。

感谢西南大学心理学院的易遵尧、肖世洪、尚伦、李星明、谭钢、赵晨鹰等老师为我的学习提供各种方便，感谢华南师范大学教科院的沈强旺、谭飞、李慧珍、曾祥炎、黄春芬等老师为本书的实验研究提供各种支持。

感谢徐展、杨柳、陈敏、司继伟、周泓、毕重增、邓麟、冯廷勇、钱敏、白琼英、刘凤娥、凤四海、肖永松、梁秀清等西南师范大学的师兄弟、师姐妹在硕士期间对我的无私帮助。感谢聂衍刚、张兴贵、陈少华、王磊、田丽丽、许思安、邱林、高宝梅、陈筱洁、严标宾、余欣欣、宛燕等华南师范大学的师兄弟、师姐妹，对于本书相关实验研究提出的建设性意见。

感谢张志标、彭嘉桦、张灵、温娟娟、李茂宁、石艳彩、姜微微、王燕、蔡琼华、李艳红、金辉、李桂芝、周雪雯、练秋、胡佳磊、苏铭鑫、张尚明、姜小日、程雯雯、高良等师弟、师妹担任本书大量实验的主试工作。

感谢台湾政治大学的邵惠靖同学为我提供的文献资料。感谢李泽敏、曹超宇、袁曦三位同学对个案研究部分的支持。

特别感谢华南理工大学的王艳玲老师，暨南大学的吴冰、欧向丽、马晓燕老师，重庆北碚实验小学的牟老师、杜老师和西南师范大学附属小学的张校长给予本书相关研究的大力支持，你们崇尚科研、热爱教育事业的精神令人敬佩。

感谢广东技术师范学院的王乐夫教授、潘自勉教授、王培林教授、许玲教授、刘合群教授、陶红教授、任平教授、黄秋文教授、王川教授、黄谷甘处长、何伟光书记、许晓安副处长，方少武、赵丕强、张敬斌、陈曦、杨芙蓉、林幸福、朱德喜、朱颜娟、黄定平、王禹、黄杏、汪媛等老师，以及教育学院的全体同仁在实验和书稿撰写期间给予我的大力支持和帮助。

感谢广东技术师范学院的彭秋玲、陈宇美、刘惠娟、田芬、梁媚、李婷婷、利柳青、王伟华等同学协助我完成了大量原始数据录入、录音转译为文字以及参考文献校对等工作。

感谢暨南大学出版社的苏彩桃副编审，她对本书出版给予的热情支持使我感动。父母的关爱是我前进的动力，感谢支持和关心我的家人。感谢我的先生蔡治和我的儿子蔡谦学给予我的支持与鼓励。

陈丽君

2012 年 5 月 18 日

于广东技术师范学院教工宿舍